Common European Framework of Reference
B1·B2

Einfach besser!
Deutsch für den Beruf B1·B2
Kurs- und Arbeitsbuch

Milena Angioni
Ines Hälbig
Viola Stübner

telc gGmbH
Frankfurt am Main

Impressum

Einfach besser!

Autorinnen:	Milena Angioni, Ines Hälbig, Viola Stübner
Tests:	Dr. Jacqueline Thommes
Phonetik:	Franca Malcharowitz
Zeichnungen:	Lisa Frühbeis
Mitarbeit:	Dr. Christian Gabriel-Junk, Gabriele Hoff-Nabhani
Tonaufnahmen:	Audimax Kreation in Bild und Ton GmbH
Fotografie:	Jan Kocovski
Druck:	CDK Digital Media Service GmbH

Wir danken der Agentur für Arbeit, Frankfurt am Main, für ihre wertvolle Unterstützung.

Weitere Informationen zum Lehrwerk finden Sie unter: www.telc.net/verlagsprogramm.

3. Auflage 2018
© telc gGmbH, Frankfurt am Main 2017
www.telc.net

telc Order-Nr.:	4004-BAA-1701A
ISBN:	978-3-946447-16-0

Sehr geehrte Leserin, sehr geehrter Leser, liebe Kolleginnen und Kollegen,

Einfach besser! Deutsch für den Beruf B1·B2 ist das vollständig neu entwickelte Lehrwerk für den aktuellen berufsorientierten Deutschunterricht.

Einfach besser! wurde speziell für den Einsatz in Berufssprachkursen und in allgemeinsprachlich-berufsorientierten Kursen konzipiert. Das Lehrwerk orientiert sich konsequent am Basismodul B2 des BAMF für die berufsbezogene Deutschsprachförderung.

Als Entwickler der berufsbezogenen Deutschprüfungen wissen wir genau, was Lernende können bzw. was Kursleiterinnen und Kursleiter vermitteln sollen. **Einfach besser!** hilft Ihnen bei dieser Arbeit und unterstützt Sie auch bei der Prüfungsvorbereitung.

Einfach besser! schließt direkt an das Lehrwerk für den Integrationskurs **Einfach gut!** an. Es wiederholt wichtige sprachliche Phänomene der Kompetenzstufe B1 und führt die Teilnehmenden sicher zu B2. Das Lehrwerk berücksichtigt ein breites berufliches Spektrum und alle wichtigen Kommunikationsfelder in der Ausbildung, Arbeit und Weiterbildung. Darüber hinaus vermittelt es Gepflogenheiten und Werte der deutschen Arbeitswelt. Um die berufssprachliche Handlungskompetenz zu stärken, setzt **Einfach besser!** gelenkte Übungen, freiere Aufgaben und größere Lernszenarien ein.

Neben Aufgaben im Prüfungsformat bietet **Einfach besser!** Zwischentests, die Lektion Fit für die Prüfung und einen kompletten telc Übungstest, um Kursteilnehmende auf die berufsbezogene Deutschprüfung vorzubereiten. Integriertes Wortschatztraining, ein separates Kapitel zur Phonetik und identitätsstiftende Zwischenseiten runden das Lehrwerk ab.

Erfahrene Kursleiterinnen und Kursleiter haben uns bei der Entwicklung dieses Lehrwerks beraten. Wir freuen uns, Ihnen mit **Einfach besser!** ein ganz aktuelles Lehrwerk vorlegen zu können, das passgenau in berufsbezogenen Deutschkursen auf den Niveaustufen B1·B2 eingesetzt werden kann.

Viel Spaß und viel Erfolg wünscht Ihnen Ihr

Jürgen Keicher
Geschäftsführer telc gGmbH

Inhalt

Inhalt

Die wichtigsten Abkürzungen und Symbole

m.	maskulin	◀)) 12	Hörübung mit Trackangabe
f.	feminin	1	Verweis auf eine Übung im Kursbuchteil
n.	neutral		
Sg.	Singular	✓	richtig
Pl.	Plural	✗	falsch

leichtere Übung

anspruchsvollere Übung ↗ Rechercheaufgabe Internet (fakultativ)

-- keine Veränderung im Plural (z. B. Becher/--)

Schreibaufgabe --- kein Artikel (z. B. ein Tisch/--- Tische)

1 In diesem Buch werden Sie Menschen aus vielen Ländern kennenlernen, die heute im Großraum Hamburg leben.

a Lesen Sie, was die Personen erzählen.

Mein Name ist Dimitra Papadopoulou. Ich arbeite in der Elbstrand Klinik als Personalsachbearbeiterin, schreibe Arbeitsverträge, kümmere mich um die Gehälter und erkläre den neuen Mitarbeitern die Strukturen der Klinik. Da ich in Vollzeit arbeite, sind meine Arbeitstage oft lang. Für Hobbys habe ich keine Zeit. Zu Hause wartet meine Familie und die Arbeit geht weiter. Manchmal wünsche ich mir, in meiner Heimat in Griechenland zu sein …

Hallo! Ich bin Nhan Nguyen. Ich habe in meiner Heimat Abitur gemacht und bin nach Deutschland gekommen, um Medizin zu studieren. Aber zuerst lerne ich Deutsch und mache ein Praktikum in einem Heim für alte und kranke Menschen. In meiner Freizeit spiele ich in einem Sportverein Tischtennis. Das habe ich auch schon in meiner Heimatstadt Hanoi gemacht. Jetzt möchte ich in Deutschland dadurch neue Freunde kennenlernen.

Ich bin Fayyad Hadji, Elektriker von Beruf, und lebe seit drei Jahren in Hamburg. Als ich nach Deutschland kam, habe ich als Verkäufer in einem Elektromarkt angefangen. Ich muss die Kunden beraten und ihnen die Geräte erklären. Das ist nicht leicht auf Deutsch. Die Kollegen haben viel zu tun, und ich kann sie nicht immer um Hilfe bitten. In meinem Haus leben viele ausländische Familien, die mich oft zum Essen einladen, weil ich für mich alleine nicht koche. Ich mache gerne Radtouren in der Natur.

Mein Name ist Anita Jiménez. Ich habe in Buenos Aires Betriebswirtschaft studiert und an der Universität meinen deutschen Mann kennengelernt. Nach dem Studium haben wir geheiratet und sind nach Hamburg gezogen. Unser Sohn Felix ist drei und geht in den Kindergarten. Ich arbeite halbtags im Kundenservice bei einer Firma, die vor allem Kleidung und Textilien importiert. Dort bin ich verantwortlich für die Aufträge mit den Partnern aus Südamerika. Ich habe nette Kollegen, mit denen ich mich auch nach der Arbeit manchmal treffe.

Ich bin Fadi Samet aus dem Iran. Meine Mutter ist Tunesierin, daher bin ich zweisprachig – Persisch und Arabisch – aufgewachsen. Ich habe in meiner Heimat Architektur studiert und war zwei Semester in den Niederlanden. Ich spreche sehr gut Englisch und Holländisch, deshalb war es für mich nicht schwer, Deutsch zu lernen. In Deutschland habe ich gleich zu Beginn für andere Flüchtlinge im Amt oder beim Arzt übersetzt. Das hat mir so gut gefallen, dass ich jetzt als Übersetzer für Persisch, Arabisch, Deutsch und Englisch arbeite. Ich bin Freiberufler, also nicht in einer Firma angestellt. Ich übersetze viel bei der Polizei und beim Arbeitsamt. Später möchte ich meine eigene Firma gründen. Dafür mache ich im Moment einen Fortbildungskurs an der IHK. Zeit für Familie oder Hobbys ist da leider nicht.

Ich bin Toma Popescu und komme aus Rumänien. Dort habe ich eine Technikerschule besucht, aber bei uns in der Stadt gab es keine Arbeit. In Deutschland habe ich vor etwa zwei Jahren einen Job bei der Firma Möller gefunden. Ich arbeite als Anlagenmechaniker für Sanitär und Heizung. In unserem Betrieb sind nur sechs Mitarbeiter. Also musste ich schnell lernen und gleich richtig mitarbeiten. Jetzt fahre ich oft auf Montage, aber wenn ich zu Hause bin, spiele ich nach der Arbeit gerne Fußball oder gehe angeln.

Ich heiße Hedda Aziz und komme aus Damaskus. Dort habe ich als Ingenieurin für Fertigungstechnik gearbeitet. Zuerst ist mein Mann nach Deutschland geflohen und später bin ich mit unseren Kindern nachgekommen. Mein Diplom wurde in Deutschland anerkannt und jetzt arbeite ich in einer großen internationalen Firma. Unsere Kinder haben viele deutsche Freunde in der Schule und im Sportverein. So komme ich privat mit Deutschen in Kontakt und verbessere mein Deutsch jeden Tag. Ich habe keine Hobbys, aber ich koche gerne und liebe Pflanzen. Mein Balkon sieht ein bisschen aus wie unser Garten in der Heimat.

Mein Name ist Malaika Hadrawi. Ich bin vor einem Jahr mit meinem kleinen Sohn nach Deutschland gekommen. Hier habe ich Arbeit im Altstadthotel gefunden. Ich helfe beim Frühstücksbüffet. Mein Sohn ist in der Kita, die öffnet schon um 6.30 Uhr. Ich würde gerne eine Ausbildung zur Hotelkauffrau machen und später an der Rezeption arbeiten. In meiner Heimat habe ich mit meiner Mutter Kleider genäht und verkauft. Nähen macht mir Spaß, aber im Moment habe ich keine Zeit dazu.

b Ergänzen Sie die Namen und weitere Informationen.

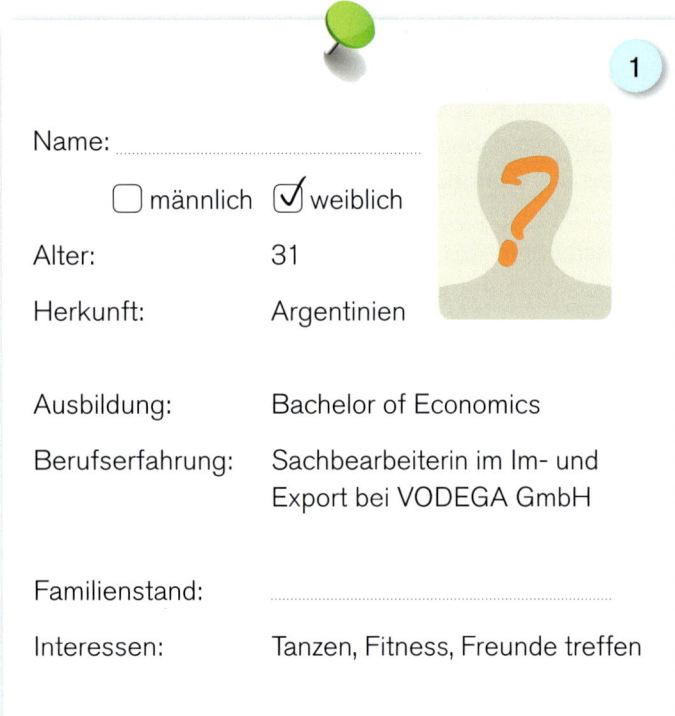

1

Name: ....

☐ männlich ☑ weiblich

Alter: 31

Herkunft: Argentinien

Ausbildung: Bachelor of Economics

Berufserfahrung: Sachbearbeiterin im Im- und Export bei VODEGA GmbH

Familienstand: ....

Interessen: Tanzen, Fitness, Freunde treffen

2

Name: ....

☑ männlich ☐ weiblich

Alter: 32

Herkunft: Iran

Ausbildung: ....

Berufserfahrung: Übersetzer / Dolmetscher für Persisch, ..., Englisch, Deutsch, Holländisch

Familienstand: ledig

Interessen: ------

3

Name: ....

☑ männlich ☐ weiblich

Alter: 28

Herkunft: Marokko

Ausbildung: ....

Berufserfahrung: Verkäufer / Kundenberater bei Elektro Hansen

Familienstand: ledig

Interessen: ....

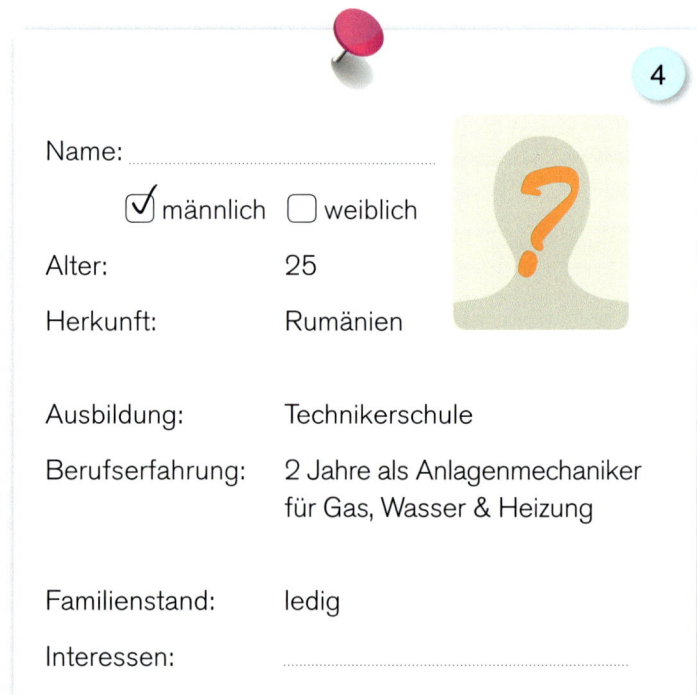

4

Name: ....

☑ männlich ☐ weiblich

Alter: 25

Herkunft: Rumänien

Ausbildung: Technikerschule

Berufserfahrung: 2 Jahre als Anlagenmechaniker für Gas, Wasser & Heizung

Familienstand: ledig

Interessen: ....

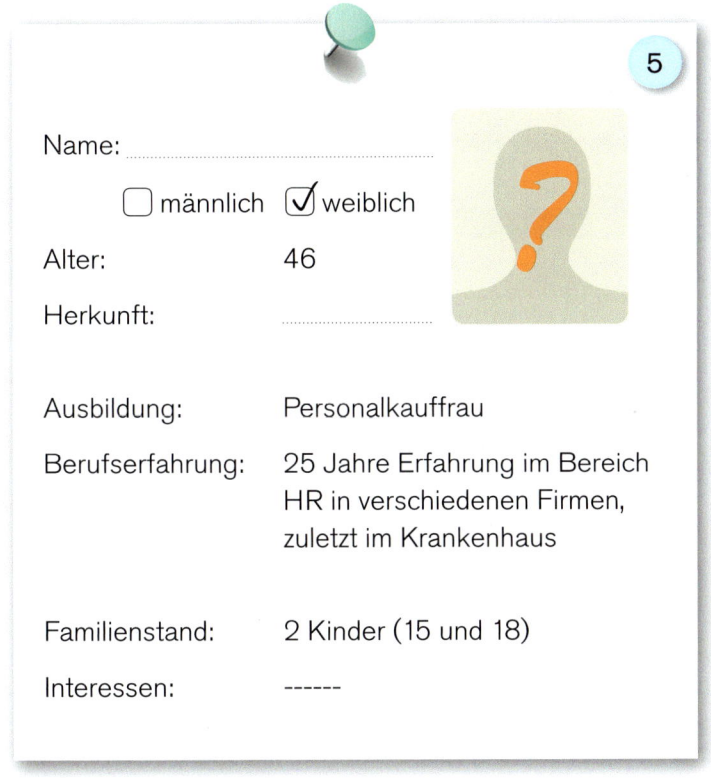

5

Name: ....

☐ männlich ☑ weiblich

Alter: 46

Herkunft: ....

Ausbildung: Personalkauffrau

Berufserfahrung: 25 Jahre Erfahrung im Bereich
HR in verschiedenen Firmen,
zuletzt im Krankenhaus

Familienstand: 2 Kinder (15 und 18)

Interessen: ------

6

Name: ....

☑ männlich ☐ weiblich

Alter: 23

Herkunft: Vietnam

Ausbildung: ....

Berufserfahrung: Praktikum in der Altenpflege
im Seniorenstift Flottbek

Familienstand: ledig

Interessen: ....

7

Name: ....

☐ männlich ☑ weiblich

Alter: 42

Herkunft: Syrien

Ausbildung: Maschinenbau-Ingenieurin
(Master)

Berufserfahrung: ....

Familienstand: verheiratet, 3 Kinder

Interessen: ....

8

Name: ....

☐ männlich ☑ weiblich

Alter: 26

Herkunft: Somalia

Ausbildung: -----

Berufserfahrung: Servicekraft im Hotel (7 Monate)

Familienstand: ....

Interessen: Handarbeit

c Stellen Sie sich im Kurs vor und erzählen Sie von Ihrem Leben in Ihrer Heimat und in Deutschland.

d Suchen Sie sich eine Partnerin/einen Partner und schreiben Sie ein Profil für sie/ihn. Hängen Sie alle Profile im Unterrichtsraum auf.

2 Alle Personen in diesem Buch arbeiten in Hamburg Altona. Hier finden Sie Informationen über ihre Arbeitsstätten.

a Lesen Sie die Auszüge aus den Webseiten und notieren Sie, wer hier arbeitet.

| Willkommen | Klinik | Ihr Aufenthalt | Leistungsspektrum | Karriere |

Elbstrand Klinik

Willkommen in der Elbstrand Klinik! Mit 750 Betten und modernsten medizinischen Einrichtungen in der Inneren Medizin, der Unfallchirurgie und Orthopädie, Gynäkologie und im Notfallzentrum zählt die Klinik zu den führenden Krankenhäusern Hamburgs. Unser ärztlicher Direktor, Dr. Walter Klinge, leitet ein internationales Team von Ärzten und Pflegepersonal, das sich um Patienten und ihre Familien kümmert.

Sanitär Möller
Ihr Spezialist für Gas-, Wasser- und Heizungsinstallationen

| Über uns | Service | Gas-Check | Aktuelles | Notfall | Kontakt |

Wir führen Aufträge in bewohnten Häusern und auf Baustellen aus, reinigen Rohre und übernehmen auch regelmäßige Wartungsdienste. Unser Team steht Ihnen in ganz Deutschland zur Verfügung. Wir beraten Sie gerne und machen Ihnen ein Angebot. Wir freuen uns auf Ihren Anruf oder Ihre Mail!

Elektro Hansen
Ihr Elektromarkt in Altona

| Home | Marken | Angebote | Service | Mein Konto | Öffnungszeiten | Anfahrt | Kontakt |

Hansen – wir bringen Technik zu Ihnen! Bei Elektro Hansen können Sie ganz bequem einkaufen, von 9:00 bis 22:00 Uhr in einer unserer 20 Filialen im Norden Deutschlands. Oder 24 Stunden lang im Netz. Sie zahlen bar, mit EC- oder Kreditkarte, per Banküberweisung oder PayPal – ganz wie Sie möchten. Nehmen Sie Ihr Produkt gleich mit oder wir liefern es Ihnen innerhalb von drei Tagen nach Hause. Egal ob Kühlschrank oder Radio – die Lieferung ist kostenfrei. Und wenn's Probleme gibt: Unser Kundenservice und unsere Garantieleistungen werden Sie überzeugen.

FADI SAMET
Übersetzungsdienste

Startseite
Service
Kontakt
Impressum

Ich biete Ihnen sorgfältige und zuverlässige Übersetzungen in Persisch, Arabisch, Englisch, Holländisch und Deutsch. Mein Angebot umfasst: Übersetzungs- und Dolmetscherleistungen bei Ämtern und Behörden (Spezialgebiet), Fachübersetzungen (auch medizinisch), beglaubigte Übersetzungen, Lektorat persischer und arabischer Texte und Hilfe beim Verstehen deutscher Schriftstücke. Gerne unterbreite ich Ihnen ein unverbindliches Angebot: 040-121844; uebersetzungen-samet@googlemail.com

b Kreuzen Sie an: richtig oder falsch.

	✓	✗
1 In der Elbstrand Klinik arbeiten Mitarbeiter aus der ganzen Welt.	☐	☐
2 Die Mitarbeiter von Sanitär Möller reisen auch auf Baustellen außerhalb von Hamburg.	☐	☐
3 Im Altstadthotel Altona ist das Abendessen im Preis inbegriffen.	☐	☐
4 Im Seniorenheim Flottbek hat jeder Bewohner einen privaten Fahrer.	☐	☐
5 VODEGA exportiert Kleidung nach Asien und Südamerika.	☐	☐
6 Bei Elektro Hansen kann man rund um die Uhr im Geschäft einkaufen.	☐	☐
7 Die DENSAI AG ist ein Automobilhersteller.	☐	☐
8 Fadi Samet übersetzt mündlich und schriftlich.	☐	☐

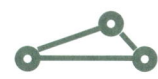

DENSAI AG

Als führendes Unternehmen in der Automobilindustrie entwickeln, produzieren und vertreiben wir Automobiltechnologie auf höchstem Niveau und beliefern alle namhaften Automobilhersteller. Jeder unserer knapp 3.000 Mitarbeiter arbeitet effizient, innovativ und mit höchster Qualität. Wir setzen Trends in der Automobilindustrie, z.B. bei Automatisiertem Fahren, Elektrogesteuertem Fahren und in der Fahrzeugsicherheit. Sie haben Fragen zu unseren Produkten und Leistungen? Testen Sie uns und kontaktieren Sie uns noch heute → zum Kontaktformular

⇨ Willkommen
Unsere Einrichtung
Unsere Leistungen
Kontakt

Seniorenstift Flottbek

Zuhause in Geborgenheit

Unser Seniorenheim liegt in einem schönen Park nicht weit von den wichtigsten Einkaufsmöglichkeiten in Altona. In nur wenigen Gehminuten erreichen Sie die Bushaltestelle, von der aus Sie zur Innenstadt kommen. Aber auch unser Fahrdienst bringt Sie gerne zu Ihrem Ziel. Unser Team aus 25 kompetenten Pflegern und Helfern ist für Sie und Ihre Familie da, wenn Pflege, Betreuung und Beratung gebraucht werden. Wir möchten Ihnen Hilfe geben und Lebensqualität schenken.

ALTSTADTHOTEL ALTONA

Willkommen   Zimmer & Ausstattung   Lage   Preise   Reservierung

Das Altstadthotel Altona bietet seinen Gästen seit 1960 Service auf höchstem Niveau. Mit 60 Doppelzimmern, zwei Suiten und einem großen Bankettsaal sind wir das größte Hotel im Bezirk. Unser Konferenzzentrum ist mit modernster Technik ausgestattet und bietet Ihrer Firma den perfekten Rahmen für Konferenzen und Veranstaltungen. Auch private Feiern richten wir gerne aus. Unsere Preise verstehen sich inklusive reichhaltigem Frühstücksbüffet. Mittag- und Abendessen kann sowohl im Restaurant als auch auf unserer gemütlichen Gartenterrasse eingenommen werden.

VODEGA GMBH

Unternehmen   Marken   Nachhaltigkeit   Investoren   Presse

VODEGA ist ein führendes Großhandelsunternehmen für Kleidung, Textilien und Accessoires. Wir kaufen bei ausgewählten Herstellern in Asien und Südamerika ein und beliefern europaweit den Groß- und Einzelhandel mit einer einzigartigen Produktvielfalt und exklusivem Service. Der persönliche Kontakt zu unseren Händlern und unseren Kunden ist uns wichtig. Mit einem großen Netz an Mitarbeitern im Innen- und Außendienst können wir individuell auf alle Kundenwünsche reagieren. Wir sprechen neben Deutsch auch Englisch, Französisch und Spanisch und freuen uns, Sie kennenzulernen.

Was die Unternehmen machen.

c Welche Begriffe passen zu welcher Arbeitsstätte?

1 Geschäft mit Online-Service

2 Sanitärfirma

3 Übersetzerbüro

4 Krankenhaus

5 Automobilzulieferer

6 Textilfirma

7 Hotel

8 Seniorenheim

a modernste medizinische Einrichtungen

b Konferenzräume für Firmenveranstaltungen

c beglaubigte Dokumente in mehreren Sprachen

d Spezialist für Gas, Wasser und Heizung

e Lebensqualität im Alter

f Shopping rund um die Uhr

g Kleidung von ausgewählter Qualität

h führend in der Automatisierungstechnik

d Würden Sie gerne bei einem der genannten Unternehmen arbeiten? Bei welchem? Warum?

e Zu zweit: Denken Sie sich eine Firma aus, bei der Sie gerne arbeiten möchten. Sammeln Sie Stichpunkte, verfassen Sie einen Text für die Homepage dieses Unternehmens und präsentieren Sie das Ergebnis im Kurs.

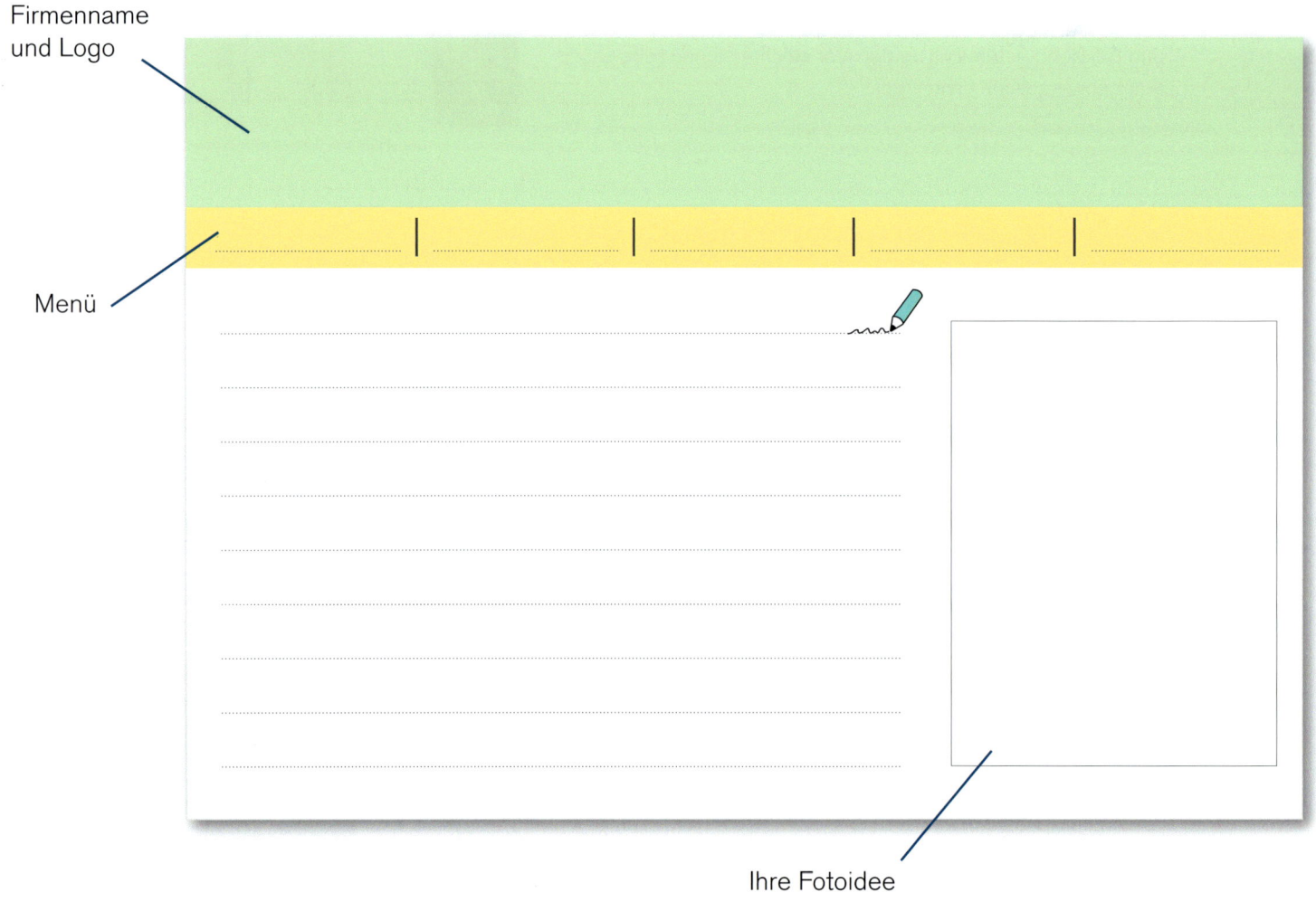

Firmenname und Logo

Menü

Ihre Fotoidee

Sich im Beruf vorstellen

Groß- und Einzelhandel

Medien

Pharmaindustrie

Wo arbeiten Sie?

Metallindustrie

…

Transport & Logistik

1 Duzen wir uns?

🔊 02 **a** Hören Sie den Dialog. Entscheiden Sie, ob die Aussagen dazu richtig (✓) oder falsch (✗) sind.

		✓	✗
1	Stefanie Wirth ist die neue Auszubildende.	☐	☐
2	Fayyad wusste, dass Stefanie heute kommt.	☐	☐
3	Stefanie soll Fayyad helfen, Waren einzuräumen.	☐	☐
4	Stefanie bietet Fayyad das „Du" an.	☐	☐
5	Alle Mitarbeiter in der Firma duzen sich.	☐	☐
6	Die Kunden werden gesiezt.	☐	☐

🔊 02 **b** Was sagen Fayyad und Stefanie genau? Hören Sie noch einmal und kreuzen Sie an.

duzen / siezen
per Du / Sie sein
Du / Sie sagen

☐ Wollen wir uns nicht duzen? Ich heiße Fayyad. – Gerne, ich bin Stefanie.

☐ Übrigens, wir können uns auch gerne duzen. Ich bin Fayyad. – Stefanie.

☐ Darf ich „Du" sagen? Hier im Team sind alle per Du. – Ja, natürlich. Ich bin Stefanie.

c Gehen Sie herum und bieten Sie sich gegenseitig das „Du" an.

2 Wen siezen? Wem das „Du" anbieten?

	maskulin	feminin	neutral	Plural
Akkusativ (Wen?)	**den** Chef **meinen** Chef	**die** Firma **meine** Firma	**das** Team **mein** Team	**die** Kolleginnen und Kollegen **meine** Kolleginnen und Kollegen
Dativ (Wem?)	**dem** Chef **meinem** Chef	**der** Firma **meiner** Firma	**dem** Team **meinem** Team	**den** Kolleginnen und Kollegen **meinen** Kolleginnen und Kollegen

a Was passt: *den, die* oder *das*? Ergänzen Sie den Dialog.

▷ Siezt du _____ Praktikantin nicht?

▶ Nein, ich sieze nur _____ Marktleiter, Herrn Klinger. Und natürlich _____ Kundinnen und Kunden.

▷ In meiner Firma ist das anders. Ich sieze _____ Mitarbeiterinnen und Mitarbeiter, und _____ Chef natürlich auch.

b Streichen Sie das falsche Wort durch.

1 Ich bin mit **meinem / mein** Chef noch per Sie.

2 Bietest du **die / der** neuen Kollegin das „Du" an?

3 Normalerweise sieze ich **meine / meinem** Kunden.
Aber **dem / das** Mädchen da vorne habe ich eben geduzt.

Wen duzen Sie?
Wem bieten Sie das „Du" an?
Mit **wem** sind Sie per Du?

3 „Du" oder „Sie" am Arbeitsplatz?

a Sehen Sie sich das Foto unten an. Was glauben Sie: Siezen die Personen sich oder duzen sie sich?

b Lesen Sie den Text. Sind die Aussagen darunter richtig oder falsch?

guteINFO.net

Startseite | Frage stellen | Antworten | Themen A-Z | Suche

➡ siezen / duzen

Chef, du kannst „Du" zu mir sagen!

Ob man sich am Arbeitsplatz duzt oder siezt, hängt oft von der Firmenkultur und der Branche ab. Wer in der IT- oder Medienbranche arbeitet, ist schneller beim „Du" als jemand, der bei einer Bank oder Versicherung angestellt ist.

In einigen Firmen ist die Anredeform sogar Teil der Firmenphilosophie. Ein bekanntes Beispiel dafür ist das Möbelhaus Ikea. Hier duzen sich alle Mitarbeiterinnen und Mitarbeiter, vom Azubi bis zum Chef.

In vielen Firmen gibt es aber keine einheitliche Regelung, und es ist manchmal nicht einfach zu entscheiden, was angemessen ist. Hier sind drei Tipps, die Ihnen helfen, sich richtig zu verhalten:

1   Das „Sie" wirkt höflich und respektvoll. Wer unsicher ist, kann damit nichts falsch machen. Warten Sie einfach ab, bis das „Du" angeboten wird.

2   Im beruflichen Umfeld ist es üblich, dass die Person, die eine höhere Stellung in der Firma hat, den ersten Schritt macht. Das bedeutet, die Chefin bietet dem Mitarbeiter das „Du" an, der dienstältere Kollege der neuen Kollegin, nicht umgekehrt.

3   Es ist in Ordnung, manche Kolleginnen und Kollegen zu duzen und andere zu siezen. Das darf aber nicht dazu führen, dass sich einzelne abgelehnt oder ausgeschlossen fühlen.

		✓	✗
1	In manchen Firmen gehört das „Du" zur Unternehmenskultur.	☐	☐
2	In der IT-Branche ist es üblich, sich zu siezen.	☐	☐
3	Im Beruf entscheidet die Hierarchie, wer wem das „Du" anbietet.	☐	☐

c Gibt es in Ihrer Sprache auch eine Du-Form und eine Sie-Form? Wenn ja, ist es üblich, dass man sich bei der Arbeit duzt? Welche Regeln gibt es dabei? Wenn nicht, wie zeigt man Respekt gegenüber Kolleginnen/Kollegen und Vorgesetzten?

4 Vor- und Nachteile

a Vier Personen sprechen über die Vor- und Nachteile des Duzens und des Siezens. Welche Argumente haben die Sprecher? Hören Sie und ordnen Sie zu.

03

Sprecher 1	a	Wenn man per Du ist, wird man in Konfliktsituationen schneller unsachlich.
Sprecher 2	b	Das „Sie" wirkt manchmal etwas altmodisch.
Sprecher 3	c	Das „Sie" drückt Respekt aus und passt deshalb gut zum Arbeitsleben.
Sprecher 4	d	Das „Du" trägt zu einer unkomplizierten Atmosphäre bei.

b Was ist Ihre Meinung? Hat das Duzen am Arbeitsplatz eher Vorteile oder Nachteile?

c Sollte man Vorgesetzte immer siezen? Warum oder warum nicht? Diskutieren Sie.

5 Branchen und Berufe

 04 **a** Welche Branchen erwähnen Stefanie und Fayyad? Hören Sie und kreuzen Sie an.

☐ Medien   ☐ Maschinenbau   ☐ Einzelhandel   ☐ Tourismus

☐ Immobilien   ☐ Gastronomie   ☐ Bildung   ☐ Pharmaindustrie

☐ Logistik   ☐ Metallindustrie   ☐ IT   ☐ Öffentlicher Dienst

b Zu zweit: Suchen Sie sich drei Branchen aus. Welche Berufe gehören dazu? Notieren Sie Beispiele und vergleichen Sie im Kurs.

Branche	Berufe
Medien	Mediendesigner/in, Journalist/in …

c In welcher Branche arbeiten Sie? Arbeitet noch jemand aus Ihrem Kurs in der gleichen Branche wie Sie? Fragen Sie die anderen Teilnehmerinnen und Teilnehmer.

d Sehen Sie sich die Berufe aus 5b noch einmal an: Wo arbeiten die Leute?

- in einem Labor
- in einer Fabrik
- in einer Werkstatt
- auf einer Baustelle
- …

e Und diese Leute hier?

6 Früher und heute

 04 Hören Sie den Dialog aus 5a noch einmal. Was ist richtig: a, b oder c?

1 Stefanie hat früher mal
   a bei einer Logistikfirma gejobbt.
   b im Einzelhandel gearbeitet.
   c Mediendesign studiert.

2 Stefanie studiert jetzt Informatik,
   a da sie im Bereich Medien keinen Platz bekommen hat.
   b obwohl es in der IT-Branche viel Konkurrenz gibt.
   c weil die Berufschancen in der IT-Branche gut sind.

3 Fayyad hat
   a eine Ausbildung im Einzelhandel gemacht.
   b in Deutschland als Elektriker gearbeitet.
   c seinen Beruf in Marokko gelernt.

4 Fayyad denkt jetzt darüber nach,
   a Arabisch zu unterrichten.
   b eine Immobilienfirma zu gründen.
   c in eine andere Branche zu wechseln.

7 Was haben Sie früher gemacht?

a Was passt zusammen? Bilden Sie Sätze.

Ich bin Ich habe	an der Universität Damaskus mit meiner Familie meine Ausbildung mich bei einer IT-Firma eine Stelle als Aushilfe nach der Geburt meiner Kinder eine Baufirma	in einem Büro gearbeitet. Medizin studiert. beworben. einige Jahre zu Hause geblieben. in der Tourismusbranche gefunden. abgeschlossen. geleitet. nach Deutschland gekommen.

b Ergänzen Sie das Partizip II.

Infinitiv	Partizip II
bleiben	geblieben
finden	
gehen	
suchen	
transportieren	
verkaufen	
verlieren	

Infinitiv	Partizip II
bekommen	
sein	
werden	
an|bieten	
an|fangen	
ab|schließen	
her|stellen	

8 Menschen in meinem Kurs

Zu zweit: Finden Sie heraus, was Ihre Nachbarin oder Ihr Nachbar beruflich macht/gemacht hat. Machen Sie sich Notizen. Berichten Sie dann im Kurs.

Ich arbeite …
>**als** Grafiker/in.
>**bei** Elektro Hansen.
>**in der** IT-Branche.
>**im** Einzelhandel.

1 Für welche Firma arbeitet sie/er jetzt? Was macht die Firma?

....

....

2 Für welche Firma hat sie/er früher gearbeitet?

....

....

Gut zu wissen …

Die duale Ausbildung ist die in Deutschland häufigste Ausbildungsform. „Dual" bedeutet, dass die Ausbildung an zwei Ausbildungsorten stattfindet, nämlich in der Berufsschule und in einem Betrieb. Es gibt etwa 350 anerkannte Ausbildungsberufe in Deutschland.

3 Welchen Beruf hat sie/er gelernt? Was hat sie/er studiert?

....

4 Wo hat sie/er die Ausbildung/das Studium gemacht?

....

9 Abteilungen in einer Firma

a Welche Abteilungen sehen Sie hier? Schreiben Sie die Begriffe unter die Bilder.

die Produktion | die Finanzabteilung/die Buchhaltung | die Kundenbetreuung | das Lager |
die Geschäftsleitung/Geschäftsführung | die Personalabteilung

1 ....

2 ....

3 ....

4 ....

5 ....

6 ....

b Wofür sind die folgenden Abteilungen zuständig? Ordnen Sie zu.

> zuständig sein für …
> verantwortlich sein für …

1	der Einkauf	a	Lohn- und Gehaltsabrechnungen machen, Personal auswählen
2	das Lager	b	Reklamationen und Beschwerden bearbeiten, Kunden helfen
3	die Marketingabteilung	c	Produkte herstellen
4	die Finanzabteilung	d	Lieferanten auswählen, Waren bestellen
5	die Personalabteilung	e	Waren annehmen, auspacken, kontrollieren, einsortieren
6	die Kundenbetreuung	f	die Firma leiten, Ziele setzen
7	die Produktion	g	Werbestrategien entwickeln, Marktstudien durchführen
8	die Geschäftsleitung	h	Rechnungen bezahlen, die Buchführung machen

🔊 05 **c** Hören Sie den Dialog. Welche Abteilung gibt es in Fayyads Firma nicht?

d Zu zweit: Welche Abteilungen gibt es in Ihrer Firma? In welcher Abteilung arbeiten Sie? Wenn Sie im Moment nicht arbeiten, sprechen Sie über Ihre frühere Firma.

> Ich arbeite …
> **in der** Personalabteilung.
> **im** Einkauf.

10 Wer macht was in der Firma?

a Sehen Sie sich noch einmal die Beschreibungen a–h in 9b an.
Markieren Sie die trennbaren Verben.

> **aus|wählen**
> Sie wählt das Personal aus.
> Sie hat das Personal ausgewählt.

b Was machen die Personen?
Verwenden Sie die Beschreibungen aus 9b.

Ela Ortmann, Personalabteilung

– wählt das Personal aus
....
....

Steve Engler, Marketing

....
....
....

Michael Dietz, Lager

....
....
....

Melek Cetin, Einkauf

....
....
....

11 Was wird hier gemacht?

a Ergänzen Sie die Formen von *werden*.

ich	....	wir	werden
du	....	ihr	....
er/sie/es	wird	sie/Sie	....

> Der Lkw **wird** beladen.
> Die Waren **werden** kontrolliert.

b Sehen Sie sich die Bilder an und ordnen Sie die Sätze zu.

1 Hier werden Maschinenteile hergestellt. | 2 Hier wird eine Kundin beraten. | 3 Hier wird ein Paket geliefert.

a

b

c

c Zu zweit: Sehen Sie sich noch einmal die Beschreibungen in 9b an.
Fragen und antworten Sie wie im Beispiel.

▶ Was wird im Einkauf gemacht?

▷ Im Einkauf werden Lieferanten ausgewählt und Waren bestellt.

Sprachbausteine

Branchen

die Bildung
die Gastronomie
der Groß- und Einzelhandel
der Maschinenbau
die Metallindustrie
der öffentliche Dienst
die Pharmaindustrie
der Tourismus
Transport und Logistik

Abteilungen und Zuständigkeiten

der Einkauf	Waren bestellen, Lieferanten auswählen
die Finanzabteilung	Rechnungen bezahlen, Buchführung machen
die Geschäftsleitung	die Firma leiten, Ziele setzen
die Kundenbetreuung	Reklamationen und Beschwerden bearbeiten
das Lager	Waren annehmen, kontrollieren, einsortieren
die Marketingabteilung	Werbestrategien entwickeln, Marktstudien durchführen
die Personalabteilung	Lohnabrechnungen machen, Personal auswählen
die Produktion	Produkte herstellen

Jemandem das „Du" anbieten

Wollen wir uns nicht duzen? Ich heiße …
Wir können uns gerne duzen. Ich bin …

Sagen, was man beruflich macht

Ich arbeite **als** Verkäufer / **bei** Elektro Hansen /
in der Pharmaindustrie / **in der** Finanzabteilung.

Grammatik

Perfekt = *haben* oder *sein* + Partizip II

	Infinitiv	Perfekt
ge + Verbstamm + t /et	machen arbeiten	ich habe gemacht ich habe gearbeitet
ge + Verbstamm + en	helfen gehen	ich habe geholfen ich bin gegangen
Verbstamm + t /et	studieren erstatten	ich habe studiert ich habe erstattet
unregelmäßige Formen	bekommen verlieren	ich habe bekommen ich habe verloren

Das Verb *werden*

ich	werde
du	wirst
er/sie/es	wird
wir	werden
ihr	werdet
sie/Sie	werden

Präsens Passiv = *werden* + Partizip II

	werden		Partizip II
Der Lkw	wird	--	beladen.
Die Waren	werden	in die Regale	geräumt.
Ihr	werdet	rechtzeitig	informiert.

Trennbare Verben

Infinitiv	Präsens	Perfekt
ein|räumen	Ich räume die Waren ein.	Ich habe die Waren eingeräumt.
ab|schließen	Sie schließt das Studium ab.	Sie hat das Studium abgeschlossen.
an|bieten	Wer bietet wem das „Du" an?	Wer hat wem das „Du" angeboten?

Artikel im Nominativ, Akkusativ und Dativ

	maskulin	feminin	neutral	Plural
Nominativ	der Chef mein Chef	die Firma meine Firma	das Team mein Team	die Kolleginnen und Kollegen meine Kolleginnen und Kollegen
Akkusativ	den Chef meinen Chef	die Firma meine Firma	das Team mein Team	die Kolleginnen und Kollegen meine Kolleginnen und Kollegen
Dativ	dem Chef meinem Chef	der Firma meiner Firma	dem Team meinem Team	den Kolleginnen und Kollegen meinen Kolleginnen und Kollegen

Bewerbung

Wo haben Sie zuletzt gearbeitet?

...

Haben Sie Branchenkenntnisse?

Warum bewerben Sie sich bei uns?

Wann können Sie anfangen?

...

Was sind Ihre Gehaltsvorstellungen?

1 Jobangebote in Onlineportalen

a Malaika möchte gerne eine Ausbildung zur Hotelkauffrau machen.
Lesen Sie die Angebote aus dem Stellenportal.
Welche Stellenanzeige passt? Kreuzen Sie an.

Stellenangebot	Qualifikation	Arbeitgeber	Beginn	
☐ Bedienung für den Biergarten Arbeitszeit: täglich 15.00 – 21.30 Uhr	Erfahrung in der Gastronomie	Hotel Seeblick	sofort	A
☐ Zimmermädchen während der Messezeit	Erfahrung als Zimmermädchen oder als Reinigungskraft	Messehotel Altona	01.05	B
☐ Ausbildung Hotelkauffrau/-mann	Mittlerer Schulabschluss Englischkenntnisse weitere Fremdsprachen erwünscht	City Grand Hotel	01.08.	C
☐ Hotelkaufmann/-frau	Ausbildung als Hotelkauffrau/-mann sehr gute Englischkenntnisse Berufserfahrung in großen Häusern	Atlantic Resort Hotel	01.06.	D

b Lesen Sie die Anzeigen noch einmal. Was meinen Sie: Welche Kompetenzen brauchen die Bewerber für die Stellen?

A .... C ....

B .... D ....

c Besuchen Sie die Webseite der Bundesagentur für Arbeit:

www.arbeitsagentur.de

Informieren Sie sich über die Leistungen der Arbeitsagentur.
Gehen Sie dann in die Jobbörse und suchen Sie Jobangebote
zu Ihrem Profil. Sprechen Sie im Kurs darüber.

> **Gut zu wissen …**
> Die Bundesagentur für Arbeit (BA) ist vor allem für Arbeitsvermittlung und Arbeitsförderung zuständig. Ihre Arbeitsvermittler entscheiden auch über die Teilnahme an Kursen der berufsbezogenen Deutsch-sprachförderung.

2 Ausbildung zur Hotelkauffrau

🔊 06 **a** Malaika telefoniert mit dem City Grand Hotel. Welche Fragen stellt sie?
Sind die folgenden Aussagen richtig oder falsch?

		✓	✗
1	Malaika möchte wissen, ob es eine Altersbegrenzung für Auszubildende gibt.	☐	☐
2	Sie fragt, wann sie ihre Bewerbungsunterlagen einreichen kann.	☐	☐
3	Sie möchte wissen, wie lange die Ausbildung dauert.	☐	☐
4	Sie erkundigt sich, ob die Ausbildung drei Jahre dauert.	☐	☐
5	Sie fragt, wie die Urlaubszeiten sind.	☐	☐

06 (◂▸

b Hören Sie noch einmal. Schreiben Sie dann die Fragen als indirekte Fragen wie im Beispiel.

1 Fragen beantworten: Malaika möchte wissen, *wer ihre Fragen beantworten kann.*
2 Alter: Herr Janke fragt,
3 Berufserfahrung: Herr Janke möchte wissen,
4 Ausbildungsbeginn: Sie fragt,
5 Schulabschluss: Er fragt Malaika,
6 Ausbildungsaufbau: Malaika möchte wissen,
7 verschiedene Bereiche: Sie fragt,
8 Arbcitszeiten: Sie erkundigt sich,

c Bringen Sie Stellenanzeigen mit in den Kurs. Schreiben Sie Fragen dazu auf und spielen Sie in Partnerarbeit Dialoge.

3 Informationen über Berufsbilder

a Bassam Schami, ein junger Syrer, den Malaika aus einem Deutschkurs kennt, interessiert sich für den Beruf des Krankenpflegers. Lesen Sie den Text und beantworten Sie die Fragen.

BERUFENET **Steckbrief**

Gesundheits- und Krankenpfleger/in

Berufstyp	Ausbildungsberuf
Ausbildungsart	Schulische Ausbildung an Berufsfachschulen
Ausbildungsdauer	3 – 5 Jahre (Vollzeit / Teilzeit)
Lernorte	Berufsfachschule und Klinik

■ **Was macht man in diesem Beruf?**

Gesundheits- und Krankenpfleger/innen pflegen und betreuen Patienten. Aufmerksam beobachten sie deren Gesundheitszustand, um Veränderungen frühzeitig feststellen zu können. Nach ärztlichen Anweisungen führen sie medizinische Behandlungen durch. Sie bereiten Patienten auf diagnostische, therapeutische oder operative Maßnahmen vor und assistieren bei Untersuchungen und operativen Eingriffen. Zudem übernehmen sie Aufgaben in der Grundpflege. Beispielsweise betten sie pflegebedürftige Patienten und helfen ihnen bei Nahrungsaufnahme und Körperpflege. Außerdem übernehmen sie Organisations- und Verwaltungsaufgaben sowie die Dokumentation der Pflegemaßnahmen.

Gesundheits- und Krankenpfleger/innen finden Beschäftigung in erster Linie in Krankenhäusern, Facharztpraxen oder Gesundheitszentren, in Altenwohn- und -pflegeheimen, in Einrichtungen der Kurzzeitpflege, bei ambulanten Pflegediensten und in Wohnheimen für Menschen mit Behinderung.

Es wird i. d. R. ein mittlerer Bildungsabschluss vorausgesetzt.

1 Was macht man in diesem Beruf?
2 Wo arbeitet man?
3 Wie lange dauert die Ausbildung?
4 Wo findet die Ausbildung statt?
5 Welchen Schulabschluss braucht man für diesen Beruf?

b Gehen Sie auf die Seite „berufenet.arbeitsagentur.de" der Arbeitsagentur und suchen Sie zwei Berufe aus. Beantworten Sie dann die Fragen aus 3a zu diesen Berufen. Berichten Sie im Kurs.

4 Der Lebenslauf

Lesen Sie den Lebenslauf und die Tipps. Ordnen Sie die Tipps zu.

A

Lebenslauf

B Elbestraße 21 | 20257 Hamburg | E-Mail: malaika@topnet.de
Telefon: 040-112233 | Mobil: 01575-123456

Persönliche Daten

Name	Malaika Hadrawi
Geburtsdatum	3. März 1991
Geburtsort	Mogadischu (Somalia)
Staatsangehörigkeit	somalisch
Familienstand	1 Sohn, 4 Jahre

C **D** **E**

Weiterbildungen

seit 08/2016 Deutschkurs Niveau B2 an der Volkshochschule Hamburg
03/2015 – 03/2016 Integrationskurs (Deutsch als Fremdsprache) an der VHS Hamburg,
Abschluss: telc Deutsch-Test für Zuwanderer, Niveau B1

F **G**

Berufserfahrung

seit 03/2016 Servicekraft für das Frühstücksbüfett, Altstadthotel, Hamburg-Altona
07/2006 – 03/2015 Selbstständige Näherin zusammen mit der Mutter in Somalia

Schulbildung

09/2004 – 07/2006 **H** Staatliche Sekundarschule, Mogadischu, mittlerer Bildungsabschluss
09/1996 – 07/2004 Primarschule (Grundbildung), Mogadischu

Besondere Kenntnisse

Sprachen Somalisch (Muttersprache), Deutsch (telc Zertifikat DTZ, B1),
Englisch und Arabisch (mittleres Niveau)

Hamburg, 12. Februar 20xx **I**

Malaika Hadrawi **J**

---

1 ☐ Schulabschluss angeben

2 ☐ Von wann bis wann haben Sie etwas gemacht? Der Lebenslauf muss vollständig sein.

3 Ⓐ Benutzen Sie weißes unliniertes Papier. Kein Briefpapier oder buntes Papier!

4 ☐ Persönliche Daten

5 ☐ Ort und Datum nicht vergessen! Der Lebenslauf muss das aktuelle Datum haben.

6 ☐ Absatzüberschriften in Fettdruck oder unterstreichen

7 ☐ Vorname und Nachname als Unterschrift – nicht in Druckschrift!

8 ☐ Professionelles Porträtfoto wählen

9 ☐ Die Aufteilung muss klar und geordnet sein.

10 ☐ Geben Sie immer Ihre vollständigen Kontaktdaten an.

5 Was hast du zuerst gemacht?

a Malaika spricht mit Bassam. Hören Sie den Text und streichen Sie die falschen Zeitangaben durch.

 07

1 Bassam hat von | ~~bevor~~ 2004 bis | ~~danach~~ 2014 die Schule besucht.
2 Bevor | Davor er nach Deutschland gekommen ist, hat er zurzeit | zuerst gelegentlich gejobbt.
3 Nachdem | Danach hat er versucht, eine feste Arbeit zu finden.
4 Während | Zurzeit seiner Schulzeit wollte er Arzt werden.
5 Nachdem | Danach er keine Arbeit gefunden hatte, ist er nach Deutschland gekommen.
6 Er lebt seitdem | seit fast zwei Jahren in Deutschland.
7 Nachdem | Seitdem er in Deutschland ist, lebt er bei einer deutschen Familie.
8 Zurzeit | Während besucht er das Berufskolleg.

b Bringen Sie die Sätze in eine sinnvolle Reihenfolge.

.... Nachdem ich die Ausbildung beendet hatte, habe ich bei der Firma Jansen in der Buchhaltung gearbeitet.
.... Zurzeit mache ich eine Fortbildung als Bilanzbuchhalterin.
.... Von 2004 bis 2007 habe ich eine Ausbildung zur Bürokauffrau gemacht.
.... Im Jahr 2004 habe ich den Schulabschluss gemacht.

6 Die Bewerbung

a Malaika bittet eine Freundin um Hilfe bei ihrer Bewerbung. Lesen Sie ihre E-Mail und ergänzen Sie die Zeitangaben.

danach **|** bevor **|** davor **|** seit **|** zuerst **|** zurzeit **|** nachdem **|** seitdem **|** von … bis

An:	barbara.haas@freemail.de
Betreff:	Kannst du mir helfen?

Liebe Barbara,
ich möchte beruflich vorwärtskommen. ...1... 2006 ...2... 2015 habe ich als Näherin gearbeitet und ...3... habe ich die Schule besucht. ...4... ich in Deutschland bin, besuche ich Deutschkurse. ...5... arbeite ich ja im Altstadthotel und schon ...6... Langem habe ich festgestellt, dass mir die Arbeit im Hotel Spaß macht. Ich habe mich ...7... auf der Seite der Bundesagentur für Arbeit informiert. Dort habe ich eine Ausschreibung für eine Ausbildung zur Hotelkauffrau im City Grand Hotel gefunden. ...8... habe ich im „berufenet" nachgelesen, was man als Hotelkauffrau macht und wie die Ausbildung aufgebaut ist. Mit dem Personalchef habe ich auch schon telefoniert. ...9... ich mit Herrn Janke gesprochen hatte, habe ich meinen Lebenslauf geschrieben. Doch ...10... ich die Bewerbung wegschicke, brauche ich noch etwas Hilfe. Hast du Zeit, mir beim Bewerbungsschreiben zu helfen?

Viele Grüße
Malaika

b Schauen Sie sich Malaikas Lebenslauf an und sprechen Sie.

> Bevor sie nach Deutschland gekommen ist, hat sie als Näherin gearbeitet.

> Nachdem sie den Deutschkurs beendet hatte, hat sie den Deutschtest gemacht.

c Erzählen Sie im Kurs, was Sie *zuerst, danach, davor* … gemacht haben.

7 Das Bewerbungsschreiben

a Lesen Sie die Bewerbung und die Tipps. Ordnen Sie zu.

Malaika Hadrawi
Elbestraße 21
20257 Hamburg

A

E-Mail: malaika@topnet.de
Telefon: 040 -112233
Mobil: 01575 -123456

City Grand Hotel
Herrn Peter Janke
Alsterallee 101
20258 Hamburg

B

C Hamburg, 12. September 20xx

Ihre Stellenanzeige in der Jobbörse der Bundesagentur für Arbeit vom 10. September 20xx; Bewerbung um Ausbildung zur Hotelkauffrau

D

Sehr geehrter Herr Janke, **E**

F mit großem Interesse habe ich Ihre Anzeige in der Jobbörse der Bundesagentur für Arbeit gelesen und möchte mich hiermit um eine Ausbildung zur Hotelkauffrau bewerben.

G Wie mit Ihnen bereits telefonisch besprochen, arbeite ich zurzeit als Servicekraft für das Frühstücksbüfett im Altstadthotel. Meine Aufgaben bestehen im Wesentlichen darin, beim Zubereiten und Anrichten des reichhaltigen Frühstücksbüfetts zu helfen. Weiterhin muss ich für einen reibungslosen Frühstücksablauf sorgen und auf eventuelle Wünsche der Gäste reagieren.
Die Arbeit im Gastgewerbe bereitet mir große Freude. Auch in der Vergangenheit konnte ich Erfahrungen im Umgang mit Gästen sammeln. Die von Ihnen angebotene Ausbildungsstelle wäre für mich ideal, da ich direkt an meinen derzeitigen Sprachkurs eine fundierte Ausbildung anschließen könnte.

H Meine Muttersprache ist Somalisch. Weiterhin habe ich Kenntnisse auf mittlerem Niveau in Englisch und Arabisch. Den Integrationskurs habe ich mit dem telc-Zertifikat „Deutsch-Test für Zuwanderer" (Niveau B1) erfolgreich abgeschlossen. Zurzeit besuche ich bei der Volkshochschule Hamburg einen weiterführenden berufssprachlichen Deutschkurs B2.

Über eine Einladung zu einem persönlichen Gespräch freue ich mich. **I**

Mit freundlichen Grüßen **J**

Malaika Hadrawi **K**

Anlagen:
Lebenslauf
Zeugnisse und Übersetzungen **L**
Sprachzertifikate

1 ☐	Was haben Sie bisher gemacht; warum bewerben Sie sich auf diese Stelle?	6 ☐	Persönliche Anrede!
2 ☐	Anlagen (was Sie dem Schreiben beilegen, z. B. Zeugnisse/Zertifikate), Achtung: Schicken Sie nie Originale!	7 ☐	Empfänger mit Ansprechpartner
		8 ☐	Schlusssatz
		9 ☐	Einleitung
3 ☐	Unterschrift	10 ☐	Gruß
4 ☐	Ihre Stärken und Fähigkeiten	11 ☐	Absender mit Kontaktdaten
5 ☐	Ort und Datum	12 ☐	Betreffzeile in Fettdruck

b Formulieren Sie Malaikas Bewerbungsschreiben so um, dass es auf Sie passt.

8 Das Vorstellungsgespräch

a Hören Sie Auszüge aus dem Vorstellungsgespräch zwischen Malaika und Herrn Janke. Kreuzen Sie an: richtig oder falsch.

		✓	✗
1	Bevor sie in Deutschland einen Integrationskurs gemacht hat, hat sie im Altstadthotel gearbeitet.	☐	☐
2	In Somalia hat sie als Näherin gearbeitet.	☐	☐
3	Das Nähen hat sie von ihrer Mutter gelernt.	☐	☐
4	In Deutschland hat sie anfangs in einer Schneiderei gearbeitet.	☐	☐

b Schreiben Sie die Sätze im Präteritum.

1 Durch ihre Arbeit im Altstadthotel hat sie das Gastgewerbe kennengelernt.

2 Davor hat sie einen Integrationskurs besucht.

3 Sie hat in Somalia als Näherin gearbeitet.

4 Das Nähen hat sie von ihrer Mutter gelernt.

5 Während der Schulzeit hat sie ihr nur ab und zu geholfen.

6 Nachdem sie die Schule beendet hatte, hat sie eine kleine Schneiderei eröffnet.

7 Sie haben einen kleinen Kredit bekommen und haben eine Nähmaschine gekauft.

8 Zusammen haben sie Kleidung genäht und diese auf dem Markt verkauft.

9 Anfangs hat sie in Deutschland in einem Wohnheim gewohnt.

10 Zum Nähen hat sie zuerst keinen Platz gehabt und danach hat ihr die Zeit gefehlt.

> **Perfekt:** Sie **hat** Arabisch in der Schule **gelernt**.
>
> Perfekt **haben / sein** + **Partizip II**
>
> **Präteritum:** Sie **lernte** Arabisch in der Schule.

c Schreiben Sie einen kurzen Text über sich selbst im Präteritum.

9 Im Wandel der Zeit

Lesen Sie die Hotelgeschichte des City Grand Hotels und setzen Sie die Verben ein.

übernahm | entstanden | gründete | gab | konnten | eröffnete |
wurde | wurde | machte | siedelte | zerstörte | folgte | baute

CITY GRAND HOTEL

Home   Lage   Hotelzimmer   Hotelgeschichte   Buchung

1 1882 .... das Ehepaar Wilhelm und Luisa Janke eine kleine Frühstückspension.

2 Ab 1890 .... es auch Mittag- und Abendessen.

3 1892 .... die ersten Fremdenzimmer. Gäste .... fortan im Haus übernachten.

4 1910 .... der Sohn Ludwig Janke die Pension und .... daraus ein kleines Hotel.

5 1945 .... der Zweite Weltkrieg das gesamte Hotel.

6 1950 .... das Hotel Janke von Altona in die Innenstadt um. Dort .... es neu erbaut.

7 1952–1956 .... das Hotel vergrößert und in City Hotel umbenannt.

8 1983 .... Ludwigs Sohn Peter der Familientradition und leitet seitdem das Hotel.

9 1990 .... Peter Janke die hauseigene Fortbildungsakademie.

10 2001 .... man den Wellnessbereich.

Sprachbausteine

Qualifikationen

die Ausbildung, die Berufserfahrung, die Fortbildung, der Job,
die Sprachkenntnisse, das Sprachzertifikat, das Zeugnis

Stellenanzeigen/Stellenausschreibungen

der Ansprechpartner, die Arbeitsagentur, der Arbeitsplatz,
die Ausbildungszeit, die Bewerbung, das Bewerbungsschreiben,
das Eintrittsdatum, die Festanstellung, das Gehalt, die Internetbewerbung,
das Internetportal, die Jobbörse, der Lebenslauf, die Probezeit,
die Qualifikation, der Schichtdienst, der Urlaub

Zeitangaben

danach
davor/bevor
im Jahr 2020
nachdem
seit/seitdem
von … bis
während
zuerst
zurzeit

Grammatik

W-Fragen ⟶ **Indirekte Fragen**

Das Fragepronomen leitet den Nebensatz ein.

Wann	beginnt	die Ausbildung?		Sie möchte wissen,	wann	die Ausbildung	beginnt.
Wie	sind	die Arbeitszeiten?		Sie will wissen,	wie	die Arbeitszeiten	sind.
Wer	kann	mir Fragen beantworten?		Sie fragt,	wer	ihre Fragen beantworten	kann.

Bei indirekten Fragen kommt das Verb immer ans Ende.

Ja/Nein-Fragen **Indirekte Fragen**

Es gibt kein Fragepronomen. Der Nebensatz wird mit *ob* eingeleitet.

| Haben | Sie Berufserfahrung? | | Er möchte wissen, | ob | sie Berufserfahrung | hat. |
| Dauert | die Ausbildung drei Jahre? | | Sie will wissen, | ob | die Ausbildung drei Jahre | dauert. |

Bei indirekten Fragen kommt das Verb immer ans Ende.

Perfekt **Präteritum**

Perfekt **haben** + **Partizip II**

Sie **hat** Arabisch in der Schule **gelernt**.   Sie **lernte** Arabisch in der Schule.

In der gesprochenen Sprache verwendet man meistens das Perfekt.

… bietet jeweils ein Interview und einen Sachtext – zum Lesen, Diskutieren, Recherchieren und Berichten.

Heute ist Kerstin Wiegand unser Gast im Café Talk. Sie beantwortet sechs Fragen über ihr Leben.

 Frau Wiegand, verraten Sie uns zuerst Ihr Alter und woher Sie kommen?

Ich bin 44 Jahre alt und komme aus einem Dorf in der Nähe von Frankfurt an der Oder.

 Beschreiben Sie sich als Person: Welche Wörter kommen Ihnen spontan in den Sinn?

Ich denke, ich bin ein sehr bescheidener Mensch. Ich dränge mich nie in den Vordergrund. Ich kann mich auch über die kleinen Dinge im Leben freuen. Vielleicht bin ich sogar auch ein bisschen ängstlich … nun ja, ‚ängstlich' ist vielleicht das falsche Wort, aber ich bin nicht sehr selbstbewusst. Das war schon in der Schule so. Ich hatte in der Schule viele Probleme, und bis heute leide ich an einer Lese- und Rechtschreibschwäche. Inzwischen kann ich offen darüber reden. Das war nicht immer so, das hat mir eine Zeitlang große Schwierigkeiten bereitet. Jedenfalls bin ich ein sehr hilfsbereiter und verständnisvoller Mensch. Und ich kann auch nicht lange jemandem böse sein, wenn es mal Streit gibt.

 Von der Schule bis zum Beruf: Was waren bisher die wichtigsten Stationen in Ihrem Leben?

Tja, wichtige Stationen … Ich bin nach der 9. Klasse abgegangen und habe leider keinen Schulabschluss. Schule ist mir immer schwergefallen und irgendwie habe ich mich da immer durchgemogelt. Ich hatte richtige Probleme, aber meine Eltern waren selber überfordert, und so hat sich eigentlich nie jemand richtig um mich gekümmert. Ich habe dann Arbeit als Industrieschneiderin gefunden, geheiratet und Kinder bekommen. Das ging einige Jahre gut. Als 1989 die Mauer fiel und von heute auf morgen das Land, in dem ich aufwuchs, nicht mehr existierte, war das sehr schwer für mich. Heute arbeite ich in einer kleinen Änderungsschneiderei. Die Arbeit selbst macht Spaß, aber meine Chefin kann mich nicht gut bezahlen. Die kleinen Schneidereien kämpfen selbst ums Überleben.

> **Ich möchte zuerst meinen Schulabschluss nachholen und danach eine richtige Ausbildung machen.**

 Ihre derzeitige Station: Wie zufrieden sind Sie – auf einer Skala von 1 (sehr schlecht) bis 10?

Das ist schwer zu sagen. Meine familiäre Situation würde ich mit 9 bewerten. Ich habe einen tollen Mann und fantastische Kinder, die jetzt schon fast erwachsen sind. Die haben sich wirklich gut entwickelt. Mein Sohn ist 18 und macht eine Ausbildung als Krankenpfleger, das klappt sehr gut. Meine Tochter ist 16 und geht aufs Gymnasium. Sie möchte Abitur machen. Ich bin richtig stolz auf die beiden. Aber bei meiner beruflichen Situation würde ich sagen: eine 3. Da liegt schon einiges im Argen.

 Wünsche, Träume, Hoffnungen: Wenn Sie etwas an Ihrer persönlichen Situation ändern könnten, was wäre das?

Ich möchte mich gerne besser ausdrücken können. Dann könnte ich mich in manchen Situationen besser durchsetzen. Außerdem möchte ich mich gerne beruflich verändern und noch etwas aus meinem Leben machen.

 Weiterentwicklung und Pläne: Welche beruflichen Pläne haben Sie und wo sehen Sie sich in zehn Jahren?

Ich möchte zuerst meinen Schulabschluss nachholen und danach vielleicht eine richtige Ausbildung machen. Etwas Handwerkliches, bloß nichts im Büro. Ich muss unbedingt mit meinen Händen arbeiten. Friseurin fände ich gut. Meine Familie unterstützt mich da sehr. Meine Kinder sagen immer: Mama, du schaffst das. Ich weiß, dass es natürlich mit Mitte 40 sehr schwer wird, aber ich bin zur VHS gegangen und habe mich erkundigt. Es gibt viele Erwachsene, die in der gleichen Situation sind. Das habe ich nicht gewusst. Seit einem Monat gehe ich nun wieder zur Schule und im nächsten Sommer habe ich dann einen Schulabschluss. Wenn alles klappt! Wie es weitergeht, sehen wir dann.

 Danke, Frau Wiegand. Ihr Kaffee geht auf uns!

Die zweite Chance

Über den zweiten Bildungsweg zum gewünschten Schulabschluss

Einen Schulabschluss nachzuholen bedeutet in seine Zukunft zu investieren. Es gibt viele Gründe, warum Erwachsene keinen oder einen niedrigen Schulabschluss erworben haben. Manchmal liegt es einfach nur an der fehlenden Unterstützung oder der mangelnden Motivation im Jugendalter. Oder man war lange krank.

Das muss nicht so bleiben. In Deutschland kann man jeden Schulabschluss im Erwachsenenalter nachholen. Auf dem sogenannten „zweiten Bildungsweg" können alle Schulabschlüsse der allgemeinbildenden Schulen erworben werden. Das eröffnet neue Wege und bringt einen beruflich weiter.

Welche Schulabschlüsse gibt es?

Der *Hauptschulabschluss* ist der allgemeinbildende Schulabschluss. Er wird am Ende der 9. Klasse erworben. Die 10. Klasse kann man mit dem erweiterten Hauptschulabschluss abschließen. Heute verwendet man für diesen Schulabschluss auch die Begriffe „Berufsbildungsreife", „Mittlerer Abschluss" oder „Erster allgemeinbildender Abschluss". Erwachsene können diesen Abschluss an einer Abendhauptschule oder einer Volkshochschule nachholen.

Mit dem *Realschulabschluss*, auch genannt „Mittlerer Schulabschluss", „Mittlere Reife" oder „Qualifizierter Sekundarabschluss I", hat man im Berufsleben bessere Chancen. Für die meisten Berufsfachschulen, die zu einem Berufsabschluss führen, braucht man einen Realschulabschluss als Zugangsvoraussetzung. Den Realschulabschluss kann man an einem Berufskolleg, an Abendrealschulen und Volkshochschulen wie auch per Fernunterricht machen.

Die *Fachhochschulreife* berechtigt zum Studium an einer Fachhochschule. Die Fachhochschulen (FH) sind praktisch orientierte Hochschulen und weniger wissenschaftlich-theoretisch geprägt. Die Abschlüsse sind oftmals Bachelor und Master. Man kann die Fachhochschulreife an Abendgymnasien und Berufskollegs erwerben.

Mit der *Allgemeinen Hochschulreife* (Abitur) ist man zum Studium aller Fächer an Universitäten und Hochschulen berechtigt. Diesen Abschluss erwirbt man am Abendgymnasium.

Informationen und individuelle Beratungen zu Schulabschlüssen erhält man u. a. bei der Agentur für Arbeit und den örtlichen Volkshochschulen.

Links im Internet

Bundesagentur für Arbeit:	www.arbeitsagentur.de
Kursnet:	http://kursnet-finden.arbeitsagentur.de/kurs/
Bildungsserver:	www.bildungsserver.de
Deutscher Volkshochschulverband:	www.dvv-vhs.de

a Recherchieren Sie, welche Bildungseinrichtungen für Schulabschlüsse oder Fort- und Weiterbildungen es in Ihrer Stadt gibt. Tauschen Sie Ihre Ergebnisse im Kurs aus.

b Befragen Sie Freunde und Nachbarn, welche Erfahrungen sie mit Bildungseinrichtungen gemacht haben. Erstellen Sie eine Übersicht mit den wichtigsten Vor- und Nachteilen. Berichten Sie im Kurs.

c Ein Mitglied Ihrer Familie oder Sie möchten einen Schulabschluss nachholen. Welchen und weshalb diesen? Wie gehen Sie vor? Planen Sie die einzelnen Schritte.

Arbeit und Familie

Zufriedenheit am Arbeitsplatz: Was ist wichtig?

Bewerten Sie die Beispiele auf einer Skala von 1 (unwichtig) bis 10 (sehr wichtig).

- [ ] ein gutes Gehalt
- [ ] das Verhältnis zum Vorgesetzten
- [ ] Vereinbarkeit von Beruf und Familie
- [ ] eine spannende Aufgabe

- [ ] flexible Arbeitszeiten
- [ ] gute Sozialleistungen
- [ ] nette Kolleginnen und Kollegen
- [ ] Erreichbarkeit des Arbeitsplatzes mit öffentlichen Verkehrsmitteln

1 Arbeitszeiten

a Welches Wort passt? Vervollständigen Sie die Sätze.

> **Schichtarbeit**
> die Nacht-/Frühschicht
> die Wechselschicht

Vollzeit | Nachtschicht | Überstunden | Gleitzeit | Teilzeit | Feierabend

1 Wir haben .... und können zwischen 7 und 9 Uhr morgens anfangen.

2 Kannst du freitags früher .... machen oder musst du regulär arbeiten?

3 Die .... beginnt um 22 Uhr und endet um 6 Uhr morgens.

4 Ich arbeite .... – also 40 Stunden die Woche.

5 Im Moment mache ich ...., weil so viel zu tun ist. Zum Glück werden sie bezahlt.

6 Ich arbeite in ...., weil ich für meine Kinder da sein möchte.

b 🔊 09 Was ist richtig? Hören Sie, was Dimitra, Malaika und Fadi sagen und kreuzen Sie an.

	Dimitra	Malaika	Fadi	keine der Personen
1 … hat eine 40-Stunden-Woche.	☐	☐	☐	☐
2 … hat Gleitzeit.	☐	☐	☐	☐
3 … hat Wechselschicht.	☐	☐	☐	☐
4 … fängt morgens um halb sieben an.	☐	☐	☐	☐
5 … macht gegen 13 Uhr eine Mittagspause.	☐	☐	☐	☐
6 … arbeitet zwischen 30 und 50 Stunden pro Woche.	☐	☐	☐	☐
7 … hat um 12 Uhr Feierabend.	☐	☐	☐	☐

c Zu zweit oder in kleinen Gruppen: Sprechen Sie über Ihren Arbeitsalltag (jetzt oder früher).

Machst du
Hast du
Arbeitest du
Wann
Um wie viel Uhr
Von wann bis wann
Wie viele
…

oft Überstunden?
in Voll-/Teilzeit?
halbtags?
manchmal Nacht-/Frühschicht?
flexible/feste Arbeitszeiten?
auch am Wochenende?
gehst du zur Arbeit?
machst du eine Mittagspause?
arbeitest du?
machst du Feierabend?
Stunden arbeitest du pro Woche?
Urlaubstage hast du im Jahr?
…

d Dimitra sagt: „Wenn ich dann so gegen halb sieben den Computer ausmache, bin ich meist ganz schön geschafft."
Was bedeutet das?
Bilden Sie Sätze mit „Wenn ich …, dann …".

> **Ähnliche Ausdrücke**
> fix und fertig sein, völlig k.o. sein, total platt sein, alle sein

2 Routinearbeiten

a Hören Sie die Texte aus 1b noch einmal. Lesen Sie die Fragen und kreuzen Sie an. Manchmal sind zwei Antworten richtig.

> vormittags
> am (späten) Vormittag
> am Mittwochvormittag

1 Was macht Dimitra vormittags?
　☐ Arbeitsverträge vorbereiten　　☐ Fortbildungen organisieren　　☐ Termine koordinieren

2 Welche Tätigkeit erwähnt Malaika nicht?
　☐ Geschirr in die Küche bringen　　☐ Kaffee kochen　　☐ Tische abräumen

3 Was macht Fadi heute Nachmittag?
　☐ Briefe übersetzen　　☐ einen Kunden treffen　　☐ am Schreibtisch arbeiten

b Welche Verben passen zu den Wörtern 1–5? Notieren Sie jeweils zwei Beispiele und vergleichen Sie. Es gibt mehrere Möglichkeiten. Nicht alle Verben können zugeordnet werden.

anpflanzen | sich kümmern um | installieren | sammeln | korrigieren | prüfen | untersuchen | planen | ausbilden | organisieren | verkaufen | durchführen | liefern | reinigen | überwachen

1　Patienten　...

2　Maschinen　...

3　Informationen　...

4　Waren　...

5　Veranstaltungen　...

c Welche Tätigkeiten gehören zu Ihrem Arbeitsalltag? Erstellen Sie eine Liste und berichten Sie einer Partnerin oder einem Partner.

3 Was kommt zuerst?

Als Personalsachbearbeiterin gehört es zu Dimitras Aufgaben, neues Personal zu finden. Wie geht sie dabei vor? Bringen Sie die Arbeitsschritte in die richtige Reihenfolge und sprechen Sie über den Ablauf.

☐ Bewerbungen lesen

☐ Vorstellungsgespräche vorbereiten

☐ Stellenanzeigen formulieren

☐ die besten Bewerberinnen und Bewerber einladen

☐ Stellenanzeigen im Jobportal posten

☐ geeignete Bewerberinnen und Bewerber auswählen

> **Zuerst** | formuliert sie | die Stellenanzeige.
> Sie formuliert | **zuerst** | die Stellenanzeige.

> zuerst, zunächst, anschließend, dann, danach, schließlich, zum Schluss, zuletzt, vorher, nachher etc.

4 Mein Arbeitsalltag

Schreiben Sie einen Text über Ihren (idealen) Arbeitsalltag: Arbeitszeiten? Typische Tätigkeiten?
Wann machen Sie was?
Machen Sie sich vor dem Schreiben Notizen.

5 Unzufrieden im Job?

a In diesem Forum tauschen sich Arbeitnehmer über ihre Arbeit aus. Lesen Sie die Fragen 1–4 und die Antworten A–C. Was passt zusammen? Für eine Frage gibt es keine Antwort.

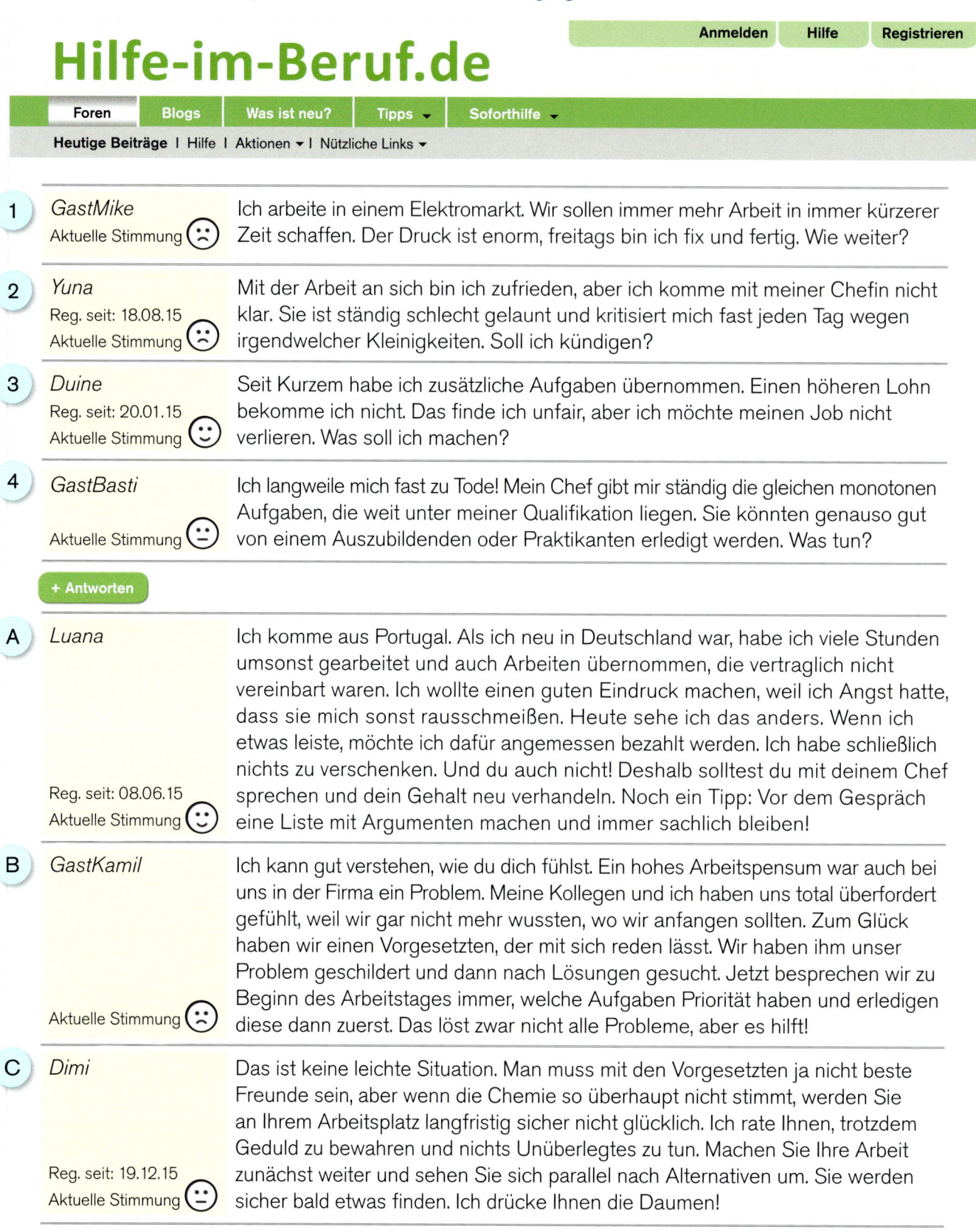

Hilfe-im-Beruf.de

Anmelden | Hilfe | Registrieren

| Foren | Blogs | Was ist neu? | Tipps ▾ | Soforthilfe ▾ |

Heutige Beiträge | Hilfe | Aktionen ▾ | Nützliche Links ▾

1 · *GastMike*
Aktuelle Stimmung ☹ · Ich arbeite in einem Elektromarkt. Wir sollen immer mehr Arbeit in immer kürzerer Zeit schaffen. Der Druck ist enorm, freitags bin ich fix und fertig. Wie weiter?

2 · *Yuna*
Reg. seit: 18.08.15
Aktuelle Stimmung ☹ · Mit der Arbeit an sich bin ich zufrieden, aber ich komme mit meiner Chefin nicht klar. Sie ist ständig schlecht gelaunt und kritisiert mich fast jeden Tag wegen irgendwelcher Kleinigkeiten. Soll ich kündigen?

3 · *Duine*
Reg. seit: 20.01.15
Aktuelle Stimmung ☺ · Seit Kurzem habe ich zusätzliche Aufgaben übernommen. Einen höheren Lohn bekomme ich nicht. Das finde ich unfair, aber ich möchte meinen Job nicht verlieren. Was soll ich machen?

4 · *GastBasti*
Aktuelle Stimmung 😐 · Ich langweile mich fast zu Tode! Mein Chef gibt mir ständig die gleichen monotonen Aufgaben, die weit unter meiner Qualifikation liegen. Sie könnten genauso gut von einem Auszubildenden oder Praktikanten erledigt werden. Was tun?

+ Antworten

A · *Luana*
Reg. seit: 08.06.15
Aktuelle Stimmung ☺ · Ich komme aus Portugal. Als ich neu in Deutschland war, habe ich viele Stunden umsonst gearbeitet und auch Arbeiten übernommen, die vertraglich nicht vereinbart waren. Ich wollte einen guten Eindruck machen, weil ich Angst hatte, dass sie mich sonst rausschmeißen. Heute sehe ich das anders. Wenn ich etwas leiste, möchte ich dafür angemessen bezahlt werden. Ich habe schließlich nichts zu verschenken. Und du auch nicht! Deshalb solltest du mit deinem Chef sprechen und dein Gehalt neu verhandeln. Noch ein Tipp: Vor dem Gespräch eine Liste mit Argumenten machen und immer sachlich bleiben!

B · *GastKamil*
Aktuelle Stimmung ☹ · Ich kann gut verstehen, wie du dich fühlst. Ein hohes Arbeitspensum war auch bei uns in der Firma ein Problem. Meine Kollegen und ich haben uns total überfordert gefühlt, weil wir gar nicht mehr wussten, wo wir anfangen sollten. Zum Glück haben wir einen Vorgesetzten, der mit sich reden lässt. Wir haben ihm unser Problem geschildert und dann nach Lösungen gesucht. Jetzt besprechen wir zu Beginn des Arbeitstages immer, welche Aufgaben Priorität haben und erledigen diese dann zuerst. Das löst zwar nicht alle Probleme, aber es hilft!

C · *Dimi*
Reg. seit: 19.12.15
Aktuelle Stimmung 😐 · Das ist keine leichte Situation. Man muss mit den Vorgesetzten ja nicht beste Freunde sein, aber wenn die Chemie so überhaupt nicht stimmt, werden Sie an Ihrem Arbeitsplatz langfristig sicher nicht glücklich. Ich rate Ihnen, trotzdem Geduld zu bewahren und nichts Unüberlegtes zu tun. Machen Sie Ihre Arbeit zunächst weiter und sehen Sie sich parallel nach Alternativen um. Sie werden sicher bald etwas finden. Ich drücke Ihnen die Daumen!

b Haben Sie Erfahrung mit beruflichen Foren? Können Sie die Nutzung empfehlen? Welche Fragen würden Sie in einem Internetforum nicht diskutieren? Wie ist Ihre Erfahrung mit anderen Foren?

c Hier sind sechs Gründe für Unzufriedenheit im Beruf. Welche dieser Gründe nennen die Personen in 5a? Diskutieren Sie. Fallen Ihnen noch weitere Gründe ein?

1   keine Aufstiegschancen
2   unterfordert sein, zu viel Routine
3   überfordert sein, zu viel Druck, Stress
4   keine Anerkennung, kein Lob
5   schlechtes Betriebsklima
6   geringe/unfaire Bezahlung

die innere Kündigung einreichen

jemand ist so unzufrieden, dass er sich bei der Arbeit nicht mehr engagiert

d Womit sind Sie in Ihrem Job zufrieden? Womit sind Sie unzufrieden? Was könnten Sie tun, um die Situation zu verbessern?

e Eine der Fragen in 5a hatte keine Antwort. Schreiben Sie eine. Was raten Sie der Person?

6   Hast du mit Herrn Richwald gesprochen?

a Malaika und Fadi sind Nachbarn. Hören Sie den Dialog und entscheiden Sie, ob die Aussagen dazu richtig oder falsch sind.

10

		✓	✗
1	Malaikas Sohn hat ein Spielzeug bei Fadi vergessen.	☐	☐
2	Malaika hat einen Kuchen gebacken, weil Fadi Geburtstag hat.	☐	☐
3	Fadi hat Malaika einen Gefallen getan.	☐	☐
4	Fadi hält es für sinnlos, um eine Lohnerhöhung zu bitten.	☐	☐
5	Malaika hat schon mit ihrem Vorgesetzten gesprochen.	☐	☐
6	Fadi will Malaika helfen, eine Tätigkeitenliste zu erstellen.	☐	☐

b Lesen Sie die Information in den Kästen und die Dialoge. Variieren Sie dann die Dialoge.

Einige Nomen haben in allen Formen (außer im Nominativ Singular) ein *-n* oder *-en* am Ende.

	Singular	Plural
Nom.	der Nachbar	die Nachbarn
Akk.	den Nachbarn	die Nachbarn
Dat.	dem Nachbarn	den Nachbarn

Zu dieser Gruppe gehören (fast) nur maskuline Nomen: der Herr, der Nachbar, der Kollege, der Vorgesetzte, der Junge, der Student, der Polizist, das (!) Herz etc.

Kennen Sie Herr**n** Richwald?
Hast du mit deinem Nachbar**n** gesprochen?
Das Geschenk kommt von Herz**en**.

Dialog 1

▶ Sag mal, wer ist denn der Mann da drüben?

▷ Welcher Mann? Meinst du **Herrn Heidrich**, **den Journalisten**?

▶ Ach, das ist der **Journalist**? Das wusste ich nicht.

~~der Journalist~~ | ~~Herr Heidrich~~
der Praktikant | Herr Ortega
der Auszubildende | Herr Vogt
der Lagerist | Herr Dietz
der Architekt | Herr Seidel

Dialog 2

▶ Hast du eigentlich schon mit **dem Journalisten** gesprochen?

▷ Mit **Herrn Heidrich**? Nein, noch nicht.

7 Kinderbetreuung

a Lesen Sie den Text und diskutieren Sie die Fragen darunter.

Familie und Beruf

Für berufstätige Eltern ist es nicht immer leicht, eine gute Betreuung für ihre Kinder zu finden. Nicht jeder hat eine Oma, einen Opa oder nette Nachbarn, die hin und wieder auf die Kinder aufpassen können. Besonders für alleinerziehende Mütter und Väter ist eine öffentliche Kinderbetreuung unbedingt notwendig, um finanziell überleben zu können.

Das Thema „Kinderbetreuung" ist schon viel in Deutschland diskutiert worden, und in den letzten Jahren hat sich das Betreuungsangebot deutlich verbessert: Krippen, Kitas, Betriebskindergärten, Tagesmütter und Ganztagsschulen sollen Eltern helfen, Beruf und Familie miteinander zu vereinbaren. Inzwischen gibt es auch viele Arbeitgeber, die ihre Mitarbeiterinnen und Mitarbeiter durch familienfreundliche Arbeitsbedingungen unterstützen. Trotzdem ist es nach wie vor schwierig, Kinder und Beruf unter einen Hut zu bringen. In vielen Regionen gibt es immer noch zu wenige Betreuungsplätze, insbesondere für Kinder unter drei Jahren. Außerdem wünschen sich viele Eltern flexiblere Öffnungszeiten.

- Haben Sie Kinder? Wer kümmert sich um Ihre Kinder, wenn Sie nicht zu Hause sind?
- Ist es in Ihren Herkunftsländern üblich, dass beide Elternteile arbeiten?
- Welche Formen der Kinderbetreuung gibt es in Ihren Ländern? Was funktioniert dort gut? Was funktioniert nicht so gut?

b Hat jemand in Ihrem Kurs noch keine passende Betreuung für ihr/sein Kind gefunden? Suchen Sie im Internet nach Betreuungsangeboten in Ihrer Stadt. Welche Möglichkeiten gibt es?

8 Unser Sohn, eure Tochter

a Welches Wort passt am besten? Vervollständigen Sie die Sätze und vergleichen Sie.

meine | dein | sein | ihr | ihr | Ihre | unsere | euer

1 Habt ihr .... Kind schon in der Kita angemeldet?

2 Meine Tochter geht nie ohne .... Kuscheltier in den Kindergarten.

3 Sag mal, geht .... Sohn in eine Ganztagsschule?

4 Mein Mann und ich suchen einen zweisprachigen Kindergarten für .... Zwillinge.

5 Sagen Sie, arbeitet .... Frau nicht als Erzieherin?

6 Nachmittags passt .... Mutter auf die Kinder auf.

7 Viele Eltern finden keine passende Betreuung für .... Kind.

8 Peter ist alleinerziehend. .... Sohn ist bei einer Tagesmutter.

b Lesen Sie die Information in der Tabelle und den Dialog. Variieren Sie den Dialog.

Man bildet die Formen der Possessivartikel wie bei *kein-*:			
	maskulin	**feminin**	**neutral**	**Plural**
Nom.	mein Sohn	meine Tochter	mein Kind	meine Kinder
Akk.	meinen Sohn	meine Tochter	mein Kind	meine Kinder
Dat.	meinem Sohn	meiner Tochter	meinem Kind	meinen Kindern
Gen.	meines Sohnes	meiner Tochter	meines Kindes	meiner Kinder

Die Endungen sind für alle Possessivartikel gleich.
Akkusativ: mein<u>en</u>, dein<u>en</u>, sein<u>en</u>, eur<u>en</u> etc.   Dativ: mein<u>em</u>, dein<u>em</u>, sein<u>em</u>, eur<u>em</u> etc.

~~Sohn~~ | Tochter | Kind | Kinder

▶ Ich suche eine Kinderbetreuung für **meinen Sohn**. Hast du eine Idee?

▷ Ja, hier in der Nähe gibt es einen zweisprachigen Kindergarten. Da würde es **deinem Sohn** bestimmt gut gefallen.

c Malaika spricht mit Sarah, einer Kollegin. Lesen Sie und streichen Sie das falsche Wort durch.

Sarah: Ich habe gehört, dass die Kita streikt. Wer passt denn dann auf deinen/deiner (1) Sohn auf?

Malaika: Ich habe ihn heute Morgen zu mein/meinem (2) Nachbarn gebracht. Er kümmert sich um ihn. Und wie ist das bei euch? Wer passt auf eurem/euren (3) Sohn auf?

Sarah: Unser/Unseren (4) Sohn geht nach der Schule zu seinem/seinen (5) Großeltern.

Malaika: Ah, das ist natürlich eine super Lösung. Die Großeltern meines/meiner (6) Sohnes leben leider nicht in Deutschland.

9 Wer betreut die Kinder?

Zu zweit: Denken Sie sich zu einem der Bilder eine Geschichte aus. Machen Sie sich zuerst Notizen. Erzählen Sie Ihre Geschichte dann im Kurs.

• Wer sind die Personen? Wo sind sie? Wie fühlen sie sich?
• Was ist die Situation? Was ist vorher passiert? Was passiert wohl als Nächstes?

Sprachbausteine

Arbeitszeiten

der Feierabend, die Gleitzeit, die Kernzeit, die Nacht-/Früh-/Wechselschicht, die Schicht, der Schichtdienst, die Teil-/Vollzeit

Über Arbeitsabläufe sprechen

zuerst, zunächst, anschließend, dann, danach, schließlich, zum Schluss, zuletzt, vorher, nachher

Gründe für Unzufriedenheit am Arbeitsplatz nennen

keine Anerkennung, keine Aufstiegschancen, schlechtes Betriebsklima, unfaire Bezahlung, zu viel Druck/Stress, geringer Lohn, sinnlose/monotone Tätigkeiten, über-/unterfordert sein

Kinderbetreuung

der Betriebskindergarten, die Ganztagsschule, die Kita, die Krippe, die Tagesmutter
auf die Kinder aufpassen, die Kinder betreuen, die Kinder in die Kita bringen/von der Kita abholen

Grammatik

Zeitadverbien im Satz

Zuerst	kontrolliere ich	die Waren.
Ich kontrolliere	**zuerst**	die Waren.

n-Deklination

	Singular			Plural		
Nominativ	der/ein	Kunde	Mensch	die/-	Kunden	Menschen
Akkusativ	den/einen	Kunden	Menschen	die/-	Kunden	Menschen
Dativ	dem/einem	Kunden	Menschen	den/-	Kunden	Menschen
Genitiv	des/eines	Kunden	Menschen	der/-	Kunden	Menschen

Oft kann man die Nomen der n-Deklination an ihren Endungen erkennen. Zur n-Deklination gehören:
*   Nomen, die männliche Personen bezeichnen und auf -e enden (der Kollege, der Grieche etc.)
*   Nomen, die männliche Personen bezeichnen und folgende Endungen haben: *-oge, -ent, -ant, -and, -ist, -at, -graf* (der Geologe, der Student, der Praktikant, der Doktorand, der Polizist, der Kandidat, der Fotograf etc.)
*   Außerdem: der Mensch, der Herr, der Nachbar, der Pilot, **das** (!) Herz

Possessivartikel

ich	→ **mein**
du	→ **dein**
er	→ **sein**
es	→ **sein**
sie	→ **ihr**

wir	→ **unser**
ihr	→ **euer**
sie/Sie	→ **ihr/Ihr**

eu**er**/eu**re** (!)
euer Sohn
eure Tochter

Der Possessivartikel *unser*

	maskulin	feminin	neutral	Plural
Nominativ	unser Chef	unsere Firma	unser Kind	unsere Kollegen
Akkusativ	unseren Chef	unsere Firma	unser Kind	unsere Kollegen
Dativ	unserem Chef	unserer Firma	unserem Kind	unseren Kollegen
Genitiv	unseres Chefs	unserer Firma	unseres Kindes	unserer Kollegen

Beruflich unterwegs

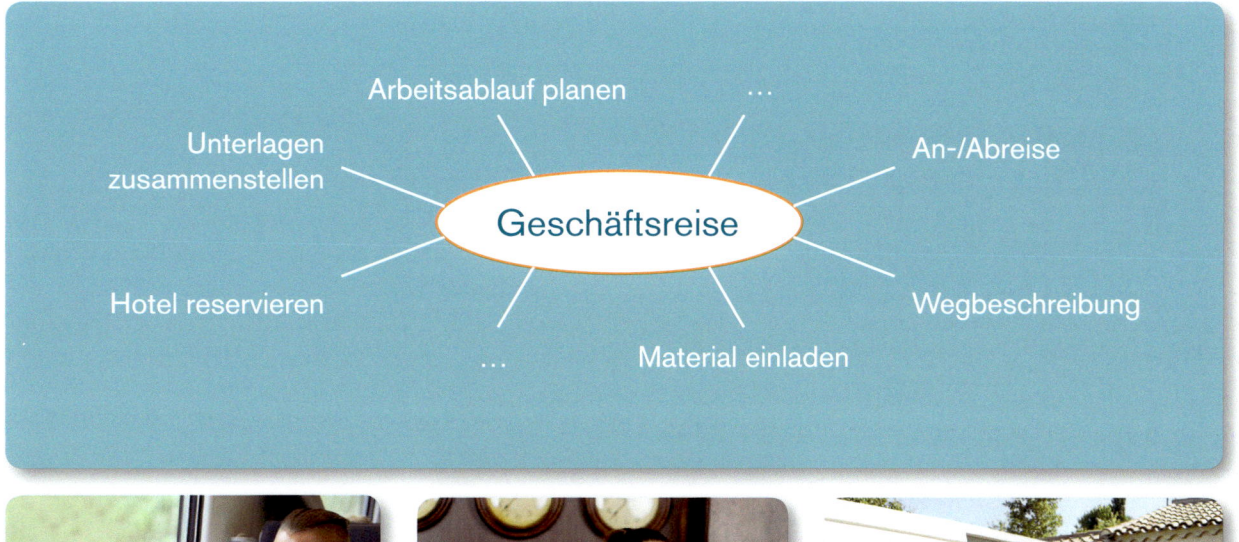

Arbeitsablauf planen

...

Unterlagen zusammenstellen

An-/Abreise

Geschäftsreise

Hotel reservieren

Wegbeschreibung

...

Material einladen

1 Ein Hotel finden

11 **a** Hedda Aziz plant mit ihrem Kollegen Carsten Lehmann eine Geschäftsreise. Sie sucht online nach Hotelzimmern. Hören Sie den Dialog. Welche Begriffe stehen in Verbindung mit den von ihr genannten Zahlen, welche nicht?

		✓	✗			✓	✗
1	Anreisetag	☐	☐	4	Personenanzahl	☐	☐
2	Flugverbindung	☐	☐	5	Abreisetag	☐	☐
3	Zimmerkategorie	☐	☐	6	Hotelkategorie	☐	☐

12 **b** Hedda Aziz und Carsten Lehmann müssen zu einer Tagung bei einem großen Automobilhersteller. Die Firma befindet sich im Gewerbegebiet in der Nähe des Flughafens.
Lesen Sie die Suchergebnisse. Welches Hotel passt am besten? Diskutieren Sie mit Ihrer Partnerin / Ihrem Partner die Vor- und Nachteile. Hören Sie dann den Dialog weiter.

◎ **Hotelbuchungsportal.de**
Brauchen Sie Hilfe?
089 - 68 52 99 0 ❶

Suche: Deutschland → Bayern → München Nähe Flughafen

Hotel Bayern
→ DZ 140/EZ 80   → Restaurant/Bar
→ Tiefgarage   → Wellnessbereich
→ Innenstadt   → Wäschereiservice
→ WLAN   → Klimaanlage

Hotel Zur Alten Post
→ persönliche Atmosphäre   → Restaurants/Bars fußläufig erreichbar
→ 20 Parkplätze im Innenhof   → S-Bahn zur Innenstadt (10-Minuten-Takt)
→ Flughafennähe
→ WLAN

Hotel Airport
→ DZ 90/EZ 55   → Restaurant/Bar
→ Tiefgarage   → Mietautoservice im Hause
→ direkt am Flughafen   → S-Bahn zur Innenstadt (10-Minuten-Takt)
→ WLAN   → Klimaanlage

> **Modale Präpositionen**
> für/ohne   + Akkusativ
> zu/von/mit/aus/außer + Dativ

c Ergänzen Sie die Präpositionen.

1 Über ein Hotelbuchungsportal kann man kurzfristig Zimmer .... Tagungen buchen.

2 Sie fliegen .... ihrem Chef .... einem Meeting nach München.

3 Die Geschäftsreise besteht .... Tagungen und Besprechungen.

4 Der Bericht ist .... ihrem Kollegen bearbeitet worden.

5 .... der Geschäftsreise muss Hedda noch eine Schulung in der Firma organisieren.

6 Ich kann die Tagungsergebnisse nicht .... meinen Laptop präsentieren.

2 Viele Vorbereitungen

Toma Popescu fährt für eine Woche mit dem Auszubildenden auf Montage. Lesen Sie, was Toma und Tobias noch alles erledigen müssen und schreiben Sie Sätze. Es gibt mehrere Möglichkeiten.

Modalverben
müssen/wollen
möchten/sollen

ZU ERLEDIGEN!	WER
Lieferwagen Reifen checken ✓	Tobias
Lieferwagen betanken	Tobias
Aufträge bearbeiten und ausdrucken	Toma
Material zusammenstellen	beide
Lieferwagen beladen	Tobias
Reiseroute ausdrucken/Navigationsgerät Reiseziel eingeben	Toma
Hotel buchen	Toma
Tasche packen	beide

1. Tobias muss die Reifen vom Lieferwagen checken.

3 Ein Hotel reservieren

13

a Toma reserviert die Hotelzimmer. Hören Sie den Dialog. Markieren Sie dann das richtige Verb.

1 Toma darf/will/kann zwei Einzelzimmer für die nächste Woche reservieren.

2 Toma und Tobias sollen/müssen/wollen am Montag anreisen.

3 Sie können/wollen/möchten zuerst zur Baustelle fahren.

4 Abends müssen/können/wollen sie im Hotel essen.

5 Toma darf/soll/muss den Firmentransporter auf dem Parkplatz parken.

Modalverben
können/dürfen

b Lesen Sie die Buchungsbestätigung vom Hotel. Was ist falsch?

Von:	hotelhansen@hotelnet.de
An:	toma.popescu@san-moeller.de
Betreff:	Buchungsbestätigung – Buchungsnummer: 20885/2017

Sehr geehrter Herr Popescu,
vielen Dank für die Reservierung. Hiermit bestätigen wir die Buchung von 3 EZ von Montag (15.03.) – Freitag (19.03.) auf die Namen: Toma Popescu, Tobias Schmidt und Herbert Möller.

Mit freundlichen Grüßen
Dieter Hansen

c Zu zweit: Planen Sie eine Geschäftsreise. Nutzen Sie das Internet. Stellen Sie Ihre Geschäftsreise im Kurs vor.

1. Grund der Reise (Besprechung, Meeting, Fortbildung, Tagung, Montage etc.)
2. Termin
3. An- und Abreise (Flugzeug, Bahn, Auto, Fahrgemeinschaft)
4. Hotel/Pension (Größe, Lage)
5. Buchung (Wer?, Wie?, Online, Telefon, Reisebüro)

d Schreiben Sie eine Hotelreservierung. Ihre Partnerin/Ihr Partner schreibt Ihnen eine Buchungsbestätigung.

4 Auf der Baustelle

a Toma und Tobias sind auf der Baustelle. Lesen Sie
den Text und markieren Sie die lokalen Präpositionen.

> **Lokale Präpositionen**
>
> durch, gegen, um →**Akkusativ**
> aus, bei, nach, von, zu →**Dativ**
>
> in, an, auf, unter,   **Wohin?** →**Akkusativ**
> über, vor, hinter,   **Wo?** →**Dativ**
> neben, zwischen

Tobias holt zuerst das Werkzeug aus dem Lieferwagen
und stellt es in den Eingang. Die Heizungsrohre legt er
vor die Hauswand. Dann stellt er die Kabeltrommel
neben den Bohrhammer. Er nimmt die Montageanleitung für die Heizungstherme. Sie liegt unter dem
Beifahrersitz. Er legt sie auf die Therme im Keller.
Toma holt die Aufträge. Sie sind hinter dem Fahrersitz. Dann geht er zum Architekten und legt sie
auf den Arbeitstisch im Baubüro. Die Baupläne sind beim Architekten und Toma bringt sie nach unten in den Keller. Danach montiert er zuerst eine Baustellenlampe über den Abwasserschacht und
legt eine Plane aus. Anschließend verteilen Toma und Tobias alle Heizkörper in den Räumen und
stellen sie gegen die Wände. Nun markiert Toma mit einem dicken Bleistift alle Heizungsanschlüsse
an den Wänden. Tobias bringt in der Zwischenzeit vier Materialkisten vom Erdgeschoss in die erste
Etage. Dort stehen schon das Waschbecken und die Toilette zwischen den Zementsäcken.
Zum Schluss besprechen Toma und Tobias den Arbeitsablauf mit dem Architekten.

b Wo stehen die Sachen jetzt?
Ergänzen Sie die Präpositionen und Artikel.

> **Wo? → Dativ**
>
> Person: bei → ist **beim** Architekten
> Ort: in → steht **im** Keller
> Ort: unter → liegt **unter dem** Sitz

1 Das Werkzeug steht jetzt .... Eingang.

2 Die Heizungsrohre liegen .... Hauswand.

3 Die Kabeltrommel steht .... Bohrhammer.

4 Die Montageanleitung für die Heizungstherme liegt .... Therme im Keller.

5 Die Aufträge liegen .... Arbeitstisch im Baubüro.

6 Die Baupläne sind nun .... Keller.

7 Die Baustellenlampe befindet sich .... Abwasserschacht.

8 Die Heizkörper lehnen .... Wänden.

> **Wohin? → Akkusativ**
>
> Ort: in → stellt **in den** Keller
> Ort: auf → legt **auf den** Tisch

 14

c Toma und Tobias besprechen mit dem Architekten den Arbeitsablauf.
Lesen Sie zunächst die einzelnen Arbeitsschritte und überlegen Sie zu zweit, in welcher Reihenfolge
sie gemacht werden müssen (linke Spalte). Hören Sie dann das Gespräch und notieren Sie die hier
vereinbarte Reihenfolge der Arbeiten (rechte Spalte). Vergleichen Sie im Kurs Ihre Ergebnisse.

☐ 1 Die Wand an den Stellen, wo die Heizungsanschlüsse hinkommen, markieren.	☐
☐ Die Heizungstherme an das System anschließen.	☐
☐ Die Schlitze in der Wand wieder verschließen.	☐
☐ Die Verbindungen zwischen den einzelnen Rohren anbringen.	☐
☐ Die Heizungsanschlüsse auf die Heizungsrohre montieren.	☐
☐ Die Heizungsrohre in der Wand verlegen.	☐
☐ Einen Probelauf im gesamten Haus starten.	☐
☐ Die Schlitze in der Wand aufstemmen.	☐
☐ Die Heizkörper wieder von der Wand abmontieren.	☐
☐ Die Heizkörper wieder an die Wand anschrauben.	☐
☐ Das Lüftungsrohr auf dem Dachboden anbringen.	☐
☐ Die Heizkörper an die Wände montieren.	☐

5 Schriftliche Aufzeichnungen

Lesen Sie die Texte. Was glauben Sie: Um was für Textarten handelt es sich? In welchen Branchen werden derartige Texte verwendet?

①

Menge	Material	geladen
2 Kartons	Verbindungsstücke	TS/03.02.
3 Kisten	T-Rohre	TS/03.02.
50 St.	Wasserrohre	TS 03.02.
50 St.	Gasrohre	TP/03.02.
300 St.	Anschlüsse	TS/03.02.
150 m	Rohrdämmung	TP/03.02.

②

Vorgaben	Speisen	Preis
vom Rind	Kalbsbraten mit Beilagen	17,30 €
vom Lamm	Lammcarré	24,99 €
Suppe	Berner Tagessuppe	8,99 €

③

Lieferschein / Datum: 22.03.2017

1 Kiste Orangen
20 Artischocken
5 kg Tomaten
30 kg Entrecôte
15 T-Bone-Steaks
10 kg Alaskaseelachs

④

Datum	Uhrzeit	Kunde	Dienstleistung	Wer
07.09.	10.00 Uhr	Fr. Heinen	Waschen, Kurpackung, Schneiden, Föhnen	
	12.00 Uhr		Schnitt: mittellange Haare	Irene
07.09.	10.30 Uhr	Fr. Schmidt	Waschen, Kurpackung, Färben, Schneiden, Föhnen	
	13.00 Uhr		Schnitt: lange Haare	Carina

⑤

Datum	Uhrzeit	Reinigungsperson	Bemerkung
02.05.	11.00 Uhr	Mertens	Waschbecken geputzt
02.05.	12.00 Uhr	Özhür	Seifenspender aufgefüllt
02.05.	13.00 Uhr	Özhür	Boden gewischt
02.05.	14.00 Uhr	Mertens	Toilettenpapier aufgefüllt

1 ....
2 ....
3 ....
4 ....
5 ....

6 Arbeitsabläufe

a Lesen Sie den Text. Sind die Aussagen unten richtig oder falsch?

Warum braucht man schriftliche Arbeitsabläufe?

Arbeitsabläufe nur mündlich zu besprechen birgt immer die Gefahr, dass sie nicht von allen Mitarbeitern richtig und vollständig verstanden werden. Aber auch wenn alle Mitarbeiter sie verstehen, ist es schwierig, mündlich festgelegte Abläufe weiterzugeben, z. B. vom Vorarbeiter an das Team. Bei komplexen Arbeitsabläufen wird darüber hinaus oftmals im Sinne der Qualitätssicherung kleinschrittig festgehalten, wer für welchen Arbeitsabschnitt verantwortlich ist, wer was kontrolliert und ggf. verbessert. Der reibungslose Ablauf einer Tätigkeit wird somit dokumentiert. Schriftliche Arbeitsabläufe sind Richtlinien, an die sich die Mitarbeiter halten und die das Arbeitsleben regeln. Verbunden mit den Abläufen gibt es in immer mehr Betrieben auch eine sogenannte Arbeitsplatzbeschreibung. Dort wird genau festgelegt, was die Aufgaben des jeweiligen Mitarbeiters sind.

		✓	✗
1	Mündlich festgelegte Arbeitsabläufe sind einfacher und werden schneller verstanden.	☐	☐
2	Schriftlich formulierte Arbeitsabläufe sind nur Optionen, die den Arbeitsbereich nicht immer betreffen.	☐	☐
3	Schriftlich festgehaltene Arbeitsabläufe regeln das Arbeitsleben.	☐	☐
4	Schriftlich dokumentierte Arbeitsprozesse haben eine hohe Verbindlichkeit.	☐	☐
5	Jeder Arbeitnehmer muss eine Arbeitsplatzbeschreibung verfassen.	☐	☐

b Verfassen Sie eine Arbeitsplatzbeschreibung für Ihre (Wunsch-)Tätigkeit. Stellen Sie diese im Kurs vor.

7 Eine Anweisung vom Chef

a Welche Aufgaben bekommen die Mitarbeiter? Sehen Sie sich die Bilder an. Was glauben Sie?

A
B
C
D

> Im Bild C könnte die Mitarbeiterin Kunden anrufen.

> Nein, dann hätte sie Kundenunterlagen auf dem Tisch. Sie muss bestimmt nur Termine vereinbaren.

15 **b** Hören Sie die Minidialoge und ordnen Sie diese den Bildern zu.

Dialog 1/Bild ....   Dialog 2/Bild ....   Dialog 3/Bild ....   Dialog 4/Bild ....

c Schreiben Sie Anweisungen. Es gibt mehrere Möglichkeiten.

1 (Sie): Termin auf 11.00 Uhr verschieben.
2 (du): Auftrag der Firma Meier zuerst bearbeiten.
3 (du): dort die Halterung montieren.
4 (Sie): für den Kunden ein Angebot schreiben.
5 (du): dem Auszubildenden den Arbeitsschritt erklären.

> **Konjunktiv II**
>
> Höfliche Bitte/Anweisung:
>   → würden/könnten + Infinitiv
> Ratschläge/Vorschläge:
>   → sollten/könnten + Infinitiv

d Schreiben Sie weitere Anweisungen und verteilen Sie diese im Kurs.

8 Jemanden um Hilfe bitten

16 **a** Heddas Laptop funktioniert vor der Präsentation nicht. Sie bittet Herrn Lehmann um Hilfe. Hören Sie den Dialog und notieren Sie die Ratschläge und Vorschläge, die Herr Lehmann macht.

1. Herr Lehmann könnte Hedda seinen Laptop ausleihen.
2. Hedda sollte ...

b Welche Form der Bitte ist höflicher? Kreuzen Sie an.

☐ Haben Sie   ☐ Hätten Sie   bitte eine Preisliste für mich?

☐ Könnten Sie   ☐ Können Sie   mir bei dieser Aufgabe bitte helfen?

☐ Willst du   ☐ Würdest du   am Freitag mit mir den Dienst wechseln?

☐ Sind Sie   ☐ Wären Sie   bereit, diesen Monat Überstunden zu machen?

9 Situationen und Reaktionen

a Lesen Sie zuerst die Redemittel und dann die Situationsbeschreibungen. Spielen Sie zu zweit ein Rollenspiel. Wechseln Sie danach die Rollen.

zustimmen
- Ich verstehe, ich könnte ja …
- Das geht in Ordnung.
- Nun ja, wenn es nicht anders geht.
- Na gut, dann müsste ich …

absagen/verneinen
- Es tut mir leid, aber das geht (heute/nächste Woche …) nicht, weil …
- Das würde/könnte ich doch morgen/nächste Woche … erledigen.
- Gerade heute/nächste Woche ist es etwas unpassend.
- Ich würde es schon machen, wenn …
- Leider habe ich ausgerechnet heute/nächste Woche … keine Zeit/zu viel zu tun …

nachfragen
- Könnte ich nicht morgen/früher kommen/länger bleiben/in zwei Wochen fahren …
- Ich verstehe das Problem, könnten wir nicht …
- Vielleicht wäre es möglich, die Arbeit aufzuteilen/einen Teil zu Hause zu erledigen …
- Wir sollten vielleicht …
- Ich verstehe, aber wenn es eine andere Möglichkeit gäbe, beispielsweise …
- Dürfte ich vielleicht …

Situation 1

Mitarbeiter/in: Ihre Chefin/Ihr Chef möchte, dass Sie nächste Woche für einen erkrankten Kollegen eine Geschäftsreise machen und einen Firmenkunden besuchen. Sie wollten in dieser Woche Überstunden abbauen und freinehmen.

Chef/in: Ihre Mitarbeiterin/Ihr Mitarbeiter, die/der nächste Woche wichtige Firmenkunden besuchen sollte, ist für längere Zeit erkrankt. Sie bitten eine Mitarbeiterin/einen Mitarbeiter, diese wichtige Geschäftsreise zu machen.

Situation 2

Mitarbeiter/in: Ihre Chefin/Ihr Chef bittet Sie, heute länger zu arbeiten und dringende Arbeiten zu erledigen. Sie haben heute Nachmittag aber einen dringenden privaten Termin (Arztbesuch/Schule der Kinder etc.) und möchten/können heute nicht länger bleiben.

Chef/in: Sie bitten Ihre Mitarbeiterin/Ihren Mitarbeiter, wichtige Arbeiten heute noch zu erledigen und länger zu bleiben. Die Aufgaben können nicht bis morgen warten und die kann auch niemand anders aus dem Team erledigen.

b In welcher Situation in Ihrem Beruf können Sie diese Redemittel verwenden?

c Wie würden Sie in diesen Situationen reagieren? Kreuzen Sie an.

Ihre Vorgesetzte/Ihr Vorgesetzter gibt Ihnen eine schwierige Aufgabe und Sie verstehen die Anweisungen nicht.	☐ Ich würde sofort nachfragen und es mir nochmal erklären lassen. ☐ Ich würde eine Kollegin/einen Kollegen um Hilfe bitten.
Ihre Chefin/Ihr Chef möchte, dass Sie eine für Sie unangenehme Arbeit erledigen.	☐ Ich würde mit dem Betriebsrat sprechen. ☐ Ich würde mit ihr/ihm sprechen und es ihr/ihm erklären.
Ihre Kollegin/Ihr Kollege hält Sie von der Arbeit ab. Sie müssen aber eine Aufgabe dringend erledigen.	☐ Ich würde mich bei der Chefin/dem Chef über sie/ihn beschweren. ☐ Ich würde nichts machen und später die Aufgabe schneller erledigen.
Sie möchten eine Fortbildung machen, die nicht von der Firma bezahlt wird. Die Kosten sind Ihnen aber zu hoch.	☐ Ich würde an anderen Dingen sparen und die Fortbildung machen. ☐ Ich würde versuchen, die Chefin/den Chef vom Vorteil der Fortbildung zu überzeugen.

d Vergleichen Sie mit Ihrer Partnerin/Ihrem Partner. Sprechen Sie über die Vor- und Nachteile.

Sprachbausteine

Hotel

die Anreise	per / mit dem Auto / Flugzeug / Zug anreisen
die Abreise	eine Buchung bestätigen
die Buchung	ein Einzel- / Doppelzimmer mit / ohne Frühstück buchen
die Reservierung	ein Hotel für eine Tagung suchen
die Wegbeschreibung	einen Konferenzraum reservieren

Grammatik

Modalverben

wollen/möchten

Bitte (höflich):	Ich **möchte** gern ein Doppelzimmer buchen.
Wunsch:	Ich **will/möchte** mit der Bahn fahren.
Plan:	Wir **wollen** am Dienstag anreisen.

können

Möglichkeit:	Sie **können** am Dienstag nach München fliegen.
Fähigkeit:	Hedda Aziz **kann** Deutsch sprechen.
Erlaubnis:	Toma und Tobias **können** ein teureres Hotelzimmer buchen.
Verbot:	Sie **können** hier jetzt nicht warten.

müssen

Regel/Aufgabe:	Toma **muss** die Aufträge ausdrucken.
Notwendigkeit:	Tobias **muss** den Lieferwagen betanken.

dürfen

Erlaubnis:	Toma **darf** auf dem Parkplatz parken.
Verbot:	Sie **dürfen** nicht im Zimmer rauchen.

sollen

Aufforderung:	Tobias **soll** die Reifen checken.

Modale Präpositionen

Modale Präpositionen benutzt man, um auszudrücken, wie etwas ist oder auf welche Weise man etwas macht.

für/ohne + Akkusativ

Tag **für** Tag kommt er um sechs Uhr ins Büro.
Manche Menschen bevorzugen Hotelzimmer **ohne** Klimaanlage.

zu/von/mit/aus/außer + Dativ

Er hat alle Arbeiten **zu** unserer Zufriedenheit erledigt.
Sie ist **von** allein zum richtigen Ergebnis gekommen.
Alle fahren morgen **mit** der Bahn nach Frankfurt.
Die Brücke ist **aus** Beton.
Der Vertreter kommt **außer** der Reihe.

Lokale Präpositionen

Lokale Präpositionen benutzt man, um auszudrücken, wo etwas steht oder wohin man etwas stellt.

Akkusativ	Wechselpräpositionen	Dativ
durch	in	aus
bis	an	bei
gegen	auf	nach
um	unter	zu
	über	gegenüber
	vor	von
	hinter	
	neben	
	zwischen	

Wohin? Akkusativ	oder	Wo? Dativ

Konjunktiv II

Höfliche Bitte:	**Könntest / Würdest** du bitte die Post zuerst erledigen?
Wunsch:	Ich **wäre** gerne Abteilungsleiter.
Ratschlag:	Sie **sollten** die Aufträge heute noch bestätigen.
Vorschlag:	Wir **könnten** den Bericht am Montag zusammen schreiben.

… bietet jeweils ein Interview und einen Sachtext – zum Lesen, Diskutieren, Recherchieren und Berichten.

Heute ist Senai Kudus unser Gast im Café Talk. Er beantwortet sechs Fragen über sein Leben.

 Herr Kudus, verraten Sie uns zuerst Ihr Alter und woher Sie kommen?

Ich bin 19 und komme aus Eritrea.

 Beschreiben Sie sich als Person: Welche Wörter kommen Ihnen spontan in den Sinn?

Hm, das ist nicht so leicht. Als Erstes fällt mir ‚alleine‘ ein. Das kommt daher, dass meine gesamte Familie in Eritrea ist und ich sie lange nicht gesehen habe. Vor allem mein Bruder fehlt mir sehr. Was noch? ‚Hilfsbereit‘ vielleicht. Ja, seitdem ich bei der Freiwilligen Feuerwehr ein Praktikum mache, weiß ich, was es heißt, Menschen in Notsituationen zu helfen. Und ich habe gelernt, wie viel Spaß mir das macht. Und dazu fällt mir gleich noch ‚lustig‘ ein. Ich glaube, ich bin lustig und immer gut gelaunt. Das sagen jedenfalls die Jungs in meiner WG. Dann vielleicht noch ‚Fußball‘ und ‚Rap‘, besonders Afrorap. Wenn ich den höre, fühle ich mich gut.

 Von der Schule bis zum Beruf: Was waren bisher die wichtigsten Stationen in Ihrem Leben?

Zuerst natürlich die Schule. In Eritrea geht man erst auf die Grundschule, dann auf die Mittel- und danach auf die Oberschule. Dort habe ich meinen Abschluss gemacht, der dem Abitur in Deutschland entspricht. Aber dann ist es bei uns schwierig, einen richtigen Beruf zu lernen. Für die Universität hatte meine Familie kein Geld. Also habe ich dort gearbeitet, wo sich etwas geboten hat. Eigentlich wäre ich gerne Handwerker geworden, aber ich konnte keine Arbeit finden. Deshalb bin ich nach Deutschland gekommen, weil ich gehört habe, dass man hier eine richtige Ausbildung machen kann. Natürlich muss ich erst einmal richtig gut Deutsch lernen. Dafür gehe ich jetzt auf ein Berufskolleg.

> **Ich will Menschen helfen, die in Not sind, und vielleicht sogar Leben retten.**

 Ihre derzeitige Station: Wie zufrieden sind Sie – auf einer Skala von 1 (sehr schlecht) bis 10?

Ich würde sagen, eine 7. In meiner WG fühle ich mich wohl. Man bekommt immer Hilfe und hat Spaß zusammen. Und die Arbeit bei der Freiwilligen Feuerwehr ist wirklich cool. Ich habe gelernt, wie wichtig es ist, im Team zu arbeiten. Und die Leute schätzen unsere Arbeit. Aber es gibt natürlich auch negative Seiten. Ich konnte noch nicht mit meiner Ausbildung anfangen. Erst einmal muss ich einen Ausbildungsplatz finden, das wird nicht einfach. Man muss Bewerbungen schreiben, zu Vorstellungsgesprächen gehen usw. Das alles habe ich noch nie gemacht und ich mache mir Sorgen, ob ich es schaffen werde.

 Wünsche, Träume, Hoffnungen: Wenn Sie etwas an Ihrer persönlichen Situation ändern könnten, was wäre das?

Was würde ich ändern? Hm, schwer zu sagen, denn seitdem ich mein Heimatland verlassen habe, hat sich so viel verändert. Also, als Erstes würde ich gerne in ein anderes Zimmer in meiner WG ziehen. Im Moment sind wir zu viert, und es ist manchmal echt laut. Und ich hätte gerne mehr Zeit für mich. Das Leben hier ist ganz schön stressig: Schule, Hausaufgaben, Arbeiten in der WG, Treffen bei der Freiwilligen Feuerwehr, Termine bei den Ämtern – meine Tage sind komplett durchgeplant. Manchmal wird mir das alles zu viel. Aber daran werde ich mich bestimmt gewöhnen.

 Weiterentwicklung und Pläne: Welche beruflichen Pläne haben Sie und wo sehen Sie sich in zehn Jahren?

Ich möchte Notfallsanitäter werden – das weiß ich jetzt genau. Ich will Menschen helfen, die in Not sind, und vielleicht sogar Leben retten. Das ist für mich der ganz große Traum. Ich weiß, dass ich natürlich nicht immer nur im Rettungswagen fahren werde, sondern auch im Büro sitzen muss, um Notrufe zu beantworten und die Einsätze zu planen. Das ist eine große Verantwortung, und ich wäre sehr stolz auf mich, wenn ich das schaffen würde. Was ich in 10 Jahren machen möchte, weiß ich noch nicht. Vielleicht bin ich dann noch in Deutschland, vielleicht wieder in Eritrea, vielleicht auch in einem anderen Land. Sanitäter werden ja überall gebraucht.

 Danke, Herr Kudus. Ihr Kaffee geht auf uns!

Alles im Lot?

Stress ist völlig normal. Sowohl im Berufs- wie auch im Privatleben gibt es immer wieder Phasen der starken Beanspruchung. Wenn aber der Stress zum Dauerzustand wird, macht er uns krank.

Am Freitag, den 2. Februar, ereignete sich auf der B3 ein schwerer Verkehrsunfall. Drei Fahrer überlebten schwer verletzt, ein zweijähriger Junge verstarb noch am Unfallort. Solche Einsätze gehören zum Arbeitsalltag von Tim Kronberg, der seit sechs Jahren von Berufs wegen Menschenleben rettet. „So etwas steckt niemand so einfach weg", sagt Kronberg. Vor allem dann nicht,

wenn man, wie Kronberg, selbst kleine Kinder hat. Rettungskräfte erleben extreme körperliche und psychische Belastungssituationen. Wenn sie nicht professionell betreut werden, kann das geradewegs in die Arbeitsunfähigkeit führen.

Fiona Hermann ist seit drei Jahren arbeitslos. Mit ihrer Zeit weiß sie oft nichts anzufangen. Sie hat sich von ihren Freunden zurückgezogen, weil sie sich aufgrund ihrer finanziellen Situation an vielen Aktivitäten nicht mehr beteiligen kann. Selbstzweifel und Depressionen belasten sie, sie fühlt sich emotional gestresst. Bei Monika Willmersdorf sollte der Tag dagegen am besten 48 Stunden haben. Sie arbeitet im Schichtdienst als Krankenschwester und versorgt neben ihrer Familie ihre pflegebedürftige Schwiegermutter.

Stress hat viele Gesichter. Burnout-Syndrom oder Tinnitus sind schon lange keine typischen Managerkrankheiten mehr – es kann jeden von uns treffen. Deshalb muss sich jeder, der permanent unter Stress steht und Berufliches und Privates nicht mehr unter einen Hut bekommt, Techniken aneignen, um seine Work-Life-Balance wieder ins Lot zu bekommen. Aber wie?

Prioritäten setzen: Unterscheiden Sie Wichtiges von Unwichtigem und handeln Sie danach. Erledigen Sie die unangenehmen Notwendigkeiten möglichst schnell.

Ordnung: Machen Sie kleine Aufräumarbeiten sofort. Verschieben Sie sie nicht auf später. Ein leerer Schreibtisch zu Arbeitsbeginn hebt genauso die Stimmung wie gespültes Geschirr zu Hause.

Delegation: Trauen Sie nicht nur Ihren Kollegen, sondern auch Ihrem Partner und Ihren Kindern und Freunden etwas zu.

Zeitmanagement: Veranschlagen Sie mindestens 20 % für Ungeplantes in Ihrem Kalender. Planen Sie auch Zeiten für Pausen und kleine Belohnungen ein.

Ernährung: Ernähren Sie sich ausgewogen. Essen Sie in Ruhe und genießen Sie Ihre Mahlzeiten.

Bewegung: Jeder Mensch hat einen natürlichen Bewegungsdrang. Finden Sie „Ihren Sport" und betreiben Sie ihn regelmäßig. Auch ein kleiner Spaziergang in der Mittagspause macht den Kopf frei.

Freundeskreis: Vernachlässigen Sie Ihre Freunde auch in Stresszeiten nicht.

Wer diese Tipps beherzigt, hat schon einiges für seine Stressresistenz getan. Es muss schließlich nicht gleich das Wochenendseminar für 1.000 Euro sein. Und manchmal hilft bereits ein Lächeln weiter.

a Senai sagt im Interview: „Meine Tage sind komplett durchgeplant. Manchmal wird mir das alles zu viel." Fragen Sie Ihre Bekannten und Freunde außerhalb des Kurses, was sie persönlich im Leben stressig finden. Unterscheiden Sie dabei möglichst nach Gruppen, beispielsweise Männern und Frauen oder Berufstätigen und Nicht-Berufstätigen.

b Wie können Sie in Ihrem Leben zu einem gesünderen Verhältnis von Arbeit und Freizeit beitragen?
Was können Sie tun, wenn Sie derzeit ohne Arbeit sind?
Was, wenn Sie zu viel zu tun haben?
Setzen Sie eine Ihrer Ideen in die Tat um.

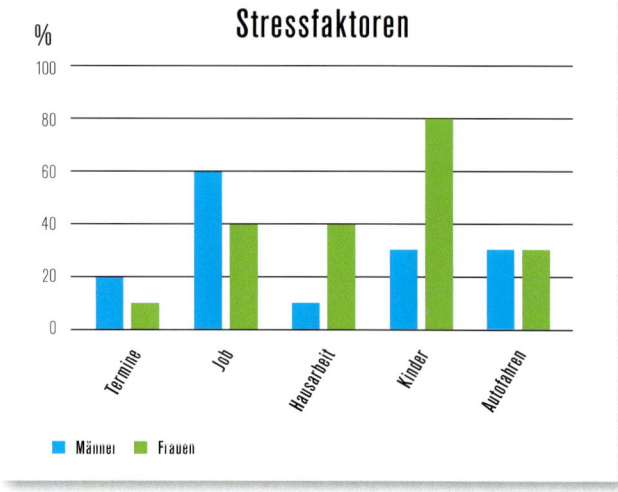

Stressfaktoren

Termine · Job · Hausarbeit · Kinder · Autofahren

■ Männer ■ Frauen

Verkaufsgespräche und Small Talk

Welche Messen in Deutschland kennen Sie?

Was machen Unternehmen auf Messen?

Worauf kommt es beim Verkaufsgespräch an?

...

...

Ist das günstigste Angebot immer das beste?

1   Für jeden die richtige Messe

a   Schauen Sie sich die Homepage der ISH an. Warum ist die ISH wichtig für die Branche?

b   Frankfurt ist eine der wichtigsten Messestädte in Deutschland. Recherchieren Sie zu zweit im Internet, welche Messen in Frankfurt stattfinden. Präsentieren Sie Ihre Ergebnisse im Kurs.

◄)) 17   **c**   Der Geschäftsführer Peter Möller von Sanitär Möller hat entschieden, dieses Jahr an der ISH in Frankfurt teilzunehmen. Er erklärt seinen Mitarbeitern die Gründe für seine Entscheidung. Hören Sie, was Herr Möller sagt, und fassen Sie die wichtigsten Punkte zusammen. Diese Stichpunkte helfen Ihnen dabei.

> Wettbewerber ... Besucher/Aussteller ... einen Stand mieten ... konkurrenzfähig bleiben ... Präsenz zeigen ... neue Kontakte knüpfen ... Geschäft erweitern ... sich über Trends informieren ... Produkte/Dienstleistungen vorstellen

2   Ein Auftrag für Toma

a   Toma soll Herrn Möller begleiten. Lesen Sie Herrn Möllers E-Mail an Toma. Was braucht Herr Möller? Stellen Sie sich im Kurs gegenseitig Fragen.

> **Was** braucht Herr Möller **(noch)**?
> **Wie viel/e ...** soll Toma **(noch) besorgen**?

An:	toma.popescu@san-moeller.de
Betreff:	Besorgungen für Messebesuch

Hallo Toma,
für die Messe in Frankfurt müssen wir viel vorbereiten. Wir brauchen:

> unsere neuen Broschüren (200 Stück) – einen leichten Prospektständer (aus Plastik oder Aluminium) – die aktuelle Preisliste (als PDF-Dokument) – eine ausführliche Präsentation unseres Unternehmens (als PPT) – das ausführliche Datenblatt unseres Premium-Sanitär-Silikons (auch als PDF) – den alten Laptop – neue Visitenkarten (100 Stück) – 300 Stück unserer weiß-blauen Sticker mit unserem neuen Logo – weiße und blaue Kappen als kostenlose Give-aways.

Bitte stelle alles zusammen. Brauchen wir auch englische Flyer? Ich habe den englischen Flyer unseres größten Konkurrenten – sieht gut aus! Vielleicht sollten wir einen ähnlichen Flyer erstellen. Was denkst du?

Gruß
Peter

b Lesen Sie die E-Mail noch einmal und unterstreichen Sie alle Adjektivendungen. Setzen Sie nun in Tomas Übersicht die richtigen Endungen ein.

Wir brauchen …

1 die aktuell........ Preisliste
2 das ausführlich........ Datenblatt
3 den alt........ Laptop

Deklination der Adjektive mit **bestimmtem Artikel**

4 ein........ leicht........ Prospektständer
5 ein........ ausführlich........ Präsentation

Deklination der Adjektive mit **unbestimmtem Artikel**

6 unser........ neu........ Broschüren
7 den Flyer unser........ größt........ Konkurrenten

Deklination der Adjektive mit **Possessivartikel**

8 neu........ Visitenkarten
9 weiß........ und blau........ Kappen
10 englisch........ Flyer (?)

Deklination der Adjektive **ohne Artikel**

c Zur gleichen Zeit bereitet auch Anita Jiménez eine Messe für die Firma VODEGA GmbH vor. Ergänzen Sie Anitas Stichworte.

Material für die Oldenburger Modetage
Wir brauchen

1. 500 deutsch........ Kataloge / 250 englisch........ Kataloge
2. 250 zweisprachig........ Flyer
3. die aktuell........ Preisliste in deutsch........ und englisch........ Sprache
4. mein........ neu........ Visitenkarten mit d........ neu........ Telefonnummer
5. d........ groß........ Prospektständer (für Broschüren)
6. ein........ neu........ klein........ Ständer (für Flyer)
7. verschieden........ Stoffmuster
8. vier groß........ Poster mit d........ neu........ Werbeslogan
9. ein........ neu........ Posteraufhänger (der alt........ Aufhänger ist kaputt!)
10. grün........ und gelb........ Taschen (ca. 200 Stück)

d Was meinen Sie: Welche Eigenschaften sollte jemand haben, der eine Firma am Messestand vertritt?

Eigenschaften

freundlich

3   Was muss Toma bei seinem ersten Kundengespräch beachten?

 18   **a**   Hören Sie, welche Tipps Herr Möller Toma gibt. Ergänzen Sie die Verben.

ausdenken | beschäftigen | erkundigen | konzentrieren | machen | merken | stellen | verschwenden | vorbereiten | vorstellen

1   sich auf ein Gespräch ....

2   sich dem Gesprächspartner höflich ....

3   sich nach den Wünschen des Gesprächspartners ....

4   sich Notizen ....

5   sich den Namen des Gesprächspartners ....

6   sich auf das Gespräch ....

7   gezielte Fragen ....

8   sich praktische Lösungen ....

9   sich nicht zu lange mit bestimmten Leuten ....

10   keine Zeit ....

Einige Verben sind reflexiv. Das Reflexivpronomen wird dekliniert wie das Personalpronomen.

	Akkusativ	**Dativ**
ich	mich	**mir**
du	dich	**dir**
er/sie/es	sich	sich
wir	uns	uns
ihr	euch	euch
sie/Sie	sich	sich

Verben mit Akkusativ	**Verben mit Dativ**
sich vorbereiten	sich Notizen machen
sich vorstellen	sich etwas merken
sich erkundigen	sich etwas ausdenken
sich konzentrieren	sich Mühe geben
sich beschäftigen	sich etwas aufschreiben

b   Was müssen/sollen/dürfen Herr Möller und Toma tun? Bilden Sie vollständige Sätze.
Und Sie – bei der Arbeit, zu Hause, im Sprachkurs? Fragen Sie sich gegenseitig im Kurs.

4   Immer direkt zum Thema?

 19   Anita Jiménez hat einen Termin mit einem Händler, der sich für Schuhe und Taschen aus Südamerika interessiert.
Hören Sie den ersten Teil des Dialogs. Worüber sprechen Anita Jiménez und Herr Breitner?
Notieren Sie Stichpunkte und berichten Sie.

5   Die Bedeutung von Small Talk

a   Zu Beginn eines Gesprächs machen Gesprächspartner gerne Small Talk: Sie sprechen über Themen, die nichts mit dem Geschäft zu tun haben.
Überlegen Sie in der Gruppe: Warum ist Small Talk oft wichtig?

b Welche dieser Themen sind in Deutschland für Small Talk geeignet, welche nicht?
Überlegen Sie sich weitere Themen.

- ☐ Wetter
- ☐ Krankheiten
- ☐ Urlaub
- ☐ Familie
- ☐ Gehalt
- ☐ Sport
- ☐ aktuelle Nachrichten
- ☐ Politik
- ☐ Hobbys

c Wie ist das in Ihrem Land? Welche Unterschiede gibt es?

d Üben Sie Small Talk mit einer Partnerin oder einem Partner.
Die folgenden Satzbausteine helfen Ihnen dabei.

▶ Haben Sie schon gehört …   ▷ Und, wie geht es …   ▶ Da haben Sie recht!

▷ Haben Sie schon Pläne …   ▶ Ich habe gestern gelesen …   ▷ Ach, wie schön!

▶ Was sagen Sie denn zu …   ▷ Kennen Sie …   ▶ Das ist ja interessant!

▷ Sie müssen unbedingt mal …   ▶ Das finde ich auch.   ▷ Man muss auch bedenken …

6 Interesse ausdrücken

Hören Sie nun den zweiten Teil des Gesprächs. Achten Sie darauf, wie Anita Jiménez Interesse an den Wünschen ihres Gesprächspartners ausdrückt. Welche der Ausdrücke bedeuten das Gleiche?   **20** ((▶

1	Tatsächlich?	a	Ist es korrekt, dass …
2	Das kann ich gut verstehen.	b	Wirklich?
3	Ich kann Sie beruhigen.	c	Natürlich …
4	Das klingt gut.	d	Ah, wie erstaunlich.
5	Das ist interessant!	e	Sonst noch etwas?
6	Wenn ich mich richtig informiert habe …	f	Machen Sie sich keine Sorgen.
7	Selbstverständlich!	g	Oh ja, da haben Sie recht.
8	Ist das alles?	h	Das sind gute Nachrichten.

7 Vereinbarungen treffen

Hören Sie nun den letzten Teil des Gesprächs. Was vereinbaren Anita Jiménez und Herr Breitner zu den folgenden Stichpunkten?   **21** ((▶

Einzelheiten | Katalog | Termin | Lieferung | Liefer- und Zahlungsbedingungen | Außendienstmitarbeitern | Muster | Vertrag | Preisliste

Anita schickt den __1__ und die __2__ . Dann spricht sie mit den __3__ , damit diese die __4__ vorbereiten und einen __5__ für einen Besuch bei Herrn Breitner vereinbaren können. Wenn Herr Breitner zufrieden ist, sendet Anita ihm einen __6__ und die __7__ . Danach wird sie ihn kontaktieren, um die __8__ zu besprechen. Wenn Herr Breitner bis Ende Januar bestellt, kann Anita eine pünktliche __9__ garantieren.

8 Einen Geschäftsbrief schreiben

a Toma hatte viele Gespräche auf der Messe. Zurück im Betrieb macht er die Nachbereitung. Er sieht sich seine Notizen an und schreibt jedem Gesprächspartner einen Brief. Was bietet Toma Herrn Mendez an?

> Bau Jack Osnabrück / Herr Mendez
>
> – bauen Mehrfamilienhäuser
> – suchen Firma für Sanitäranlagen
> – interessieren sich für Sanitär in kleinen Bädern
> – will Katalog
> – Termin anbieten, um Sanitäranlagen zu zeigen

Fachmesse ISH

Sehr geehrter Herr Mendez,

es hat mich sehr gefreut, Sie auf der o. g. Messe in Frankfurt getroffen zu haben. Ich hoffe, Sie hatten eine erfolgreiche Messe und einen guten Heimweg.

Ich lege diesem Schreiben wie gewünscht unseren aktuellen Katalog und unsere Preisliste bei. Außerdem sende ich Ihnen einen Plan für Sanitäranlagen speziell für kleine Bäder. Wie Sie sehen, bieten wir platzsparende Lösungen an. Wir haben Badewannen in verschiedenen Größen, die kleinsten sind 140 cm lang und 70 cm breit. Die Höhe beträgt 42–50 cm.

Gerne können wir einen Termin bei uns im Haus vereinbaren, um Ihnen unsere Sanitäranlagen zu zeigen. Dabei könnten wir alle Ihre Wünsche besprechen.

Für weitere Fragen stehen wir Ihnen jederzeit zur Verfügung.

Mit freundlichen Grüßen

Toma Popescu

b Nun sind Sie dran. Sehen Sie sich den nächsten Notizzettel von Toma an und schreiben Sie einen Brief an den Gesprächspartner. Die Textbausteine helfen Ihnen dabei.
Orientieren Sie sich auch an dem Brief oben.

> Küster Bau / Herr Küster
>
> – bauen Industrieanlagen
> – suchen Heizungsanlagen für große Räume (ca. 80 m²)
> – wollen auch Wartung
> – möchte Katalog
> – Termin anbieten, um Industrieanlagen vor Ort zu besichtigen

> Wir können Heizungsanlagen für Räume bis 80 m² anbieten, müssen die Räume aber vorher sehen.

> Frage: Haben die Industrieanlagen auch Keller? Soll hier auch eine Heizung sein?

> Wartung ist kein Problem. Wir haben einen speziellen Wartungsvertrag.

> Frage: Wie oft soll die Heizung gewartet werden?

9 Ein Kundengespräch führen

a Toma hat nun einen Termin mit Herrn Mendez von Bau Jack.

A	B
Toma hat Abbildungen von Sanitäreinrichtungen dabei.	Herr Mendez hat einen Plan von einem Badezimmer mitgebracht.

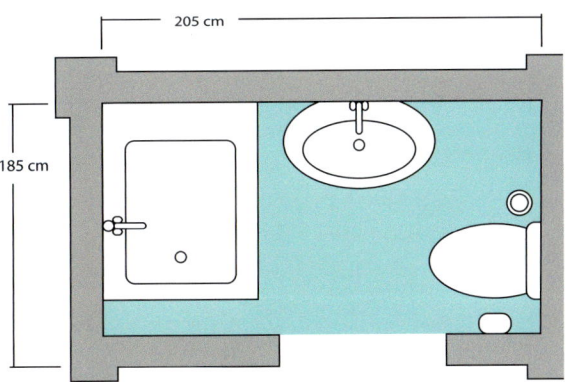

Maße Badewanne: 140 x 70 x 50
Modell K 410
Preis: 2.300 Euro
Lieferzeit: 3–4 Wochen

Maße Bad: 185 x 205
Badewanne, WC, Waschbecken

Zu zweit: Führen Sie das Gespräch zwischen Toma (A) und Herrn Mendez (B). Halten Sie sich dabei an den dargestellten Ablauf.

b Übertragen Sie die Situation auf eine Branche Ihrer Wahl. Führen Sie ein Kundengespräch nach dem gleichen Muster.

A/B: Small Talk machen

A: nach genauen Wünschen von B fragen

B: Wunsch erläutern

A: Lösung anbieten

B: nach Preisen und Lieferbedingungen fragen

A: Auskunft geben

A/B: weiteres Vorgehen vereinbaren und sich verabschieden

Sprachbausteine

> **Messe**
>
> Einzelheiten besprechen, das Geschäft erweitern, Kontakte knüpfen, pünktliche Lieferung garantieren, Lösungen anbieten, Neuheiten präsentieren, sich Notizen machen, Präsenz zeigen, Produkte vorstellen, sich auf einen Termin vorbereiten, sich über Trends informieren, sich nach Wünschen erkundigen

Grammatik

Deklination der Adjektive mit dem bestimmten Artikel

	maskulin	feminin	neutral	Plural
Nom.	der neue Chef	die neue Kollegin	das neue Haus	die neuen Mitarbeiter
Akk.	den neuen Chef	die neue Kollegin	das neue Haus	die neuen Mitarbeiter
Dat.	dem neuen Chef	der neuen Kollegin	dem neuen Haus	den neuen Mitarbeitern
Gen.	des neuen Chefs	der neuen Kollegin	des neuen Hauses	der neuen Mitarbeiter

Deklination der Adjektive mit dem unbestimmten Artikel *

	maskulin	feminin	neutral	Plural
Nom.	ein neuer Chef kein neuer Chef mein neuer Chef	eine neue Kollegin keine neue Kollegin meine neue Kollegin	ein neues Haus kein neues Haus mein neues Haus	---- neue Mitarbeiter keine neuen Mitarbeiter meine neuen Mitarbeiter
Akk.	einen neuen Chef	eine neue Kollegin	ein neues Haus	---- neue Mitarbeiter
Dat.	einem neuen Chef	einer neuen Kollegin	einem neuen Haus	---- neuen Mitarbeitern
Gen.	eines neuen Chefs	einer neuen Kollegin	eines neuen Hauses	---- neuer Mitarbeiter

* Im Singular werden die Adjektive **nach einem Possessivartikel** und **nach _kein(e)_** wie nach dem unbestimmten Artikel dekliniert. Im Plural haben alle Adjektive die Endung -en.

Deklination der Adjektive ohne Artikel (bei nicht zählbaren Substantiven)

	maskulin	feminin	neutral	Plural*
Nom.	neuer Lärm	neue Ruhe	neues Gemüse	----
Akk.	neuen Lärm	neue Ruhe	neues Gemüse	----
Dat.	neuem Lärm	neuer Ruhe	neuem Gemüse	----
Gen.	neuen Lärmes	neuer Ruhe	neuen Gemüses	----

* Nicht zählbare Substantive haben keinen Plural.

Reflexive Verben – Deklination des Reflexivpronomens

Das Reflexivpronomen zeigt, dass sich eine Handlung auf das Subjekt bezieht.

Ich wasche **mich**.   **Er** merkt **sich** etwas.

Bei trennbaren Verben steht das Reflexivpronomen in der Mitte.

Du bereitest dich vor.   Sie zieht sich an.

Im Perfekt steht das Reflexivpronomen vor dem Partizip.

Wir haben uns geärgert.   Sie haben sich gelangweilt.

	Akkusativ	Dativ
ich	mich	mir
du	dich	dir
er/sie/es	sich	sich
wir	uns	uns
ihr	euch	euch
sie/Sie	sich	sich

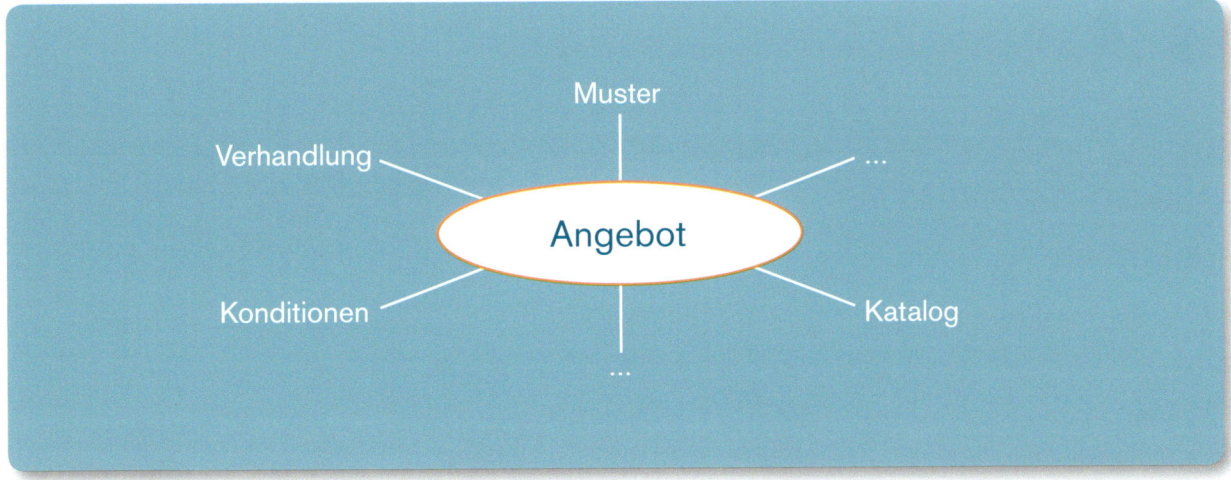

Angebote und Verhandlungen

Verhandlung — Muster — ...

Angebot

Konditionen — ... — Katalog

AGB

...bindung v
...enn der Wider
...der **Garantie** da...
...st Bestand...

1 Eine Anfrage für Anita

Anita Jiménez erhält nach der Messe eine Anfrage der Firma Lopersa. Lesen Sie die Mail und beantworten Sie die Fragen.

Von:	a.piazo@lopersa.de
An:	anitajimenez@vodega.com
Betreff:	Bitte um Angebot

Sehr geehrte Frau Jiménez,

wir haben auf der Messe Ihren Katalog mitgenommen und interessieren uns für Ihre Taschen und Schuhe aus Südamerika.
Leider hatten wir keine Möglichkeit zu einem persönlichen Gespräch. Daher bitten wir Sie um ein unverbindliches Angebot für
     100 Taschen „Moreno" / 200 Taschen „Juno" / 150 Paar Laufschuhe „Sympatico"
und jeweils ein Muster.

Bitte teilen Sie uns auch Ihre Liefer- und Zahlungsbedingungen mit.

Mit freundlichen Grüßen
Achim Piazo
Einkauf

		✓	✗
1	Herr Piazo arbeitet bei Lopersa.	☐	☐
2	Herr Piazo und Anita haben auf der Messe miteinander gesprochen.	☐	☐
3	Herr Piazo möchte die Taschen und Schuhe sehen.	☐	☐
4	Die Liefer- und Zahlungsbedingungen stehen im Katalog.	☐	☐

2 Das Angebot

a Lesen Sie Anitas Angebot und beantworten Sie die Fragen.

Von:	anitajimenez@vodega.com
An:	a.piazo@lopersa.de
Betreff:	Bitte um Angebot/AGB

📎 Anhang > AGB VODEGA

Sehr geehrter Herr Piazo,
vielen Dank für Ihre Anfrage. Gerne unterbreiten wir Ihnen folgendes Angebot:

	Preis/Stück	Anzahl	Insgesamt
Tasche „Moreno"	37,00 €	100	3.700,00 €
Tasche „Juno"	35,00 €	200	7.000,00 €
Laufschuh „Sympatico"	42,00 €	150	6.300,00 €
		Insgesamt:	17.000,00 €

Alle Preise sind Nettopreise zuzüglich der gesetzlich geltenden Mehrwertsteuer. Die Lieferung erfolgt frei Haus innerhalb einer Woche nach Eingang Ihrer Bestellung. Bei einer ersten Bestellung bitten wir um Vorauszahlung. Ab der zweiten Bestellung gelten folgende Zahlungsbedingungen: Zahlung 10 Tage 3 % Skonto, 30 Tage netto. Unser Angebot ist gültig bis zum 31.10.20xx.
Es gelten die Allgemeinen Geschäftsbedingungen im Anhang.
Wir freuen uns auf Ihre Bestellung und stehen für weitere Fragen gerne zur Verfügung.

Mit freundlichen Grüßen
Anita Jiménez
Sales Manager

1 Wie viel kostet die Ware insgesamt?
2 Wann bekommt Herr Piazo die Ware?
3 Wie sind die Zahlungsbedingungen?
4 Wo kann Herr Piazo mehr Informationen zum Angebot finden?

b Ordnen Sie zu.

1 die Bestellung	a der Geschäftspartner zeigt Interesse an der Ware
2 das Skonto	b der Verkäufer nennt den Preis und die Bedingungen
3 Allgemeine Geschäftsbedingungen	c Preise ohne Steuer
4 Zahlungsbedingungen	d eine Steuer, die man auf alle Güter und Dienstleistungen zahlen muss
5 die Mehrwertsteuer	e die Ware wird verschickt
6 die Anfrage	f der Verkäufer zahlt den Versand der Lieferung bis zum Kunden
7 die Lieferung	g der Kunde bezahlt, bevor er die Ware erhält
8 Nettopreise	h eine Erklärung, wie der Kunde bezahlen muss
9 die Vorauszahlung	i eine Preisreduzierung
10 frei Haus	j alle Informationen zum Kauf der Ware
11 das Angebot	k der Geschäftspartner möchte die Ware kaufen
12 unterbreiten	l vorlegen

3 Bis wann und wie lange?

a *Bis* und *innerhalb* sind temporale Präpositionen.
Lesen Sie noch einmal Anitas Angebot und markieren Sie die temporalen Präpositionen im Text.
Finden Sie weitere?

> Temporale Präpositionen beziehen sich auf einen
>
> - **Zeitpunkt** → wir fragen: **wann?**
> - **Zeitraum** → wir fragen: **wie lange?**
>
> Sie werden gefolgt vom Akkusativ, Dativ oder Genitiv.

b Setzen Sie die passenden temporalen Präpositionen ein.

nach | ab | bis | seit | um | während | außerhalb | zu | bei | innerhalb

1 .... dem ersten Juli haben wir eine neue Mitarbeiterin.
2 .... einer ersten Bestellung können wir Rabatt geben.
3 Wir wussten .... diesem Zeitpunkt noch nicht, dass der Kunde bankrott ist.
4 Sie erreichen uns .... unserer Geschäftszeiten mobil unter 0172 …
5 Unser Termin ist .... 8.00 Uhr.
6 Meine Kollegin ist .... nächsten Montag im Urlaub.
7 Bitte antworten Sie .... der nächsten Woche.
8 .... unserem Besuch bei Ihnen haben wir nichts mehr von Ihnen gehört.
9 .... unserem Treffen haben Sie uns einen günstigeren Preis angeboten.
10 Die Fabrik ist .... der Umbauarbeiten geschlossen.

4 Fadi Samet verhandelt am Telefon.

 a Lesen Sie bitte den Text auf Fadi Samets Homepage in der Einführungslektion „Willkommen". Auf welche Übersetzungen hat er sich spezialisiert?

🔊 22 **b** Fadi erhält einen Anruf von Dimitra Papadopoulou von der Elbstrand Klinik. Hören Sie das Gespräch und beantworten Sie die Fragen.

1 Wie viel kostet die Übersetzung von medizinischen Texten?
    a   1,50 Euro pro Zeile
    b   1,80 Euro pro Zeile
    c   1,36 Euro pro Zeile

2 Wann braucht das Krankenhaus die Übersetzungen?
    a   bis Donnerstag
    b   bis Freitag
    c   sofort

3 Um Kosten zu sparen, schlägt Fadi vor,
    a   einen niedrigeren Preis pro Stunde zu berechnen.
    b   keinen Zuschlag für die Eilübersetzung zu berechnen.
    c   nicht alle Dokumente so schnell zu übersetzen.

🔊 22 **c** Hören Sie den Text noch einmal und setzen Sie die Wörter ein.

mindestens | höchstens | frühestens | spätestens

1 Wir brauchen die Übersetzungen .... bis Donnerstag.
2 Wir können .... 2.000 Euro bezahlen.
3 Den Rest kann ich .... Montag nächster Woche schicken.
4 Aber 1,50 Euro muss ich .... berechnen.

5 Bedingungen ausdrücken

Fadi stellt Dimitra eine Bedingung, wenn er sagt:

„Wenn Sie mir die Dokumente innerhalb der nächsten Stunde schicken, mache ich das Angebot sofort fertig."

> Konditionalsätze zeigen, dass zunächst die Bedingung im Nebensatz erfüllt sein muss, bevor die Aussage im Hauptsatz zutrifft. Der konditionale Nebensatz wird mit *wenn* eingeleitet. Das Verb steht im Nebensatz an letzter Stelle, im Hauptsatz an erster Stelle. Es steht normalerweise immer im Präsens.
>
> Nebensatz → Wenn Sie mir die Dokumente innerhalb der nächsten Stunde schicken,
> Hauptsatz → **mache** ich das Angebot sofort fertig.
>
> Konditionale Nebensätze können auch mit *falls* eingeleitet werden. In diesem Fall betont der Sprecher, dass er sich nicht sicher ist.
>
> Nebensatz → Falls ich am Montag nicht im Büro bin,
> Hauptsatz → **sprechen** Sie bitte mit meinem Kollegen über das Angebot.

Lesen Sie die Aussagen. Was sagt der Käufer, was sagt der Verkäufer?

	Käufer	Verkäufer
1 Wenn wir mehr als 5.000 Stück bestellen, geben Sie uns dann einen Rabatt?	☐	☐
2 Wenn Sie die Ware bis Ende Januar haben wollen, müssen Sie spätestens bis zum 15. Dezember bestellen.	☐	☐
3 Sie erhalten 3% Skonto, wenn Sie den vollen Betrag innerhalb von 10 Tagen bezahlen.	☐	☐
4 Falls Sie Sonderwünsche haben, sprechen Sie bitte mit unserem Kundenservice.	☐	☐
5 Müssen wir mehr bezahlen, wenn die Ware frei Haus geliefert wird?	☐	☐
6 Wenn Sie die Ware selbst transportieren, übernehmen wir keine Garantie.	☐	☐
7 Können wir die Ware umtauschen, wenn wir mit der Qualität nicht zufrieden sind?	☐	☐
8 Falls Sie nicht pünktlich liefern können, informieren Sie uns bitte rechtzeitig.	☐	☐

6 Verhandeln beim Autokauf

Arbeiten Sie mit einer Partnerin oder einem Partner.

A	B
Sie möchten Ihr altes Auto verkaufen und haben das folgende Angebot in die Zeitung gesetzt.	Sie möchten einen Gebrauchtwagen kaufen und sehen folgendes Angebot. Rufen Sie den Verkäufer an und verhandeln Sie.

VW Golf 1,9 TDI, 90 PS

Preis: 3.750,– Euro Verhandlungsbasis
Kilometerstand: 174.000
12 Jahre alt, unfallfrei
Außenspiegel zerkratzt, Sitze leicht verschmutzt

Das Auto wurde nur von mir und meiner Frau gefahren.
Dazu biete ich 1 Set Winterreifen (gebraucht) für 80,– Euro
und einen Kindersitz für 30,– Euro.

Telefon: 0421 – 932 392 92

PS: Wenn Sie lieber ein anderes Auto verkaufen oder
kaufen möchten, wählen Sie eines auf einer gängigen
Auto-Plattform im Internet aus!

7 Lieferbedingungen

a Was könnte passen? Ordnen Sie zu.

1	Der Verkäufer trägt alle Lieferkosten, auch für die Versicherung der Ware.	a	frei Haus
2	Der Verkäufer trägt alle Lieferkosten bis zum Haus des Käufers.	b	frei Grenze
3	Der Verkäufer trägt alle Lieferkosten bis zur Landesgrenze. Ab dort trägt der Käufer die Kosten.	c	ab Werk
4	Der Verkäufer trägt alle Lieferkosten, bis sich die Ware auf dem Transportschiff befindet. Ab dort trägt der Käufer die Kosten.	d	free on board: fob
5	Der Käufer trägt alle Lieferkosten.	e	cost, insurance, freight: cif

b Wenn Sie Schwierigkeiten bei der Zuordnung haben, recherchieren Sie die Begriffe im Internet. Welche weiteren Lieferbedingungen finden Sie dort? Berichten Sie.

c Lesen Sie die Beispiele und entscheiden Sie, zu welchen der unter a aufgeführten Lieferbedingungen der Käufer die Ware kauft.

Gebrauchtwagen

1 Hedda Aziz wohnt in Hamburg Altona. Bei einem Besuch in Dresden sieht sie im Autohaus Uetzen einen Gebrauchtwagen. Sie kauft dieses Auto für 8.000 Euro. Für diesen Preis muss sie den Wagen aber selbst in Dresden abholen.

2 Fadi Samet kauft einen Schreibtisch auf www.moebelplatz.de. Er freut sich, denn der Schreibtisch wird bis zu ihm nach Hause geliefert, ohne dass er extra dafür bezahlen muss.

3 Die Elbstrand Klinik kauft 20 neue medizinische Geräte von einer Firma in den USA. Diese Geräte sind empfindlich und teuer und müssen daher für den Transport über den Atlantik versichert werden. Die Firma in den USA versendet die Geräte. Im Preis enthalten ist der Transport per Schiff und die Versicherung.

4 VODEGA GmbH bestellt eine neue Lieferung Schuhe und Taschen aus Brasilien. Der brasilianische Exporteur verschifft die Ware, aber VODEGA muss für den Transport auf dem Schiff bis zu ihrem Firmengelände die Kosten übernehmen.

5 Fayyad Hadji kauft ein teures Fahrrad bei einem Fahrradhändler in den Niederlanden. Der Händler würde es gegen Aufpreis nach Hamburg liefern. Fayyad und der Verkäufer vereinbaren, dass der Fahrradladen den Lkw-Transport bis zur holländischen Grenze bezahlt, da er viele Fahrräder bis dorthin transportiert. An der Grenze holt Fayyad das Fahrrad mit dem eigenen Auto ab.

8 Zahlungsbedingungen

Welche der folgenden Zahlungsbedingungen passt am besten zu welcher Situation?

a Vorauszahlung

b ⅓ bei Auftragserteilung, ⅓ bei Lieferung, ⅓ innerhalb von 30 Tagen nach Lieferung

c bei Erhalt der Ware

d innerhalb von 10 Tagen mit 3 % Skonto oder innerhalb von 30 Tagen netto

1 ☐ Der Käufer kauft regelmäßig beim Verkäufer und hat bisher immer bezahlt. Der Verkäufer hätte aber gerne, dass der Käufer den Gesamtpreis der Ware schnell bezahlt.

2 ☐ Käufer und Verkäufer kennen sich nicht. Die Ware ist aber nicht sehr teuer und hat keine hohen Produktionskosten. Trotzdem möchte der Verkäufer sein Geld, wenn die Ware geliefert wird.

3 ☐ Ein Käufer kauft zum ersten Mal bei einem Verkäufer. Der Verkäufer kennt die Firma nicht und will nicht das Risiko eingehen, dass er nach der Lieferung sein Geld nicht erhält.

4 ☐ Käufer und Verkäufer kennen sich gut. Da der Verkäufer aber hohe Produktionskosten hat, um die Ware herzustellen, braucht er einen Teil des Geldes schon vor der Lieferung.

9 Eine neue Küche

Sie möchten eine Küche kaufen und sehen in der Zeitung zwei Angebote.
Zu zweit: Diskutieren Sie, welches Angebot Ihrer Meinung nach das bessere ist.

Küchenzeile „Grazia" von CUICINA

Nur 1.395 € inkl. MwSt, Ratenzahlung möglich!

Lieferung kostenlos innerhalb von Deutschland, sonst zuzüglich Versand
Lieferzeit 2 – 7 Werktage

Ausstattung: 1 Hängeschrank
1 Hängeeckschrank
3 Unterschränke, davon
1 Apothekerschrank
1 Herdumbauschrank
1 Spülenumbauschrank

Elektrogeräte: Einbaukühlschrank
Einbauherd (Cerankochfeld)
Edelstahleinbauspüle
Dunstabzugshaube

Perlmuttfarben glänzend, Griffe aus Edelstahl, Arbeitsplatte Marmoroptik, ohne Ausschnitte

Nutzen Sie auch unseren Montage-Service für insgesamt nur 689,- €

Kitchen EXPERT

Küchenzeile „Adora IV"
Preis: 1.999 € inkl. Versand + Montage
Zahlung per Sofortüberweisung oder EC-/Kreditkarte, keine Ratenzahlung möglich

Ausstattung 1 Hängeeckschrank
3 Unterschränke
1 Herdumbauschrank
1 Spülenumbauschrank

Elektrogeräte alle Energieeffizienzklasse A
Einbaukühlschrank
Einbauherd
Edelstahleinbauspüle
Dunstabzugshaube

Farbe der Fronten und Arbeitsplatte sowie Material der Griffe frei wählbar.

Beste Kundenbewertungen!

Wir nehmen auch Ihre Altgeräte mit (12 € pro Gerät).

Sprachbausteine

Angebot

ein unverbindliches Angebot
ein Angebot unterbreiten
das Angebot ist gültig bis

Die Preise sind Nettopreise.
die Mehrwertsteuer (MwSt)
Die Preise verstehen sich inklusive /zuzüglich
der gesetzlich geltenden Mehrwertsteuer.

die Allgemeinen Geschäftsbedingungen (AGB)
Es gelten die Allgemeinen Geschäftsbedingungen.

Liefer- und Zahlungsbedingungen

die Lieferung
die Lieferbedingungen lauten
Die Lieferung erfolgt nach Eingang der Bestellung.
cif (cost, insurance, freight)
frei Haus
frei Grenze
fob (free on board)
ab Werk

die Zahlungsbedingungen lauten
Wir bitten um Vorauszahlung.
⅓ bei Auftragserteilung
mit 3 % Skonto
der Rabatt
einen Rabatt geben

Grammatik

Temporale Präpositionen mit Akkusativ

um	genaue Uhrzeit
gegen	ungenaue Uhr-/Tageszeit
bis	Zeitangabe /Frist
für	genauer Zeitraum
über	Zeitdauer

Temporale Präpositionen mit Dativ

nach	Zeitangabe
seit	Zeitdauer ausgehend von einem Punkt
bei	zeitgleiche Handlung
ab	Zeitdauer in der Zukunft ausgehend von einem Punkt (mit Akkusativ möglich)
von ... bis	Zeitdauer mit Datum
zu	ungenauer Zeitpunkt

Temporale Präpositionen mit Genitiv

während	zeitgleiche längere Handlung
innerhalb (binnen)	in einer Zeit
außerhalb	vor und nach einer Zeit
anlässlich	aufgrund

… bietet jeweils ein Interview und einen Sachtext – zum Lesen, Diskutieren, Recherchieren und Berichten.

Heute ist Caroline Youssri unser Gast im Café Talk. Sie beantwortet sechs Fragen über ihr Leben.

 Frau Youssri, verraten Sie uns zuerst Ihr Alter und woher Sie kommen?

Sehr gerne. Ich bin 45 Jahre alt und ich komme aus Beirut, Libanon.

 Beschreiben Sie sich als Person: Welche Wörter kommen Ihnen spontan in den Sinn?

Als Erstes würde ich sagen ‚schüchtern'. In meinem Heimatland war ich eigentlich immer selbstbewusst, aber hier in Deutschland hat sich das geändert. Trotzdem bin ich natürlich ‚freundlich', wenn mich Menschen ansprechen. Und ich bin ‚fleißig'. Ich habe immer viel gearbeitet. Außerdem glaube ich, dass ich eine ‚gute Mutter' bin. Das jedenfalls sagen mein Mann und meine Kinder. Für mich ist das das größte Kompliment.

 Von der Schule bis zum Beruf: Was waren bisher die wichtigsten Stationen in Ihrem Leben?

Nach dem Abitur ging ich auf das staatliche College für Management und Buchhaltung in Beirut. Für andere Menschen klingt es vielleicht langweilig, aber ich liebe Zahlen, Analysen und Statistiken. Danach habe ich gleich eine Anstellung bei einem Unternehmen gefunden, das medizinische Geräte vertreibt. Ich habe mich dort um die Rechnungen und Zahlungseingänge gekümmert und war erste Ansprechpartnerin für die Hersteller und Kunden. Es war eine interessante Arbeit und ich habe sie gerne gemacht. Dann kamen die Flucht nach Deutschland und die schwierige Zeit danach. Jetzt arbeite ich wieder, allerdings nur bei einer Reinigungsfirma als Putzkraft. Das möchte ich bald ändern.

> In meinem Heimatland war ich selbstbewusst, aber in Deutschland hat sich das geändert.

 Ihre derzeitige Station: Wie zufrieden sind Sie – auf einer Skala von 1 (sehr schlecht) bis 10?

Ich würde sagen: 4. Ich bin unzufrieden mit meinem Job und hätte auch gerne mehr Kontakt zu anderen Menschen. Die Deutschen machen immer so viel in ihrer Freizeit, das bewundere ich. Aber meine Familie gibt mir Kraft. Wenn es meinen Kindern gut geht, bin ich zufrieden.

 Wünsche, Träume, Hoffnungen: Wenn Sie etwas an Ihrer persönlichen Situation ändern könnten, was wäre das?

Ich würde gerne einen Führerschein machen und Auto fahren. Ich wohne außerhalb. Von meinem Wohnort fährt nur einmal die Stunde ein Bus, und das bis abends um 20.00 Uhr. Das bedeutet, dass ich kaum mobil bin. Und eine größere Wohnung wäre schön; eigentlich träume ich ja sogar von einem Haus mit einem Garten und vielen, vielen Blumen darin. Und ich möchte so gerne einmal mit meinem Mann alleine verreisen, vielleicht nach Paris oder Venedig. Das wäre herrlich. Und natürlich wünsche ich mir, dass es meiner Familie und mir immer gut geht und dass die Kinder gesund bleiben.

 Weiterentwicklung und Pläne: Welche beruflichen Pläne haben Sie und wo sehen Sie sich in zehn Jahren?

Wie ich schon gesagt habe, bin ich mit meinem Job als Putzkraft nicht zufrieden. Eigentlich ist es ein guter Job, die Kollegen sind freundlich und auch meine Chefin ist nett und immer gerecht zu uns allen. Aber man ist so alleine bei der Arbeit. Ich spreche nie mit anderen Menschen. Denn wenn ich in die Firma zum Putzen komme, sind die Mitarbeiter dort schon alle weg. Für die existiere ich gar nicht. Sie kommen am nächsten Morgen ins Büro und alles ist sauber. Wer das gemacht hat, ist ihnen egal. Das kann man ja auch irgendwie verstehen. Aber ich hätte gerne mehr Anerkennung für meine Arbeit. Mehr Geld würde ich natürlich auch gerne verdienen. Deshalb werde ich jetzt noch einmal zum Arbeitsamt gehen und darum bitten, dass man für mich eine Stelle als Buchhalterin sucht. Das wird sicher nicht leicht, denn es gibt bestimmt in diesem Beruf viele Unterschiede zwischen dem Libanon und Deutschland. Bei einer solchen Stelle möchte ich dann bleiben, auch noch in zehn Jahren. Ich will keine große Karriere machen, nur etwas, das meiner Ausbildung entspricht.

 Danke, Frau Youssri. Ihr Kaffee geht auf uns!

Stärken Sie Ihre Persönlichkeit!

Ein sicheres und souveränes Auftreten und eine positive Ausstrahlung sind heutzutage das A und O im Beruf. Für viele Menschen ist es schwer, ihre Schüchternheit zu überwinden und selbstbewusst auf andere Menschen zuzugehen, die eigenen Ziele klar zu äußern und andere Menschen für sich zu gewinnen. Sie möchten Ihre Selbstzweifel überwinden und mit innerer Ruhe und Gelassenheit Ihre Ziele konsequent verfolgen?

Wir helfen Ihnen dabei! In unserem Seminar lernen Sie

➡ die eigenen Wünsche und Ziele zu erkennen,
➡ an Ihre Stärken zu glauben und dies auszustrahlen,
➡ andere Menschen von sich zu überzeugen.

Das Seminar wird von Frau Dr. Adele Jakob, Psychologin an der Universität Marburg, geleitet und umfasst vier Termine à acht Unterrichtseinheiten.
Wenn Sie sich bewerben wollen, schicken Sie bitte ein Motivationsschreiben an
adele.jakob@uni-marburg.de

a Caroline Youssri leidet an ihrer Schüchternheit und wäre gerne etwas selbstbewusster. In der Zeitung hat sie die Anzeige über ein Seminar in ihrer Volkshochschule gefunden.
Diskutieren Sie in der Gruppe. Was bedeuten diese Begriffe? Geben Sie Beispiele.

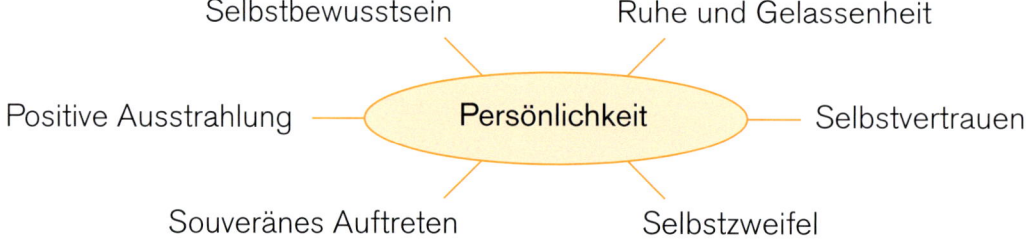

b Als „Soft Skills" werden Fähigkeiten bezeichnet, die neben den Fachkenntnissen („Hard Skills") für den persönlichen und beruflichen Erfolg wichtig sind. Im Allgemeinen werden sie in drei Kategorien unterteilt. Sammeln Sie jeweils Beispiele und diskutieren Sie dann im Kurs über Ihre eigenen Stärken und Schwächen.

Persönliche Kompetenz	Soziale Kompetenz	Methodische Kompetenz
Zuverlässigkeit	Teamfähigkeit	Zeitmanagement

c Suchen Sie aus dem Volkshochschulprogramm Ihrer Stadt ein Seminar zur Stärkung von Soft Skills aus, das Sie interessiert.
Begründen Sie Ihre Auswahl. Wie und wo können Sie sich anmelden?

Bestellen und bezahlen

Warum wird immer mehr online bestellt?

Welche Produkte sollte man nicht online kaufen?

...

Ist der Versandhandel gut für die Umwelt?

Wie sicher ist Onlinebanking?

Ist Barzahlung unmodern?

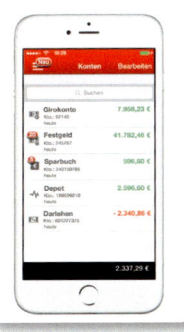

1 Nhan Nguyen soll im Büro aushelfen.

🔊 23 **a** Hören Sie den Dialog zwischen Nhan und seiner Chefin. Richtig oder falsch?

		✓	✗
1	Nhan organisiert einen Bücherflohmarkt im Seniorenheim.	☐	☐
2	Nhan soll im Büro aushelfen, weil Frau Wellbrock krank ist.	☐	☐
3	Frau Manthei, die Vertretung, fängt in zwei Wochen an.	☐	☐
4	Das Seniorenheim hat in diesem Jahr finanzielle Probleme.	☐	☐
5	Nhan soll u. a. Listen schreiben und Preise vergleichen.	☐	☐

> u. a. =
> unter anderem

🔊 23 **b** Im Hörtext kommen viele Verben mit *stellen* vor.
Hören Sie den Text noch einmal und notieren Sie
diese in der Grundform.
Besprechen Sie im Kurs Ihre Ergebnisse.
Bilden Sie für jedes Verb einen Beispielsatz.

stellen

abstellen

c Was passt zusammen? Notieren Sie und vergleichen Sie.
Es gibt mehrere Möglichkeiten.

rechnen | laden | geben | räumen | stellen | reißen |
stehen | schreiben | schicken | zahlen | packen | füllen

> **Präfixe** (Vorsilben) geben einem
> Verb eine neue Bedeutung:
> **hin**stellen, **an**stellen, **her**stellen

eine Bestellung **auf**........................

den Gesamtpreis **aus**........................

die Bücher **ein**........................

die AGB **ver**........................

eine Telefonnummer **auf**........................

ein Bestellformular **aus**........................

einen Notizzettel **zer**........................

die Waren **ein**........................

einen Lkw **ent**........................

eine Rechnung **be**........................

die Pakete **ver**........................

eine Liste **er**........................

d Sehen Sie sich noch einmal die von Ihnen in 1c notierten
Verben an. Welche Verben sind trennbar, welche nicht?

> Präfix betont → trennbar
> Präfix nicht betont → nicht trennbar

> Einige Präfixe werden im Satz vom Verb getrennt, andere nicht:
>
> Ich **stelle** die Kisten **ab**. / Ich **be**stelle die Produkte im Internet.
>
> Verben mit den Präfixen *be-, ent-, er-, ver-* und *zer-* sind nicht trennbar.

trennbar	nicht trennbar
....	....
....	....
....	....

e Bilden Sie mit den Beispielen aus 1c vollständige Sätze, beispielsweise „Ich gebe jeden Freitag die
Bestellungen auf."

2 Eine schriftliche Bestellung verfassen

Ergänzen Sie die Präfixe im Text: *auf-, aus-, be-, er-, ver-*. Einige kommen mehrmals vor.

So geht bei Ihrer Bestellung nichts schief!

Damit Sie auch genau die Waren ....kommen, die Sie sich ....gesucht haben, sollten Bestellungen immer klar formuliert sein. Hier sind fünf Tipps, die Ihnen helfen, Missverständnisse zu vermeiden:

1. ....wenden Sie eine passende Anrede (z. B. *Sehr geehrte Damen und Herren*).
2. Falls Sie zuvor ein Angebot ....halten haben, auf das Sie sich in Ihrer Bestellung ....ziehen, ...danken Sie sich dafür (z. B. *Vielen Dank für Ihr Angebot vom 9. Juni 20xx.*).
3. Nennen Sie den Grund für Ihr Schreiben (z. B. *Hiermit ....stelle ich folgende Artikel.*).
4. Machen Sie genaue Angaben zum Produkt. Listen Sie dazu folgende Informationen ....: Artikel- oder Bestellnummer, Artikelbezeichnung, Farbe, Größe, Menge und Preis.
5. ....enden Sie den Brief oder die E-Mail mit einem Gruß (z. B. *Mit freundlichen Grüßen*).

3 Nhans Bestellung

a Was soll Nhan bestellen? Hören Sie und markieren Sie die relevanten Informationen im Text.

Wolldecke

Erhältlich in zwei verschiedenen Größen und Farben:

130 x 180 cm   38,50 €
150 x 200 cm   44,95 €

Jeweils in Rot oder Hellgrau.

Art. 2337-W

Kissen

Bezug aus Baumwolle.

40 x 40 cm   5,78 €

Erhältlich in Cremeweiß, Frühlingsgrün und Schwarz.

60 x 60 cm   7,89 €

Erhältlich in Sonnengelb, Grau, Rot und Dunkelblau.

Art. 9654-K

b Hören Sie noch einmal. Wie viele Wolldecken und Kissen soll Nhan bestellen?

c Vervollständigen Sie jetzt die E-Mail mit den Informationen aus 3a und b.

| **Betreff:** | Bestellung | | | | | |

Sehr geehrte Damen und Herren,
hiermit bestellen wir folgende Artikel:

Artikelnr.	Bezeichnung	Menge	Farbe	Größe	Einzelpreis	Gesamtpreis
2337-W	Wolldecke	....	....		38,50 €	577,50 €
9654-K	Kissen	....	....	40 x 40 cm	....	173,40 €
	Kissen	....	....			78,90 €

Daraus ergibt sich ein Gesamtbetrag von 987,46 € inkl. 19 % MwSt.

Bitte senden Sie die Artikel an das Seniorenstift Flottbek, Bergstr. 76, 22769 Hamburg. Unsere Kundennummer ist 1364597. Bei Rückfragen können Sie sich gerne an mich wenden: 040 28044-12.

Mit freundlichen Grüßen
Nhan Nguyen

4 Professionell telefonieren

a Lesen Sie die Beispiele und streichen Sie die falschen Wörter durch.

1 Ein Telefongespräch annehmen

▷ Grünberg Versand, guten Tag. Mein Name ist Maylin Voss. Was kann ich für Sie *helfen / tun*?

2 Sagen, mit wem man sprechen möchte

▷ Kann ich bitte mit Frau Bauer *besprechen / sprechen*?
▷ Könnten Sie mich mit Frau Bauer verbinden?

3 Den Grund des Anrufs nennen

▷ Es *bezieht / geht* um Folgendes: …
▷ Ich rufe wegen … an.
▷ Ich wollte mich *erfragen / erkundigen*, ob …

4 Nachfragen

▷ Wie war der Name?
▷ *Das Verständnis / Die Verbindung* ist sehr schlecht. Könnten Sie das bitte wiederholen?

5 Mit dem Gesprächspartner verbinden

▷ Einen Augenblick, bitte. Ich verbinde.
▷ Einen Moment, bitte. Ich stelle Sie *aus / durch*.

6 Die gewünschte Person ist nicht da

▷ Frau Bauer ist heute nicht im Haus.
▷ Frau Bauer ist in einer Besprechung. Sie können sie ab 16 Uhr *erhalten / erreichen*.

7 Eine Nachricht hinterlassen

▷ Können Sie Frau Bauer bitte *ausrichten / einrichten*, dass …
▷ Könnte Frau Bauer mich morgen vielleicht *widerrufen / zurückrufen*?

8 Ein Gespräch beenden

▷ Vielen Dank und auf Wiederhören.
▷ Vielen Dank für die *Auskunft / Ansage*. Sie haben mir wirklich sehr geholfen.
▷ Vielen Dank und einen schönen Tag noch.

b Zu zweit: Was kann man noch sagen? Überlegen Sie sich für jede der in 1a genannten Situationen ein weiteres Beispiel. Vergleichen Sie die Ergebnisse im Kurs.

🔊 25 **c** Lesen Sie zuerst den Text und bringen Sie ihn in die richtige Reihenfolge (linke Spalte). Hören Sie dann das Telefongespräch zur Kontrolle (rechte Spalte). Vergleichen Sie ihre Ergebnisse im Kurs.

☐	Anrufer:	Ja, könnten Sie ihr bitte sagen, dass ich sie dringend sprechen muss?	☐
☐	Anrufer:	Vielen Dank und auf Wiederhören.	☐
☐	Anrufer:	Nein, mit „dt".	☐
☐	Anrufer:	Arndt, guten Tag. Kann ich bitte mit Frau Bauer sprechen?	☐
☐	Anrufer:	Paul Arndt.	☐
☐	Nhan:	Mit „d" wie „Dora"?	☐
☐	Nhan:	In Ordnung, Herr Arndt. Ich richte Frau Bauer aus, dass Sie angerufen haben.	☐
☐1	Nhan:	Seniorenstift Flottbek, guten Tag. Mein Name ist Nhan Nguyen.	☐
☐	Nhan:	Natürlich. Wie war der Name nochmal?	☐
☐	Nhan:	Tut mir leid. Frau Bauer ist heute nicht im Haus. Kann ich ihr etwas ausrichten?	☐

5 Entweder ... oder

> verfügen → verfügbar
> erhalten → erhältlich

a Hören Sie das Telefongespräch. Entscheiden Sie, ob die Aussagen dazu richtig oder falsch sind.

26 ((▶

		✓	✗
1	Der Angebotspreis gilt für die Innen- und die Außenbeleuchtung.	☐	☐
2	Nhan interessiert sich nur für weiße Tischlampen.	☐	☐
3	Das Modell „Stockholm" gibt es in Weiß und in Grau.	☐	☐
4	Das Modell „Florida" ist in Weiß, aber nicht in Grau erhältlich.	☐	☐
5	Nhan soll sich möglichst schnell entscheiden.	☐	☐
6	Heute ist Nhans Chefin da, seine Kollegin aber nicht.	☐	☐

b Ergänzen Sie: *je ... desto, nicht nur ... sondern auch, zwar ... aber.*

1 Das Angebot gilt .... für Neukunden, ... für Bestandskunden.

2 .... schneller Sie liefern können, ... besser.

3 Ich habe die AGB .... gelesen, ... ich habe sie nicht verstanden.

> **Zweiteilige Konjunktionen**
> weder ... noch
> sowohl ... als auch
> nicht nur ... sondern auch
> entweder ... oder
> zwar ... aber
> je ... desto

c Ergänzen Sie: *entweder ... oder, weder ... noch, sowohl ... als auch.*

1 Der Raum soll etwas bunter werden. Deshalb haben wir .... die roten .... die weißen Kissen bestellt.

2 Leider konnte ich .... Frau Bauer .... Herrn Nguyen telefonisch erreichen.

3 Wir kaufen .... ein neues Bücherregal .... neue Lampen, aber nicht beides.

d Stellen Sie sich folgende Situation vor: Auf der Arbeit wird der Servicebereich für Kunden renoviert. Sie haben die Möglichkeit, den Raum mitzugestalten. Besprechen Sie zu zweit, was angeschafft werden soll und wie viele Artikel Sie jeweils benötigen. Sie haben ein Budget von 1.200 Euro.

Grünpflanzen Stück 25 €

Kaffeevollautomat „Deluxe", 459 €

Sofa in Grün, Weiß, Rot oder Schwarz, 680 €

Kaffeemaschine 39 €

Stuhl, auch in Schwarz erhältlich, 31 €

Tisch in Schwarz oder Weiß, 198 €

Stuhl in Rot, Weiß oder Schwarz, 69 €

Mikrowelle in Rot oder Weiß, 89 €

e Stellen Sie Ihre Ergebnisse im Kurs vor und vergleichen Sie.

6 Mit großen Zahlen rechnen

🔊 27 **a** Welche Zahl hören Sie? Notieren Sie.

> der Betrag → betragen

1 Die Gesamtsumme beträgt .... Euro.

2 Die Maschine kostet .... Euro.

3 Der Preis beträgt .... Euro, inklusive Mehrwertsteuer.

4 Wir haben insgesamt .... Euro ausgegeben.

5 Der Betrag von .... Euro wird überwiesen.

6 Wir haben medizinische Geräte für .... Euro bestellt.

b Wie sagt man das auf Deutsch?

Komma | mal | plus | (geteilt) durch | gleich | minus

> ⅓ ein Drittel
> ⅛ ein Achtel
> ¾ drei Viertel

1 **+** .... 2 **−** ....

3 **×** .... 4 **÷** ....

5 **=** .... 6 **,** ....

c Rechnen Sie (mit oder ohne Taschenrechner) und lesen Sie die Gleichungen laut vor.

1 $56.134 \div 442$ = ... 2 $86,4 + 921,7$ = ...

3 $179.713 - 66.312$ = ... 4 545×84 = ...

5 $59,7 \times 32,2$ = ... 6 $691.235 + 83.479$ = ...

7 Zahlungsmöglichkeiten

a Welche Zahlungsmöglichkeiten nennen die vier Personen? Was sind Ihrer Meinung nach die Vor- und Nachteile der einzelnen Zahlungsmöglichkeiten? Wie bezahlen Sie am liebsten?

Wenn ich Waren online bestelle, zahle ich per Lastschrift. Das heißt, der Zahlungsempfänger bucht den Betrag einfach von meinem Konto ab. Das ist ganz bequem.

Ich würde nie per Lastschrift zahlen, sondern nur auf Rechnung. Die Rechnung bezahle ich dann per Banküberweisung. So habe ich viel mehr Kontrolle.

In Geschäften zahle ich kleinere Beträge am liebsten in bar und größere per Girocard, also mit EC-Karte. Nur wenn ich etwas im Internet bestelle, nutze ich meine Kreditkarte.

Wenn ich privat etwas im Internet bestelle, nutze ich einen Online-bezahldienst. Sicherheitsbeden-ken habe ich dabei nicht. Bis jetzt hat immer alles gut funktioniert.

> **Gut zu wissen …**
> Laut Stiftung Warentest benutzt etwa die Hälfte der volljährigen Deutschen (27 Mio.) Onlinebanking. In Norwegen liegt die Quote bei 90 %, in Griechenland bei 15 %.

b Halten Sie Onlinebanking für sicher? Was meinen Sie: Warum nutzen viel mehr Norweger als Deutsche Onlinebanking? Wie ist die Situation in Ihrem Herkunftsland?

8 Die Rechnung, die noch nicht bezahlt ist.

a Lesen Sie und ergänzen Sie *den, der, der, dessen, die, die.*

▶ Claudia: Was kostet eigentlich der Bücherschrank, ... (1) wir noch kaufen sollen?

▷ Nhan: Knapp 400 Euro, glaube ich. Sag mal, sind die Sachen, ... (2) wir beim Grünberg Versand bestellt haben, denn schon geliefert worden?

▶ Claudia: Ja, letzten Freitag. Der Praktikant, ... (3) vor zwei Wochen hier angefangen hat, hat sie erstmal in den Lagerraum gebracht.

▷ Nhan: Welcher Praktikant?

▶ Claudia: Ah, der junge Mann, ... (4) Namen ich immer vergesse. Wie heißt er noch: Aki, Akio?

▷ Nhan: Ich weiß schon: Du meinst Akeno.

▶ Claudia: Stimmt, Akeno. Der Name will einfach nicht in meinen Kopf. Da fällt mir ein: Akeno hat mir auch die Rechnung gegeben, ... (5) wir noch bezahlen müssen. Wo ist die eigentlich? Sie lag doch hier auf dem Schreibtisch.

▷ Nhan: Bestimmt hat der Kollege, ... (6) in der Buchhaltung arbeitet, sie schon mitgenommen.

▶ Claudia: Ach ja, das kann wohl sein …

b Zu zweit: Lesen Sie und variieren Sie den Dialog.

▶ A: Sag mal, wie bezahlen wir **den Tisch, den** wir kaufen wollen? **In bar**?

▷ B: Nein, lieber **mit Kreditkarte**.

	mask.	fem.	neutr.	Plural
Nom.	der	die	das	die
Akk.	den	die	das	die
Dat.	dem	der	dem	denen
Gen.	dessen	deren	dessen	deren

Computer
Bücherregal
Maschine
Stühle
medizinische Geräte
Essen im Restaurant

(in) bar
mit/per Kreditkarte
mit/per Smartphone
per Lastschrift
per Überweisung

9 Zahlungserinnerungen

Lesen Sie und streichen Sie das falsche Wort durch.

die Mahnung
die Zahlungserinnerung

o. g. = oben genannt
i. A. = im Auftrag

Zahlungserinnerung: Rechnung Nr. 80/3074 vom 06.11.20xx

Sehr *geehrte/geehrter* Herr Nguyen,

leider ist *bislang/überhaupt* für die o. g. Rechnung, *das/die* am 20.11.20xx fällig war, *noch/schon* keine Zahlung eingegangen. Bitte überweisen Sie den Betrag in Höhe von 987,46 EUR bis *zum/vom* 10.12.20xx auf unser Konto.

Könnten/Sollten Sie die Rechnung *bereits/dennoch* bezahlt haben, betrachten Sie diese Zahlungserinnerung bitte als gegenstandslos.

Mit freundlichen Grüßen

Ralf Niehoff

Sprachbausteine

Bestellungen per Brief oder E-Mail

Sehr geehrte Damen und Herren, / Sehr geehrte Frau …, / Sehr geehrter Herr …,
vielen Dank für Ihr Angebot vom [Datum].
Hiermit bestelle ich folgende Artikel: Artikelnummer, Bezeichnung, Farbe, Größe, Menge, Preis …
Bei Rückfragen können Sie sich gerne an mich wenden. / Für Rückfragen stehe ich gerne zur Verfügung.
Sie erreichen mich telefonisch unter der Nummer …
Mit freundlichen Grüßen

Telefonieren

▶ [Firma XY], guten Tag. Mein Name ist …
▶ Einen Moment, bitte. Ich verbinde.
▶ Kann ich etwas ausrichten?
▶ Tut mir leid. Frau / Herr … ist heute nicht im Haus.

▷ Kann ich bitte mit Frau / Herrn … sprechen?
▷ Ich wollte mich erkundigen, ob …
▷ Richten Sie ihr / ihm bitte aus, dass …
▷ Vielen Dank und auf Wiederhören.

Zahlungsmöglichkeiten

Barzahlung, in bar bezahlen
Handyzahlung, mit / per Handy (Smartphone) bezahlen
Kartenzahlung, mit / per Kreditkarte bezahlen
Zahlung per Banküberweisung
Zahlung per Lastschrift

Rechnungen bezahlen

eine Rechnung begleichen / bezahlen
den Betrag bis zum [Datum] überweisen
fällig sein am [Datum]
der Zahlungseingang
die Zahlungserinnerung, die Mahnung

Grammatik

Verben mit Präfix

Trennbar sind Verben mit den Präfixen ab-, an-, auf-, aus-, ein-, mit-, nach-, her-, hin-, vor-, weg-, zu-, zurück-.	ab|schicken an|kommen nach|fragen	Ich schicke die Bestellung **ab**. Die Ware kommt voraussichtlich am Dienstag **an**. Ich weiß es nicht, aber ich frage mal **nach**.
Nicht trennbar sind Verben mit den Präfixen be-, ent-, ver- und zer-.	bestätigen verbinden	Hiermit bestätigen wir Ihre Bestellung. Einen Moment, bitte. Ich verbinde Sie.

Zweiteilige Konjunktionen

weder … noch	Die Lampe ist **weder** in Weiß **noch** in Grau erhältlich.
sowohl … als auch	**Sowohl** die Kissen **als auch** die Wolldecken sind im Angebot.
nicht nur … sondern auch	Die Lampe gibt es **nicht nur** in Hellgrau, **sondern auch** in Blau.
entweder … oder	Wir bestellen **entweder** die roten Kissen **oder** die weißen.
zwar … aber	Die Wolldecke ist **zwar** teuer, **aber** die Qualität ist hervorragend.
je … desto	**Je** schneller Sie liefern können, **desto** besser.

Relativsätze

Nominativ	Der Mann, **der** hier arbeitet …	Die Frau, **die** hier arbeitet …
Akkusativ	Der Mann, **den** ich anrufen soll …	Die Frau, **die** ich anrufen soll …
Dativ	Der Mann, **dem** die Firma gehört …	Die Frau, **der** die Firma gehört …
Genitiv	Der Mann, **dessen** Firma …	Die Frau, **deren** Firma …

Konflikte und Beschwerden

Konfliktverhalten:

Stimmen Sie zu? Entscheiden Sie auf einer Skala von 1 (stimme überhaupt nicht zu) bis 5 (stimme voll zu), wie sehr die folgenden Aussagen Ihrer Meinung entsprechen.

☐ Konflikte sind Chancen.

☐ Wer laut ist, bekommt recht.

☐ Man sollte immer offen seine Meinung sagen.

☐ Frauen sind toleranter als Männer.

☐ Wer Fehler zugibt, ist schwach.

☐ Im Betrieb hat nur einer recht: der Chef!

☐ Wenn man unzufrieden ist, sollte man sich sofort beschweren.

☐ Missverständnisse entstehen vor allem durch fehlende Informationen.

1 Ein Gast beschwert sich bei Malaika im Hotel.

 28 **a** Nach einem geschäftlichen Abendtermin übernachtet Dimitra Papadopoulou in Malaikas Hotel. Es gibt ein Problem beim Frühstück. Hören Sie das Gespräch und beantworten Sie die Fragen.

1 Worin besteht das Missverständnis?
2 Wie löst Malaika das Problem?
3 Worüber beschwert sich Dimitra außerdem?
4 Wie reagiert Malaika?

> **Direkte und indirekte Rede**
>
> Dimitra: „Ich möchte ein Spiegelei."   Dimitra sagt, **dass** sie ein Spiegelei möchte.
> Malaika: „Ich sage in der Küche Bescheid."   Malaika antwortet, **dass** sie in der Küche Bescheid sagt.
>
> Die indirekte Rede wird beispielsweise mit folgenden Verben eingeleitet:
> *sagen – behaupten – erklären – feststellen – erzählen – fragen, ob …*

28 **b** Hören Sie das Gespräch noch einmal und erzählen Sie es in der indirekten Rede. Die Stichwörter helfen Ihnen dabei.

Dimitra fragt, ob … (Spiegelei) → *Dimitra fragt, ob sie zum Frühstück ein Spiegelei bekommt.*

Malaika sagt, dass … (Eier) →
Dimitra erklärt, dass … (gekochte Eier und Rührei) →
Malaika stellt fest, dass …(Missverständnis) →

> Im Schriftlichen verwendet man in der indirekten Rede meistens den Konjunktiv I. Im Mündlichen benutzt man den Konjunktiv, wenn man dem Sprecher nicht glaubt oder an seiner Aussage zweifelt.
>
> Gast: „Das Frühstücksbüfett ist schlecht."   Der Gast sagt, **dass** das Frühstücksbüfett schlecht sei.

2 Eine schriftliche Beschwerde und die Reaktion

a Lesen Sie Dimitras Beschwerde. Was war das Schlimmste für sie?

> ### Mein Aufenthalt in Ihrem Hotel
>
> Sehr geehrte Damen und Herren,
>
> vom 2.–3. März habe ich in Ihrem Hotel übernachtet. Bei meiner telefonischen Reservierung sagte man mir, dass das Frühstücksbüfett reichhaltig und der Service exzellent sei.
>
> Leider stimmte das nicht. Es gab keine frischen Säfte, außerdem hätte ich mir auch Müsli oder Quark gewünscht. Der Clou war allerdings, dass man mir statt eines Spiegeleis ein Rührei servierte. Ihre Mitarbeiterin sagte mir daraufhin, dass sie mich nicht richtig verstanden habe.
>
> Das war für mich ein wirklich schlechter Start in den Tag, nachdem ich wegen einer Feier im Restaurant gegenüber nur wenige Stunden geschlafen hatte!
> Ich werde von einer negativen Bewertung im Internet absehen, Sie aber nicht weiterempfehlen.
>
> Mit freundlichen Grüßen
>
> *Dimitra Papadopoulou*

b Unterstreichen Sie die Konjunktivformen und vergleichen Sie das Ergebnis im Kurs.

c Ergänzen Sie die Lücken mit dem Ausdruck, der am besten passt.

Ihr Aufenthalt in unserem Hotel

Sehr geehrte Frau Papadopoulou,

vielen Dank für Ihr Schreiben vom 10. März 20xx. __1__, dass Sie mit unseren Leistungen unzufrieden waren. Aufgrund von kurzfristigen Lieferschwierigkeiten unseres lokalen Obsthändlers konnte __2__ kein frisches Obst geliefert werden. Wir waren daher gezwungen, __3__ auf Saftkonzentrat und Dosenobst auszuweichen. Wir können __4__. Es war jedoch ein einmaliger Vorfall, der __5__ wird.

Ebenso können wir verstehen, dass Sie sich sehr über den Service unserer Mitarbeiterin __6__ haben. Frau Hadrawi ist noch nicht lange bei uns und hat leider noch leichte Schwierigkeiten mit der deutschen Sprache. Wir haben __7__ und werden entsprechende Schulungsmaßnahmen einleiten.

Die Zufriedenheit unserer Gäste __8__. Daher übersenden wir Ihnen hiermit einen Gutschein für eine Übernachtung in unserem Hotel, um __9__. Wir __10__, Sie bald wieder in unserem Hause begrüßen zu dürfen.

Mit freundlichen Grüßen

Wilhelm Konrad
Direktor

1 a Bitte entschuldigen Sie 　b Wir bedauern sehr 　c Wir bitten um Verständnis	6 a beschwert 　b entschuldigt 　c geärgert
2 a leider 　b schade 　c tut mir leid	7 a aus diesem Missverständnis gelernt 　b den Fehler behoben 　c den Vorfall beseitigt
3 a als Ersatz 　b anstatt 　c sondern	8 a darf nicht wieder vorkommen 　b ist eine einfache Angelegenheit 　c liegt uns am Herzen
4 a das Missverständnis erklären 　b Ihre Enttäuschung nachvollziehen 　c diesen Vorfall wieder gutmachen	9 a das Missverständnis zu klären 　b den Fehler zu verzeihen 　c uns für die Unannehmlichkeiten zu entschuldigen
5 a sich jedoch entschuldigen 　b sich nicht wiederholen 　c sich zufällig ergeben	10 a bedauern sehr 　b sind jederzeit bereit 　c würden uns freuen

d Welches Thema aus Dimitras Beschwerdebrief erwähnt Herr Konrad in seinem Brief nicht?

3 Entschuldigung, es tut mir leid!

Zu zweit: Wählen Sie zwei Situationen aus und spielen Sie die Dialoge. Wechseln Sie die Rollen.

A	B
Ihr Sohn lässt immer sein Fahrrad im Hausflur stehen.	Sie stört das Fahrrad im Flur, denn es gibt genug Platz im Fahrradkeller.
Sie finden, dass Ihr Nachbar am Abend zu laut Musik hört.	Sie können am besten bei lauter Musik entspannen.
Sie haben ein Paket für Ihren Nachbarn angenommen und Ihre Tochter hat es geöffnet.	Sie finden es nicht gut, wenn Ihr Nachbar Ihre Pakete öffnet.

4 Bei Dimitra in der Klinik läuft nicht alles glatt.

a Lesen Sie, worüber sich die Mitarbeiter bei Dimitra beschweren.

> Der Schichtplan ist ungerecht!

> Immer müssen wir Überstunden machen!

> Die Patientenakten werden nicht ordentlich geführt!

> Wir brauchen einen Raucherraum!

> In der Kantine muss man zu lange warten!

Im Kurs: Warum ist das ein Problem? Was können die Folgen für das Krankenhaus sein?

🔊 29 **b** Hören Sie das Konfliktgespräch zwischen Dimitra und ihren Kollegen. Welche Lösungen bietet Dimitra an?

Schichtplan | Kantine | Raucherraum | Patientenakten | Überstunden

Vergleichen Sie Ihre Ergebnisse untereinander.

Mit dem Passiv betont man die Handlung – die handelnde Person ist nicht so wichtig. War die Handlung in der Vergangenheit, benutzt man zwei Varianten:

Passiv Präteritum (schriftlich): **wurd-** + Partizip II → Der Schichtplan **wurde** geändert.
Passiv Perfekt (mündlich): **sein** + Partizip II + **worden** → Der Schichtplan **ist** geändert **worden**.

🔊 29 **c** Hören Sie das Gespräch noch einmal und vervollständigen Sie die Sätze.

1 (ändern) Der Schichtplan .... noch nicht ....
2 (einstellen) In der Kantine .... niemand ....
3 (installieren) Über dem Personalausgang .... ein Vordach ....
4 (überarbeiten) Die Patientenakten .... alle ....
5 (entscheiden) Auf der Vorstandssitzung .... eine Aufstockung des Budgets ....
....

d Präpositionen mit Genitiv. Vor dem Einschlafen denkt Dimitra über die Beschwerden der Kollegen nach.
Schreiben Sie Sätze.

> Nach den Präpositionen **wegen – trotz – aufgrund – (an)statt** steht der Genitiv!

1 Wegen des Schichtplans …
2 Trotz der Kälte …
3 Aufgrund der vielen Überstunden …
4 Statt der ständigen Beschwerden über die Kantine …

5 Ein konstruktives Streitgespräch führen

Kritik positiv äußern

1 Ich-Botschaft statt Du-Vorwurf ☐
2 nicht mit *nie* oder *immer* verallgemeinern ☐
3 Beispiele geben ☐
4 sich in die Situation des anderen versetzen ☐
5 auch Positives erwähnen ☐
6 Vorschläge machen ☐

a Welcher Ausdruck passt zu welchem Tipp?

a Natürlich kann ich verstehen, dass …
b Gestern zum Beispiel ist Folgendes passiert:
c Es passiert leider mal, dass …
d Wie wäre es denn, wenn wir …
e Ich fühle mich gestört, wenn …
f Allerdings muss ich auch sagen, dass …

b Haben Sie weitere Tipps, wie man Kritik positiv äußert? Wie sagt man das?

c Welcher Ausdruck passt zu welchem Tipp?

g Lassen Sie mich noch einmal zusammenfassen:
h Ja, das verstehe ich.
i Habe ich Sie richtig verstanden, …
j Vielleicht könnten wir Folgendes versuchen:
k Ich muss aber auch sagen, dass …
l Aha, so ist das also …

Positiv auf Kritik reagieren

7 aktiv zuhören ☐
8 nachfragen ☐
9 zusammenfassen ☐
10 Verständnis zeigen ☐
11 eigene Meinung sagen ☐
12 Lösungen vorschlagen ☐

d Haben Sie weitere Tipps, wie man positiv auf Kritik reagiert? Wie sagt man das?

e Geht man in Deutschland mit Kritik anders um als in anderen Ländern?

6 Ein Problem schriftlich darlegen

Sie haben diesen Fernseher gekauft, aber nichts war wie in der Anzeige beschrieben. Verfassen Sie eine Beschwerde an TELEWELT. Vergessen Sie nicht den Betreff, die Anrede, eine passende Einleitung und einen Abschluss. Schreiben Sie ausführlich etwas über die folgenden Punkte:

TELEWELT Aktionswoche

Einmaliges Angebot

LED TV-Gerät
Flachbild, 40 Zoll, Full-HD
nur 199 €

Lieferung inklusive
+
10 DVDs gratis dazu

- Warum haben Sie diesen Fernseher gekauft?
- Warum entsprach der Fernseher nicht den Angaben in der Anzeige?
- Welche Probleme sind bei der Lieferung aufgetreten?
- Was erwarten Sie von der Firma?

7 Was ist Qualitätsmanagement (QM)?

a Hedda Aziz arbeitet als Ingenieurin bei der DENSAI AG, einem großen deutschen Automobilzulieferer. Da in der letzten Zeit viele Beschwerden von Kunden eingegangen sind, möchte die Firma einen Workshop zum Thema Qualitätsmanagement durchführen.
Hedda möchte sich darauf vorbereiten. Sie druckt sich aus dem Internet einen Artikel aus und markiert die wichtigsten Begriffe.
Betrachten Sie zunächst die Abbildung. Erklären Sie, wie Qualitätsverbesserung funktioniert.
Lesen Sie dann den Text.

In Deutschland arbeiten ca. 800.000 Menschen in der Automobilindustrie. Sie alle müssen spezielle Methoden, Normen und Standards einhalten, um die Qualität der Produkte und Dienstleistungen zu garantieren.

Kunden erwarten von ihren Lieferanten aber nicht nur Qualität, sondern auch den Nachweis, dass ein Unternehmen zertifiziert ist, dass es also konsequent nach einem bestimmten Qualitätsmanagementsystem (QMS) arbeitet. Ein Unternehmen, das nicht zertifiziert ist, findet nur schwer Kunden.

Eine der wichtigsten Normen im QM ist die ISO 9001. Diese Norm beschreibt, welche Anforderungen ein Unternehmen erfüllen muss, um Produkte und Dienstleistungen von hoher Qualität anzubieten.

Wenn das Unternehmen erfolgreich eine Zertifizierung durchläuft und alle Qualitätsstandards erfüllt, erhält es ein ISO-Zertifikat. Dieses verpflichtet das Unternehmen auch dazu, seine Leistungen immer weiter zu verbessern. Man spricht hier vom kontinuierlichen Verbesserungsprozess, KVP.

Die ISO 9001 gilt nicht nur für die Automobilindustrie, sondern ist neutral formuliert, sodass sie für alle Anbieter von Produkten und Dienstleistungen genutzt werden kann. Sie definiert Strukturen und Arbeitsabläufe und schreibt vor, wie diese geregelt und dokumentiert werden müssen.

Um ein Qualitätsmanagementsystem speziell für die Automobilherstellung zu entwickeln, wurde der Verband der Automobilindustrie (VDA) gegründet. Seine Mitglieder sind über 600 Unternehmen, die in Deutschland Fahrzeuge und Zubehör produzieren. Der Verband erstellt Normen, die alle Hersteller einhalten müssen. In sogenannten Audits zum Thema Qualitätsmanagement überprüft der VDA die Einhaltung der Normen.

Außerdem organisiert der VDA Schulungen zum Qualitätsmanagement und bildet Qualitätsmanager aus, damit jeder Mitarbeiter im Unternehmen die Normen kennt und konsequent danach arbeiten kann.

b Finden Sie die Definitionen zu den wichtigsten Begriffen.

1	Normen und Standards	a	ein Kunde oder eine andere Partei will, dass ein Produkt oder eine Dienstleistung bestimmte Eigenschaften hat
2	QM-System	b	ein Dokument, das zeigt, dass ein Unternehmen nach der ISO-Norm arbeitet
3	Audit	c	eine Norm, die die wichtigsten Punkte für ein Qualitätsmanagement beschreibt
4	ISO 9001	d	ein ständiger Prozess zur Verbesserung der Arbeit
5	Anforderungen	e	die Person im Unternehmen, die für die Einhaltung der Qualitätsstandards verantwortlich ist
6	ISO-Zertifikat	f	ein System, das die Qualität der Produkte und Dienstleistungen garantiert
7	KVP	g	Prozesse in der Produktion oder Administration, die immer gleich sind
8	Arbeitsabläufe	h	Regeln, die beschreiben, wie ein Produkt oder eine Dienstleistung sein soll
9	dokumentieren	i	eine Prüfung in einer Firma, ob ein QM-System eingehalten wird
10	Qualitätsmanager	j	als Beweis schriftlich festhalten

c Lesen Sie den folgenden Text und setzen Sie die Begriffe aus b ein.

Eine Firma, die Produkte bei einer anderen Firma kauft, hat hohe ____1____ an die Qualität dieser Waren. Deshalb müssen alle Produkte nach bestimmten ____2____ hergestellt werden. Aber nicht nur die Produkte müssen genormt sein, sondern auch die ____3____, damit jeder Mitarbeiter weiß, wie er seine Arbeit machen muss. Das Unternehmen braucht also ein ____4____, in dem genau beschrieben ist, wie die Qualität der Produkte garantiert werden kann. Die bekannteste Norm, die die Basis für dieses System ist, heißt ____5____. Firmen, die nach dieser Norm arbeiten, wollen dies auch für ihre Kunden ____6____. Sie unterziehen sich deshalb regelmäßig ____7____, um ein ____8____ zu erhalten. In jeder Firma gibt es außerdem einen ____9____, der für die Einhaltung der Normen und für die Verbesserung der Qualität, also den ____10____, verantwortlich ist.

d Was meinen Sie: Warum sind Normen und Standards wichtig? Welche Auswirkungen hätte es, wenn es sie nicht gäbe? Nennen Sie Beispiele.

Gut zu wissen …

Das Deutsche Institut für Normung (DIN) ist die wichtigste Normungsorganisation in Deutschland. Die DIN-Normen erleichtern Innovationen und fördern die Rationalisierung und Verständigung in Wirtschaft und Gesellschaft.

e Zu zweit: Recherchieren Sie, welche Dienstleistungen DIN anbietet.

 www.din.de

Berichten Sie Ihre Ergebnisse im Kurs.

Sprachbausteine

Sich entschuldigen, Verständnis und Kritik äußern

Entschuldigen Sie bitte.
Ich habe Sie nicht richtig verstanden.
Das ist eine Ausnahme.
Das ist ein Missverständnis.
So etwas darf nicht passieren.
Das war ein einmaliger Vorfall.
Wir bitten um Verständnis.

Das liegt uns am Herzen.
Wir bitten, die Unannehmlichkeiten zu entschuldigen.
Das kann ich gut verstehen.
Das ist ärgerlich.
Daran lässt sich leider nichts ändern.
Das wird Konsequenzen haben.
Das ist nicht akzeptabel.

Grammatik

Konjunktiv I in der indirekten Rede

Der Konjunktiv I wird für alle Verben auf die gleiche Weise gebildet. In der Praxis sowohl der gesprochenen als auch geschriebenen Sprache wird er nur noch für die 3. Person Singular (*er/sie/es/man*) benutzt. Bei allen anderen Personen ist er veraltet oder wird durch den Konjunktiv II ersetzt, um den Unterschied zum Indikativ deutlich zu machen.

Ausnahmen bilden die Verben *sein* und *werden* und die Modalverben *müssen* und *können*.

Konjunktiv I: *sein, werden, müssen, können*

	sein	werden	müssen	können
ich	sei	werde	müsse	könne
du	sei(e)st	werdest	müssest	könnest
er/sie/es	sei	werde	müsse	könne
wir	seien	werden	müssen	können
ihr	seiet	werdet	müsset	könnet
sie/Sie	seien	werden	müssen	können

Der Konjunktiv II für Wünsche, Träume und für Höflichkeit

Mit dem Konjunktiv II formuliert man eine höfliche Bitte oder drückt aus, dass etwas nicht real ist oder wird.

Meistens wird der Konjunktiv II durch **würden** + Indikativ gebildet, da die Konjunktiv II-Formen der Verben veraltet sind:
Wir **würden** am liebsten nach Spanien in den Urlaub **fahren**.

Konjunktiv II: *sein, haben* + Modalverben *dürfen, können, mögen, müssen, sollen, wollen*

	sein	haben	dürfen	können	mögen	müssen	sollen	wollen
ich	wäre	hätte	dürfte	könnte	möchte	müsste	sollte	wollte
du	wär(e)st	hättest	dürftest	könntest	möchtest	müsstest	solltest	wolltest
er/sie/es	wäre	hätte	dürfte	könnte	möchte	müsste	sollte	wollte
wir	wären	hätten	dürften	könnten	möchten	müssten	sollten	wollten
ihr	wäret	hättet	dürftet	könntet	möchtet	müsstet	solltet	wolltet
sie/Sie	wären	hätten	dürften	könnten	möchten	müssten	sollten	wollten

Passiv

Das Passiv wird benutzt, wenn die Handlung im Vordergrund steht und nicht die handelnde Person. Es kann in allen Zeiten vorkommen und wird mit dem Hilfsverb *werden* in der jeweiligen Zeit und dem Partizip Perfekt des Vollverbs gebildet.

Passiv im Präsens / Präteritum / Perfekt / Futur

Die Ware **wird verschickt**. / **wurde verschickt**. / **ist verschickt worden**. / **wird verschickt werden**.

… bietet jeweils ein Interview und einen Sachtext – zum Lesen, Diskutieren, Recherchieren und Berichten.

Heute ist Ahmed Moussa unser Gast im Café Talk. Er beantwortet sechs Fragen über sein Leben.

 Herr Moussa, verraten Sie uns zuerst Ihr Alter und woher Sie kommen?

Ich komme aus Ägypten und bin 32 Jahre alt.

 Beschreiben Sie sich als Person: Welche Wörter kommen Ihnen spontan in den Sinn?

Ich bin ein fröhlicher Mensch. Ich glaube, ich habe in meinem Leben bisher viel Glück gehabt und dafür bin ich dankbar. Und ich bin ein einfacher Mann, der nicht viel braucht, um zufrieden zu sein. Ein großes Auto oder teure Kleidung bedeuten mir nichts. Ich bin also eher bescheiden und habe keine besonderen Ansprüche. Solange ich genug Geld habe, um meine Familie zu ernähren, bin ich glücklich.

Ich habe mir überlegt, mich umschulen zu lassen, vielleicht zum Fernfahrer.

 Von der Schule bis zum Beruf: Was waren bisher die wichtigsten Stationen in Ihrem Leben?

Da gibt es nicht viel zu erzählen: Ich war in der Schule in unserem kleinen Dorf in Ägypten und dann hatte ich eine Anstellung in der Kfz-Reparaturwerkstatt, in der ich auch schon als Schüler gejobbt hatte. Wir haben damals für ein paar Pfund die Autos gewaschen und das war in Ordnung. Auch hier in Deutschland habe ich schnell einen Job als Mechaniker in einer Kfz-Meisterwerkstatt gefunden. Dort arbeite ich nun schon seit fast drei Jahren.

 Ihre derzeitige Station: Wie zufrieden sind Sie – auf einer Skala von 1 (sehr schlecht) bis 10?

Ich gebe mir eine 9. Der einzige Grund, warum es keine 10 Punkte sind, ist meine Gesundheit. Durch den ständigen Kontakt mit Benzin und Schmier- und Reinigungsmitteln ist meine Haut sehr sensibel geworden und brennt ständig. Das ist unangenehm. Aber sonst geht es mir super. Meine Familie ist gesund, meine Kinder sind gute Schüler, ich verdiene genug Geld, um eine ordentliche Wohnung zu finanzieren und einmal im Jahr fahren wir in den Urlaub nach Ägypten. Ich habe keinen Grund zum Jammern.

 Wünsche, Träume Hoffnungen: Wenn Sie etwas an Ihrer persönlichen Situation ändern könnten, was wäre das?

Es wäre sehr schön, wenn meine Mutter zu uns ziehen könnte. Alle ihre Kinder sind im Ausland und sie ist ganz alleine in unserem Dorf in Ägypten. Ich habe noch zwei Schwestern. Die leben beide mit ihren Familien in England. Und mein Bruder arbeitet auf einer Baustelle in den Vereinigten Arabischen Emiraten. Er kommt höchstens zweimal im Jahr nach Hause. Wenn ich die Möglichkeit hätte, meine Mutter nach Deutschland zu holen, würde ich es sofort tun. Allerdings glaube ich, dass sie das vielleicht gar nicht will. Gesprochen habe ich darüber mit ihr noch nicht. Und sonst? Ganz bestimmt müsste ich mehr Sport machen oder wenigstens mit dem Rad zur Arbeit fahren. Jeden Tag nehme ich es mir vor, und dann steige ich doch wieder ins Auto. Na ja, ein Kfz-Mechaniker auf dem Rad …

 Weiterentwicklung und Pläne: Welche beruflichen Pläne haben sie und wo sehen Sie sich in zehn Jahren?

Wie gesagt, meinen Job als Kfz-Mechaniker werde ich aus gesundheitlichen Gründen nicht mehr lange machen können. Darüber mache ich mir schon Gedanken. Meine Frau meint auch, ich muss mir etwas einfallen lassen. Ich habe mir überlegt, mich umschulen zu lassen, vielleicht zum Fernfahrer. Ich habe gehört, dass das Gehalt ungefähr gleich ist. Das ist natürlich wichtig, denn mit weniger Geld hätten wir Probleme, unseren Lebensstandard zu finanzieren. Ich werde demnächst zur Agentur für Arbeit gehen und mich nach einer Umschulung erkundigen. Dann würde ich einen Lkw-Führerschein machen, ein paar Jahre als Fahrer arbeiten und – wer weiß – in zehn Jahren habe ich vielleicht meine eigene Spedition. Das wäre doch toll.

 Danke, Herr Moussa. Ihr Kaffee geht auf uns!

Umschulungen: Wann übernimmt die Bundesagentur die Kosten?

Die Entscheidung zur Kostenübernahme von Umschulungsmaßnahmen durch die Bundesagentur für Arbeit sind sogenannte Kann-Entscheidungen, d.h. es liegt im Ermessen des Sachbearbeiters, ob eine Förderung genehmigt wird. Ohne Berufsausbildung geht gar nichts. Klar, sonst wäre es keine Umschulung, sondern eine Ausbildung. Aber Achtung: Wer seine Berufsausbildung zwar begonnen, aber nicht abgeschlossen hat, hat trotzdem Chancen auf eine geförderte Umschulung.

Wichtig ist, dass man begründen kann, warum man in seinem gelernten Beruf nicht mehr arbeiten kann. Das können gesundheitliche oder auch psychische Gründe sein. Typische Berufskrankheiten, wie beispielsweise Hautallergien bei Friseuren, werden mit sehr großer Wahrscheinlichkeit anerkannt. Nervige Kollegen oder ein stressiges Großraumbüro dagegen eher nicht.

Gute Chancen auf Förderung haben auch diejenigen, die in ihrem gelernten Beruf keine Zukunftsaussichten mehr haben, weil ihr Beruf langsam ausstirbt. Es empfiehlt sich aber, sich vor dem Antrag auf Umschulung genau zu erkundigen, welche Berufe die besten Aussichten auf eine langfristige Anstellung bieten.

Wer aber vom Lagerarbeiter zum Lkw-Fahrer umschulen will, hat eher schlechte Chancen, seit große Firmen wie Amazon ihre Lager fast vollständig automatisieren und alle großen Automobilhersteller auf Technologien des autonomen Fahrens setzen. Und Bibliothekare werden im Zeitalter des Internets genauso wenig benötigt wie Kassierer, die in vielen großen Geschäften bereits jetzt durch Selbstbedienungskassen ersetzt werden.

Werden Sie Robotik-Ingenieur, e-Sports-Manager oder Lehrer für Naturwissenschaften! Das sind die Leute, die Deutschland in Zukunft brauchen wird. Nicht ganz so Mutige können auch auf Mechatroniker, Lebensmitteltechniker oder Altenpfleger setzen. Der Arbeitsmarkt wird es Ihnen danken und die Agentur für Arbeit Ihre Entschlossenheit sehr wahrscheinlich belohnen.

Wenn Sie über einen ausländischen Berufs- oder Hochschulabschluss verfügen und wissen möchten, ob dieser in Deutschland anerkannt wird, gibt Ihnen die Webseite **www.anerkennung-in-Deuschland.de** eine erste Orientierung.

a Fragen Sie Kinder und Jugendliche in Ihrem Umfeld nach ihren Berufswünschen. Sehen Sie einen Unterschied zu Ihrem Land?

b Stellen Sie sich vor, Sie möchten eine Umschulung machen. Leiten Sie alle nötigen Schritte in die Wege.

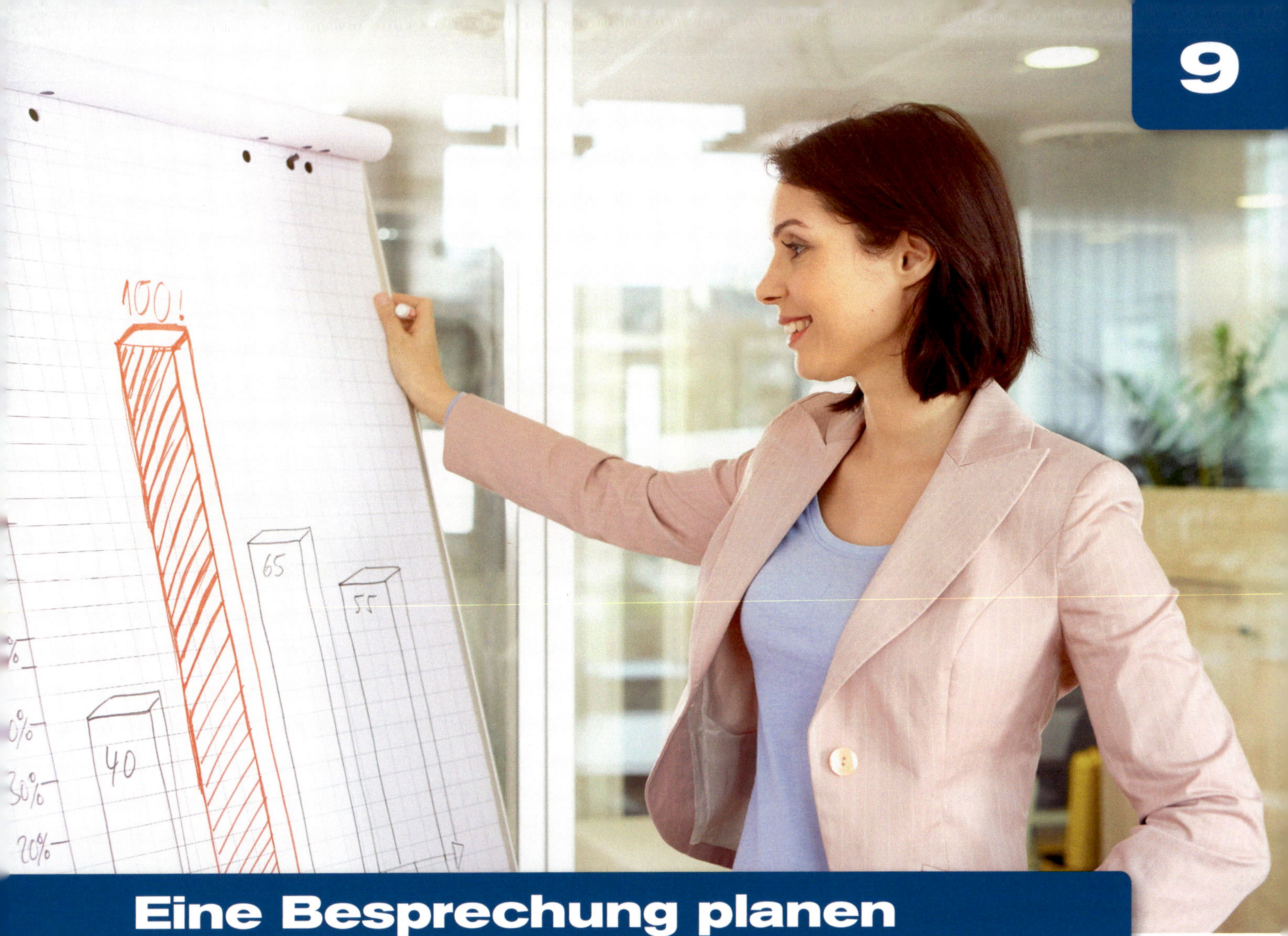

Eine Besprechung planen

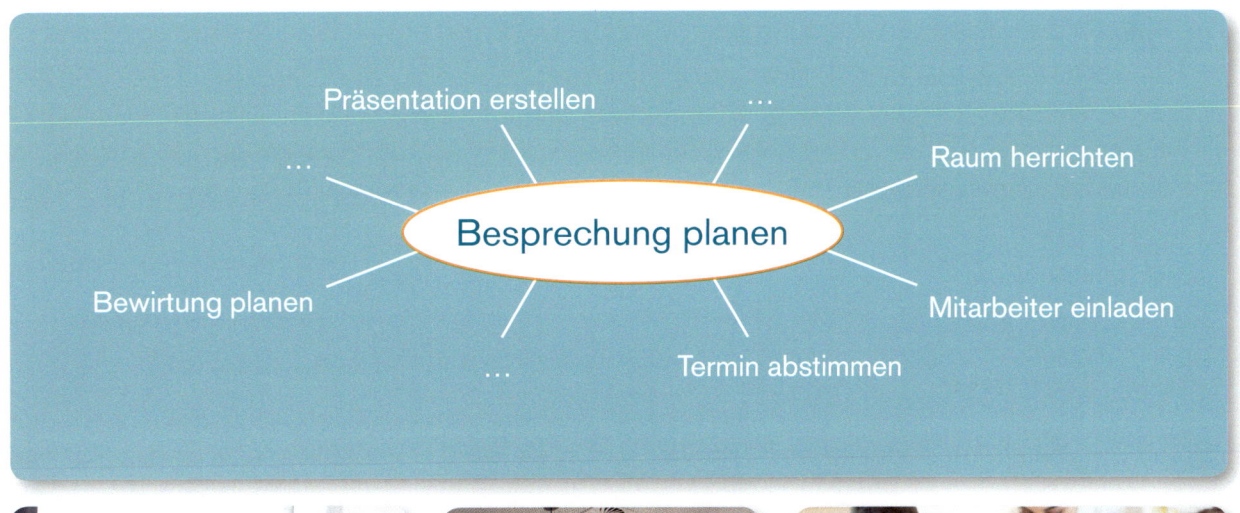

1 Einen Termin finden und vereinbaren

a Schauen Sie sich den Gruppenkalender an. An welchen Terminen sind alle Mitarbeiter verfügbar?

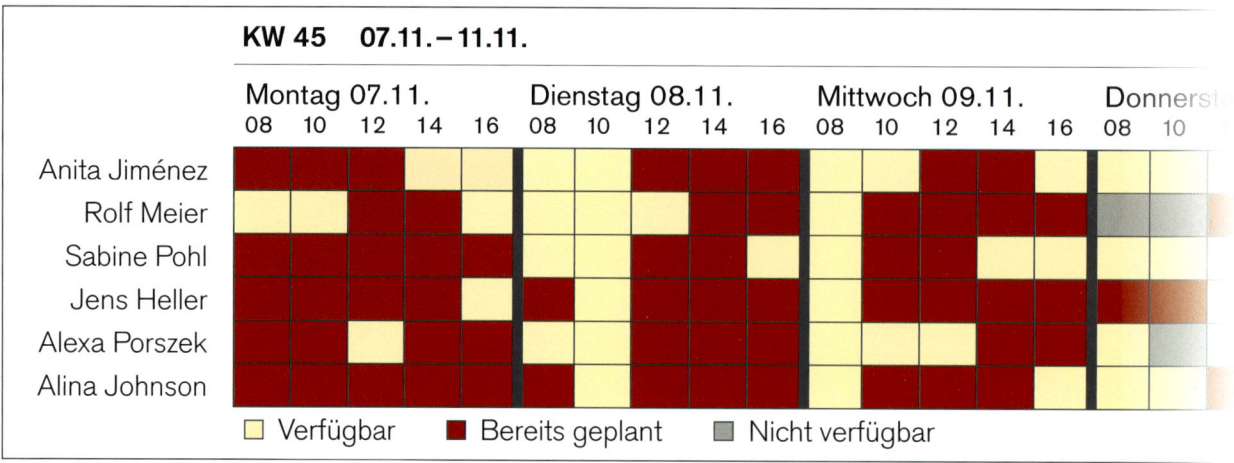

KW 45   07.11. – 11.11.

	Montag 07.11.	Dienstag 08.11.	Mittwoch 09.11.	Donners...
	08 10 12 14 16	08 10 12 14 16	08 10 12 14 16	08 10
Anita Jiménez				
Rolf Meier				
Sabine Pohl				
Jens Heller				
Alexa Porszek				
Alina Johnson				

□ Verfügbar   ■ Bereits geplant   ■ Nicht verfügbar

b Lesen Sie Anitas Einladungsmail an die Kollegen und ergänzen Sie die Präpositionen.

seit | am | zu | zu | zu | zu | zur | zur | von | für | um | um | auf | mit | im | in

Von:	anitajimenez@vodega.com
An:	team-vertrieb@vodega.com
Betreff:	Terminabstimmung

08.11.20xx   ▇ annehmen
10.00 – 12.00   ▇ ablehnen

Liebe Kolleginnen, liebe Kollegen,

ich möchte Euch/Sie gerne ....1....... unserer Mitarbeiterbesprechung ....2....... Dienstag, 08.11., ...3....... 10.00 bis 12.00 Uhr einladen. Wir haben schon einige Themen ....4....... der Agenda, u. a. die Kooperation ....5....... der Firma NewFashion. Herr Meier wird uns zudem eine Prognose ....6....... Entwicklung der Preise ....7....... Segment der Damenoberbekleidung geben. Weiterhin werden wir uns auch die Entwicklung unserer Firma ....8....... den letzten Jahren anschauen, ...9....... Planungen ...10....... die Zukunft zu machen und nachhaltig ...11....... einer Verbesserung unserer Wettbewerbssituation beizutragen. ...12....... zwei Jahren konnten wir unsere Umsätze ...13....... 15 % steigern. Wenn das kein Grund ...14....... Freude ist! Ich bitte Euch/Sie, den Termin bis morgen (14.00 Uhr) ...15....... bestätigen und mir weitere Themen für die Agenda ...16....... mailen.

Viele Grüße
Anita Jiménez

2 Viele Termine

a Hören Sie den Dialog zwischen Anita Jiménez und ihrem Chef Herrn Meier. Was ist das Problem?

b Was passt zusammen? Verbinden Sie.

1	Er hat die Einladung	a	am 8.11. auf einem Vertriebsmeeting.
2	Anita muss die Teambesprechung	b	ohne Hilfe nicht organisieren.
3	Herr Meier ist	c	mit NewFashion vor.
4	Dort stellt er die Kooperation	d	statt der letzten Jahresbilanz.
5	Anita soll einen Termin	e	zur Teambesprechung abgelehnt.
6	Sie kann die Besprechung	f	für nächsten Montag mit den Kollegen ausmachen.
7	Er braucht die Quartalsaufstellung	g	um eine Woche vorziehen.

c Lesen Sie zuerst die Redemittel und dann die Situationsbeschreibungen.
Spielen Sie zu zweit ein Rollenspiel.
Wechseln Sie danach die Rollen.

einen Terminvorschlag machen
- Könnten wir nicht am … die Besprechung / die Tagung / das Meeting abhalten?
- Was halten Sie von folgendem Vorschlag …
- Wir könnten doch am …
- Ich schlage vor, dass wir am ….

absagen / verneinen
- Leider muss ich absagen, weil …
- Ich muss den Termin leider absagen, da …
- Ich habe leider am …. keine Zeit, weil …
- Leider habe ich ausgerechnet am … einen anderen Termin / Urlaub …
- Ich kann leider am … nicht kommen / teilnehmen, weil …
- Es tut mir sehr leid, aber ich kann zu diesem Termin nicht, weil …

Termin verschieben
- Könnten Sie nicht den Termin um eine Woche / einen Tag / eine Stunde verschieben?
- Ich hätte am … Zeit.
- Vielleicht wäre es möglich, den Termin auf … zu verschieben?
- Wir sollten den Termin auf … verschieben.

Situation 1

Ihre Chefin / Ihr Chef ruft an: Sie sollen nächste Woche mit Ihrer Kollegin / Ihrem Kollegen ein Teammeeting für nächsten Monat planen. Nächste Woche wollten Sie aber Überstunden abfeiern und mit Ihrer Familie / Ihren Freunden etwas unternehmen.

Situation 2

Ihre Chefin / Ihr Chef bittet Sie, Unterlagen und Präsentationen für eine Besprechung zu erstellen, die in zwei Wochen stattfindet. Sie sollen die Unterlagen aber schon in drei Tagen fertig haben, obwohl Sie im Moment selber zu viel Arbeit haben.

3 Vorbereitungen zur Mitarbeiterbesprechung

a Welche Gegenstände braucht man bei Besprechungen? Schauen Sie sich die Bilder an, schreiben Sie die Bezeichnungen auf und sprechen Sie im Kurs darüber.

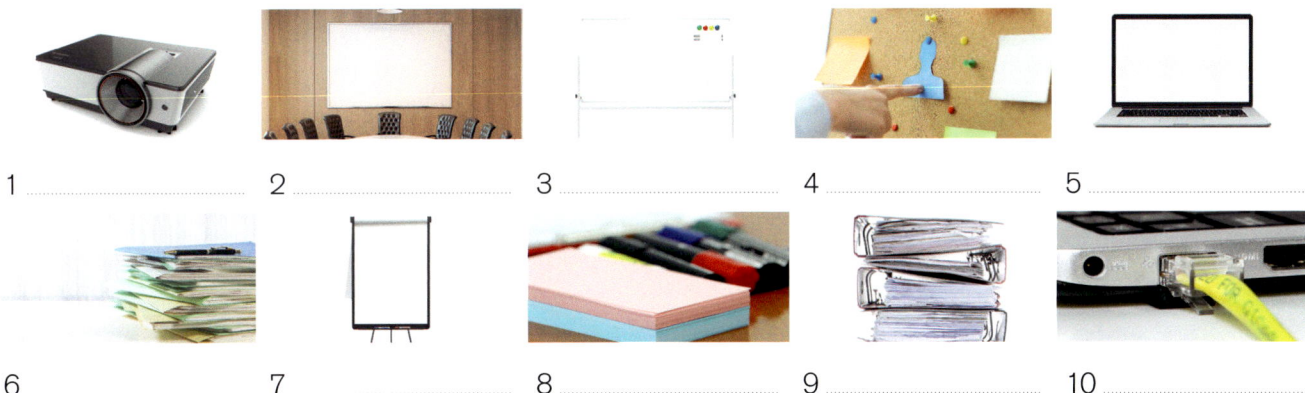

1 .... 2 .... 3 .... 4 .... 5 ....

6 .... 7 .... 8 .... 9 .... 10 ....

b Hören Sie das Gespräch der Kollegen und füllen Sie die To-do-Liste aus. 31

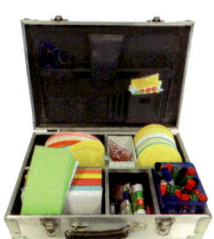

im Besprechungsraum vorhanden	muss besorgt / erledigt werden
1.	1.
2.	2.
3.	3.
4.	4.
5.	5.

c Hören Sie noch einmal und notieren Sie, was Jens macht. 31

4 Die Tagesordnungspunkte (TOPs)

a Lesen Sie die Tagesordnungspunkte (TOPs) und ordnen Sie diese den Beschreibungen zu.

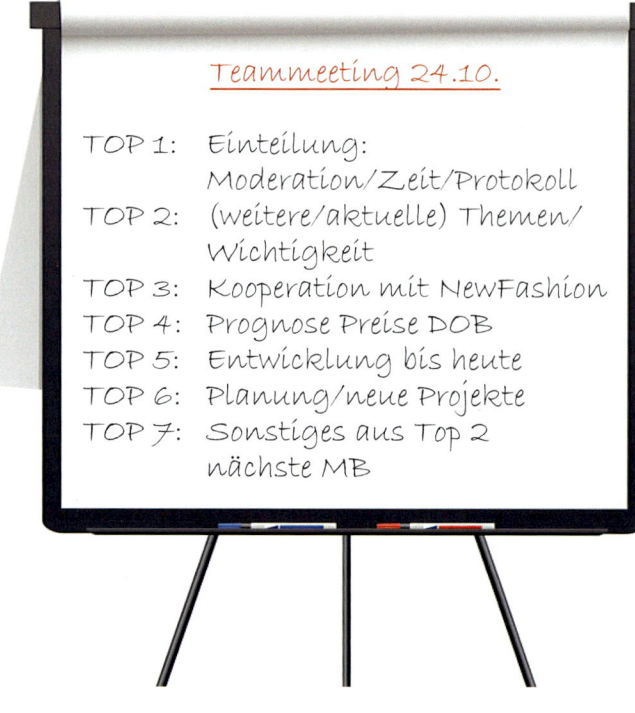

Teammeeting 24.10.

TOP 1: Einteilung: Moderation/Zeit/Protokoll
TOP 2: (weitere/aktuelle) Themen/Wichtigkeit
TOP 3: Kooperation mit NewFashion
TOP 4: Prognose Preise DOB
TOP 5: Entwicklung bis heute
TOP 6: Planung/neue Projekte
TOP 7: Sonstiges aus Top 2 nächste MB

.... Die Mitarbeiter sammeln weitere/aktuelle Themen, die unbedingt noch besprochen werden müssen und nicht auf der Tagesordnung stehen. Sie bestimmen auch die Reihenfolge.

.... Projektplanung und Ausblick ins neue Jahr

.... Der Vertrieb gibt eine Prognose über die Preisentwicklung in einem bestimmten Segment.

.... Die Mitarbeiter legen fest, wer die Besprechung leitet (moderiert). Dann bestimmen sie jemanden, der auf die Zeit achtet und jemanden, der das Protokoll schreibt.

.... Zeit für weitere Themen und Festlegung der nächsten Mitarbeiterbesprechung

.... Rückblick und Entwicklung der Geschäfte

.... Projektvorstellung der Geschäftsführung und Diskussion/Planung mit den Mitarbeitern über eine Kooperation mit einer anderen Firma

 32 **b** Hören Sie einen Teil der Besprechung. Was sagt Herr Meier über die Kooperation mit NewFashion? Setzen Sie die Komparative ein.

1 VODEGA ist in Deutschland .... bekannt, aber NewFashion ist in Europa .... verbreitet.

2 Der Umsatz ist zwar erheblich ...., dafür ist die Produktion der Waren etwas ....

3 Die Vertriebsmöglichkeiten sind .... und die Vertriebswege ....

4 Die Planung für die Jahreskollektion ist allerdings ....

5 Die Sommerblusen sind im Vergleich zu den Konkurrenten ein wenig ....

6 Die Nachfrage ist .... als die Prognosen annehmen ließen.

7 In Zukunft soll die Kollektion noch ...., ... und .... werden.

8 Die Farben müssen .... und .... sein.

9 Das Design soll .... und .... wirken.

10 Die Produktion der T-Shirts muss aber .... werden.

> **Komparativ – Superlativ**
> **klein** → kleiner → am kleinsten

> **Ausnahmen**
> gut → besser → am besten
> gern → lieber → am liebsten
> viel → mehr → am meisten

c Schreiben Sie Komparativ- und Superlativ-Formen auf kleine Zettel und geben Sie diese im Kurs weiter. Bilden Sie damit Sätze zu Ihrem Beruf.

groß | klein | eng | weit | kurz | lang | teuer | billig | günstig | hell | dunkel | schön | hässlich | gut | schlecht | dünn | dick | modern | aktuell | beliebt | ~~wichtig~~ | viel | ~~gern~~ | intensiv | effektiv | global | anstrengend | sozial | produktiv | gesund | freundlich

> *Am liebsten schneide ich Kindern die Haare.*

> *Wichtiger als eine gute Bezahlung sind für mich nette Kollegen. Am wichtigsten aber ist es, einen guten Chef zu haben.*

5 Grafiken lesen und verstehen

a Schauen Sie sich die Grafiken an und besprechen Sie diese im Kurs.
Um welches Thema geht es? Was ist dargestellt?

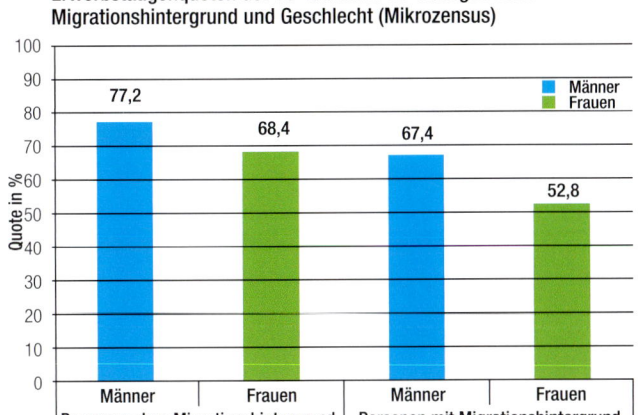

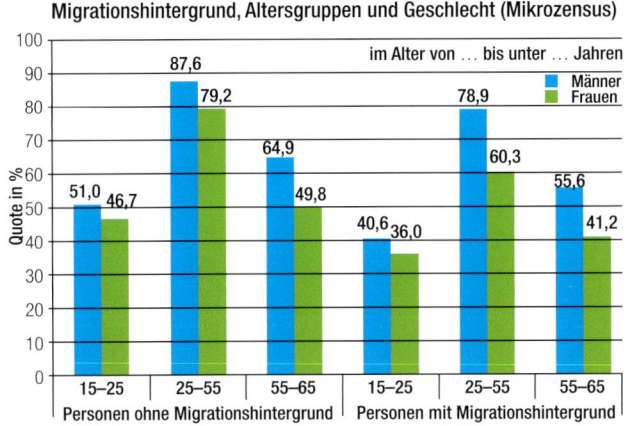

77,2 % der Männer ohne Migrationshintergrund
die meisten Personen mit Migrationshintergrund
die Mehrheit der Männer mit / ohne …
(knapp / etwa / ungefähr) die Hälfte der Frauen …

doppelt so viele … wie …/ halb so viele … wie …
ein Viertel der Personen zwischen 15 und 25 Jahren …
Die Erwerbsquote bei Frauen … ist **höher als** …
genauso viele Männer **wie** … mit / ohne …

b Lesen Sie die Aussagen und markieren Sie richtig oder falsch.

		✓	✗
1	Frauen mit Migrationshintergrund sind fast alle erwerbstätig.	☐	☐
2	Mehr als die Hälfte der Männer über 55 arbeiten.	☐	☐
3	Die meisten Frauen mit Migrationshintergrund in der Altersklasse zwischen 15 und 25 sind erwerbstätig.	☐	☐
4	87 % der Männer ohne Migrationshintergrund sind erwerbstätig.	☐	☐
5	Knapp 79 % der Männer mit Migrationshintergrund im Alter von 25 bis 55 arbeiten.	☐	☐

6 Besprechen und diskutieren

a Ordnen Sie die Redemittel den Kategorien zu.

A Vorschläge machen
B nachfragen
C zustimmen
D widersprechen
E eigene Meinung / Position vertreten
F jemanden nach seiner Meinung fragen

1 .... Wir sollten …
2 .... Das sehe ich genauso.
3 .... Können Sie / Kannst du das bitte näher erklären?

4 .... Das sehe ich anders.
5 .... Diesen Vorschlag finde ich gut.
6 .... Ich finde …
7 .... Was meinen Sie / meinst du damit?
8 .... Was halten Sie / hältst du davon?
9 .... Ich denke, das stimmt so nicht!
10 .... Das finde ich auch.
11 .... Meiner Meinung nach …
12 .... Vielleicht sollten / könnten wir …
13 .... Ich bin der Ansicht, dass …
14 .... Wie sehen Sie / siehst du das?

b Diskutieren Sie in kleinen Gruppen über das Thema „Recht auf Teilzeit für alle Mitarbeiter".

7 Entwicklungen und Prognosen

a Lesen Sie die Aussagen und ordnen Sie diese den Grafiken zu.

a ⬭ Wir werden viele gute Geschäftsideen realisieren.

b ⬭ Kinder werden immer früher nach ihren Leistungen beurteilt werden.

c ⬭ In Zukunft wird es einfach sein, Karriere zu machen.

d ⬭ Zahlen und Statistiken werden im Berufsleben nicht vermeidbar sein.

e ⬭ Die Verkäufe werden in den nächsten Jahren sinken.

> **Futur I**
>
> werden … Infinitiv
>
> Die Firma wird mehr Waren verkaufen.
>
> Die Angestellten werden viel mehr arbeiten.

b Lesen Sie die Aussagen der Menschen und diskutieren Sie diese im Kurs.

Akim, Student, Ghana, 22 Jahre

> Für ausländische Menschen wird es schwerer werden, eine gute Arbeit zu finden.

> Viele werden in Zukunft weniger verdienen, aber mehr Ausgaben haben.

Sofia, selbstständige Friseurin, Rumänien, 25 Jahre

Aleksa, Köchin, Ukraine, 19 Jahre

> Wir jungen Leute werden länger arbeiten und später in Rente gehen.

> Gute Handwerker wird man auch in Zukunft brauchen.

Piotr, Schreiner, Polen, 35 Jahre

c Wie sieht die Zukunft der Arbeit aus? Wie wird sich was verändern? Schreiben Sie weitere Thesen auf. Diskutieren Sie sie anschließend im Kurs.

Es wird Fabriken ohne Menschen geben.
Es werden viele neue Berufe entstehen.

8 Trends, Vorhaben und Versprechen

a Lesen Sie Anitas persönliche Zukunftsprognose und markieren Sie die Zukunftsformen.

Ich arbeite gerne bei VODEGA, aber in Zukunft möchte ich mich schon weiterentwickeln. Wenn unser Sohn etwas älter ist und zur Schule geht, werde ich wieder in Vollzeit arbeiten. Vielleicht werde ich auch ein Zusatzstudium machen. Ich habe zwar Betriebswirtschaft studiert, aber ich werde mich auf einem Gebiet fortbilden und spezialisieren. Controlling wird immer wichtiger werden. Das könnte ich mir vorstellen. Sicherlich werde ich noch ein paar Jahre bei VODEGA bleiben, um Erfahrungen zu sammeln, aber irgendwann werde ich mich bei einem internationalen Modeunternehmen bewerben. Vielleicht werde ich mit meiner Familie in eine andere Stadt ziehen, aber das werde ich dann zur richtigen Zeit mit meinem Mann besprechen.

b Schreiben Sie Ihre persönliche Prognose. Was werden Sie machen? Wie werden Sie Ihre Zukunft gestalten?

9 Besprechungsprotokolle

a Schauen Sie sich die beiden Besprechungsprotokolle an. Welches ist ein Verlaufs-, welches ein Ergebnisprotokoll?

Besprechungsprotokoll

Förmliche Begrüßung und Eröffnung
Am 20.02. wurde in Frankfurt von der Interessengemeinschaft Einzelhandel Innenstadt eine Sitzung zum Thema „Entwicklung des Einzelhandels" abgehalten. Anwesende: siehe Anlage Anwesend. Zu den Mitgliedern, die nicht teilgenommen haben, gehörten: siehe Anlage Abwesend.

Berichte
Verkaufsberichte des Vorjahres, Evaluation des Weihnachtsgeschäftes, Neueröffnungen, IHK-Bericht zur Entwicklung in Kopie

Antrag
Schließung der Südstraße für den Straßenverkehr und Errichtung einer Fußgängerzone

Neue Geschäftschance
Expertenbericht über die Entwicklung in der Südstraße bei Realisierung einer Fußgängerzone

Ankündigungen
Ortsbegehung am 15.03. mit dem Bürgermeister, Stadtrat und Vertretern des Einzelhandels

Besprechungsprotokoll

Thema der Besprechung: Verkaufsoffener Sonntag
Datum: 12.09.
Zeit: 10.00 – 11.00 Uhr
Eingeladene Teilnehmer: Werner Föhr, Birgit Kaminski, Manja Klaas, Alexa Löw, Reiner Nohr, Bettina Prüm, Sandra Ruhr, Ruth Willems,
Leitung: RN
Protokollführer: MK
Anwesende: BK, MK, AL, RN, BP, RW

TOP 1:	Verkaufsoffener Sonntag beim Stadtfest	Verantwortlich
Diskussion:	Kundenrabatte auf das Sortiment Gutscheinverlosung Sekt und Fingerfood für Kunden	
Aufgaben:	Rabatte festlegen Gutscheine gestalten und ausdrucken	
Ergebnis:	Kundenrabatte (bis max. 5 %)	MK (Info an Bürgerm. bis KW 41)
	Gutscheine	
	Keine Bewirtung	

b Wann verwendet man welche Protokollart?

_____: Nur die Ergebnisse, Entscheidungen und die beschlossenen Maßnahmen der Besprechung werden schriftlich festgehalten. Ebenso die verteilten Aufgaben und wer diese bis zu einem bestimmten Termin erledigen muss. Der Verlauf der Diskussionen ist unwichtig.

_____: Nicht nur die Entscheidungen und die beschlossenen Maßnahmen werden schriftlich festgehalten, auch die Diskussionen und die Inhalte einzelner Beiträge. Ebenso werden Fragen und weitere Anträge während des Meetings protokolliert. So kann man später nachvollziehen, wie es zu einer bestimmten Entscheidung gekommen ist.

Sprachbausteine

Eine Besprechung planen

eine Besprechung vorbereiten	das Team-/Mitarbeitermeeting
der Besprechungsraum	einen Termin abstimmen
eine Bewirtung planen	zu einem Termin einladen
eine Präsentation erstellen	einen Termin verschieben/verlegen/vorziehen
einen Raum herrichten	eine Termineinladung annehmen/ablehnen
die Tagesordnung	der Terminkalender
der Tagesordnungspunkt (TOP)	

Grammatik

Präpositionen

temporal + Akkusativ
um 10.00 Uhr
bis sieben Uhr
für zwei Wochen
über drei Stunden

temporal + Dativ
vor der Arbeit
nach der Arbeit
seit einem Jahr
am Mittwoch
in zwei Tagen
im Winter
beim Mittagessen
von 12.00 bis 16.00 Uhr
vom 1. Mai an

modal + Akkusativ
Woche **für** Woche
ohne sein Wissen

modal + Dativ
zur Beförderung
von seinem Chef
mit dem Kollegen
aus Baumwolle
außer ihm

kausal + Genitiv
wegen der Bezahlung
statt des Berichts
trotz der Arbeitszeit

Komparativ und Superlativ

Regelmäßige Formen:

schön → schöner → am schönsten
klein → kleiner → am kleinsten
leicht → leichter → am leichtesten

Vokal wird Umlaut:

groß → größer → am größten
klug → klüger → am klügsten
alt → älter → am ältesten

Unregelmäßige Formen:

gut → besser → am besten
gern → lieber → am liebsten
viel → mehr → am meisten

Vergleiche:

höher
niedriger } als ...
kleiner

genauso ... wie
genauso hoch wie

Futur I

Vermutung:	In 30 Jahren werden Roboter unsere Arbeit erledigen.
Aufforderung:	Sie werden morgen die Rechnungen bearbeiten.
Versprechen:	Ich werde das Projekt pünktlich abschließen.
Vorhaben/Plan:	Nächstes Jahr werde ich in Rente gehen.

Bestimmungen am Arbeitsplatz

Sicherheit am Arbeits-
platz ist wichtig.

An bestimmte Regeln
muss sich jeder halten.

Kein Zutritt ohne
Schutzhelm!

...

Arbeitsanweisungen müssen
genau formuliert sein.

1 Ein technisches Gerät erklären

🔊 33 **a** Schauen Sie sich die Geräte an. Über welches Gerät sprechen Fayyad und Toma? Kreuzen Sie an.

  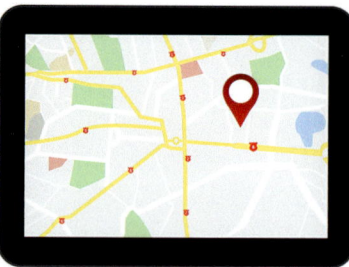

☐ Smartphone ☐ Navigationsgerät ☐ Tablet

b Schreiben Sie die Sätze im Imperativ.

> **Imperativ: du**
> d̶u̶ machs̶t̶ → **mach**
> d̶u̶ legs̶t̶ → **leg**

drücken | gehen | machen | geben | anschauen | ablegen | eintragen

1 .... hier die Postleitzahl .... und .... dann auf das Feld *Adresse*.

2 .... danach bitte auf den Befehl *Navigation starten*.

3 .... dir die Kalenderfunktion ....

4 .... dort deine Termine ....

5 .... ein Foto und .... es im digitalen Fotoalbum ....

c Nehmen Sie ein beliebiges Gerät (Handy, Tablet, Fotokopierer, Kaffeemaschine) und erklären Sie es Ihrer Partnerin/Ihrem Partner.

2 Eine Bedienungsanleitung verstehen

a Lesen Sie die Kurzanleitung. Sie ist in fünf Abschnitte unterteilt. Wo finden Sie Hinweise zu den unten aufgeführten Punkten? Ordnen Sie zu.

> **Imperativ: Sie**
> Sie machen   Sie legen
>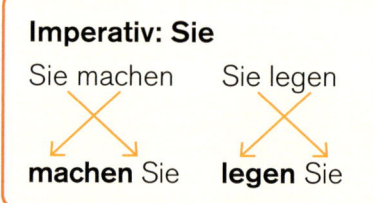
> **machen** Sie   **legen** Sie

1. Entfernen Sie die rückseitige Abdeckung. Drücken Sie Ihren Daumennagel in die untere Ecke des Mobiltelefons. Verwenden Sie dabei keine spitzen Gegenstände. Drücken Sie das Cover nach oben und entfernen Sie den Akku. Schieben Sie die SIM-Karte in das SIM-Fach.

2. Entfernen Sie das rückseitige Cover. Legen Sie den Akku in das Akkufach. Beachten Sie dabei die richtige Position der Anschluss-kontakte. Legen Sie das Cover auf und drücken Sie zuerst den oberen Rand des Covers gegen den oberen Rand des Mobiltelefons. Drücken Sie dann das Cover sanft nach unten, bis es einrastet.

3. Schließen Sie das mitgelieferte Ladegerät an den USB-Anschluss des Mobiltelefons an und stecken Sie anschließend das Lade-gerät in die Steckdose. Der Ladevorgang wird im Display angezeigt.

4. Schalten Sie das Mobiltelefon an der Ein-/Aus-Taste ein. Geben Sie die PIN ein. Befolgen Sie jetzt die im Display angezeigten Anweisungen.

5. Streichen Sie nach links oder rechts, um auf eine andere Seite oder Anzeige zu gelangen. Tippen Sie einfach oder lange auf die angezeigten Symbole. Legen Sie zwei Finger auf ein Element oder Foto und ziehen Sie die Finger auseinander, um ein Element oder Foto zu vergrößern.

.... Navigieren mit dem Touchscreen   .... Einsetzen der SIM- und Speicherkarte

.... Mobiltelefon einrichten   .... Mobiltelefon aufladen

.... Akku austauschen

b Schreiben Sie eine Kurzanleitung zu einem Stichpunkt. Zu zweit: Tauschen Sie sich dann aus.

eine App zu einem Thema suchen und herunterladen   ein Foto über das Smartphone verschicken

ein Tablet oder einen E-Book-Reader starten   über das Mobiltelefon einen QR-Code aktivieren

eine Aktualisierung der Karten des Navigationsgerätes durchführen

c Geben Sie sich im Kurs gegenseitig Anweisungen.

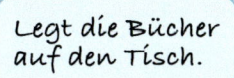 Legt die Bücher auf den Tisch.

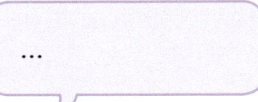 Schlagt eure Hefte auf.

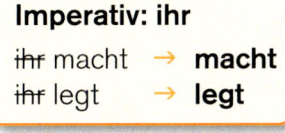 ...

> **Imperativ: ihr**
> ~~ihr~~ macht → **macht**
> ~~ihr~~ legt → **legt**

3 Technische Anweisungen befolgen

Toma hat auf seinem Smartphone eine Navigations-App installiert.
Ordnen Sie die Fragen den Textabschnitten zu.

Wie kann man Karten herunterladen?

Wie kann man Karten aktualisieren?

Wie kann man die geladenen Karten nutzen?

Wie kann man eine Route festlegen?

1

Bestimmen Sie zuerst Ihren aktuellen Standort. Rufen Sie im Hauptmenü den Bereich *Einstellung* auf und wählen Sie den Befehl *Standort ermitteln* aus. Aktivieren Sie dann die Ortungsfunktion und bestätigen Sie diese. Warten Sie ab, bis das GPS den Standort gefunden hat. Klicken Sie auf das Suchsymbol und geben Sie die Zieladresse ein oder wählen Sie eine der angebotenen Kategorien aus.

2

Zoomen Sie bitte mit Ihren Fingern auf den heruntergeladenen Bereich. Tippen Sie auf einen beliebigen Ort auf der Karte. Drücken Sie jetzt auf den Pfeil am unteren Rand des grünen Feldes, um Informationen über den Ort zu entnehmen. Wählen Sie die Funktion *Details*, um detaillierte Informationen zu erhalten. Fügen Sie eigene Notizen hinzu und speichern Sie diese ab.

3

Gehen Sie auf die Funktion *Karten herunterladen* und suchen Sie in der Liste den Namen des Landes aus. Wählen Sie im Menü die gewünschte Option aus: *löschen, aktualisieren* oder *speichern*. Wiederholen Sie eventuell diesen Vorgang.

4

Zoomen Sie in der globalen Karte den Standort heran, bis die Anweisung *Land herunterladen* erscheint. Tippen Sie den Namen des Landes in das Suchfeld und klicken Sie darauf. Laden Sie dann die Landkarte herunter.

4 Urlaub und Überstunden

a Fayyad möchte seinen Urlaub planen und Überstunden abbauen. Lesen Sie die Bestimmungen in seinem Arbeitsvertrag und unterstreichen Sie die wichtigen Informationen.

§ 1 Arbeitszeiten
a) Die regelmäßige Arbeitszeit beträgt wöchentlich 40 Stunden ohne die Berücksichtigung der Pausen.
b) Die Arbeitszeit verteilt sich grundsätzlich auf die Wochentage Montag bis Samstag.
c) Der/Die Arbeitnehmer/in verpflichtet sich, im Falle betrieblicher Notwendigkeiten auf Anordnung Überstunden zu leisten. Diese Überstunden werden durch Freistellung (Freizeitausgleich) abgegolten. Sollte dies jedoch nicht möglich sein, werden sie entsprechend vergütet. Der Freizeitausgleich muss bei der Abteilungsleitung schriftlich beantragt und genehmigt werden.

§ 2 Urlaub
a) Der/Die Arbeitnehmer/in hat Anspruch auf einen gesetzlichen Mindesturlaub von derzeit 25 Arbeitstagen im Kalenderjahr – ausgehend von einer Fünf-Tage-Woche.
b) Für den vertraglichen Urlaub gilt, dass der Urlaubsanspruch am 31.12. des jeweiligen Kalenderjahres (oder: mit Ablauf des Übertragungszeitraums am 31.3. des Folgejahres) auch dann verfällt, wenn er wegen Arbeitsunfähigkeit des Arbeitnehmers nicht genommen werden kann. Bei Beendigung des Arbeitsverhältnisses sind verbleibende Urlaubsansprüche innerhalb der Kündigungsfrist abzubauen, soweit dies möglich ist.
c) Der Urlaubsantrag muss für das laufende Kalenderjahr bis Ende Februar der Abteilungsleitung vorgelegt werden. Den Wünschen und den sozialen Kriterien (z. B. schulpflichtige Kinder) des Arbeitnehmers/der Arbeitnehmerin wird nach Möglichkeit entsprochen.

b Welche Aussagen sind richtig, welche sind falsch?

		✓	✗
1	Die Arbeitsstunden beinhalten auch die Pausen.	☐	☐
2	Der Samstag ist kein regulärer Arbeitstag.	☐	☐
3	Überstunden sollen nach Möglichkeit mit Freizeit abgebaut werden.	☐	☐
4	Überstunden können freiwillig gemacht werden.	☐	☐
5	Der Jahresurlaub beträgt 25 Arbeitstage.	☐	☐
6	Der Jahresurlaub sollte bis zum 31.12. eines jeweiligen Jahres genommen werden.	☐	☐
7	Resturlaub kann bis zum 31.03. des Folgejahres genommen werden.	☐	☐
8	Der Resturlaub verfällt, wenn man ihn durch Krankheit bis Ende März nicht nehmen konnte.	☐	☐

c Welche Urlaubs- und Überstundenregelungen haben/kennen Sie? Sprechen Sie im Kurs darüber.

5 Betriebsvereinbarungen

a Lesen Sie den Ausschnitt aus der Betriebsvereinbarung der Firma Elektro Hansen und markieren Sie die Verben, die aus *zu* + Infinitiv gebildet werden.

§ 1 Arbeitszeiten
Die wöchentliche Arbeitszeit regelt der Arbeitsvertrag. Die Kernarbeitszeit beginnt an jedem Werktag um 9.00 Uhr und endet freitags um 18.00 Uhr und samstags um 14.00 Uhr. Die Abteilungsleitung hat darüber hinaus die Arbeitszeiten der einzelnen Mitarbeiter entsprechend nach den Ladenöffnungszeiten festzulegen. Die Arbeitszeiten sind einzuhalten.

§ 2 Pausenregelung
a) Die tägliche Pause beträgt 60 Minuten und ist wie folgt aufzuteilen:
  – 15 Minuten sind bei Frühschicht (9.00 – 18.00 Uhr) vormittags zu nehmen; 45 Minuten Mittagspause.
  – 45 Minuten Mittagspause; 15 Minuten sind bei Spätschicht (11.00 – 20.30 Uhr) nachmittags zu nehmen.
b) Nach 6 Arbeitsstunden ist eine Pause einzulegen.

b Schreiben Sie Sätze mit *zu* + Infinitiv.

1 Betriebsfeiern – frühzeitig – anmelden
2 Betriebsvereinbarungen – beachten
3 Waren – verpacken
4 Überstunden – Ferien – abbauen
5 Verpackungen – ordnungsgemäß – entsorgen
6 Sicherheitsvorschriften – befolgen

> **zu + Infinitiv**
>
> trennbare Verben
> fest|legen → fest**zu**legen
>
> nicht trennbare Verben
> entladen → **zu** entladen
>
> **sein + zu + Infinitiv**
> (≈ müssen)

6 Berufsbekleidung

a Schauen Sie sich die Bilder an. Für welche Berufsgruppen sind die einzelnen Kleidungsstücke?

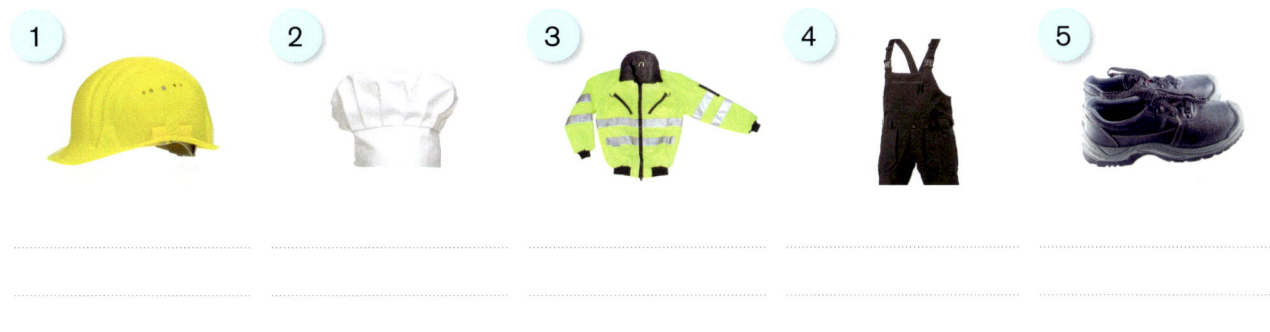

1   2   3   4   5

....

....

....

b Nennen Sie weitere Beispiele für Berufskleidung. Welche Berufsgruppe braucht was?
Und was brauchen Sie?

c Toma bestellt Berufskleidung. Was bestellt er für sich (1) bzw. Tobi (2)? Hören Sie den Dialog und kreuzen Sie an.  34

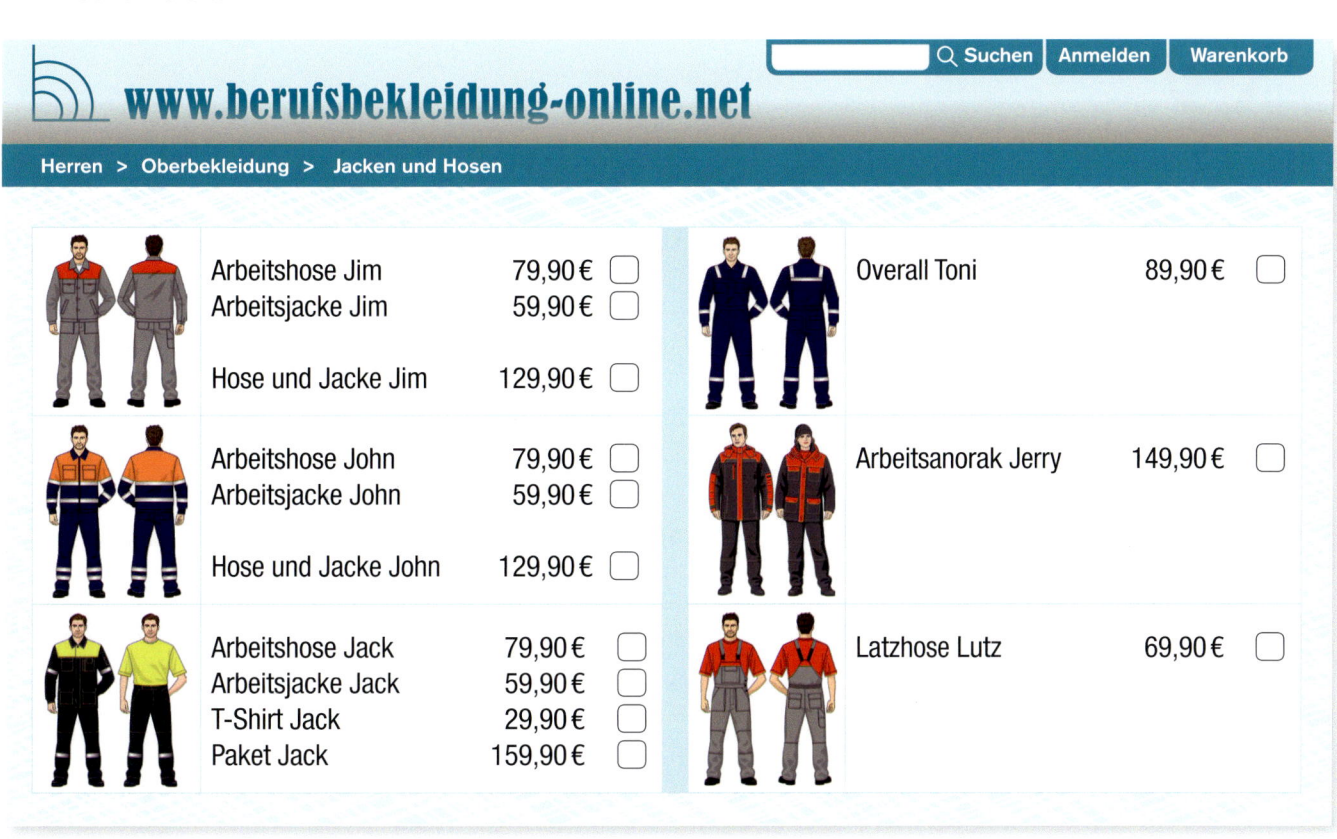

www.berufsbekleidung-online.net	Q Suchen	Anmelden	Warenkorb

Herren > Oberbekleidung > Jacken und Hosen

Arbeitshose Jim	79,90 € ☐		Overall Toni	89,90 € ☐
Arbeitsjacke Jim	59,90 € ☐			
Hose und Jacke Jim	129,90 € ☐			
Arbeitshose John	79,90 € ☐		Arbeitsanorak Jerry	149,90 € ☐
Arbeitsjacke John	59,90 € ☐			
Hose und Jacke John	129,90 € ☐			
Arbeitshose Jack	79,90 € ☐		Latzhose Lutz	69,90 € ☐
Arbeitsjacke Jack	59,90 € ☐			
T-Shirt Jack	29,90 € ☐			
Paket Jack	159,90 € ☐			

7 Sicherheitsbestimmungen verstehen

a Lesen Sie die Sicherheitsbestimmungen und ordnen Sie die Überschriften zu.

Stolper- und Sturzgefahr   Be- und Entladen   Persönliche Schutzausrüstung

Notfälle und Evakuierung   Allgemeine Hinweise

1 ....

|  | Auf dem gesamten Gelände darf nicht geraucht werden. Nur an den ausschließlich dafür vorgesehenen Orten ist es gestattet. |
|  | Es muss ein Übergang benutzt werden. |

2 ....

	Alle Wege müssen freigehalten werden. Flucht- und Rettungswege bzw. Notausgänge oder Feuerlöscheinrichtungen dürfen nicht zugestellt werden.
	Bei Unfällen muss sofort Hilfe geleistet werden. Ersthelfer oder Sanitäter müssen umgehend herbeigeholt werden.
	Brände müssen sofort gemeldet und mit den Feuerlöscheinrichtungen umgehend bekämpft werden. Mitarbeiter dürfen sich aber dadurch nicht selbst in Gefahr bringen.

3 ....

|  | Die Mitarbeiter müssen auf Gefahren aus der Luft achten. Hier werden schwebende Lasten transportiert. |
|  | Es darf nicht mit Gabelstaplern gefahren werden. |

4 ....

|  | Alle Mitarbeiter müssen sich an die Regeln für Ordnung und Sauberkeit halten. Alle Wege müssen frei von Stolperfallen gehalten werden. |
|  | Auf erhöhten Arbeitsflächen muss man sich vorsichtig bewegen und darf sich nicht unkontrolliert rückwärts bewegen. |

5 ....

	Ein Kopfschutz muss überall dort getragen werden, wo die Gefahr von Kopfverletzungen, z. B. durch fallende Gegenstände oder durch Anstoßen, besteht.
	Eine Schutzbrille muss bei Arbeiten mit Gefahr von Augenschädigung, z. B. durch Späne, Splitter, ätzende Stoffe, Gase, Dämpfe oder gefährliche Flüssigkeiten, getragen werden.
	Arbeitsschutzschuhe müssen überall dort, wo Fußverletzungen möglich sind, getragen werden.

b Welche Aussagen sind richtig bzw. falsch?

	✓	✗
1 Die allgemeinen Hinweise brauchen nicht befolgt zu werden.	☐	☐
2 In Notfällen müssen alle Mitarbeiter die Hinweise befolgen.	☐	☐
3 Im Brandfall müssen die Mitarbeiter den Brand immer sofort bekämpfen.	☐	☐
4 Stolperfallen dürfen nicht von Mitarbeitern beseitigt werden.	☐	☐
5 Die Mitarbeiter müssen nicht ständig Schutzkleidung tragen.	☐	☐

c Was bedeuten die folgenden Piktogramme? Was müssen/brauchen/dürfen die Mitarbeiter (nicht)? Diskutieren Sie im Kurs. Ordnen Sie anschließend die Bezeichnungen zu.

1 .... 2 .... 3 .... 4 .... 5 .... 6 ....

Gabelstapler | Sammelstelle | Fluchtwege | Schutzhandschuhe | Gehörschutz | Rutschgefahr

d Welche Sicherheitsbestimmungen und Schutzkleidung kennen Sie noch? Schreiben Sie eine Liste.

8 Einen Arbeitsunfall melden

a Lesen Sie den Text. Was ist passiert? Was muss Toma machen?

Toma ist mit dem Auszubildenden Tobias im Lager. Sie räumen eine neue Lieferung ein. Während Toma die Lieferscheine kontrolliert, steht Tobias auf einer Leiter und räumt die Kisten ins Regal. Plötzlich verliert Tobias das Gleichgewicht. Er schlägt mit dem Kopf gegen die Regalkante und fällt zu Boden. Dort liegt Tobias mit einer blutenden Wunde am Kopf und wirkt völlig benommen.

b Toma ruft einen Krankenwagen. Hören Sie das Telefonat einmal ganz und beantworten Sie die Fragen. Hören Sie dann den Dialog noch einmal und vervollständigen Sie Ihre Notizen.   35 ◄)►

Wer? ....

Was? ....

Wie viele Verletzte? ....

Welche Verletzungen? ....

Wo? ....

> **Gut zu wissen ...**
>
> **Notfallnummern**
> Feuerwehr, Notarzt,
> Rettungsdienst **112**
> Polizei **110**

c Zu zweit: Lesen Sie die Situationen und spielen Sie einen Dialog.

- Sie arbeiten in einer Großküche und Ihre Kollegin hat sich den Arm verbrannt.
- Sie arbeiten in einem Großlager und Ihrem Kollegen ist ein schweres Paket auf den Fuß gefallen.
- Sie arbeiten in einem Handwerksbetrieb und Ihre Kollegin hat sich in die Hand geschnitten.

Sprachbausteine

Bedienungsanleitung

Entfernen Sie …
Gehen Sie …
Schalten Sie …

Urlaub und Überstunden

Die regelmäßige Arbeitszeit beträgt …
Die Arbeitszeit verteilt sich …
Der gesetzliche Mindesturlaub beträgt/ist …
Der Urlaubsanspruch gilt bis …

Betriebsvereinbarungen

Die Kernarbeitszeit beginnt …
Die tägliche Pause beträgt …
Die Pause dauert von … bis …

Arbeitsunfall melden

Mein Name ist …
Ein Kollege hat sich verletzt/ist gefallen …
Die Verletzungen sind …

Grammatik

Imperativ

Sie		**du**		**ihr**	
Sie machen	Sie legen	~~du~~ machst	~~du~~ legst	~~ihr~~ macht	~~ihr~~ legt
machen Sie	**legen** Sie	**mach**	**leg**	**macht**	**legt**

Trennbare Verben im Imperativ

ein | schalten

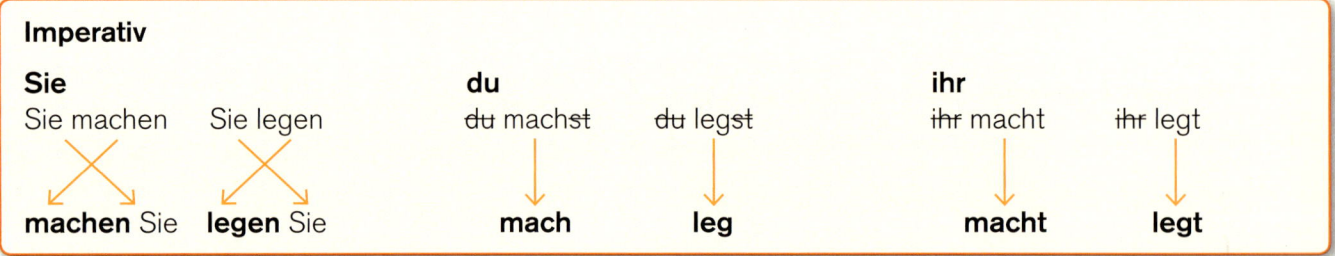

Schalten Sie das Gerät ein.   Schalt(e) das Gerät ein.   Schaltet das Gerät ein.

_zu_ + Infinitiv (trennbare Verben)

fest|legen   →   fest**zu**legen
auf|teilen   →   auf**zu**teilen

Die Arbeitszeiten sind fest**zu**legen.
≈ Die Arbeitszeiten müssen festgelegt werden.
Die Pausenzeiten sind auf**zu**teilen.
≈ Die Pausenzeiten müssen aufgeteilt werden.

_zu_ + Infinitiv (nicht trennbare Verben)

beladen   →   **zu** beladen
entsorgen   →   **zu** entsorgen

Der Lkw ist **zu** beladen.
≈ Der Lkw muss beladen werden.
Die Kittel sind **zu** entsorgen.
≈ Die Kittel müssen entsorgt werden.

Negation mit _nicht_

Notausgänge dürfen **nicht** zugestellt werden.
Schutzkleidung braucht **nicht** getragen zu werden.
Verspätungen müssen **nicht** gemeldet werden.

… bietet jeweils ein Interview und einen Sachtext – zum Lesen, Diskutieren, Recherchieren und Berichten.

Heute ist Petra Münzberg unser Gast im Café Talk. Sie beantwortet sechs Fragen über ihr Leben.

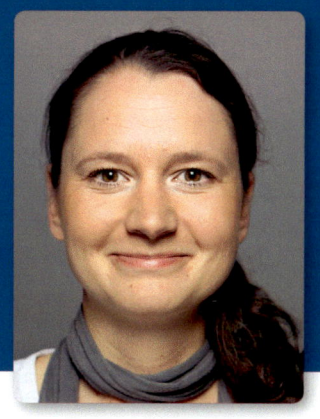

 Frau Münzberg, verraten Sie uns zuerst Ihr Alter und woher Sie kommen?

Ich heiße Petra Münzberg, bin 36 Jahre alt und komme aus Köln.

 Beschreiben Sie sich als Person: Welche Wörter kommen Ihnen spontan in den Sinn?

Nun ja, sich selbst zu beschreiben ist immer schwer. Ich würde sagen, ich bin ‚zuverlässig'. Das muss man in meinem Beruf auch sein. Ich arbeite im Sicherheitsdienst, da muss man absolut zuverlässig sein und sich aufeinander verlassen können. Dann bin ich auch immer pünktlich. Ich bin in den ganzen Jahren noch nie zu spät zum Dienst erschienen, obwohl ich oft viel um die Ohren habe. Ich war viele Jahre alleinerziehende Mutter, da hat man neben dem Job noch genügend Aufgaben … und für harte Arbeit bin ich mir nicht zu schade. Und natürlich bin ich eine rheinische Frohnatur. Also, ich bin lebenslustig und denke positiv.

 Von der Schule bis zum Beruf: Was waren bisher die wichtigsten Stationen in Ihrem Leben?

Ich habe die Grundschule und danach die Realschule besucht. Eigentlich hätte ich mehr aus meinem Leben machen können. Ich habe nämlich einen guten Realschulabschluss gemacht. Aber nach der Schule wusste ich nicht so richtig, welchen Beruf ich erlernen sollte. Eine Bekannte meiner Mutter hat beim Zahnarzt gearbeitet und so habe ich eine Ausbildung als Zahnarzthelferin begonnen. So richtig Spaß hat mir das nicht gemacht, und als ich dann mit 17 schwanger wurde, habe ich die Ausbildung abgebrochen. Wir haben geheiratet, in erster Linie wegen des Kindes, aber ich glaube, ich war einfach noch zu jung. Die Ehe hat nicht lange gehalten. Nach ein paar Jahren haben wir uns scheiden lassen. Dann musste ich mich lange allein um das Kind kümmern. Vor ein paar Jahren bin ich durch meinen neuen Lebensgefährten dann in den Sicherheitsdienst gekommen.

> **Ich will weiterkommen – aber als Frau in einem Männerberuf muss man doppelt so hart arbeiten.**

 Ihre derzeitige Station: Wie zufrieden sind Sie – auf einer Skala von 1 (sehr schlecht) bis 10?

Ich würde sagen 8. Ich habe eine Arbeit und verdiene mein eigenes Geld. Das ist mir sehr wichtig. Ich könnte nicht mehr nur zu Hause sein und von dem Geld leben, das man vom Jobcenter bekommt. Das war wirklich eine schlimme Zeit. Nicht nur, dass das Geld damals immer knapp war, ich fühlte mich auch ausgegrenzt. Viele denken, dass Menschen, die Hartz IV bekommen, nicht arbeiten wollen und faul sind. Sie sehen nicht, dass manche unverschuldet in so eine Situation kommen. Heute aber habe ich Spaß an meiner Arbeit und kann stolz auf das sein, was ich leiste.

 Wünsche, Träume, Hoffnungen: Wenn Sie etwas an Ihrer persönlichen Situation ändern könnten, was wäre das?

Also, ich habe ja meine Arbeit, den Haushalt und inzwischen zwei Kinder … Ich hätte gerne ein bisschen mehr Zeit für mich – z. B. für einen langen Friseurbesuch. Dann wäre es auch schön, wenn wir als Familie eine längere Reise machen könnten. Drei Wochen in die Sonne, das wäre fantastisch!

 Weiterentwicklung und Pläne: Welche beruflichen Pläne haben Sie und wo sehen Sie sich in zehn Jahren?

Ich würde gerne mehr Verantwortung übernehmen und mich in meinem Beruf weiterentwickeln. Personaleinsatzleiterin wäre toll. Das ist zwar manchmal ein ganz schön stressiger Job, aber ich glaube, das könnte ich gut. Ich mag es, Dinge zu organisieren, und ich hätte auch mehr Kontakt zu unseren Kunden. In ein paar Jahren könnte ich sogar meine eigene kleine Sicherheitsfirma gründen. Ja, ich will auf jeden Fall weiterkommen – auch wenn mir klar ist, dass man als Frau in einem Männerberuf doppelt so hart arbeiten muss.

 Danke, Frau Münzberg. Ihr Kaffee geht auf uns!

Allein unter Männern

Sie gelten als Exoten. Frauen, die in typischen Männerberufen arbeiten, sind auch heute noch die Seltenheit.

Man muss schon lange suchen, bis man in manchen Branchen auf eine Frau trifft. Dies ist z.B. in allen technischen Handwerksberufen oder auch in den typischen Berufen des Bauwesens der Fall. Manchmal aber traut sich eine Frau in eine der Männerdomänen. Und die, die es wagen, sind nicht weniger erfolgreich als ihre männlichen Kollegen.

Annette ist 32 und Berufskraftfahrerin. Souverän steuert sie ihren 40-Tonner quer durch die Republik und bringt Güter von einem Ort zum anderen. Die

Autobahnen sind ihr Zuhause. Manchmal ist sie wochenlang unterwegs. „Ob man nun einen Lkw oder einen Smart lenkt. Im Grunde ist das doch das Gleiche. Frauen fahren heute Motorrad und fliegen zum Mond." Pragmatisch ist sie und nicht zimperlich. Dennoch räumt sie ein, dass sie anfangs mit vielen Vorurteilen zu kämpfen hatte.

Lena ist 19 und hat gerade ihre Ausbildung als Kfz-Mechatronikerin mit Bestnoten abgeschlossen. Sie arbeitet in einer großen Autowerkstatt mit 30 männlichen Kollegen. Jeden Tag fährt sie 60 km

zur Arbeit. Die kleinen Werkstätten in ihrer Kreisstadt wollten sie nicht ausbilden. Zu groß waren die Bedenken, ob das mit einer jungen Frau im Team gutgehen kann, und das obwohl Auszubildende gesucht wurden. Doch Lena hat sich nicht beirren lassen. Sie hat über 50 Bewerbungen geschrieben, bis sie endlich eine Chance bekam. „Sie ist der beste Azubi, den ich je hatte – flink, schnell und überzeugt mit Können", sagt ihr Chef. „Einige unsere Kundinnen möchten nur von Lena ihr Auto repariert bekommen. Sie haben zu einer Frau einfach mehr Vertrauen."

„Frauen, die in Männerberufen arbeiten wollen, brauchen einen längeren Atem", sagt Prof. Dr. Eberhard Müller. „Sie sind in vielen Bereichen noch Außenseiter und treffen auf Vorurteile. Viele

dürfen sich zudem im Berufsalltag auch noch typische Machosprüche anhören." Müller rät den Frauen deshalb zu Gelassenheit und Vertrauen darauf, dass sie mit ihrem Fachwissen und Können überzeugen. Allerdings sei es umgekehrt für Männer, die in typischen Frauenberufen arbeiten, auch nicht immer einfach. Erziehern im Kindergarten würde man weniger pädagogische Kompetenz unterstellen als deren weiblichen Kolleginnen. Und auch die wenigen männlichen Arzthelfer träfen bei Patienten, zumindest zur Anfangszeit, auf Skepsis.

a Gibt es noch die klassischen Frauen- und Männerberufe? Welche Berufe werden von beiden Geschlechtern ausgeübt? Diskutieren Sie in der Gruppe und legen Sie eine Tabelle an.

b Was meinen Sie: Was sind typisch weibliche und was sind typisch männliche Eigenschaften? Welche Eigenschaften gelten für beide Geschlechter? Erstellen Sie in der Gruppe eine Mindmap.

c Fragen Sie Bekannte und Freunde außerhalb des Kurses, welche Berufe in Deutschland bzw. in deren Heimatländern eher weiblich oder männlich sind. Fragen Sie sie nach ihren eigenen Erfahrungen. Machen Sie eine Statistik und vergleichen Sie die Antworten. Präsentieren Sie diese dann im Kurs.

Arbeitsvertrag, Steuern, Abgaben

Was steht im Arbeitsvertrag?

1 Worauf es ankommt

Was meinen Sie: Welche drei Aspekte sind bei einem Arbeitsvertrag besonders wichtig?

1. .... 2. .... 3. ....

2 Hamids neuer Arbeitsvertrag

a Die Elbstrand Klinik hat der Einstellung von neuem Personal zugestimmt. Dimitra hat einen passenden Bewerber gefunden und schreibt anhand ihrer Notizen einen Arbeitsvertrag.

Welche Notiz entspricht welcher Lücke im Vertrag?

Arb.vertrag Hamid El Hadari
- Gesundheits- u. Krankenpflegehelfer
- ab 1.6.
- für 2 J.
- 25 T. Urlaub
- 4 Wo. Kündigungsfrist
- 3 Monate Probezeit
- 1.400 € br.
- 40 h
- 3 Schichten

Arbeitsvertrag

Zwischen der Elbstrand Klinik   und   **Herrn Hamid El Hadari**
Große Hafenstr. 35–39   **Altengasse 25**
21391 Hamburg   **21932 Hamburg**
nachfolgend „Arbeitgeber" genannt   nachfolgend „Arbeitnehmer" genannt

wird folgender Arbeitsvertrag geschlossen:

§ 1 Beginn des Arbeitsverhältnisses: Das Arbeitsverhältnis beginnt am ...1....

§ 2 Dauer und Probezeit: Das Arbeitsverhältnis wird auf ...2... befristet und endet am 20.06.20xx. Die ersten ...3... gelten als Probezeit. Während der Probezeit kann das Arbeitsverhältnis beiderseits mit einer Frist von einer Woche gekündigt werden.

§ 3 Tätigkeit: Der Arbeitnehmer wird als ...4... vor allem für folgende Arbeiten beschäftigt: Körperpflegemaßnahmen der Patienten, Essensausteilung und Hilfe bei der Nahrungsaufnahme. Kontrolle von Puls, Temperatur, Blutdruck und Atmung der Patienten, Begleitung der Patienten zu Untersuchungen und Behandlungen, Reinigung der Instrumente und Richten des Krankenzimmers und der Betten. Er verpflichtet sich, auch andere Arbeiten auszuführen, die seinen Vorkenntnissen und Fähigkeiten entsprechen.

§ 4 Arbeitsvergütung: Der Arbeitnehmer erhält eine monatliche Bruttovergütung von ...5... pro Monat.

§ 5 Arbeitszeit: Die regelmäßige wöchentliche Arbeitszeit beträgt ...6.... Die Elbstrand Klinik arbeitet in ...7.... Beginn und Ende der täglichen Arbeitszeit richten sich nach der betrieblichen Einteilung.

§ 6 Urlaub: Der Arbeitnehmer hat Anspruch auf ...8... im Kalenderjahr. Der Urlaub unterliegt der Genehmigung durch die Elbstrand Klinik. Während der Probezeit kann Urlaub nur mit Ausnahmegenehmigung genommen werden.

§ 7 Krankheit: Ist der Arbeitnehmer wegen Krankheit arbeitsunfähig, besteht Anspruch auf Fortzahlung des Gehalts bis zu sechs Wochen. Die Arbeitsverhinderung ist dem Arbeitgeber unverzüglich mitzuteilen. Nach drei Tagen muss der Arbeitnehmer eine ärztliche Bescheinigung über die Krankheit sowie deren voraussichtliche Dauer vorlegen.

§ 8 Verschwiegenheitspflicht: Der Arbeitnehmer verpflichtet sich, während der Dauer des Arbeitsverhältnisses und danach über alle Betriebs- und Geschäftsgeheimnisse Stillschweigen zu bewahren.

§ 9 Nebentätigkeit: Jede entgeltliche oder das Arbeitsverhältnis beeinträchtigende Nebenbeschäftigung ist nur mit Zustimmung des Arbeitgebers zulässig.

§ 10 Kündigung: Nach Ablauf der Probezeit beträgt die Kündigungsfrist ...9... zum 15. oder Ende eines Kalendermonats. Die Kündigung bedarf der Schriftform.

§ 11 Vertragsänderungen: Sollten einzelne Bestimmungen dieses Vertrages unwirksam sein oder werden, wird hierdurch die Wirksamkeit des Vertrages im Übrigen nicht berührt.

Der Arbeitnehmer verpflichtet sich, dem Arbeitgeber unverzüglich über Veränderungen der persönlichen Verhältnisse wie Familienstand, Kinderzahl und Adresse Mitteilung zu machen.

_____
Ort, Datum

_____   _____
Unterschrift Arbeitgeber   Unterschrift Arbeitnehmer

b Hamid El Hadari möchte sichergehen, dass er alles versteht. Er fragt deshalb seine Nachbarin. Hören Sie den ersten Teil des Gesprächs und ordnen Sie dabei die Erklärungen zu. **36 ((▶**

1	Auf zwei Jahre **befristet** heißt, dass	a	das Gehalt inklusive Steuern und Sozialabgaben.
2	**Probezeit** ist	b	Arbeiten machen, die nicht in seinem Vertrag stehen, wenn er dazu fähig ist.
3	Die **Kündigungsfrist**	c	wie ein Test sowohl für den Arbeitgeber als auch für den Arbeitnehmer.
4	Der Mitarbeiter muss auch	d	gilt immer für den Arbeitgeber und für den Arbeitnehmer. Beide müssen rechtzeitig Bescheid sagen.
5	**Bruttovergütung** ist	e	der Job nach zwei Jahren automatisch beendet ist.

c Hören Sie nun den zweiten Teil und ordnen Sie die Erklärungen zu. **37 ((▶**

1	**Urlaub** muss genehmigt werden, das heißt,	a	dass man keine internen Informationen aus der Firma weitererzählen darf.
2	Wenn man **krank** ist,	b	wenn sie schriftlich gemacht werden.
3	**Verschwiegenheitspflicht** bedeutet,	c	bekommt man weiterhin Gehalt, aber man muss sofort Bescheid sagen und nach drei Tagen zum Arzt gehen.
4	Wer in seiner Freizeit einen zweiten Job machen will,	d	muss man seinen Arbeitgeber informieren.
5	Kündigungen sind nur dann gültig,	e	man muss den Großteil der freien Tage rechtzeitig planen und mit dem Chef besprechen.
6	Bei wichtigen **privaten Veränderungen**	f	muss seinen Arbeitgeber vorher um Erlaubnis fragen.

d Welche Vereinbarungen aus dem Vertrag sind für Sie neu?
Was gibt es in Ihrem Land, was nicht?
Tauschen Sie sich im Kurs aus.

3 Compliance

to comply with (engl.):
sich nach etw. richten,
etw. erfüllen/befolgen

a In allen großen Unternehmen spielt „Compliance" eine wichtige Rolle.
Recherchieren Sie die Bedeutung dieses Begriffs und fassen Sie diese schriftlich zusammen.

b Lesen Sie dann auf der Webseite einer Ihnen bekannten deutschen Firma nach, was dort zu „Compliance" steht und berichten Sie das Ergebnis im Kurs.

4 Die Abrechnung

a Hedda erhält ihre Gehaltsabrechnung. Überlegen Sie sich zu zweit Antworten auf die Fragen. Vergleichen Sie Ihre Antworten im Kurs.

> Wo ist der Unterschied zwischen Brutto und Netto?

Abrechnung der Brutto-Netto-Bezüge   Dez 20xx

Pers-Nr.	Abteilung:	Eintritt:	Steuerklasse:	Kinder:	Konfession
297	Planning	1.2.2014	III	3	---

Betriebsstätte:	Name der Krankenkasse:		Versicherungnr.	
Hauptsitz	AOK		568842957147	

> Was bedeuten die Steuerklassen?

Anzahl der Arbeitstage

DENSAI AG, Hauptstr. 36 – 28, 29131 Hamburg
Frau
Hedda Aziz
Bahnhofstr. 37
20345 Neustadt

> Warum zahlen Protestanten und Katholiken von ihrem Lohn Kirchensteuer?

Monatlich	22
Urlaub	25
davon genommen	23

> Was ist eine andere Bezeichnung für Gehalt? Wo ist der Unterschied?

> Wofür wird die Lohnsteuer verwendet?

> Was ist der **Sol**idaritäts-**z**uschlag?

Bezeichnung				Betrag
Gehalt				2.600 €
	Lohnsteuer	Kirchensteuer	SolZ	Steuerliche Abzüge
2.600 €	348,91 €	---	19,19 €	368,10 €
KV-Beitrag	PV-Beitrag	RV-Beitrag	AV-Beitrag	SV-recht. Abzüge
213,20 €	37,50 €	243,10 €	39,00 €	532,80 €
				Nettoverdienst
				1699,10 €
				Auszahlung
				1699,10 €

> Wer zahlt **K**rankenver-sicherung, wer nicht?

> Wofür wird **P**flegever-sicherung gezahlt?

> Ab wann erhält man Rente aus der **R**enten-versicherung?

> Wann erhält man Arbeitslosengeld aus der **A**rbeits-losen**v**ersicherung?

b Ordnen Sie die Begriffe zu.

1	Lohnsteuer	a	zusätzliche Abgabe für den Aufbau der neuen Bundesländer
2	Solidaritätszuschlag	b	Abgabe zur Erstattung der Kosten bei Krankheit oder Unfall
3	Sozialabgaben	c	alle Beiträge, die keine Steuern sind
4	Krankenversicherung	d	Beitrag an den Staat aus nichtselbstständiger Arbeit
5	Pflegeversicherung	e	Gehalt nach Abzug von Steuern und Sozialabgaben
6	Rentenversicherung	f	Abgabe für die Versorgung nach Beendigung des Arbeitslebens
7	Arbeitslosenversicherung	g	Abgabe für den Fall der Arbeitslosigkeit
8	Nettoverdienst	h	Abgabe für das Risiko, sich im Alter nicht mehr alleine versorgen zu können

5 Rund ums Gehalt

Partizip II als Partizipialkonstruktion

Wenn ein Partizip II (wie zum Beispiel *bezahlt, gewonnen, geboten* – daher auch Partizip Perfekt) vor einem Nomen steht, dekliniert man es wie ein Adjektiv. Ersetzt das Partizip einen Relativsatz, spricht man von einer Partizipialkonstruktion. Sie beschreibt in kurzer Form das Nomen genauer (Attribut).

Relativsatz mit Partizip II		Partizip II wird zum Attribut = Partizipialkonstruktion
Die Lohnsteuer, die vom Bruttogehalt **abgezogen** wird, beträgt ca. 15 %.	→	Die vom Bruttogehalt **abgezogene** Lohnsteuer beträgt ca. 15 %.

Ergänzen Sie die Sätze mit der Partizipialkonstruktion.

1 (vereinbaren)   Das im Vertrag .... Gehalt liegt bei 2.600 €.

2 (einbehalten)   Die .... Steuer liegt bei etwa 370 €.

3 (abziehen)   Die .... Sozialabgaben betragen ca. 530 €.

4 (überweisen)   So ist der auf das Konto .... Nettobetrag nur noch 1.700 €.

5 (ändern)   Eine .... Steuerklasse kann zu weniger Steuer führen.

6 (sparen)   Der so .... Betrag kann bis zu 300 € im Jahr betragen.

6 Der Betriebsrat

a Hedda würde gerne im Unternehmen aufsteigen und mehr verdienen. Sie weiß aber nicht, wie gut ihre Chancen auf eine Beförderung als ausländische Frau stehen. Eine Freundin rät ihr, ein Gespräch mit dem Betriebsrat zu führen.
Wofür ist der Betriebsrat zuständig? Setzen Sie die passenden Wörter ein.

Integration | Belegschaft | Schwerbehinderter | Gleichberechtigung | Arbeitsschutz | streiken | Arbeitnehmern

Jeder Betrieb mit mehr als 5 ...1............ kann einen Betriebsrat wählen.

Der Betriebsrat
- setzt sich für die Interessen der ...2............ ein und vertritt diese vor dem Arbeitgeber
- wacht über die Durchsetzung der ...3............ von Männern und Frauen am Arbeitsplatz vor allem bei der Einstellung und Weiterbildung
- fördert die Eingliederung ...4............ am Arbeitsplatz
- unterstützt ältere Arbeitnehmer im Betrieb
- sorgt für die ...5............ ausländischer Arbeitnehmer
- ergreift Maßnahmen zum ...6............ .

Mitglieder des Betriebsrates dürfen nicht ...7............ . Sie sollen dafür sorgen, dass sich Arbeitnehmer und Arbeitgeber einigen.

b Hören Sie Herrn Tauber vom Betriebsrat. Welche Tipps gibt er Hedda für ihr Gespräch mit dem Chef? Hier sind einige Stichwörter.

38

Vorteile - wirtschaftliche Lage - neue Position – Gehalt - Nachfolger - Fertigkeiten

7 Die Kündigung

a Nach einem langen Gespräch mit seinem Chef erhält Fayyad folgenden Brief.
Lesen Sie den Brief und fassen Sie in zwei Sätzen zusammen, worum es geht.

Ordentliche Kündigung

Sehr geehrter Herr Hadji,

hiermit kündigen wir aus betrieblichen Gründen das mit Ihnen bestehende Arbeitsverhältnis
fristgerecht zum 30.6.20xx.

Bis zum Ablauf der Kündigungsfrist werden Sie unter Fortzahlung der vertraglich vereinbarten Vergütung von der Arbeitsleistung freigestellt. Die Freistellung erfolgt unter Anrechnung
des Resturlaubes.

Wir weisen Sie darauf hin, dass Sie verpflichtet sind, selbst aktiv nach einer anderen Be-
schäftigung zu suchen und sich spätestens am 1.7.20xx persönlich bei der Agentur für
Arbeit arbeitssuchend zu melden. Ein Verstoß gegen diese Pflichten kann zum Eintritt einer
Sperrzeit beim Arbeitslosengeld führen.

Wir wünschen Ihnen für Ihre Zukunft alles Gute.

Mit freundlichen Grüßen

Kurt Hansen

Geschäftsführer Elektro Hansen

> **Gut zu wissen …**
>
> „Betriebliche Kündigung" (BK) bedeutet, dass
> die Firma weniger Arbeitskräfte benötigt und
> den Arbeitnehmer auch nicht anderswo
> beschäftigen kann. Die BK ist unabhängig
> von der Leistung oder dem Verhalten des
> Arbeitnehmers. Gründe für eine BK können
> z. B. sein: die Schließung einer Abteilung,
> eine Verringerung der Produktion oder das
> Auslagern (Outsourcing) von Aufgaben an
> andere Firmen.

b Richtig oder falsch?

		✓	✗
1	Fayyad wurde gekündigt, weil er im Betrieb einen Fehler gemacht hat.	☐	☐
2	Fayyad muss nicht mehr bis zum 30. Juni arbeiten.	☐	☐
3	Der Arbeitgeber sorgt dafür, dass Fayyad Arbeitslosengeld erhält.	☐	☐

c Welche Wörter passen zusammen?

neu orientieren | kündigen | erhalten | antreten | gekündigt werden | einhalten

1 seinen Job ....

2 eine Kündigungsfrist ....

3 vom Arbeitgeber ....

4 sich beruflich ....

5 eine Abmahnung ....

6 eine neue Stelle ....

8 Weiterbildung

Geprüfter Industriemeister IHK
Fachrichtung Elektrotechnik

Dauer: 30 Monate
Anbieter: Studiengemeinschaft HH
Kursart: Fernlehrgänge / E-Learning / Online

Nach erfolgreicher Abschlussprüfung an der IHK sind Sie als Industriemeister im Management als Führungskraft tätig. Sie erarbeiten technische und betriebswirtschaftliche Lösungen, um die Innovationen Ihres Betriebes voranzutreiben.

a Fayyad hat sich bei der Agentur für Arbeit erkundigt und möchte einen Fernlehrgang belegen, um sich weiterzubilden. Recherchieren Sie: Was bedeutet IHK?

b Online-Lernangebote werden immer beliebter.
Sprechen Sie im Kurs über die Vor- und Nachteile und berichten Sie über eigene Erfahrungen.

c Außerdem stellt die Arbeitsagentur Fayyad mehrere Möglichkeiten vor, neben dem Fernkurs zu arbeiten, um Geld zu verdienen und Berufserfahrung zu sammeln. Ordnen Sie zu.

Praktikum | Werkvertrag | Honorartätigkeit | Minijob | Teilzeitbeschäftigung | Zeitarbeit

1 Als Berufskraftfahrer habe ich lange Zeit keine feste Anstellung gefunden. Jetzt arbeite ich für eine Firma, die mich mal zwei Monate, mal ein ganzes Jahr in verschiedene Betriebe schickt. Man macht sich immer Sorgen, ob man nächsten Monat noch Arbeit hat, aber man lernt auch viel in den verschiedenen Jobs.

2 Ich wollte trotz Abendkurs eine feste Anstellung. Jetzt arbeite ich halbtags als Verkäufer. Man verdient natürlich nicht so viel und die Abzüge sind recht hoch, aber die Sicherheit, die Routine und das regelmäßige Einkommen sind mir wichtig.

3 Ich bin Coach und gebe Seminare zum Thema „Interkulturelle Kommunikation", vor allem zwischen Deutschland und Russland, denn ich kenne beide Länder sehr gut. Wenn eine Firma mich buchen will, erstelle ich zunächst ein Angebot und schreibe nach dem Seminar die Rechnung.

4 Ich habe gerade meinen Bachelor gemacht. Jetzt möchte ich gerne erstmal Berufserfahrung sammeln. Das ist oft wichtiger als die Theorie. Ich bin jetzt bei einem internationalen Konzern und werde durch mehrere Abteilungen gehen. Ich bekomme sogar 800 € im Monat, das ist nicht selbstverständlich.

5 Ich bin gelernter Installateur, aber studiere jetzt Elektrotechnik. Um nebenbei Geld zu verdienen, nehme ich einzelne Aufträge von Firmen an. Dort mache ich meistens Reparaturen oder Reinigungsarbeiten an Rohren. Die Firma macht mit mir einen Vertrag und wenn ich mit einer Arbeit fertig bin, stelle ich eine Rechnung dafür. In einem Monat verdiene ich mehr, in einem anderen weniger.

6 Bei zwei kleinen Kindern habe ich nicht viel Zeit zum Arbeiten, aber ein bisschen Geld möchte ich schon verdienen. Also arbeite ich nur ein paar Stunden in der Woche und verdiene 450 €. Darauf muss ich keine Steuern und Sozialabgaben zahlen. Das ist OK, denn ich bin bei meinem Mann mit kranken- und rentenversichert.

Sprachbausteine

Arbeitsverträge

Das Arbeitsverhältnis ist befristet/unbefristet.
Die Bruttovergütung beträgt 2.000 €.
Vor/Nach Abzug von Steuern und Sozialabgaben …
Urlaub muss genehmigt werden.
Der Arbeitnehmer unterliegt der Verschwiegenheitspflicht.
Die Kündigung wird schriftlich eingereicht.
Honorartätigkeit – Minijob – Praktikum – Teilzeitbeschäftigung – Werkvertrag – Zeitarbeit

Weiterbildung und Karriere

eine Beförderung anstreben
realistische Forderungen stellen
Führungsqualitäten haben/vorweisen
um eine Gehaltserhöhung bitten
über eine Gehaltserhöhung verhandeln
Seminare belegen

Betriebsrat

Arbeitsschutzmaßnahmen
Eingliederung und Integration
Einigung zwischen Arbeitgeber und Arbeitnehmer
Gleichberechtigung
Interessenvertretung
Streikverbot

Grammatik

Partizipialkonstruktion mit dem Partizip II

Ein Partizip kann einen Relativsatz ersetzen. Diese Konstruktion wird verwendet, um eine passive Handlung oder ein Ergebnis aus der Vergangenheit auszudrücken.

Das Auto, das gestohlen wurde, stand am Bahnhof. → Das **gestohlene** Auto stand am Bahnhof.

Die Partizipialkonstruktion wird gebildet, indem das Partizip II des Verbs benutzt und wie ein Adjektiv dekliniert wird.

Nominativ	Der **verlorene** Schlüssel ist wieder da!
	Die **gewünschte** Schuhgröße ist nicht vorrätig.
	Ein **gebrauchtes** Auto kann noch viele Jahre Freude machen.
Akkusativ	Den **verlorenen** Schlüssel hat sie nie wiedergefunden.
	Ich kann Ihnen die **gewünschte** Schuhgröße leider nicht anbieten.
	Ein **gebrauchtes** Auto kauft man am besten im Internet.
Dativ	Wir suchen jetzt seit einer Stunde nach dem **verlorenen** Schlüssel.
	Die Verkäuferin sucht nach der **gewünschten** Schuhgröße.
	Er sucht seit einiger Zeit nach einem **gebrauchten** Auto.
Genitiv	Wegen des **verlorenen** Schlüssels musste er das Schloss aufbrechen.
	Wegen der **gewünschten** Schuhgröße muss ich ins Lager gehen.
	Wegen des **gebrauchten** Autos wird er sich morgen bei mir melden.

Fit für die Prüfung

Sie möchten wissen, wie Sie gut durch die berufssprachliche Deutschprüfung kommen? Hier finden Sie die besten Tipps für die Prüfungsvorbereitung.

So ist die Prüfung aufgebaut:

Hören

Lesen & Sprachbausteine

Schreiben

Sprechen

Bevor Sie beginnen: Um sich mit dieser Lektion optimal auf die Prüfung vorzubereiten, benötigen Sie einen passenden Übungstest.
Verwenden Sie den Übungstest hinten im Buch oder laden Sie ihn von der telc Webseite herunter.

 www.telc.net

Allgemeine Hinweise zum Prüfungsteil Hören

Die Prüfung beginnt immer mit dem ⌈Teil Hören⌉. Dieser Prüfungsteil dauert 25 Minuten. Auf dieser Seite haben wir einige allgemeine Tipps zusammengestellt, die Ihnen helfen, den ⌈Teil Hören⌉ in der Prüfung zu meistern. Auf der nächsten Seite finden Sie weitere Infos zu den einzelnen Aufgaben.

🔊 39

1 Hören Sie jetzt die Tipps. Machen Sie im Anschluss die Ankreuzübung unten.
Wenn Sie möchten, können Sie beim Hören mitlesen.

TIPP!

Auf relevante Informationen achten

Sie finden die richtige Lösung schneller, wenn Sie wissen, auf welche Informationen Sie achten müssen. Lesen Sie sich deshalb die Frage bzw. die Arbeitsanweisung und die möglichen Antworten durch, **bevor** die Tonaufnahme abgespielt wird. Unterstreichen Sie beim Lesen wichtige Stichwörter im Aufgabenheft.

Die Zeit gut nutzen

Im Teil Hören ist der zeitliche Ablauf durch die Tonaufnahmen fest vorgegeben. Trotzdem können Sie durch ein paar kleine Tricks Zeit gewinnen, die Sie dann für die Bearbeitung der Aufgaben nutzen können: Wenn Sie gut vorbereitet sind, kennen Sie die Arbeitsanweisungen zu den Aufgaben schon aus dem Übungstest und wissen genau, was Sie tun müssen. Da die Arbeitsanweisungen immer gleich sind, müssen Sie dann nicht mehr so genau zuhören, wenn sie in der Prüfung abgespielt werden. Sie können sich in dieser Zeit schon die ersten Fragen und die möglichen Antworten durchlesen. Nutzen Sie auch die Pausen zwischen den Hörtexten, um sich schon wieder die nächste Frage anzuschauen.

Lösungen nicht vorschnell markieren

Hören Sie immer bis zum Ende zu, bevor Sie eine Antwort markieren. Die richtige Lösung wird manchmal erst am Schluss gesagt. Und seien Sie vorsichtig, wenn Sie im Hörtext ein Stichwort hören, das genauso in einer der Antwortoptionen vorkommt. Viele Teilnehmer markieren dann automatisch diese Option – und liegen oft falsch damit. In der richtigen Antwort wird häufig eine andere Formulierung verwendet als im Hörtext!

Richtig oder falsch?

Prüfungsteilnehmer …

		✓	✗
1	hören zuerst die Tonaufnahmen und dürfen dann erst die Fragen lesen.	☐	☐
2	dürfen wichtige Stichwörter im Aufgabenheft unterstreichen.	☐	☐
3	sollten die Arbeitsanweisungen schon vor der Prüfung kennen.	☐	☐
4	dürfen in den Pausen zwischen den Texten nicht die nächste Frage lesen.	☐	☐
5	sollten bei den Hörtexten immer bis zum Ende zuhören.	☐	☐

Hören, Teil 1

In dieser Aufgabe sollen Sie zeigen, dass Sie **Ansagen auf einem Anrufbeantworter** verstehen können. Die Ansagen haben alle einen Bezug zum Thema Arbeit. Zu jeder Ansage gibt es eine Multiple-Choice-Frage.

2 Sehen Sie sich jetzt im Übungstest [Hören, Teil 1] an und lesen Sie die Arbeitsanweisung.

1	Wie viele Ansagen hören Sie in der Aufgabe?	☐ 3	☐ 4	
2	Wie oft hören Sie jede Ansage?	☐ einmal	☐ zweimal	

In dieser Aufgabe gibt es auch ein Beispiel. Für das Beispiel gilt das Gleiche wie für die Arbeitsanweisungen: Wenn Sie gut vorbereitet sind, wissen Sie ja schon, wie die Aufgabe funktioniert. Sie müssen also gar nicht zuhören, wenn das Beispiel abgespielt wird. Stattdessen können Sie sich schon die ersten Fragen durchlesen.

Hören, Teil 2

Hier sollen Sie zeigen, dass Sie **alltägliche Gespräche verstehen** können (z. B. zwischen zwei Kollegen, zwischen der Chefin und einem Mitarbeiter oder einer Mitarbeiterin und einem Kunden).

3 Sehen Sie sich im Übungstest [Hören, Teil 2] an und lesen Sie die Arbeitsanweisung.

3	Wie viele Gespräche hören Sie?	☐ 5	☐ 10	
4	Wie viele Aufgaben gibt es zu jedem Gespräch?	☐ 1	☐ 2	

In den Richtig/Falsch-Aufgaben geht es um globales Verstehen. Das heißt, Sie sollen zeigen, dass Sie im Großen und Ganzen verstehen, worum es in dem Gespräch geht. In den Multiple-Choice-Aufgaben dagegen müssen Sie spezielle Informationen herausfiltern.

> **TIPP!**
>
> Bei **Multiple-Choice-Aufgaben** sind die möglichen Antworten immer alphabetisch geordnet. Es kann also sein, dass „a" mehrmals hintereinander die richtige Lösung ist.

Hören, Teil 3

Hier sollen Sie zeigen, dass Sie auch **längeren Gesprächen folgen** können. Sie hören eine **Besprechung** am Arbeitsplatz oder ein **Interview** zu einem arbeitsbezogenen Thema. Zu dem Gespräch gibt es sechs Multiple-Choice-Fragen.

4 Sehen Sie sich nun [Hören, Teil 3] an und lesen Sie die Arbeitsanweisung.

5	Ist das richtig oder falsch? Bevor die Tonaufnahmen abgespielt werden, haben Sie eine Minute Zeit, um die Fragen zu lesen.	☐ richtig	☐ falsch

Hören, Teil 4

Hier sollen Sie zeigen, dass Sie unterschiedliche **Meinungen zu einem bestimmten Thema verstehen**. Dazu hören Sie vier Meinungen und lesen mehrere Sätze. Sie sollen entscheiden, welcher Satz zu welcher Meinung passt.

5 Sehen Sie sich nun [Hören, Teil 4] an und lesen Sie die Arbeitsanweisung.

6	Es gibt mehr Sätze als Meinungen.	☐ richtig	☐ falsch
7	Sie haben eine Minute Zeit, um die Sätze zu lesen.	☐ richtig	☐ falsch

6 Probieren Sie jetzt den kompletten [Prüfungsteil Hören] im Übungstest aus. Markieren Sie Ihre Lösungen auf dem Antwortbogen, so wie in der Prüfung auch. Besprechen Sie im Anschluss die Lösungen.
Schauen Sie sich die Fragen, die Sie falsch beantwortet haben, noch einmal genau an.
Lesen Sie auch die Hörtexte und versuchen Sie herauszufinden, warum Sie den Fehler gemacht haben.
Beim nächsten Mal klappt es dann bestimmt noch besser.

Allgemeine Hinweise zu den Prüfungsteilen Lesen und Sprachbausteine

Nachdem der Teil Hören abgeschlossen ist, folgen die Teile Lesen und Sprachbausteine. Sie haben für beide Teile zusammen eine Stunde Zeit. Hier sind zunächst wieder einige allgemeine Tipps. Im Anschluss sehen wir uns die einzelnen Aufgaben genauer an.

1 Lesen Sie die drei Tipps und ordnen Sie jedem Tipp die passende Überschrift zu. Eine Überschrift passt nicht.

> Unterschiedliche Lesestrategien einsetzen   Die Zeit gut einteilen
>
> Die richtige Lösung erraten   Mit unbekannten Wörtern umgehen

---

TIPP!

1. ....

Manche Teilnehmer verbringen viel Zeit mit den ersten Aufgaben, weil sie alles richtig machen wollen. Am Ende werden sie dann oft nicht fertig und verlieren wichtige Punkte. Wir empfehlen deshalb, die Teile Lesen und Sprachbausteine relativ zügig einmal komplett durchzuarbeiten, um Punkte zu sammeln. Markieren Sie dabei alle Fragen, bei denen Sie unsicher sind. Nutzen Sie die Zeit, die am Schluss übrig ist, um sich diese Fragen noch einmal anzusehen.

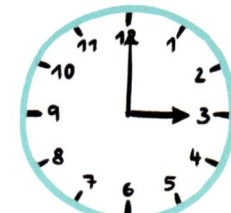

2. ....

In den Texten können Wörter vorkommen, die Sie nicht kennen. Keine Panik! Oft können Sie die Bedeutung eines Wortes aus dem Kontext erraten. Sie müssen aber auch nicht jedes Wort verstehen, um die richtige Lösung zu finden.

3. ....

Lernen Sie, Texte zu überfliegen. Überfliegen bedeutet: Lesen Sie relativ schnell, um herauszufinden, worum es in dem Text geht. Dabei müssen Sie nicht auf Details achten. Diese Technik hilft Ihnen bei allen Aufgaben, in denen es um globales Verstehen geht. Bei einigen Aufgaben ist es auch sinnvoll, einen Text zuerst zu überfliegen und dann noch einmal genau zu lesen. Mehr dazu gleich.

---

2 Lesen Sie die Informationen zu den einzelnen Aufgaben und beantworten Sie die Fragen im Anschluss.

Lesen, Teil 1

Hier sollen Sie zeigen, dass Sie **E-Mails verstehen** können. Die Aufgabe ist eine Zuordnungsaufgabe, bei der Sie für vier Mails die passende Betreffzeile finden sollen. Die E-Mails können formell sein (z. B. eine Beschwerde von einem Kunden) oder informell (z. B. eine Information von einer Kollegin, die Sie gut kennen).

> **TIPP!**
>
> Streichen Sie bei **Zuordnungsaufgaben** Texte, die Sie schon sicher zugeordnet haben, durch. Die Auswahl wird dann immer kleiner und übersichtlicher. Das spart Zeit.

Es geht in dieser Aufgabe um globales Verstehen. Hier können Sie also die Lesetechnik aus Tipp 3 anwenden.

Lesen Sie zuerst die Betreffzeilen und überfliegen Sie dann die erste E-Mail. Können Sie sie zuordnen? Prima. Wenn nicht, auch kein Problem. Überfliegen Sie den nächsten Text und kommen Sie am Schluss nochmal auf diese Mail zurück.

Lesen, Teil 2

Hier sollen Sie zeigen, dass Sie **Beiträge in einem Internetforum** verstehen können. Diese Aufgabe ist wieder eine Zuordnungsaufgabe, allerdings müssen Sie diesmal mehr Text lesen als in Teil 1 und stärker auf Details achten.

Sie lesen fünf Fragen in einem Internetforum und sollen den Fragen die passende Antwort zuordnen. Für eine Frage gibt es keine Antwort. Gehen Sie bei dieser Aufgabe ähnlich vor wie bei Teil 1: Lesen Sie zuerst die Fragen. Unterstreichen Sie dabei Schlüsselwörter. Überfliegen Sie dann den ersten Antworttext. Haben Sie schon eine Vermutung, zu welcher Frage er passen könnte? Wenn ja, lesen Sie ihn noch einmal genau und prüfen Sie, ob er auch wirklich passt. Machen Sie mit den übrigen Texten genauso weiter. Wenn Sie einen Text nicht gleich zuordnen können, sehen Sie ihn sich am Schluss noch einmal an.

Lesen, Teil 3

Hier sollen Sie zeigen, dass Sie **unterschiedliche Textarten verstehen** können. Sie lesen drei Texte, die mit dem Thema Arbeit zu tun haben, zum Beispiel eine E-Mail, einen Informationstext oder eine Anleitung. Zu jedem Text beantworten Sie zwei Multiple-Choice-Fragen. Hier kommt es auf Details an. Sie müssen die Texte also genau lesen.

Lesen, Teil 4

In dieser Aufgabe sollen Sie zeigen, dass Sie **wichtige Informationen in komplexen Texten verstehen** können. Sie bekommen einen längeren Text, der einige schwierige Wörter enthält. Dazu beantworten Sie drei Richtig/Falsch-Aufgaben.

> **TIPP!**
>
> **Zeitplanung:** Sie bekommen in den Teilen Lesen und Sprachbausteine für jede richtige Antwort einen Punkt. Wenn die Zeit knapp ist, sammeln Sie zuerst Punkte bei den Sprachbausteinen und machen Sie Lesen, Teil 4 zum Schluss.

In welchem Teil …

1	können Sie maximal drei Punkte erreichen?	☐ Lesen, Teil 2	☐ Lesen, Teil 4
2	geht es darum, verschiedene Textsorten zu verstehen?	☐ Lesen, Teil 1	☐ Lesen, Teil 3
3	sollten Sie die Texte zuerst überfliegen?	☐ Lesen, Teil 2	☐ Lesen, Teil 3

Sprachbausteine, Teil 1

3 Ergänzen Sie die Wörter aus dem Kasten rechts.

> ABER | DASS | DAZU | LEIDER | ODER | TROTZDEM

In dieser Aufgabe geht es um **Textlogik**. Sie sollen zeigen, ...1.......... Sie verschiedene Elemente in einem Text sinnvoll miteinander verbinden können. ...2.......... sollen Sie acht Wörter in einem Lückentext ergänzen. Sie können hier also acht Punkte sammeln. Der Text ist immer ein formelles Schreiben (entweder ein Brief ...3.......... eine E-Mail) aus dem Arbeitsumfeld.

Sprachbausteine, Teil 2

In dieser Aufgabe bekommen Sie wieder einen Lückentext in Briefformat. Allerdings sollen Sie hier keine Einzelwörter ergänzen, sondern **Ausdrücke, die für Briefe oder E-Mails im Arbeitsumfeld typisch sind.** Es gibt zehn Multiple-Choice-Aufgaben. Das heißt, zehn Punkte sind möglich!

4 Hier ist ein Beispiel. Lesen Sie und entscheiden Sie, welcher Ausdruck in die Lücke passt.

> Sehr geehrte Frau Maiwald,
>
> wir ...., Sie als neue Kundin zu begrüßen. In den nächstenTagen erhalten Sie Ihre Kundenkarte per Post.

> a bedauern es
> b freuen uns
> c schlagen vor

5 Probieren Sie jetzt die Prüfungsteile Lesen und Sprachbausteine aus dem Übungstest aus.

Allgemeine Hinweise zum Prüfungsteil Schreiben

Der letzte Teil der schriftlichen Prüfung ist Schreiben. Sie haben 45 Minuten Zeit, um zwei Briefe zu schreiben. Nehmen Sie sich also für jeden Brief etwa 20 Minuten Zeit.

Schreiben, Teil 1

Im ersten Teil sollen Sie einen formellen Brief schreiben (z. B. eine Beschwerde oder Nachfrage).

Schreiben, Teil 2

Im zweiten Teil sollen Sie einen Brief schreiben, der weniger formell ist (z. B. an eine Kollegin oder einen Kollegen).

1 Bearbeiten Sie jetzt (Schreiben, Teil 1) im Übungstest. Wir erklären Ihnen hier Schritt für Schritt, wie Sie an die Aufgabe herangehen.

> **Schritt 1**
>
> Bevor Sie mit dem Schreiben beginnen, nehmen Sie sich ein paar Minuten Zeit, um die Aufgabe zu verstehen und Ihren Brief zu planen. Lesen Sie sich die Situation und die Aufgabe aufmerksam durch:
> - Können Sie sich die **Situation vorstellen**?
> - Verstehen Sie, **an wen Sie schreiben** sollen **und warum**?
> - Was fällt Ihnen zu den **drei Inhaltspunkten** ein? Machen Sie sich Notizen und entscheiden Sie, in welcher **Reihenfolge** Sie die Inhaltspunkte bearbeiten wollen.

> **Schritt 2**
>
> Beginnen Sie Ihren Brief mit
> - einem passenden **Betreff** (ein oder zwei Stichwörter, die beschreiben, worum es geht),
> - einer passenden **Anrede** (z. B. Sehr geehrter Herr …,) und
> - einem **Einleitungssatz** (Grund für Ihr Schreiben).

> **Schritt 3**
>
> Schreiben Sie nun etwas zu den drei **Inhaltspunkten**. Sie können in der Prüfung Punkte sammeln, wenn Sie dabei Folgendes beachten:
> - Bearbeiten Sie die **Inhaltspunkte ausführlich**. Es geht nicht darum, einen möglichst langen Brief zu schreiben, aber ein sehr kurzer Text ist meist auch nicht die beste Lösung. Überlegen Sie deshalb, welche Informationen für Ihren Brief relevant sind und schreiben Sie dazu so viel Sie können.
> - **Strukturieren Sie Ihren Brief.** Teilen Sie Ihren Text in sinnvolle **Abschnitte** ein. Verwenden Sie außerdem **Verbindungswörter**, um Abschnitte oder einzelne Sätze miteinander zu verbinden. Verbindungswörter sind zum Beispiel: weil, denn, außerdem, obwohl, trotzdem, dennoch, anschließend, dadurch, deshalb, nachdem, während, bevor, indem, etc.
> - **Achten Sie auf Grammatik und Rechtschreibung.** Kleine Fehler sind in der Prüfung kein Problem (z. B. eine falsche Adjektivendung), die Fehler sollten aber nicht zu Missverständnissen führen.
> - Achten Sie darauf, dass Sie **den richtigen Ton treffen**. Auch ein Beschwerdebrief sollte immer höflich sein.

> **Schritt 4**
>
> Beenden Sie Ihren Brief mit einem passenden Schluss und einer Grußformel (z. B. Mit freundlichen Grüßen …).

2 Wenn Sie fertig sind, vergleichen Sie Ihre Briefe im Kurs.
Besprechen Sie, was Sie gut gemacht haben und was Sie beim nächsten Mal besser machen können.
Bearbeiten Sie dann (Schreiben, Teil 2).

Allgemeine Hinweise zum Prüfungsteil Sprechen

In der Regel machen Sie die mündliche Prüfung mit einer anderen Teilnehmerin oder einem anderen Teilnehmer zusammen. Sie sind also nicht allein. Außerdem sind zwei telc Prüfer dabei, die Sie durch die Prüfung leiten. Die mündliche Prüfung dauert etwa eine Viertelstunde. Es gibt drei Teile in der Prüfung.

Bevor die Prüfung beginnt, haben Sie 20 Minuten Vorbereitungszeit. Sie gehen dazu in einen Vorbereitungsraum, wo Sie die Aufgaben für Teil 2 und Teil 3 bekommen. Sie können sich also vor der Prüfung schon überlegen, was Sie sagen möchten. Nur für Teil 1 gibt es keine Vorbereitungszeit.

Sprechen, Teil 1

Im ersten Teil der mündlichen Prüfung geht es darum, **über eine berufliche Tätigkeit** zu **sprechen**. Sie bekommen drei Fotos zur Auswahl. Suchen Sie sich das Foto aus, zu dem Ihnen am meisten einfällt.

1 Probieren Sie es doch gleich einmal aus. Sprechen Sie über eines der drei Fotos.

- • Warum haben Sie gerade dieses Bild gewählt?
- • Was fällt Ihnen zu der Tätigkeit ein?

Was sagen Sie, wenn Ihnen nichts einfällt?
Es ist sehr unwahrscheinlich, dass Ihnen gar nichts einfällt, aber es kann vorkommen, dass keines der drei Fotos Sie unmittelbar anspricht. Wenn das passiert, beschreiben Sie einfach, was Sie auf den Fotos sehen: Was machen die Personen? Wie sehen Sie aus? Wo sind sie? Sie dürfen auch spekulieren oder raten, z. B.: „Vielleicht hat die alte Frau Geburtstag."

2 Zu zweit: Sehen Sie sich jetzt ⌐Sprechen, Teil 1⌐ im Übungstest an. Suchen Sie sich ein Foto aus und sprechen Sie darüber. Beantworten Sie im Anschluss die Fragen auf dem Aufgabenblatt. In der Prüfung stellt die Prüferin oder der Prüfer die Fragen.

Sprechen, Teil 2

In diesem Teil sollen Sie einen Kurzvortrag halten. Sie bekommen im Vorbereitungsraum ein Aufgabenblatt mit zwei Themen zur Auswahl.
Suchen Sie sich ein Thema aus und nutzen Sie die Vorbereitungszeit, um sich zu überlegen, was Sie sagen wollen. Sie dürfen sich Notizen machen.

In der Prüfung sollen Sie etwa zwei Minuten lang über das Thema sprechen. Im Anschluss stellt die Prüferin/der Prüfer oder Ihre Partnerin/Ihr Partner noch einige Fragen zu dem, was Sie gesagt haben.

3 Zu zweit: Sehen Sie sich jetzt ⌐Sprechen, Teil 2⌐ im Übungstest an. Suchen Sie sich ein Thema aus und nehmen Sie sich zehn Minuten Zeit, um zu überlegen, was Sie sagen möchten. Halten Sie dann einen kurzen Vortrag und beantworten Sie die Fragen, die Ihre Partnerin/Ihr Partner stellt.

Sprechen, Teil 3

Zum Schluss sollen Sie **gemeinsam** mit Ihrer Partnerin/Ihrem Partner **etwas planen**. Sie bekommen im Vorbereitungsraum ein Aufgabenblatt mit einigen Stichpunkten. Lesen Sie die Aufgabe und überlegen Sie sich, was Sie zu den Stichpunkten sagen könnten. Hinweis: Während der Vorbereitungszeit dürfen Sie sich nicht mit Ihrer Partnerin/Ihrem Partner austauschen!

4   Zu zweit: Sehen Sie sich jetzt [Sprechen, Teil 3] im Übungstest an. Nehmen Sie sich zehn Minuten Zeit, um sich zu überlegen, was Sie zu den Stichpunkten sagen möchten.

Sprechen Sie dann mit Ihrer Partnerin/Ihrem Partner. Machen Sie Vorschläge und reagieren Sie auf die Vorschläge Ihrer Partnerin/Ihres Partners. In der Prüfung ist es wichtig, dass beide Teilnehmer zu Wort kommen. Wenn Sie ein gutes Team sind, können Sie sich gegenseitig helfen, indem Sie gut zuhören und auf das, was die/der andere sagt, eingehen.

Herzlichen Glückwunsch!

Sie haben den Übungstest einmal durchgearbeitet. Jetzt haben Sie schon eine ganz gute Vorstellung von der Prüfung: Sie wissen, wie sie aufgebaut ist, welche Aufgabentypen vorkommen, und vielleicht haben Sie auch schon gemerkt, welche Aufgaben Ihnen besonders leicht fallen und wo Sie noch üben müssen/sollten.

Wie geht es weiter? Machen Sie jetzt den zweiten Übungstest, am besten alle Teile hintereinander – so wie in der Prüfung auch. Wenn das zu viel ist, können Sie den mündlichen Teil auch an einem anderen Tag machen. Es ist aber wichtig, die Teile Hören, Lesen, Sprachbausteine und Schreiben einmal komplett durchzuarbeiten. Erst dann bekommen Sie ein Gefühl dafür, wie lang die Prüfung ist und wie gut Sie sich bei den letzten Aufgaben noch konzentrieren können.

Wenn Sie mit bestimmten Aufgaben noch Schwierigkeiten haben und diese gezielt üben möchten, empfehlen wir, einige Übungen in diesem Buch noch einmal zu bearbeiten. Sie haben sie zwar im Unterricht schon gemacht, aber Sie werden jetzt ganz anders an die Aufgaben herangehen. Ihre Kursleiterin/Ihr Kursleiter kann Ihnen sagen, welche Aufgaben im Buch dafür geeignet sind.

Wir hoffen, dass wir Ihnen mit diesen Tipps geholfen haben und wünschen Ihnen viel Erfolg bei der Prüfung!

Ihr telc Team

Arbeitsbuch

Im Arbeitsbuch finden Sie:

- ein separates Aussprachetraining, mit dem Sie von Beginn an Ihre Aussprache verbessern können

- vertiefende Übungen zu allen elf Lektionen im Kursbuch, die Sie im Unterricht oder zu Hause machen können

- den Lernwortschatz jeder Lektion zusammengefasst, mit viel Platz zum Bearbeiten

Aussprachetraining

Inhalt

1 Der Laut [ts]

 a Hören Sie die Wörter und markieren Sie, wo Sie [ts] hören.

1 Arbeitsplatz
2 Sitzung
3 Konsequenz
4 zusammen
5 Kommunikation

b Schauen Sie sich noch einmal die Beispiele in Aufgabe a an und ergänzen Sie die Regel. Den Laut [ts] hört man bei den folgenden Buchstaben und Buchstabenkombinationen:

1 .... 2 .... 3 .... 4 ....

c Markieren Sie in den Beispielen den Laut [ts].

Zeitarbeit | Arbeitsverträge | Information | gesetzliche Sozialabgaben |
Kompetenz | letzten März | nichts nützen | ein hochgeschätzter Geschäftsführer

Hören Sie jetzt die Beispiele und vergleichen Sie mit Ihren Markierungen.

d Sprechen Sie nun die Beispiele aus Aufgabe c und achten Sie auf die Aussprache von [ts].

e Zu zweit: Lesen Sie die Wörter in der Tabelle. Entscheiden Sie: In welchen Beispielen wird [ts] gesprochen, in welchen nicht? Vervollständigen Sie anschließend die Regel.

	[ts]	kein [ts]
ta**ts**ächlich		
Überse**tz**ung		
rech**tz**eitig		
Haup**ts**itz		
gese**tz**lich		
For**tz**ahlung		
selbs**ts**tändig		

Regel:
[ts] wird nur dann gesprochen,
wenn *ts* und *tz* ....
....

f Markieren Sie alle Stellen in den Beispielsätzen, an denen Sie [ts] sprechen müssen.
Sprechen Sie anschließend die folgenden Sätze mehrmals mit einer Partnerin oder einem Partner und werden Sie dabei immer schneller.
Achten Sie auf die korrekte Aussprache von [ts]!

1 Zur Sommerzeit sitzen zwanzig Spatzen krächzend zwischen dreizehn Katzen.

2 Zweiundzwanzig Zahnärzte zogen zusammen zum Potsdamer Platz.

3 Am zehnten Zehnten um zehn Uhr zehn zogen zehn zahme Ziegen zehn Zentner Zucker zum Zoo. Zehn Ziegen ziehen zehn Zentner Zucker zum Zoo – zum Zoo ziehen zehn Ziegen zehn Zentner Zucker.

g Schreiben Sie nach dem Muster von f einen eigenen Zungenbrecher. Ihre Partnerin oder Ihr Partner versucht anschließend, diesen zu lesen und dabei immer flüssiger zu werden.
Tauschen Sie dann die Rollen. Notieren Sie abschließend den Zungenbrecher Ihrer Partnerin oder Ihres Partners.

2 Die Laute [s] und [z]

a Hören Sie die Wörter und achten Sie auf die Aussprache von *s*.

 42

Banküberwei**s**ung | Me**ss**e | Außendien**s**tmitarbeiter |
be**s**orgen | Ergebni**s** | **S**ortiment

b Hören Sie die Wörter aus Aufgabe a noch einmal und ordnen Sie sie in die Tabelle ein.

 42

[z]	[s]
lesen	essen

Aussprachetraining

c Schauen Sie sich noch einmal die Tabelle in Aufgabe b an und ergänzen Sie die Regeln im Tipp-Kasten mit den vorgegebenen Wörtern.

> Silbenanfang   weich   ß   hart   Wortanfang   ss   harten   Silbenende   Wortende

---

TIPP!

Es gibt zwei Varianten, wie s gesprochen werden kann:

s wird .... gesprochen, z.B. wie in **s**agen und **l**esen, wenn es am ....

oder am .... steht.

Am .... und am .... wird s immer .... gesprochen,

wie z.B. in Kur**s** und Praktikum**s**vertrag.

Wörter mit ...... und ...... werden immer mit einem .... s gesprochen, z.B. wie in den Wörtern hei**ß**en und me**ss**en.

---

d Ordnen Sie alle Wörter in die Tabelle ein. Zu zweit: Vergleichen Sie die Ergebnisse. Lesen Sie dann die Wörter gemeinsam. Achten Sie auf die korrekte Aussprache von s.

Verlauf**s**protokoll | **S**ekt | Reali**s**ierung | regelmä**ß**ig | Meeting**s** | die mei**s**ten | Geschäft**s**essen | Disku**ss**ion | Zeugni**s** | Telefonanschlu**ss** | Um**s**ätze | **S**onstiges | am lieb**s**ten | Migration**s**hintergrund | genau**s**o | **S**icherheit**s**bestimmungen | au**s**tauschen

[z]	[s]	
s am Wort- oder Silbenanfang	s am Wort- oder Silbenende	ss / ß

3 Schwierige Wörter sprechen können – Konsonantenanhäufungen

🔊 43 **a** Hören Sie die folgenden Wörter und achten Sie auf die Aussprache der markierten Teile.

Geschä**fts**z**eiten | re**cht**z**eitig | Au**ftrags**eingang | Meh**rwertst**euer

🔊 44 **b** Sie hören die Wörter nun noch einmal. Achten Sie auf die Aussprache der einzelnen Silben.

Ge | schä**fts** | **z**eiten | recht | **z**ei | tig | Auf | **trags** | ei**n** | **g**ang | Meh**r** | **wert** | **st**euer

c Zu zweit: Markieren Sie in jedem Wort die Konsonantenhäufungen (mindestens zwei Konsonanten treten zusammen auf).

1 Arbeitsplatz
2 Geschäftspartner
3 Selbstständigkeit
4 Geschäftsbedingungen
5 Weihnachtszeit
6 Zahlungsmöglichkeiten
7 Lastschriftverfahren
8 Buchungsbestätigung

d Teilen Sie nun die Wörter in Aufgabe c in Silben. Wenn Sie nicht sicher sind, schauen Sie in einem Wörterbuch nach. Markieren Sie wie in Aufgabe b.
Vergleichen Sie anschließend Ihre Ergebnisse im Kurs.

e Sprechen Sie nun die Wörter aus Aufgabe c mehrmals. Beginnen Sie, die Wörter in Silben zu sprechen. Verbinden Sie anschließend die Silben langsam miteinander zu einem Wort. Probieren Sie, bei jedem Versuch schneller zu werden.

f Spielen Sie anschließend *Stille Post*. Bilden Sie Gruppen mit je vier Kursteilnehmern. Die Teilnehmerinnen und Teilnehmer jeder Gruppe stellen sich hintereinander in einer Reihe vor der Tafel auf. Die Kursleiterin oder der Kursleiter gibt dem jeweils Letzten in der Reihe ein Kärtchen, alle Gruppen erhalten das gleiche Wort. Die Aufgabe ist nun, dieses Wort an den Ersten der Gruppe so schnell wie möglich weiterzugeben, allerdings darf nur geflüstert werden.
Am Ende schreibt der Erste in der Reihe das Wort, das er verstanden hat, an die Tafel. Die Gruppe, die das Wort am schnellsten richtig an die Tafel geschrieben hat, bekommt einen Punkt.

4 Der Wortakzent bei zweiteiligen Komposita

a Bilden Sie sieben zusammengesetzte Wörter zum Thema „Berufe und Berufsleben" mit den Wörtern aus dem Schüttelkasten.

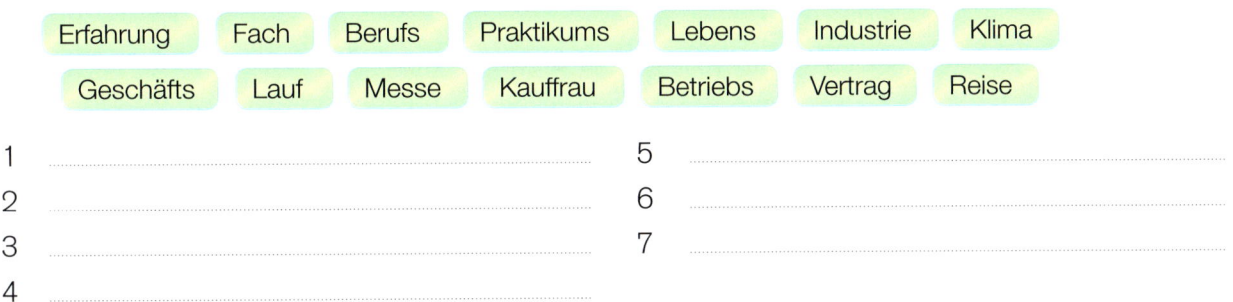

Erfahrung   Fach   Berufs   Praktikums   Lebens   Industrie   Klima

Geschäfts   Lauf   Messe   Kauffrau   Betriebs   Vertrag   Reise

1 ....   5 ....

2 ....   6 ....

3 ....   7 ....

4 ....

b Hören Sie die Wörter aus Aufgabe a und vergleichen Sie Ihre Lösungen.

c Hören Sie noch einmal die Wörter aus Aufgabe a und markieren Sie den Wortakzent.

d Ein Kompositum setzt sich immer aus mindestens zwei Wörtern zusammen. Ergänzen Sie im Beispiel die beiden Wörter.

der Deutschkurs = ...   + ...

Wort 1 = Bestimmungswort   Wort 2 = Grundwort

Der Wortakzent bei Komposita aus zwei Wörtern liegt auf dem

	✓	✗
Grundwort	☐	☐
Bestimmungswort	☐	☐

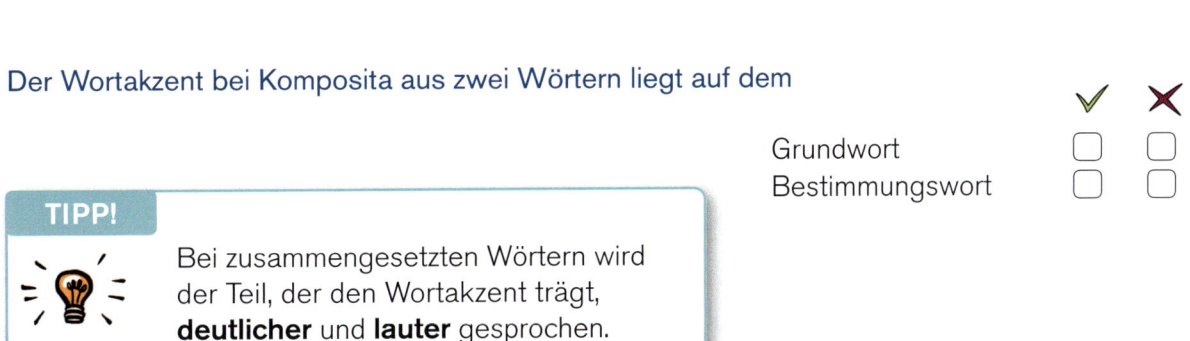

TIPP!

Bei zusammengesetzten Wörtern wird der Teil, der den Wortakzent trägt, **deutlicher** und **lauter** gesprochen.

e Zu zweit: Sprechen Sie die Komposita aus der Aufgabe a und markieren Sie die Hauptakzentsilbe durch ein Klopfen auf dem Tisch.

f Sammeln Sie, zum Beispiel mit Hilfe Ihres Kursbuches oder eines Wörterbuches, in kleinen Gruppen zusammen zehn weitere Komposita rund um das Thema „Beruf". Schreiben Sie je ein Kompositum auf einen Zettel. Stellen Sie sich jetzt vor, Sie möchten eine Geschichte aus Ihrem Arbeitsalltag erzählen. Ziehen Sie dafür ein Kärtchen und beginnen Sie mit dem Kompositum dieses Kärtchens die Geschichte. Reihum zieht danach jede(r) aus der Gruppe ein Kärtchen und erzählt die Geschichte weiter, bis alle Kärtchen aufgebraucht sind. Achten Sie dabei auf die Betonung der Komposita.

> Ich saß gerade an meinem **Schreib**tisch und telefonierte.

> Mitarbeitergespräch

> Schreibtisch

> Plötzlich kam mein Chef und informierte mich, dass es ein **Mitarbeiter**gespräch geben wird.

5 Intonation: Höflichkeit

🔊 46 **a** Sie hören Sätze, die entweder höflich oder unhöflich gesprochen werden. Bitte markieren Sie, welcher Hörtext auf Sie höflich wirkt.

	✓	✗			✓	✗
1 Entschuldigen Sie mich bitte, ich muss kurz telefonieren.	☐	☐	5	Können Sie das bitte noch einmal wiederholen?	☐	☐
2 Wie kann ich Ihnen helfen?	☐	☐	6	Wie bitte?	☐	☐
3 Ich kümmere mich darum.	☐	☐	7	Kein Problem.	☐	☐
4 Natürlich, kein Problem.	☐	☐	8	Machen Sie sich keine Sorgen.	☐	☐

🔊 46 **b** Hören Sie nun noch einmal. Diskutieren Sie anschließend im Kurs, woran es liegt, dass Sie einige Aussagen als höflich und andere als unhöflich wahrgenommen haben.

c Markieren Sie die richtige Antwort in den Regeln.

Freundliche, höfliche Aussagen werden mit **viel Melodie** / **wenig Melodie** gesprochen. Am Ende des Satzes **steigt** / **fällt** die Satzmelodie. Außerdem werden sie **lauter** / **leiser** und **klarer** / **undeutlicher** gesprochen. Die Stimme ist insgesamt meistens **höher** / **tiefer**.

🔊 47 **d** Sie hören jetzt jede Aussage aus Aufgabe a noch einmal. Sprechen Sie nach. Achten Sie auf die richtige Umsetzung der in c dokumentierten Regeln.

e Welche anderen, außer den in c genannten, Aspekte beeinflussen, ob eine Aussage höflich oder unhöflich wirkt? Diskutieren Sie kurz mit Ihrer Partnerin oder Ihrem Partner und anschließend im Kurs.

....

....

....

f Alle Kursteilnehmer notieren nun auf einem Kärtchen einen kurzen Satz oder eine Frage, die man sowohl höflich als auch unhöflich sagen könnte. Zwei Kursteilnehmer gehen in die Mitte des Kursraumes (oder nach vorne) und ziehen ein Kärtchen. Einer der beiden Kursteilnehmer spricht nun den Satz einmal höflich, der andere einmal unhöflich. Beide machen dazu eine passende Geste oder Mimik, die das Gesagte unterstützt. Besprechen Sie im Anschluss daran im Kurs, mit welchen Mitteln die Höflichkeit bzw. Unhöflichkeit dargestellt wurde.

1 Der erste Arbeitstag

Was passt? Ordnen Sie zu.

1 Guten Tag, Frau Wirth. Ich freue mich,	a Ihre Abteilung vorstellen.
2 Herzlich willkommen	b Sie kennenzulernen.
3 Ich möchte Ihnen	c wenden Sie sich bitte an Frau Schneider.
4 Wenn Sie Fragen haben,	d an Ihrem neuen Arbeitsplatz.
5 Frau Schneider wird	e bei uns begrüßen.
6 Ich möchte Sie herzlich	f Ihnen weiterhelfen.

2 *Wer, wen, wem?*

Ergänzen Sie die Fragewörter.

1 .... ist das? Das ist unsere neue Kollegin, Frau Klein.

2 .... duzen Sie in der Firma?

3 .... haben Sie gestern besucht?

4 .... hat Sie heute besucht?

5 Zu .... sagen Sie „Sie"?

6 Für .... sind diese Unterlagen?

7 Mit .... haben Sie telefoniert?

8 Von .... kann ich Hilfe bekommen?

9 Bei .... soll ich mich wegen weiterer Fragen melden?

10 An .... soll ich diese E-Mail schreiben?

3 Duzen und Siezen im Betrieb

48

Streichen Sie das falsche Wort durch. Hören Sie dann zur Kontrolle die Dialoge.

1 ▶ Tomek, sagst du eigentlich „Du" oder „Sie" zu (deine / deinen) Kollegen?

▷ In unserem Team sagen wir alle „Du", auch (unseren / unserer) Chef duzen wir. Er hat uns das angeboten. Und wie machst du das?

▶ Naja, wir sind ja ein kleiner Handwerksbetrieb. Und als Azubi bin ich mit (meinen / meinem) Chef auf jeden Fall per Sie.

2 ▶ Stefanie, wie war (dein / deinen) erster Arbeitstag?

▷ Super. (Meine / Meinen) Kollegen sind sehr nett und auch mit (meinem / meinen) Chef verstehe ich mich sehr gut. Manchmal gibt es Probleme mit (den / die) Kunden, manche bringen Ware zurück und haben keine Geduld. Aber (die / den) meisten Kunden sind sehr nett.

4 „Du" oder „Sie" am Arbeitsplatz. Verschiedene Meinungen [4]

Ergänzen Sie die Sätze.

> klar | altmodisch | wichtig | vertraut

► Für mich ist eine gute Atmosphäre bei der Arbeit sehr ....1............... . Und dazu gehört für mich auch, dass man „Du" sagt. Das „Sie" finde ich so ..2................ und distanziert.

▷ Bei der Arbeit sollten die Strukturen ..3............... sein. Und dabei hilft mir die Anrede mit „Sie". Ich könnte mir nicht vorstellen, mit meinem Chef per Du zu sein. Die Distanz finde ich wichtig. Wenn man „Du" sagt, hat man das Gefühl, dass man sehr ...4............... miteinander ist. Aber die Hierarchie zwischen Chef und Mitarbeiter ist nun mal eine Tatsache.

> Arbeitsplatz | Team | Idee | Situation | Mitarbeiter | Jobs

● Ob man „Du" oder „Sie" sagt, hängt vom ...5.............. ab. Früher hatte ich mehrere ..6............... in verschiedenen Büros. Dort wäre man nie auf die ..7............... gekommen, den Chef mit „Du" anzureden. Oft haben wir den Chef auch nur wenige Minuten am Tag gesehen. Heute arbeite ich in einem Friseursalon, in einem kleinen ..8..............., und der Chef und die ..9............... arbeiten den ganzen Tag zusammen. Das ist eine ganz andere ..10............... .

5 Wie heißen die Branchen? [5]

Ergänzen Sie die fehlenden Buchstaben.

1 Ein anderes Wort für das Hotel- und Gaststättengewerbe: G _ _ _ _ _ _ _ m i e

2 Ein anderes Wort für Herstellung: P _ _ _ _ _ _ _ _ _

3 Betriebe, die Produkte an andere Geschäfte weiterverkaufen: G _ _ _ handel

4 Betriebe, die Waren an die Verbraucher direkt verkaufen: _ _ _ _ _ _ handel

5 Die Lagerung und der Transport von Produkten: L o _ _ _ _ _ _

6 Die Angestellten von Bund, Ländern und Kommunen arbeiten in diesem Bereich: öff _ _ _ _ _ _ _ _ D _ _ _ _ _

7 In dieser Branche arbeiten Informatiker und Softwareentwickler: _ _ -Branche

8 Unternehmen in diesem Bereich stellen beispielsweise Arzneimittel her: Ph _ _ _ _ _ industrie

9 Diese Branche wird auch als „Stahlindustrie" bezeichnet: _ _ _ _ _ _ _ industrie

10 Alles rund ums Reisen: _ _ _ _ _ _ _ mus

6 Wer arbeitet in welcher Branche? 6☐

Ordnen Sie zu. Es gibt mehrere Möglichkeiten.

1 Grafikdesigner | 2 Wohnungsmakler | 3 Hotelkaufmann | 4 Reiseleiter | 5 Immobilienkaufmann |
6 Ingenieur | 7 Mediendesigner | 8 Autor | 9 Polizist | 10 Buchhändler | 11 Lagerist | 12 Lkw-
Fahrer | 13 Journalist | 14 Mechaniker | 15 Koch | 16 Lehrer | 17 Kameramann | 18 Informatiker |
19 U-Bahnfahrer | 20 Fachverkäufer | 21 Apotheker

Medien	*1, …*	Bildung	
Maschinenbau		Pharmabranche	
Einzelhandel		Transport/Logistik	
Tourismus		Metallindustrie	
Immobilien		IT	
Gastronomie		Öffentlicher Dienst	

7 Satzordnung im Perfekt 7☐

Ordnen Sie die Sätze und schreiben Sie.

1 Ich | in meinem Heimatland | habe | gearbeitet | in der Tourismusbranche

   Ich

2 Vor zwei Jahren | nach | Deutschland | ich | gekommen | bin

   Vor zwei Jahren

3 An der vhs | ich | Deutsch | habe | gelernt

   An der vhs

4 Ich | abgeschlossen | habe | mit der B1-Prüfung | den Deutschkurs

   Ich

5 Danach | ich | einige Jahre | zu Hause | bin | geblieben | weil | ein Kind | ich | habe | bekommen

   Danach   *, weil*

6 Dann | ich | mich | beworben | um verschiedene Stellen | habe

   Dann

7 Jetzt | gefunden | ich | habe | eine Arbeit | in einem Reisebüro

   Jetzt

8 Vor zwei Monaten | mit der Arbeit | ich | angefangen | habe | und | die Arbeit | mir | sehr gut | gefällt

   Vor zwei Monaten

 **8 Partizip II** [7] 📖

a Erstellen Sie eine Tabelle mit den unten angegebenen Kategorien. Bilden Sie die Partizipien der folgenden Infinitive und ergänzen Sie die Tabelle. Arbeiten Sie mit dem Wörterbuch.

~~studieren~~ | ~~arbeiten~~ | jobben | ~~bekommen~~ | suchen | bleiben | ~~kommen~~ | finden | abschließen | gehen | sich bewerben | verlieren | machen | verkaufen | transportieren | anfangen | herstellen | schreiben | ankommen | anbieten | ~~aufhören~~ | einräumen | telefonieren | anrufen | aufwachen | ~~aufstehen~~ | geben | abfahren | sein | essen | trinken | leiten | werden | helfen | lernen | produzieren | organisieren | erklären | beginnen | sprechen | besprechen | beraten | ~~hören~~ | kennenlernen | fliehen | teilnehmen | nehmen | mitnehmen | umziehen | leben | wohnen | treffen | einladen | vorschlagen | stattfinden | einschlafen | ausgeben | fernsehen | sehen | tragen | lesen | schlafen | sitzen | halten | gefallen | denken | bringen | wissen | kennen

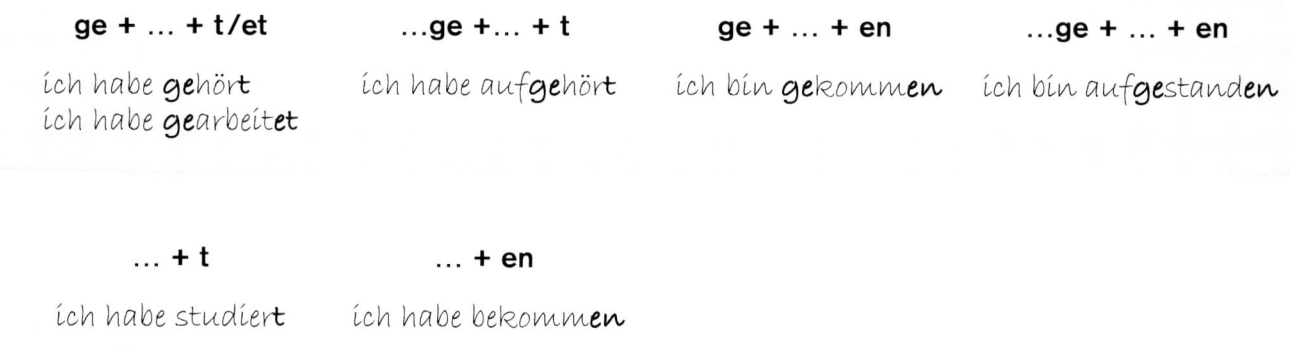

ge + ... + t/et	...ge +... + t	ge + ... + en	...ge + ... + en
ich habe **ge**hör**t**	ich habe auf**ge**hör**t**	ich bin **ge**komm**en**	ich bin auf**ge**stand**en**
ich habe **ge**arbeit**et**			

... + t	... + en
ich habe studier**t**	ich habe bekomm**en**

b Welche Verben bilden das Perfekt mit *sein*? Notieren Sie.

kommen,

9 Trennbare Verben im Präsens und im Perfekt [7] 📖

Schreiben Sie Sätze wie im Beispiel.

Oleg | um 6 Uhr | aufstehen → *Oleg steht um 6 Uhr auf. / Oleg ist um 6 Uhr aufgestanden.*

1 Oleg | um 8 Uhr | mit der Arbeit anfangen

2 Am Vormittag | er | teilnehmen | an einer Besprechung

3 Am Nachmittag | er | viele Kunden | anrufen

4 Um 19 Uhr | er | aufhören | zu arbeiten

10 Perfekt mit *haben* und *sein* 7

Schreiben Sie die Sätze im Perfekt.

1 Stefanie .... früher oft ihrem Vater in der Logistikfirma .... (helfen). Dann .... sie
   Informatik .... (studieren). Letzten Monat .... sie sich bei verschiedenen IT-Firmen
   .... (beworben) und auch eine Stelle .... (bekommen). Inzwischen .... sie mit
   ihrer Arbeit .... (anfangen) und viele Kollegen bereits .... (kennenlernen). Heute
   .... sie sogar schon länger .... (bleiben).

2 Mohamed .... in Syrien als Krankenpfleger .... (arbeiten). Er .... mit seiner Familie
   nach Deutschland .... (fliehen) und .... schnell Deutsch .... (lernen). Zuerst
   .... er in Berlin .... (leben), dann .... er mit seiner Familie nach Hamburg ....
   (umziehen). Inzwischen .... er eine Stelle in einem Krankenhaus .... (finden).

3 Anja .... heute zu spät .... (aufwachen). Sie .... erst um 9 Uhr ....
   (aufstehen) und dann zu spät im Büro .... (ankommen). Erst um 10 Uhr .... sie ihre
   Arbeit .... (beginnen). Sie .... heute bis 19 Uhr im Büro .... (sein).

11 Interview 8

Hier sind die Antworten. Schreiben Sie Fragen.

1 .... Ich arbeite für die Firma Möbeldiscount.

2 .... Ich arbeite im Lager.

3 .... Ich bin für die Warenannahme und -kontrolle und für
   die Beladung der Lkw zuständig.

4 .... Nein, als Privatperson kann man bei uns keine Möbel
   bestellen. Meine Firma ist eine Großhandelsfirma.

5 .... Ich bin mit meiner Arbeit zufrieden, würde aber gern
   in einer anderen Abteilung arbeiten.

6 .... Weil die Arbeit im Lager körperlich sehr anstrengend ist.

7 .... Am liebsten im Kundendienst.

12 Und wo arbeiten Sie? Wo würden Sie am liebsten arbeiten? 8

Schreiben Sie drei Sätze.

13 Früher und jetzt 8

Ergänzen Sie die Sätze.

als | als | als | in | im | im | bei | bei | für

Tomek hat lange ...1..... Buchhalter gearbeitet. Zuerst war er ...2..... Einzelhandel tätig, danach hat er eine Stelle ...3..... der Firma Möbeldiscount gefunden.

Lucy war lange ...4..... die Entwicklung von Werbestrategien zuständig. Am liebsten hat sie ...5..... Team gearbeitet. Heute hat sie sich ...6..... Grafikdesignerin selbstständig gemacht.

Lola hat sich ...7..... einer Möbelfirma beworben. Sie hat eine Ausbildung ...8..... Innenarchitektin und hofft, dass sie bald ...9..... ihrem Beruf arbeiten kann.

14 Abteilungen in einer Firma 9

Welche Wörter passen? Ergänzen Sie.

Personalabteilung | Stockwerk | Buchhaltung | Abteilung | Kunden |
Geschäftsleitung | Lager | Personal | Cafeteria | Verkauf | Einkauf

Ich möchte euch meine Firma vorstellen. Im Erdgeschoss ist das ...1..... . Dort kommen die Waren an und die Mitarbeiter beladen die Lkw mit den Produkten, die für den ...2..... bestimmt sind. Daneben ist der ...3..... . Diese Abteilung wählt die Lieferanten aus und bestellt die Waren. Wenn ...4..... Reklamationen haben, können sie in den ersten Stock gehen, zur ...5..... Kundenbetreuung. Dann gibt es im 1. Stock noch die Finanzabteilung. Diese ist für die betriebliche ...6..... zuständig. Im 2. Stock schließlich befindet sich die ...7..... , dort sitzen unsere beiden Chefs. Daneben ist dann die ...8..... . Sie ist verantwortlich für die Lohn- und Gehaltsabrechnungen und für die Auswahl von neuem ...9..... . Und nicht zu vergessen die ...10..... . Dort lädt man Sie zu gesundem Essen und leckeren Getränken ein. Sie befindet sich im obersten ...11..... und hat eine schöne Dachterrasse.

15 Welche Abteilung ist zuständig? 10

Ordnen Sie zu.

1	Waren bestellen	a	die Marketingabteilung
2	Rechnungen schreiben	b	die Personalabteilung
3	die Waren in die Lkw laden	c	die Produktion
4	Werbung entwickeln	d	die Geschäftsleitung
5	neue Mitarbeiter einstellen	e	der Einkauf
6	den Betrieb leiten	f	das Lager
7	Waren herstellen	g	die Kundenbetreuung
8	Reklamationen bearbeiten	h	der Verkauf

16 Was passt nicht? 9

Streichen Sie durch.

1 Rechnungen: bezahlen | setzen | buchen | schreiben

2 Personal: einstellen | herstellen | leiten | auswählen

3 Waren: bestellen | herstellen | annehmen | zunehmen

4 Kunden: helfen | beraten | empfangen | bearbeiten

17 Was passiert in unserer Firma? 11

Schreiben Sie die Sätze im Passiv.

1 In der Produktion stellt man neue Produkte her.

In der Produktion werden

2 Im Labor führt man Versuche durch.

3 In der Einkaufsabteilung bestellt man neue Waren.

4 In der Kundenbetreuung bearbeitet man Reklamationen und Beschwerden.

5 Im Lager nimmt man Waren an und kontrolliert sie.

6 Im Konferenzraum hält man Besprechungen ab.

7 In der Finanzabteilung bezahlt man die Rechnungen.

8 In der Marketingabteilung entwickelt man neue Werbestrategien.

18 Ansagen verstehen

Sie hören zwei Ansagen. Zu jeder Ansage gibt es eine Aufgabe. Welche Lösung (a, b oder c) passt am besten? Sie hören jede Ansage einmal. 49 (⏵

1 Lucy soll   a ☐   b ☐   c ☐

     a die Druckerei anrufen.

     b Kunden die neuen Prospekte zeigen.

     c ihrer Kollegin schnell die neuen Prospekte geben.

2 Ein Kunde   a ☐   b ☐   c ☐

     a möchte neue Büromöbel bestellen.

     b beschwert sich über eine falsche Lieferung.

     c ruft bei der Abteilung Kundenbetreuung an.

Lernwortschatz

Branchen

der Groß- und Einzelhandel
der öffentliche Dienst
die Industrie
die IT
der Maschinenbau
die Medien
Transport und Logistik

Welche Branchen kennen Sie noch?

Abteilungen

der Einkauf
die Finanzabteilung
• die Buchhaltung/Buchführung
  machen
• Rechnungen bezahlen
die Geschäftsleitung
• die Firma leiten
die Kundenbetreuung
• Reklamationen und Beschwerden
  bearbeiten
das Lager
die Marketingabteilung
• Werbestrategien entwickeln
• Marktstudien durchführen
die Personalabteilung
• Lohn- und Gehaltsabrechnungen
  machen
• Personal auswählen

Wer ist wofür zuständig/ verantwortlich? Welche Abteilungen kennen Sie noch?

Im Betrieb

die Fabrik
der Kunde
das Labor
der Lieferant
der Mitarbeiter
die Werkstatt

entwickeln
herstellen
leiten
organisieren
produzieren
transportieren
(Waren) bestellen, annehmen,
auspacken, kontrollieren, einsortieren

als Verkäufer, **bei** Elektro Hansen
arbeiten
in der Finanzabteilung, **im** Lager
arbeiten

Schreiben Sie Beispielsätze.

Wie heißen die Verben in Ihrer Muttersprache? Übersetzen Sie.

1 Bewerbungswortschatz 1

a Bilden Sie Komposita und notieren Sie sie mit Artikel.

Arbeits   Berufs   Bewerbungs

Bewerbungs   Fest   Gehalts

Lebens   ~~Personal~~   Stellen

Stellen   Vorstellungs

~~abteilung~~   angebot   anstellung

erfahrung   foto   gespräch

lauf   markt   unterlagen

vertrag   vorstellungen

die Personalabteilung,

b Ergänzen Sie die Sätze mit Wörtern aus 1a.

1 Im Internet habe ich ein interessantes .... gefunden.

2 Zu den .... gehören das Bewerbungsschreiben und der

....

3 Außerdem muss ein aktuelles .... beigefügt werden.

4 Das .... mit dem Personalchef war sehr positiv.

5 Der Personalchef hat mich gefragt, ob ich in dieser Branche .... habe.

6 Er hat mich auch gefragt, wie viel ich verdienen möchte, was meine .... sind.

7 Ich hoffe, dass ich bald meinen .... unterschreiben kann.

8 Der Personalchef hat mir aber gesagt, dass nach einer Probezeit von sechs Monaten eine
.... die Regel ist.

2 Qualifikationen 1

Ergänzen Sie die Wörter.

Kenntnisse | Universität | Fortbildung | Berufserfahrung |
Qualifikation | Ausbildung | Arbeitsförderung | Zeugnis

1 Fayyad hat in Marokko nach der Schule eine .... zum Elektriker gemacht.
Er hat viele Jahre ....

2 Ilona hat an der .... Sprachen studiert. Sie hat gute ....
in Englisch, Französisch und Spanisch.

3 Julia hat lange als Verkäuferin gearbeitet. Sie möchte jetzt eine höhere ....
erwerben und hat sich für eine .... zur Logistikmanagerin angemeldet.

4 Oliver geht noch zur Schule. In einem Jahr macht er seinen Abschluss und hofft auf ein gutes
....

5 Die Bundesagentur für Arbeit ist für Arbeitsvermittlung und .... zuständig.

3 Welches Verb passt?

a Streichen Sie das falsche Verb durch.

1 eine Ausbildung	schließen – abschließen
2 Erfahrungen	tun – sammeln
3 eine Weiterbildung	machen – nehmen
4 Qualifikationen	erfüllen – ausfüllen
5 einen Arbeitsvertrag	anschreiben – unterschreiben

b Ergänzen Sie die Sätze mit den Verben aus 3a. Achten Sie auf die richtige Zeit.

Ahmed hat eine Ausbildung als Koch __1_____. In diesem Beruf hat er viele Erfahrungen __2_____. Da er sich beruflich verändern wollte, hat er eine Weiterbildung zum Küchen-meister aufgenommen und inzwischen __3_____. Er hofft, dass er alle Qualifikationen __4_____, um in diesem Bereich eine gute Stelle zu bekommen und bald einen Arbeits-vertrag __5_____ kann.

4 Indirekte Fragen

Mohamed hat eine interessante Stellenanzeige gefunden und möchte sich bewerben. Was möchte er wissen? Schreiben Sie die Fragen als indirekte Fragen.

1 Ist die Stelle noch frei?
2 Was sind meine Aufgaben?
3 Wie sind die Arbeitszeiten?
4 Arbeite ich im Team oder alleine?
5 Muss ich auch am Wochenende arbeiten?
6 Wie ist die Bezahlung?
7 Kann ich auch ein Jobticket bekommen?
8 Wie lange ist die Probezeit?
9 Bekomme ich einen festen Arbeitsvertrag?
10 Wann könnte ich mit der Arbeit anfangen?

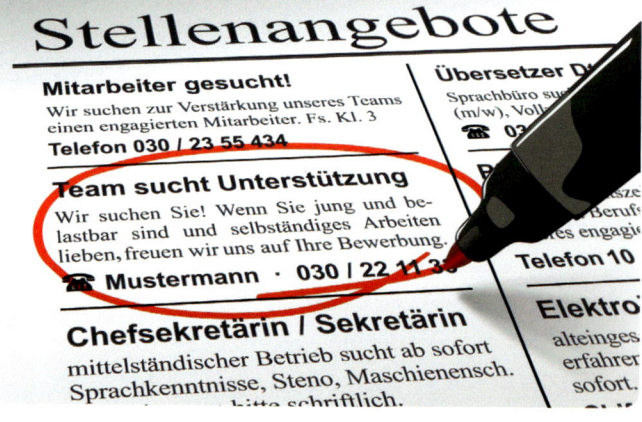

1 Mohamed möchte wissen, _ob_ _____

2 Er fragt, was seine _____

3 Er möchte wissen, _____

4 Ihn interessiert auch, _____

5 Weiter fragt er, _____

6 Er erkundigt sich, _____

7 Er fragt, _____

8 Ihn interessiert, _____

9 Er möchte wissen, _____

10 Zum Schluss stellt er die Frage, _____

5 Informationen über Berufsbilder

Lesen Sie den Text und beantworten Sie die Fragen.

BERUFENET **Steckbrief**

Fachmann/-frau für Systemgastronomie

Berufstyp	Anerkannter Ausbildungsberuf
Ausbildungsart	Duale Ausbildung im Gastgewerbe (geregelt durch Ausbildungsverordnung)
Ausbildungsdauer	3 Jahre
Lernorte	Ausbildungsbetrieb und Berufsschule (duale Ausbildung)

■ **Was macht man in diesem Beruf?**

Fachleute für Systemgastronomie organisieren alle Bereiche eines Restaurants nach einem zentral festgelegten Gastronomiekonzept und sorgen für die Einhaltung der vorgegebenen Standards. Sie regeln die Arbeitsabläufe im Einkauf, in der Lagerhaltung, der Küche, im Service, in der Gästebetreuung bzw. im Verkauf und übernehmen auch die Personalplanung. Außerdem überwachen sie die Qualität der Produkte, kontrollieren die Kostenentwicklung, planen und realisieren Marketingmaßnahmen. Sie betreuen die Gäste, bearbeiten Reklamationen und achten auf die Einhaltung von Hygiene- und Sicherheitsvorschriften.

Fachleute für Systemgastronomie

		✓	✗
1	werden in einer Gastwirtschaft ausgebildet.	☐	☐
2	sorgen für die Einhaltung der Standards.	☐	☐
3	stellen das Personal ein.	☐	☐
4	entwerfen Marketingkonzepte.	☐	☐

6 Auszüge aus einem Lebenslauf

Ordnen Sie zu.

Schulbildung | besondere Kenntnisse | persönliche Daten | Weiterbildung | Familienstand | Berufserfahrung

....1....	
Name	Rabia Navid
Geburtsdatum	19. August 1993
Geburtsort	Teheran (Iran)
....2....	ledig
....3....	
seit 10/2016	Deutschkurs Niveau B1/B2 (Beruf) an der vhs Frankfurt
....4....	
10/2014 – 02/2015	Assistentin der Geschäftsführung in einer Telekommunikationsfirma in Teheran
....5....	
09/2007 – 07/2010	Oberschule mit Abitur, Teheran
....6....	
Sprachen	Persisch – Muttersprache, Deutsch (telc Zertifikat DTZ B1), Englisch B2

7 Zeitangaben 5

a Was davor passiert ist. Bilden Sie Sätze.

Tom geht zur Arbeit. **Vorher** frühstückt er. → *Bevor Tom zur Arbeit geht, frühstückt er.*

1 Rabia hat ihr Vorstellungsgespräch. Davor hat sie ihre Unterlagen noch einmal durchgesehen.

....

2 Malaika ist nach Deutschland gekommen. Davor hat sie in Somalia gelebt.

....

3 Marcel hat in der Personalabteilung gearbeitet. Davor war er in der Buchhaltung tätig.

....

b Was danach passiert ist. Bilden Sie Sätze.

Tom frühstückt. **Danach** geht er zur Arbeit. → *Nachdem Tom gefrühstückt hat, geht er zur Arbeit.*

1 Elena erfasst das Anschreiben am Computer. Danach schickt sie es ihrem Chef.

....

2 Jens wählt den Lieferanten aus. Danach bestellt er neue Waren.

....

3 Ludmilla trinkt eine Tasse Kaffee. Danach fängt sie mit ihrer Arbeit an.

....

c Was zur gleichen Zeit passiert. Verbinden Sie die Sätze mit *während*.

Elena telefoniert. Sie macht Notizen. → *Während Elena telefoniert, macht sie Notizen.*

1 Marcel spricht mit seiner Kollegin. Das Telefon klingelt.

....

2 Fayyad schreibt eine Bewerbung. Ein Nachbar kommt zu Besuch.

....

3 Jens wartet auf einen Kunden. Es findet eine wichtige Besprechung statt.

....

d Verbinden Sie die Sätze mit *seit/seitdem*. Bilden Sie Sätze.

Eva arbeitet zu Hause. Sie hat mehr Zeit für ihre Familie.
→ *Seit/Seitdem Eva zu Hause arbeitet, hat sie mehr Zeit für ihre Familie.*

1 Igor hat viel Kontakt zu seinen Kollegen. Sein Deutsch ist viel besser.

....

2 Muzit arbeitet im Krankenhaus. Sie muss viele Überstunden machen.

....

3 Stefanie macht ein Praktikum. Sie hat keine Zeit mehr für den Chor.

....

8 Eine E-Mail von Jannis 6

Lesen Sie den Text und entscheiden Sie, welche Wörter a–j am besten in die Lücken passen. Nicht alle Wörter passen in den Text.

An: a.meyer@yahoo.de

Betreff: Gruß von Jannis aus Berlin

Hallo Anja,

du wolltest etwas von mir wissen, woher ich komme, was ich gemacht habe. Also, ..1.. ich nach Deutschland gekommen bin, hatte ich in Griechenland eine Stelle als Tischler. 2015 bin ich dann nach Deutschland gekommen. ..2.., von 2013–2014, habe ich in meiner Heimat auf verschiedenen Baustellen als Handwerker gearbeitet. In Deutschland angekommen, habe ich ..3.. in Stralsund gewohnt. ..4.. bin ich nach Berlin gezogen. Die ganze Zeit, ..5.. ich in Stralsund war, konnte ich keine Arbeit finden. ..6.. ich in Berlin bin, habe ich Arbeit in einem Möbelhaus. ..7.. ich hier auch eine schöne Wohnung gefunden habe, bin ich sehr glücklich. Schreib doch mal, was du ..8.. so machst. Vielleicht kommst du mich ja mal besuchen.

Liebe Grüße
Jannis

a BEVOR	**b** BIS	**c** DANACH	**d** DAVOR	**e** NACHDEM
f SEIT	**g** WENN	**h** WÄHREND	**i** ZUERST	**j** ZURZEIT

9 Eine Bewerbung 7

Welches Wort passt? Ergänzen Sie.

Arbeitgeber | Erfahrungen | Einladung | Organisation | Beschäftigung | Interesse | Aufgabenbereich | Lebenslauf

Sehr geehrte Frau Bauer,

mit großem ..1.. habe ich Ihre Anzeige in der Jobbörse der Bundesagentur für Arbeit, in der ein Lagerist gesucht wird, gelesen und möchte mich um diese Stelle bewerben.

Wie Sie meinem ..2.. entnehmen können, habe ich bereits in Mexiko als Lagerist gearbeitet. In Deutschland habe ich dann eine Berufsausbildung zum Fachlageristen abgeschlossen und konnte in den letzten zwei Jahren durch meine Tätigkeit bei der Spedition AXO meine ..3.. in der Lagerwirtschaft erweitern. Zu meinem ..4.. gehörte die Annahme und sachgerechte Lagerung der Waren und die Bereitstellung und Verpackung der Waren für den Versand. Im vergangenen Jahr musste mein ..5.. leider seinen Betrieb aus betriebsbedingten Gründen schließen, sodass ich eine neue ..6.. suche.

Ich beherrsche die moderne Logistiksoftware und habe große Freude an der ..7.. schwieriger Prozesse. Ich kann von mir sagen, dass ich sehr zuverlässig und belastbar bin.

Über eine ..8.. zu einem persönlichen Gespräch würde ich mich sehr freuen.

Mit freundlichen Grüßen
Juan Martínez

10 Präteritum und Perfekt 8–9

a Ergänzen Sie die Tabelle.

Infinitiv	Präteritum	Perfekt
kommen	kam	gekommen
nehmen		
sprechen		
helfen		
treffen		
bleiben		
schreiben		
liegen		
geben		
gehen		
finden		
fahren		
ziehen		
umziehen		
schließen		
gefallen		

Infinitiv	Präteritum	Perfekt
bringen		
denken		
kennen		
wissen		
sein		
haben		
arbeiten		
leben		
wohnen		
besuchen		
suchen		
anmelden		
lernen		
hören		
gründen		
machen		

b Schreiben Sie einen Text über Jannis im Präteritum. Denken Sie auch an Satzverbindungen (*und, aber, dann, danach, weil …*).

Jannis:
- vor drei Jahren aus Griechenland nach Deutschland gekommen
- in Deutschland zuerst in Stralsund gewohnt
- lange Zeit Arbeit gesucht
- viele Bewerbungen geschrieben
- keine Stelle gefunden
- nach Berlin gezogen
- dort Freunde aus Griechenland getroffen
- sie haben ihm bei seinen Bewerbungen geholfen
- nach drei Monaten endlich eine Beschäftigung in einem Möbelhaus gefunden
- die Arbeit als Verkäufer hat ihm nicht gefallen
- sich angemeldet zu einer Fortbildung zum Kaufmann für den Einzelhandel

Jannis kam vor drei Jahren aus Griechenland nach Deutschland. Er wohnte …

11 Aussagen verstehen 9

50

Sie hören zwei Gespräche. Zu jedem Gespräch gibt es zwei Aufgaben.
Entscheiden Sie bei jedem Gespräch, ob die Aussage dazu richtig oder falsch ist und welche Lösung
(a, b oder c) am besten passt. Sie hören jedes Gespräch nur einmal.

1 Der Termin verschiebt sich, weil der Personalchef die ganze Woche keine Zeit hat. ✓ ☐ ✗ ☐

2 Der Bewerber soll   a ☐   b ☐   c ☐
    a   wegen des Termins nochmal anrufen.
    b   Montagfrüh am Empfang warten.
    c   nochmal nachfragen, in welchem Raum das Gespräch stattfindet.

3 Elena hat eine unbefristete Festanstellung bekommen. ✓ ☐ ✗ ☐

4 Sie freut sich, dass   a ☐   b ☐   c ☐
    a   sie eine Arbeit gefunden hat.
    b   sie im Hotel viele Sprachen lernen kann.
    c   sie auch auf Hotelmessen arbeiten wird.

12 Schreiben üben – Fehlersuche 9

a In den Sätzen gibt es Fehler (Rechtschreibung, Groß-und Kleinschreibung). Korrigieren Sie.

1 Sehr ~~geehrte~~ *geehrte* Damen und Herren,   (1 Fehler)

    mit großem Interresse habe ich ihre Anzeige gelesen und mochte mich um
    die Stelle als Rezeptionistin bewerben.   (3 Fehler)

2 In meiner Haimat konnte Ich schon viele Erfarungen in diesem beruf sammeln.   (4 Fehler)

3 Es macht mir großen Spass, Gäste zu berahten und ich kann von mir sagen, das
    ich kontaktfreundlich und zuverlässich bin.   (5 Fehler)

4 Über eine einladung zu einem Persönlichen Gespräch wurde ich mich sehr freuen.   (3 Fehler)

b In den Sätzen gibt es Fehler (Wortstellung). Korrigieren Sie.

Bevor Malaika kam nach Deutschland, sie hat gearbeitet als Näherin. Sie einen Kredit

aufgenommen hat, weil sie sich selbstständig wollte machen. Zusammen mit ihrer Mutter sie hat

eröffnet eine Schneiderei und Kleider verkauft auf dem Markt. In Deutschland sie eine

Ausbildung zur Hotelkauffrau möchte machen. Sie hofft, dass sie bekommt einen Ausbildungsplatz.

Lernwortschatz

Wie heißen diese Wörter in Ihrer Muttersprache? Übersetzen Sie.

Qualifikationen

die Ausbildung
die Berufserfahrung
die Branchenkenntnisse
das duale System
Erfahrungen sammeln
die Fortbildung
Kenntnisse erwerben
das Praktikum
die Sprachkenntnisse
das Studium
die Universität
die Weiterbildung

Schreiben Sie Beispielsätze.

Bewerbungen

der Ansprechpartner — *Ich habe einen festen Ansprechpartner beim Arbeitsamt.*
die Arbeitsagentur
der Arbeitsbeginn
die Arbeitsförderung
der Arbeitsplatz
die Arbeitsvermittlung
der Arbeitsvertrag
die Arbeitszeit
das Arbeitszeugnis
die Ausbildungszeit
die Beschäftigung
das Bewerbungsfoto
das Bewerbungsschreiben
die Bewerbungsunterlagen
die Bundesagentur für Arbeit (BA)
die Festanstellung
die Gehaltsvorstellungen
die Internetbewerbung
das Internetportal
die Jobbörse
das Jobticket
der Lebenslauf
die Onlinebewerbung
der Personalchef
das Praktikum
die Probezeit
die Stelle
die Stellenanzeige
das Vorstellungsgespräch
die Wochenarbeitszeit

flexibel
zuverlässig
teamfähig

1 Arbeitsalltag ▭

Welche Nomen finden Sie? Schreiben Sie die Nomen mit Artikel.

ARBEITSPLATZARBEITSZEITKOLLEGENARBEITSBEDINGUNGENFIRMABETRIEBUNTERNEHMENGEHALTLOHN
LOHNSTEUERSOZIALLEISTUNGENBETRIEBSRATGEWERKSCHAFTGESCHÄFTSLEITUNGMITTAGSPAUSEURLAUB

der Arbeitsplatz,

2 Arbeitszeiten ▭

Lesen Sie die Texte. Welche Wörter passen zu den Abschnitten? Ordnen Sie zu.

1 Überstunden machen   5 Kernzeit vereinbaren   3 Gleitzeit haben   7 halbtags arbeiten

2 in Wechselschicht arbeiten   6 in Schichtarbeit arbeiten   4 Feierabend machen

☐ a In unserem Betrieb arbeiten wir rund um die Uhr. Einige Mitarbeiter arbeiten von 6 – 14 Uhr, andere von 14 – 22 Uhr, wieder andere von 22 – 6 Uhr.

☐ b Heute muss ich wieder länger in der Firma bleiben. Eigentlich ist meine Arbeit um 17 Uhr zu Ende, aber heute wird es bestimmt 19 Uhr, bis ich endlich nach Hause kann.

☐ c Ich arbeite nur vormittags. Mit meiner 20-Stunden-Woche bin ich zufrieden, dann habe ich mehr Zeit, mich um meine Kinder zu kümmern.

☐ d Meine Arbeit ist sehr anstrengend. Manchmal arbeite ich tagsüber, dann wieder nachts. Die Arbeit wird zwar gut bezahlt, ist aber nicht gut für die Gesundheit.

☐ e Ich habe eine Vollzeitstelle, 40 Stunden in der Woche. Trotzdem sind bei uns die Arbeitszeiten flexibel. Wann wir mit der Arbeit anfangen und aufhören, können wir weitgehend frei entscheiden.

☐ f Auch bei uns gibt es Stunden, in denen alle an ihrem Arbeitsplatz sein müssen. Der Betriebsrat hat mit der Geschäftsleitung einen Zeitraum von 9 bis 15 Uhr abgesprochen.

☐ g Heute dürfen wir früher nach Hause. Ich freue mich schon.

3 Wiederholung *wenn*-Sätze

Bilden Sie Sätze wie im Beispiel.

Dimitra schon um 16 Uhr nach Hause gehen wollen I sie früher mit der Arbeit anfangen können

→ *Wenn Dimitra schon um 16 Uhr nach Hause gehen will, kann sie früher mit der Arbeit anfangen.*

1 Dimitra sehr spät mit der Arbeit aufhören I sie sehr müde sein

2 Mitarbeiter zu spät zur Arbeit kommen I sie Ärger mit dem Chef bekommen

3 Malaika im Hotel arbeiten I sie sich umziehen müssen

4 Malaika nachmittags zu Hause sein I sie mit ihrem Sohn spielen

5 Fadi viele Aufträge haben I er auch am Wochenende arbeiten müssen

6 Kunden ihn anrufen I er ihnen gerne helfen

7 Bassam Krankenpfleger werden wollen I er eine Ausbildung machen müssen

8 Marek Nachtschicht haben I er nicht zum Fußballtraining kommen

4 Arbeiten im Homeoffice

 51

Sie hören einen Auszug aus einer Radiosendung zum Thema „Arbeiten im Homeoffice".
Es handelt sich um eine Einführung ins Thema und drei Meinungen.
Welcher der Sätze a – e passt am besten zu den Meinungen 1 – 3? Zwei der Sätze a – e passen nicht.
Schreiben Sie die Nummern vor die Buchstaben.
Lesen Sie jetzt die Sätze a – e. Danach hören Sie die Einführung und die drei Meinungen.

a ☐ Es ist schwer, einen Überblick darüber zu bekommen, welche Angebote wirklich seriös sind.

b ☐ Trotz vieler Vorteile liegt ein großes Problem darin, dass es kaum noch Grenzen von Arbeit und Privatleben gibt.

c ☐ Heimarbeit ist eine familienfreundliche Alternative.

d ☐ Neben einer flexiblen Arbeitsgestaltung ist es ein großer Vorteil, dass Arbeitnehmer durch Heimarbeit weniger Kosten haben.

e ☐ Homeoffice-Arbeitnehmer müssen besser geschützt werden.

5 Tätigkeiten [2]

Streichen Sie das falsche Wort durch.

1	Kunden	beraten – helfen – treffen – durchführen
2	Maschinen	überwachen – ausbilden – prüfen - reinigen
3	Informationen	korrigieren – sammeln – treffen – koordinieren
4	Waren	verkaufen – liefern – reinigen – übersetzen
5	Veranstaltungen	planen – organisieren – durchführen – arbeiten
6	Verträge	vorbereiten – anmachen – übersetzen – unterschreiben
7	Fortbildungen	organisieren – koordinieren – durchführen – ausbilden

6 Arbeitsabläufe [2]

Ergänzen Sie die Texte. Hören Sie die Texte dann zur Kontrolle.

52 ((►

Mein N _ _ _ ist Dimitra Papadopoulou. Ich a _ _ _ _ _ _ als Personalsachbearbeiterin in einem K _ _ _ _ _ _ haus, 40 Stunden pro W _ _ _ _, ich habe also eine V _ _ _ _ _ _ _ - stelle. Die Arbeit macht mir großen S _ _ _. Leider habe ich kaum Z _ _ _ für meine Familie, weil ich abends i _ _ _ _ erst sehr spät nach Hause komme. Am Vormittag m _ _ _ ich viel organisieren, zum Beispiel Ter _ _ _ _ _ planen und Vorstellungsgespräche vor _ _ _ _ _ _ _ _. Ich sitze sehr viel am Schreib _ _ _ _ _ und muss viel tele _ _ _ _ _ _ _ _. Meine Aufg _ _ _ ist es auch, Arbeitsverträge vorzubereiten. Meine Arbeit ist nie lang _ _ _ _ _ _. Mir gef _ _ _ _ _ auch, dass ich viel Kon _ _ _ _ _ zu den Kollegen habe. Wenn Mitarbeiter Fragen h _ _ _ _ _, helfe ich ihnen gerne.

Ich bin Melek und arbeite in der Abt _ _ _ _ _ _ Einkauf in einem großen Möbelhaus. Meine Arbeit ist int _ _ _ _ _ _ _ _ und abwechslungsreich. Ich ber _ _ _ nicht nur die Kunden, wenn sie Einrichtungstipps brauchen, ich bin auch verantw _ _ _ _ _ _ _ für Bestellungen und die Auswahl von Liefera _ _ _ _. Wenn ein Kunde eine Rekl _ _ _ _ _ _ _ hat, ist es meine Aufgabe, diese zu bearbeiten und eine Lösung zu f _ _ _ _ _. Das kann ich natürlich nicht immer alleine entsch _ _ _ _ _, oft muss ich das dann mit meinem C _ _ _ besprechen.

Mein Name ist Alexandru. Zurzeit arbeite ich als Küchenhilfe in einem großen Rest _ _ _ _ _ _. Die Arb _ _ _ ist sehr anstr _ _ _ _ _ _ und wird nur schlecht be _ _ _ _ _ _. Aber wi _ _ _ _ _ _ für mich ist, dass ich eine Arbeit gefunden habe und mit deutschen Ko _ _ _ _ _ _ _ zusammenarbeite. So kann ich mein Deutsch verbessern und Erfahrungen mit der Arbeitswelt in Deutschland s _ _ _ _ _ _. In meiner Heimat habe ich Koch gel _ _ _ _. Jetzt hoffe ich, dass mein Abschluss in Deutschland aner _ _ _ _ _ wird. Dann werde ich h _ _ _ _ _ _ lich bald eine bessere Stelle finden.

7 Zeitadverbien [3]

Bilden Sie die Sätze, in denen die Zeitangabe am Anfang steht.

1 Toma trinkt zuerst einen Kaffee.   Zuerst ....

2 Er beginnt dann mit der Arbeit.   Dann ....

3 Toma muss danach viel telefonieren.   Danach ....

4 Er besucht anschließend einen Kunden.   Anschließend ....

5 Er macht ihm zuerst ein Angebot.   Zuerst ....

6 Beide einigen sich schließlich.   Schließlich ....

8 Ein Arbeitsablauf [5]

Anja organisiert eine Tagung. Was muss sie alles machen? Was kommt zuerst? Was kommt danach? Es gibt mehrere Möglichkeiten. Schreiben Sie einen Text in Ihr Heft.

> Beamer und Flipchart aufstellen | den Raum einrichten | für Getränke sorgen |
> Teilnehmerliste kontrollieren | Infomappen für die Teilnehmer bereitstellen | die Teilnehmer begrüßen |
> die Tagesordnung vorstellen | Tagungsraum reservieren | eine Nachbesprechung organisieren

Zuerst reserviert Anja ...

9 Probleme am Arbeitsplatz [5]

Ergänzen Sie die Wörter.

> Betriebsrat | unfaire Bezahlung | Fortbildung | Aufstiegschancen | überfordert |
> unterfordert | Stress | keine Anerkennung | Streik | Tätigkeiten

Ich halte den Arbeitsdruck nicht mehr aus. Ich habe viel zu viel ...1................................. . Immer soll ich länger im Büro bleiben und Aufgaben erledigen, die ich einfach nicht schaffe. Ich fühle mich total ...2................................. . Nächste Woche habe ich ein Gespräch mit dem ...3................................. .

Ich muss immer das Gleiche machen, jeden Tag, Die Arbeit ist unglaublich monoton. Ich könnte viel mehr leisten. Ich fühle mich sehr ...4................................. . In diesem Beruf sehe ich keine ...5................................. . Ich werde mich um eine ...6................................. bemühen.

Die ganze Woche habe ich Überstunden gemacht. Es wäre schön, wenn einmal eine positive Reaktion meines Chefs zurückkäme. Hier finde ich überhaupt ...7................................. . Ich habe jetzt eine Liste meiner ...8................................. aufgeschrieben und werde sie nächste Woche meinem Chef zeigen.

Ich bin mit meinem Gehalt sehr unzufrieden. Die Kollegen in meiner Abteilung verdienen mehr für die gleiche Arbeit. Ich werde mich über die ...9................................. beim Betriebsrat beschweren. Aber ich habe gehört, dass die Gewerkschaft in unserer Branche einen ...10................................. organisieren will. Vielleicht bringt das ja etwas.

10 Malaikas Tätigkeitsliste als Hotelkauffrau 6

Helfen Sie Malaika, ihre Tätigkeitsliste zu erstellen. Welche Verben passen am besten?

bearbeiten | servieren | vereinbaren | einarbeiten | aushelfen |
aufgeben | koordinieren | entgegennehmen | schreiben | erstellen

Rechnungen ...1.................................

in der Küche ...2..............................

Dienstpläne ...3...............................

Beschwerden ...4.............................

Reservierungen ...5..........................

die Arbeitsabläufe zwischen Küche und Restaurant ...6.................

neues Küchen- und Reinigungspersonal ...7.........................

Termine mit Reiseveranstaltern ...8..................................

Speisen und Getränke ...9...............................

Bestellungen ...10..........................

11 Die n-Deklination 6

a Welche Nomen haben eine n-Deklination, welche nicht? Machen Sie eine Liste.

~~Aufgabe~~ | ~~Kunde~~ | Mensch | Polizist | Adresse | Lieferant | Praktikant | Name | Ware |
Maschine | Automat | Anlage | Broschüre | Kollege | Nachbar | Student | Architekt |
Messe | Journalist | Sache | Tourist | Chef | Vorgesetzte | Franzose | Grieche | Italiener

n-Deklination	keine n-Deklination	
der Kunde	die Aufgabe	

b Ergänzen Sie –n, -en oder -.

1 ▶ Darf ich Ihnen meinen neuen Kollege........ vorstellen, Herr........ Groß?

   ▷ Freut mich, Sie kennenzulernen, Herr........ Groß. Mein Name........ ist Baumann.

2 ▶ Können Sie mir mit dem Getränkeautomat........ helfen? Ich weiß nicht, wie er funktioniert. Vielleicht
ist der Automat........ auch kaputt.

   ▷ Fragen Sie doch Herr........ Ortega, unseren Praktikant......... Ich glaube, er hat gerade für einen
Kunde........ Kaffee........ an diesem Automat........ geholt.

3 ▶ Unser Kunde........, Herr........ Meier, hat eine neue Adresse........ Teilen Sie das bitte dem Lieferant........ mit.

   ▷ Welcher Lieferant........ ist für Herr........ Meier zuständig?

   ▶ Das ist die Firma Storz KG.

4 ▶ Kennst du schon meinen neuen Nachbar........? Er ist sehr sympathisch.

   ▷ Meinst du den Student........ im ersten Stock........?

   ▶ Nein, links neben mir ist mein neuer Nachbar........ eingezogen. Er ist kein Student........ Ich glaube,
er ist Journalist........

12 Kinderbetreuung

Ergänzen Sie die passenden Begriffe.

1   Betreuungseinrichtungen für Kinder
2   Abkürzung für Kindertagesstätte
3   Kindergarten für Kinder unter drei Jahren
4   Privatperson, die mehrere Kinder zu Hause
    oder in gemieteten Räumen betreut
5   Schulen mit Kinderbetreuung am Nachmittag

> Kindertages _ _ _ _ _ _
>
> _ _ _ _
>
> K _ _ _ _ _ _
>
> Tages _ _ _ _ _ _ _
>
> G _ _ _ _ _ _ _ schulen

13 Schreiben 7

Ihre Kollegin Maria Kowalska hat zwei kleine Kinder (drei und vier Jahre alt) und sucht eine Kinderbetreuung. Sie ist bis zum 3. September im Urlaub und hat Sie gebeten, ihre Mails zu bearbeiten. Ihre Kollegin ist seit einem Jahr in der Firma beschäftigt.
Schreiben Sie eine E-Mail. Vergessen Sie nicht den Betreff, die Anrede, eine passende Einleitung und einen passenden Schluss.

Von: annagross@elbstrand-klinik.de	20.08.20xx 10:53
An: Mitarbeiter <Mitarbeiter Klinik>	
Betreff: Freie Plätze Betriebskindergarten	

Liebe Kolleginnen, liebe Kollegen,

in unserem Betriebskindergarten gibt es noch freie Plätze.

Alle Mitarbeiterinnen und Mitarbeiter der Elbstrand Klinik mit einer Beschäftigungsdauer von mehr als einem Jahr können ihre Kinder zu uns bringen. Wenn nach interner Verteilung der Plätze auf interessierte Eltern noch Plätze zur Verfügung stehen sollten, können sich auch Eltern aus dem Stadtgebiet Hamburg für einen Platz bewerben.

Da der Anmeldeschluss der 1. September ist, empfehle ich, möglicherweise interessierte „externe" Eltern umgehend anzusprechen.

Viele Grüße
Anna Groß

Bearbeiten Sie folgende Punkte angemessen ausführlich:

- Grund für Ihre Mail
- Anmeldung für Ihre Kollegin möglich?
- Bitte um Antwort an Ihre Kollegin mit näheren Informationen nach dem 3.9.

Sehr geehrte Frau …,	Gerne würde ich …	Bitte berücksichtigen Sie …
in Vertretung von … Frau Kowalska hat mich gebeten …	Wäre es möglich …	Könnten Sie bitte …
	Könnte ich …	Vielen Dank für Ihre Mühe.

14 Possessivartikel 8

a Ergänzen Sie die fehlenden Possessivartikel.

ich	mein, meine, mein
du	..............., ..., ...
er/es	sein, ..., ...
sie	..............., ..., ...

wir	..............., ..., ...
ihr	euer, eure, ...
sie (Plural)	..............., ..., ...
Sie	..............., ..., ...

b Ergänzen Sie fehlende Endungen der Possessivartikel: *-e, -en, -er, -em* oder *-*.

	maskulin	feminin	neutral	Plural
Nominativ	mein	meine	mein	meine
Akkusativ	mein......	mein......	mein......	mein......
Dativ	mein......	mein......	mein......	mein......
Genitiv	meines	meiner	meines	meiner

c Ergänzen Sie die Sätze mit den passenden Possessivartikeln.

1 Jasmin: Das ist Edgar, ... Sohn. Ich suche für .... Sohn eine Kinderbetreuung. Abends lese ich .... Sohn immer nette Geschichten vor.

2 Tomek und Christine: Das ist .... Tochter. Sie heißt Magdalena. Wir haben jetzt für .... Tochter einen Kindergartenplatz gefunden. Am Wochenende feiern wir mit .... Tochter Kindergeburtstag.

3 ► Frau Mohnhaupt, haben Sie .... Kind schon in der Kita angemeldet?

  ▷ Ja, mit .... Kind habe ich die Kita in der Kaiserstraße besucht. Für .... Kind ist diese Kita genau das Richtige.

4 Sara: .... Kinder haben jetzt Schulferien. Ich habe auch frei, ich kann mit .... Kindern viele schöne Sachen machen. Wir gehen ins Schwimmbad, machen Ausflüge, für .... Kinder ist das ein schönes Erlebnis.

5 Mohamed: Am Wochenende war .... Familie bei mir zu Besuch. .... Vater, ... Mutter und der Bruder .... Mutter. Auch die beiden Kinder .... Bruders, Ahmed und Selma, sind mitgekommen. .... Kollege von der Arbeit hat uns am Samstag zu einem Kaffee eingeladen. Er hat ein schönes Ferienhaus mit Garten. Zusammen sind wir in .... Garten gefahren. Am Abend haben wir gefeiert, auch .... Chef, mit dem wir uns sehr gut verstehen, ist gekommen. Die Frau .... Kollegen hat ein leckeres Essen vorbereitet. Am Sonntag habe ich mit .... Familie noch einen Ausflug zu einem wunderschönen See gemacht. Mein Bruder hat mit .... Kindern noch einen kleinen Schwimmkurs gemacht. Ich glaube, beiden, ... Sohn und .... Tochter, hat das sehr gut gefallen.

Lernwortschatz

Was / Wie ist für Sie ein guter Arbeitsplatz? Schreiben Sie Sätze.

Am Arbeitsplatz

(keine) Anerkennung finden
eine abwechslungsreiche Arbeit
gute/keine Aufstiegschancen haben
ein gutes/schlechtes Betriebsklima
die Bezahlung
die Mittagspause
die Sozialleistungen
viel/wenig Stress haben
eine interessante/monotone Tätigkeit
der Vorgesetzte
überfordert/unterfordert sein
zufrieden/unzufrieden sein

Schreiben Sie Sätze im Perfekt.

Tätigkeiten

Aufgaben übernehmen   *Ich habe die neue Aufgabe am Montag übernommen.*
Arbeiten vorbereiten
Dienstpläne schreiben, erstellen
Informationen sammeln
Kunden einladen, treffen
Maschinen überwachen, kontrollieren
Personal einarbeiten
Termine vereinbaren
Waren verkaufen, liefern

Übersetzen Sie in Ihre Muttersprache.

Arbeitszeiten

anwesend sein
flexible/feste Arbeitszeiten haben
die Gleitzeit, die Kernzeit
halbtags arbeiten
die Schichtarbeit,
     Frühschicht, Spätschicht, Nachtschicht,
     Wechselschicht
Überstunden machen
die Vollzeit, die Teilzeit
in Voll-/Teilzeit arbeiten

Schreiben Sie Sätze.

Kinderbetreuung

alleinerziehend   *Malaika ist alleinerziehend.*
Arbeit und Beruf vereinbaren
der Betreuungsplatz
der Betriebskindergarten
die Ganztagsschule
die Kinderbetreuung
sich um die Kinder kümmern
die Kita (Kindertagesstätte)
die Krippe
die Tagesmutter

1 Annehmlichkeiten im Hotel

Ordnen Sie zu.

1 ....

2 ....

3 ....

4 ....

5 ....

6 ....

7 ....

8 ....

9 ....

10 ....

11 ....

12 ....

13 ....

14 ....

15 ....

16 ....

17 ....

18 ....

a	Tiefgarage	g	Mietauto	m	behindertengerecht
b	Vollpension	h	Wäschereiservice	n	Bar
c	Doppelzimmer	i	Nichtraucherzimmer	o	Safe im Zimmer
d	Einzelzimmer	j	Konferenzraum	p	Fahrradverleih
e	WLAN/Internet	k	Innenpool	q	Fernseher im Zimmer
f	Restaurant	l	Fitnessraum	r	Halbpension

2 Ein Telefongespräch mit der Hotelrezeption

53

Ergänzen Sie: *außer – aus – aus – für – für – mit – mit – ohne – vom – zum – zum – zum – zur.*
Hören Sie den Text dann zur Kontrolle.

▶ Guten Tag, ich rufe an wegen unserer Buchung, Buchungsnummer 6077.

▷ Ja, das war ein Zimmer ...1........... 2 Personen ...2........... 1. bis ...3........... 3. Dezember.

▶ Genau. Bei unserer Buchung haben wir aber ...4........... Versehen einen falschen Abreisetag

angegeben, den 3. Dezember. Das muss der 4. Dezember sein. Könnten Sie das ändern?

▷ Kein Problem. Der Abreisetag ist also der 4. Dezember. War das Zimmer mit oder ...5...........

Frühstück?

▶ Mit Frühstück bitte.

▷ Möchten Sie ...6........... dem Frühstück noch andere Mahlzeiten einnehmen?

▶ Nein, bitte das Zimmer nur ...7........... Frühstück. Ich habe aber noch eine Frage. ...8........... Ihrer

Webseite geht hervor, dass Sie auch einen Transferservice ...9........... Flughafen anbieten.

▷ Nein, tut mir leid. Den Transfer bieten wir nur ...10........... größere Reisegruppen an. Aber ...11...........

Flughafen fahren regelmäßig Taxen und ...12........... den U-Bahn-Linien 1 und 3 Richtung Zoo sind

wir auch sehr gut zu erreichen, fahren Sie dann bis ...13........... Haltestelle Zoologischer Garten.

3 Welches Wort passt?

Markieren Sie das richtige Wort.

▶ Frau Krüger, ist eigentlich schon Post von (die/der) Druckerei (1) gekommen?

▷ Ja, gerade eben, sie haben die Broschüren für (die/der) Tagung (2) geschickt.

▶ Sehr gut. Denn ohne (dieses/diesem) Material (3) wäre es schwierig geworden, mit (die/den)
Teilnehmern (4) gut über unsere nächsten Ziele zu diskutieren. Haben wir jetzt alles vorbereitet?

▷ Ja, alles außer (dem/der) Catering (5). Ich habe einen Essensservice gefunden, der nur Produkte aus
(biologischen/biologischem) Anbau (6) anbietet. Ich fahre später zu (der/die) Firma (7) und schaue
mir das Angebot direkt an.

4 Vorbereitung einer Geschäftsreise 2

a Ordnen Sie die folgenden Wörter und Ausdrücke wie im Beispiel zu.

> Kundenbesuch | Gepäck | Flugzeug | wenige Gehminuten zur U-Bahn | Montage |
> ~~Übernachtung~~ | ~~Tagung~~ | mit Kreditkarte | Besprechung | Frühstücksbüfett | Messe |
> zentrale Lage | Firmenwagen | Bahn | Check-in | Fahrgemeinschaft | Einzelzimmer |
> Meeting | Zug | Doppelzimmer | im Zentrum | Koffer packen | Nähe Flughafen | Taxi |
> am Telefon | online | an einer Weiterbildung/einem Kongress teilnehmen | Rezeption

Grund der Reise	An- und Abreise	Hotel/Pension	Buchung
Kundenbesuch		Gepäck	

b Formulieren Sie auf der Grundlage von a Sätze wie den folgenden.

Ich möchte mein Gepäck beim Kundenbesuch im Hotel lassen.

5 Auf Geschäftsreise 2

Ergänzen Sie bei den folgenden Dialogen das Verb in der richtigen Form.
Hören Sie die Dialoge dann zur Kontrolle.

a ▶ ...1......... Sie morgen zur Firma Schmidt fahren? Sie haben angerufen, der Abfluss ist
schon wieder verstopft. (Können/Sollen)

▷ Ja natürlich, ...2......... ich unseren Azubi mitnehmen? (sollen/wollen)

▶ Unbedingt. Dann ...3......... er etwas lernen. (können/müssen)

b ▶ Herr Popescu, für Ihre Dienstreise zur Baustelle haben wir schon Ihr Hotelzimmer gebucht. Sie
...4......... nur noch das Material zusammenstellen, das Sie für die Montage benötigen.
(müssen/möchten)

▷ Das habe ich schon gemacht. Eine Frage, ...5......... ich für den Samstag (können/müssen),
an dem ich ja arbeite ...6......... (müssen/dürfen), nächste Woche einen Tag freibekommen?

▶ Natürlich. Sie ...7......... den Donnerstag oder auch den Freitag freinehmen (wollen/können).
Sie ...8......... sich die Mehrarbeit aber auch als Überstunden auszahlen lassen. (dürfen/müssen)

▷ Danke. Ich ...9......... mir gerne noch überlegen, wofür ich mich entscheide. (möchten/müssen)

▶ Kein Problem, wie Sie ...10........ . (wollen/müssen) Sie ...11......... mir dann ja am
Montag Bescheid sagen. (können/sollen)

6 Ein Hotel reservieren

Lesen Sie die E-Mails und entscheiden Sie, welche Wörter am besten in die Lücken passen.

A

Sehr geehrter Herr Schmidtbauer,

vielen Dank für Ihre Reservierung.
Wir ....1.... die folgende Buchung:

	Nächte	Zeitraum	Preis
1 Zimmer (DZ) Nichtraucher	2	01.–03.09.	180,00 €

1 Erw, 0 Kind/er
Frühstücksbüfett 1 Erw. (pro Person/pro Nacht 12 €)

Die ....2.... ist bereits über Kreditkarte erfolgt. Sie brauchen im Hotel nichts mehr zu zahlen.
Ihre Reservierungsbestätigung können Sie als PDF hier ....3.... .
Noch ein wichtiger ....4....: Im Falle einer Stornierung oder bei ....5.... ist eine Rückzahlung nicht möglich.

Mit freundlichen Grüßen
Hotel Concordia

1	a beweisen	2	a Gebühren	3	a aufnehmen	4	a Hinweis	5	a Nichtanreise
	b bestätigen		b Kosten		b herunterladen		b Tipps		b Ankunft
	c befestigen		c Zahlung		c zuschicken		c Anlage		c Umzug

B

Sehr geehrte Damen und Herren,

ich habe gerade über ....1.... Internetportal für den 1. bis 3. September ein Zimmer mit Frühstück für eine Person im Hotel Concordia gebucht (Doppelzimmer). ....2.... Sie mir bitte mitteilen, ob zu dieser Zeit auch Einzelzimmer zur Verfügung ....3.... und ob dadurch die Übernachtungskosten ....4.... werden können?

Vielen Dank für Ihre baldige ....5.... .

Mit freundlichen Grüßen
Thomas Schmidtbauer

1	a euer	2	a Müssen	3	a stehen	4	a gestrichen	5	a Antwort
	b ihr		b Können		b stellen		b gefallen		b Nachfrage
	c Ihr		c Sollen		c haben		c gesenkt		c Anzeige

7 Ansagen verstehen 3

Sie hören zwei Ansagen. Zu jeder Ansage gibt es eine Aufgabe. Welche Lösung (a, b oder c) passt am besten?

55

1 Frau Schneider soll   a ☐   b ☐   c ☐
   a   am Wochenende das Reisebüro anrufen.
   b   dem Chef die Unterlagen zur Tagung schicken.
   c   überprüfen, was mit den Unterlagen geschehen ist.

2 Oliver würde am liebsten   a ☐   b ☐   c ☐
   a   mit anderen Mitarbeitern auf Geschäftsreise gehen.
   b   die Zahl seiner Geschäftsreisen reduzieren.
   c   gar nicht mehr auf Geschäftsreise gehen.

8 Lokale Präpositionen 4

Ergänzen Sie: *aus – aus – bei – bei – durch – gegen – nach – um – von – zur.*

Ich habe eine neue Stelle in Offenbach ....1........... der Firma Siemens. ....2........... Frankfurt, wo ich wohne, ...3........... Offenbach ist es nicht weit. Ich gehe morgens um sieben Uhr ....4........... dem Haus, muss nur fünf Minuten ....5........... S-Bahn gehen und nach 20 Minuten bin ich in Offenbach. Dann gehe ich ....6........... einen kleinen Park, muss noch ....7........... einen Häuser- block herumlaufen und nach noch einmal zehn Minuten bin ich ....8........... meiner Firma. Heute Morgen gab es hier einen Unfall. Ein Auto ist ....9........... ein Wohnhaus gefahren. Da die Tür klemmte, konnte der Fahrer zunächst nicht ....10........... dem Auto heraus. Sonst ist aber zum Glück ist nichts passiert.

9 Fayyad dekoriert das Schaufenster im Elektromarkt. 4

a Wechselpräpositionen mit Akkusativ. Ergänzen Sie die Artikel.

1 In .... rechte Ecke stellt Fayyad eine Waschmaschine und einen Kühlschrank.
2 Vor .... Waschmaschine und .... Kühlschrank legt er einen schönen roten Teppich.
3 Zwischen .... beiden Geräte stellt er eine Mikrowelle.
4 Auf .... linke Seite stellt er Produkte der Unterhaltungselektronik, einen Fernseher, ein Internetradio, einen Sat-Receiver und eine Satellitenschüssel.
5 Er stellt das Radio vor .... Fernseher, den Sat-Receiver unter .... Fernseher; hinter .... Fernseher und .... Radio stellt er eine Satellitenschüssel.
6 Neben .... Fernseher, in .... Mitte des Schaufensters, legt er die neuesten Smartphones, Headsets und Freisprecheinrichtungen.
7 Zum Schluss hängt Fayyad Lampen und Reflektoren an .... Decke über .... Waren.
8 Er vergisst auch nicht, Preisschilder an .... Waren zu hängen.

b Wechselpräpositionen mit Dativ. Ergänzen Sie die Artikel.

1 Die Waschmaschine steht jetzt in .... rechten Ecke.
2 Zwischen .... Waschmaschine und .... Kühlschrank liegt ein schöner roter Teppich.
3 Die Mikrowelle steht jetzt zwischen .... beiden Geräten.
4 Die Produkte der Unterhaltungselektronik stehen jetzt auf .... linken Seite.
5 Das Radio steht vor .... Fernseher. Der Sat-Receiver steht unter .... Fernseher; hinter .... Fernseher und .... Radio steht eine Satellitenschüssel.
6 Die neuesten Smartphones, Headsets und Freisprecheinrichtungen liegen jetzt neben .... Fernseher, in .... Mitte des Schaufensters.
7 Lampen und Reflektoren hängen an .... Decke über .... Waren.
8 Die Preisschilder hängen an .... Waren.

10 Auf der Baustelle

Schreiben Sie Sätze wie im Beispiel.

Wo sind die Kisten mit dem Material? Sie stehen nicht im ersten Stock.
Das verstehe ich nicht. *Ich habe sie doch in den ersten Stock gestellt.*

1 ▶ Wo sind die Heizkörper? Sie stehen nicht an den Wänden.

▷ Das verstehe ich nicht. *Ich habe sie doch an* ....

2 ▶ Wo sind die Baupläne? Sie liegen nicht im Keller auf dem Tisch.

▷ Das verstehe ich nicht. *Ich habe sie doch im Keller auf* ....

3 ▶ Wo sind die Heizungsrohre? Sie liegen nicht vor der Hauswand.

▷ Das verstehe ich nicht. *Ich habe sie doch vor* ....

4 ▶ Wo ist die Kabeltrommel? Sie steht nicht vor dem Waschbecken.

▷ Das verstehe ich nicht. *Ich habe sie doch vor* ....

5 ▶ Wo ist die Montageanleitung? Sie liegt nicht auf der Therme.

▷ Das verstehe ich nicht. *Ich habe sie doch auf* ....

11 Im Betriebsrestaurant

Was müssen Laura und Karim machen? Lesen Sie die Arbeitspläne und schreiben Sie Sätze wie im Beispiel.

Laura: **Donnerstag**

20.00	*Firma ImmerFrisch: Lieferung der Ware*
21.00	*Vorbereitung der Gerichte für Freitag*
23.00	*Kühlstellen der Gerichte über Nacht*

Karim: **Freitag**

7.00	*Beginn des Kochvorgangs. Zubereitung Fleisch und Gemüse, Brot aufbacken*
8.00 – 10.00	*Fertigstellung der Gerichte*
10.15	*Kontrolle durch den Küchenleiter*
11.00	*Essensausgabe*
15.00	*Bestellungen für den nächsten Tag*
ab 15.30	*Reinigung der Küche*

~~liefern~~ | zubereiten | kühlstellen | kochen | waschen | kontrollieren | schneiden |
anbraten | würzen | aufbacken | schälen | Essen ausgeben | reinigen | bestellen

Am Donnerstag um 20 Uhr liefert die Firma ImmerFrisch die Ware.

Danach, um 21 Uhr, ...

12 Wünsche ausdrücken mit dem Konjunktiv II $\boxed{7}$

Schreiben Sie Sätze wie im Beispiel.

ich: mehr Geld verdienen → Ich **würde gern** mehr Geld **verdienen**.
Toma: weniger Stress haben → Toma **hätte gern** weniger Stress.
Tobias: mit der Ausbildung fertig sein → Tobias **wäre gern** mit seiner Ausbildung fertig.

1 Agnes als Ärztin arbeiten

2 Alexandru nicht so viele Überstunden machen

3 Daniela mehr Zeit für die Familie haben

4 Herr Roth seinen Termin verschieben

5 Anja Chefin ihrer Abteilung sein

6 Herr Popescu nicht so viel auf Geschäftsreise sein

7 Ahmed eine Vertretung für nächsten Freitag haben

8 Laura eine Fortbildung machen

13 Anweisungen schreiben $\boxed{7}$

Schreiben Sie die Anweisungen freundlicher als im Beispiel. Benutzen Sie den Konjunktiv II.

Kommen Sie bitte schnell zu mir. → **Könnten/Würden** Sie bitte schnell zu mir **kommen**?

1 Tom, erklär mir mal die Maschine.

2 Prüfen Sie bitte heute noch die Lagerbestände.

3 Stellen Sie bis heute Mittag die Unterlagen für die Dienstreise zusammen.

4 Anja, geh bitte für mich ans Telefon.

5 Frau Kobler, vereinbaren Sie bitte einen Termin mit der Firma Grohmann.

14 Einen Rat geben 8

Schreiben Sie Ratschläge wie im Beispiel. Benutzen Sie den Konjunktiv II.

du: weniger Überstunden machen → Du **solltest** weniger Überstunden machen.

1 Sie: die Aufgaben heute noch erledigen

....

2 Sie: die Firma Groß heute noch anrufen

....

3 du: bei Problemen ein Gespräch mit dem Chef suchen

....

4 du: sich bei der Rezeption über das schlechte Zimmer beschweren

....

15 Situationen und Reaktionen 9

a Was passt zusammen? Ordnen Sie die Redemittel zu.

Könnten Sie … ? | Na gut, wenn es sein muss. | Das mache ich gern. | Was wären dann meine Aufgaben? | Wären Sie bereit … zu … ? | Es tut mir leid, das geht nicht, weil … | Gibt es keine andere Möglichkeit? | Wäre es Ihnen möglich … zu … ? | Heute passt es mir gar nicht. | Wir sollten vielleicht … | Das geht in Ordnung. | Vielleicht könnte mein Kollege das erledigen. | Wir könnten doch auch … | Ich fühle mich im Moment nicht sehr fit/nicht wohl. Ich glaube, ich habe … | Was müsste ich eigentlich erledigen? | Ja, kein Problem. | Gut, wenn es gar nicht anders geht. | Könnte das nicht jemand anders machen? | Ich habe aber schon sehr viele Überstunden. Wie könnte ich diese dann abbauen?

| um etwas bitten | absagen | zustimmen | nachfragen/einen Gegenvorschlag machen |

Könnten Sie … ?

b Schreiben Sie Dialoge. Verwenden Sie passende Redemittel aus dem Kasten.

- Ihr Chef möchte, dass Sie am Freitag länger im Büro bleiben.
- Ihr Chef möchte, dass Sie nächste Woche einen Kollegen auf einer Geschäftsreise begleiten.
- Für eine wichtige Tagung am Montag sollen Sie am Wochenende die Unterlagen zusammenstellen.

16 Meinungen zu Geschäftsreisen

a Hören Sie die Meinungen. Finden die Sprecherinnen oder Sprecher Geschäftsreisen positiv oder negativ oder sind sie der Meinung, dass Geschäftsreisen sowohl positiv als auch negativ sein können? 56 ◀))

	☺	☹	😐		☺	☹	😐		☺	☹	😐
Sprecher 1	☐	☐	☐	Sprecherin 3	☐	☐	☐	Sprecher 5	☐	☐	☐
Sprecher 2	☐	☐	☐	Sprecher 4	☐	☐	☐	Sprecherin 6	☐	☐	☐

b Was ist Ihre Meinung? Was sind die Vor- und Nachteile von Geschäftsreisen? Schreiben Sie Sätze.

Ich finde, … I Ich bin der Meinung, dass … I
Meiner Meinung nach … I Ich bin der Auffassung, dass …
Geschäftsreisen sowohl Vorteile als auch Nachteile haben.
Es hängt davon ab, ob …, wie lange …, wie oft …

Schwer?
Lesen Sie im Anhang die Transkriptionen zu Ü 16 nach. Dort finden Sie Hilfe zum Wortschatz.

Lernwortschatz

Wie heißen diese Wörter in Ihrer Muttersprache? Übersetzen Sie.

Auf Geschäftsreise

die An- und Abreise
der Anreisetag
der Abreisetag
beruflich unterwegs sein
die Buchung (buchen)
die Buchungsbestätigung
die Dienstreise
EZ = Einzelzimmer
DZ = Doppelzimmer
die Flugverbindung
die Geschäftsreise
HP = die Halbpension
das Hotel, die Pension
der Konferenzraum, der Tagungsraum
das Mietauto (der Mietwagen)
die Präsentation
das Reisebüro
die Reservierung
die Rezeption
die Stornierung (stornieren)
die Tagung, das Meeting,
    die Besprechung
das Tagungshotel
Unterlagen zusammenstellen
VP = die Vollpension
WLAN
die Zimmerkategorie

Schreiben Sie Sätze.

Arbeitsabläufe

Anweisungen verstehen — *Ich verstehe diese Anweisung nicht.*
Arbeiten erledigen
die Baustelle
die Montageanleitung
Vorbereitungen treffen

Ergänzen Sie zu jeder Sprechhandlung zwei wichtige Redemittel.

Situationen und Reaktionen

absagen — *leider nicht kommen können*

um etwas bitten

einen Gegenvorschlag machen

seine Meinung ausdrücken

nachfragen

zustimmen / einverstanden sein

1 Auf der Messe   [1]

a Ergänzen Sie die Wörter.

Branche | Dienstleistungen | Besucher | Präsenz | Wettbewerber | Aussteller | Stand | Kontakte

Die Firma Sanitär Möller hat entschieden, dieses Jahr an der ISH in Frankfurt teilzunehmen.

Während sie im vergangenen Jahr nur als ...1... auf der Messe anwesend war, wird

sie dieses Jahr als ...2... teilnehmen. Gründe hierfür gibt es viele. Zum Beispiel treten

alle ihre ...3... auf der Messe auf. Um konkurrenzfähig zu bleiben, muss deshalb

auch Möller auf der Messe einen ...4... mieten. Die Teilnahme an der Messe bietet

eine gute Möglichkeit, die eigenen Produkte und ...5... vorzustellen. Wenn man

...6... zeigt, kann man auch viele neue ...7... knüpfen. Die Messe

gibt auch die Möglichkeit, sich über neue Trends in der ...8... zu informieren.

b Ergänzen Sie die passenden Verben.

treffen | knüpfen | führen | mieten | vereinbaren | vorstellen | bleiben | informieren

1	neue Kontakte	5	Termine ....
2	einen Stand	6	sich mit Kunden ....
3	sich über Neuigkeiten	7	Verkaufsgespräche ....
4	Produkte/Dienstleistungen	8	konkurrenzfähig ....

2 Eine Anfrage an die Messeorganisation   [2]

Lesen Sie den folgenden Text und entscheiden Sie, welche Wörter a – j am besten in die Lücken 1 – 8 passen. Sie können jedes Wort im Kasten nur einmal verwenden. Nicht alle Wörter passen in den Text.

Sehr geehrte Damen und Herren,

wir würden gerne an der IMM 20xx in Köln teilnehmen. Leider ist es uns nicht gelungen, uns online auf Ihrer Seite anzumelden, ...1...... wir es immer wieder versucht haben. ...2...... schicken wir Ihnen diese Anfrage per E-Mail, in der Hoffnung, ...3...... nicht alle Plätze auf der Messe bereits ausgebucht sind.

Wir benötigen einen Stand von ca. 30 m² in der Halle 3, ...4...... diese thematisch am besten zu unserem Produktangebot passt. Gleichzeitig bitten wir um ein Angebot Ihres Standbauers für einen Systemstand, ...5...... wir eine Wand für unsere Grafik (Logo, Bilder …), einen kleinen Lagerraum, eine Küche mit Wasseranschluss und eine Theke mit Barhocker für drei Personen benötigen. Die Glasvitrinen für unsere Exponate bringen wir selbst mit.

Könnten Sie uns ...6...... ein Angebot Ihres messeeigenen Caterings über die vier Tage der Messe schicken? Wir brauchen Getränke, Wasser, Säfte, eine Kaffeemaschine und passendes Geschirr für ca. 50 Personen pro Tag. Am Donnerstag planen wir eine Feier mit geladenen Gästen an unserem Stand, mit Livemusik. Können Sie uns mitteilen, ...7...... wir hierfür eine Genehmigung (Gema-Antrag) benötigen und uns diesbezüglich passende Formulare zukommen lassen?

Vielen Dank für Ihre Antwort, ...8...... auch telefonisch. Am besten sind wir unter der Mobilnummer 0190-234 555 122 zu erreichen.

Mit freundlichen Grüßen
Klimatechnik Krämer KG

a ABER	**b** AUSSERDEM	**c** DA	**d** DASS	**e** DENN
f DESWEGEN	**g** GERNE	**h** OB	**i** OBWOHL	**j** WOBEI

3 Ein Gespräch mit einer Mitarbeiterin der Messe [2]

 a Richtig oder falsch? Hören Sie.

	✓	✗
1 Man kann online keine freien Plätze mehr buchen.	☐	☐
2 Die angegebenen Preise für die Stände sind Endpreise.	☐	☐
3 Stände in der Mitte und Reihenstände haben Vor- und Nachteile.	☐	☐
4 Die Kosten für Strom und Wasser sind bei beiden Ständen ungefähr gleich.	☐	☐
5 Herr Krämer möchte weder Bildschirm noch Laptop bei der Messe bestellen.	☐	☐
6 Herr Krämer benötigt eine Genehmigung für Livemusik.	☐	☐
7 Herr Krämer wird sich um die Standreinigung selbst kümmern.	☐	☐
8 Herr Krämer kann sich im Moment noch nicht entscheiden.	☐	☐

b Korrigieren Sie die falschen Aussagen.

 c Hören Sie noch einmal und machen Sie Notizen zu den Vor- und Nachteilen eines „Reihenstands" und eines „Stands in der Mitte".

4 Adjektivdeklination

a Ergänzen Sie die Adjektivendungen.

			bestimmter Artikel: der, die, das	unbestimmter Artikel: ein, eine, ein genauso Adjektive nach dem Possessivartikel: mein, meine, mein …	
Nominativ	m	Das ist	der neu*e* Messestand	ein neu*er* Messestand	(1)
	f	Das ist	die aktuell..... Preisliste	eine aktuell..... Preisliste	(2)
	n	Das ist	das neu...... Logo	ein neu...... Logo	(3)
	Pl	Das sind	die attraktiv..... Angebote	attraktiv..... Angebote	(4)
Akkusativ	m	Wir suchen	den neu...... Messestand	einen neu...... Messestand	(5)
	f	Wir suchen	die aktuell..... Preisliste	eine aktuell..... Preisliste	(6)
	n	Wir präsentieren	das neu...... Logo	ein neu...... Logo	(7)
	Pl	Wir präsentieren	die attraktiv..... Angebote	attraktiv..... Angebote	(8)
Dativ	m	Wir stehen vor	dem neu...... Messestand	einem neu...... Messestand	(9)
	f	Wir stehen vor	der aktuell..... Preisliste	einer aktuell..... Preisliste	(10)
	n	mit	dem neu...... Logo	einem neu...... Logo	(11)
	Pl	mit	den attraktiv..... Angeboten	attraktiv..... Angeboten	(12)
Genitiv	m	wegen	des neu...... Messestands	eines neu...... Messestands	(13)
	f	wegen	der aktuell..... Preisliste	einer aktuell..... Preisliste	(14)
	n	wegen	des neu...... Logos	eines neu...... Logos	(15)
	Pl	wegen	der attraktiv..... Angebote	attraktiv..... Angebote	(16)

b Adjektive ohne Artikel. Ergänzen Sie die Adjektivendungen.

Nominativ: der Kunststoff → Das ist hochwertiger Kunststoff.
               die Ware   → Das ist neu..... Ware.
               das Material → Das ist neu..... Material.
Akkusativ: Wir bieten an: hochwertig..... Kunststoff, neu..... Ware, neu..... Material
Dativ: mit hochwertig..... Kunststoff, mit neu..... Ware, mit neu..... Material

c Ergänzen Sie die Adjektivendungen.

1 Haben Sie einen aktuell*en* Flyer? Der aktuell_____ Flyer kommt morgen.

2 Haben Sie eine aktuell_____ Informationsmappe? Die aktuell_____ Informationsmappe liegt auf dem Tisch.

3 Haben Sie ein neu_____ Messeprogramm? Das neu_____ Messeprogramm liegt am Stand.

4 Haben Sie neu_____ Broschüren? Die neu_____ Broschüren sind gerade gekommen.

5 Haben Sie aktuell_____ Preislisten? Die aktuell_____ Preislisten liegen auf dem Tisch.

6 Haben Sie englisch_____ Kataloge? Die englisch_____ Kataloge stehen im Regal.

7 Eine aktuell_____ Preisliste liegt schon auf dem Tisch vor dem neu_____ Messestand.

8 Der neu_____ Werbeflyer wird auch bald aus der Druckerei kommen.

9 Das vollständig_____ Werbematerial wird dann morgen fertig sein.

10 Auch die aktualisiert_____ Broschüren werden dann am Stand liegen.

11 Es fehlen aber noch: zweisprachig_____ Flyer (auf Deutsch und Englisch), die aktuell_____ Flyer sind nur auf Deutsch, aktuell_____ Poster und Sticker, ein praktisch_____ Prospektständer, Präsentationsmappen aus hochwertig_____ Kunststoff, ein groß_____ Wandregal und kundenfreundlich_____ Sitzmöbel, attraktiv_____ Kugelschreiber mit dem neu_____ Logo, die alt_____ Kugelschreiber haben noch nicht unser neu_____ Logo, verschieden_____, kostenlos_____ Give-aways (Taschen in mehrer_____ Farben) als nett_____ Werbegeschenke für die Kunden.

12 Neu_____ Kontakte sind sehr wichtig. Nach der Messe werden wir die neu_____ Kontakte bearbeiten und den Neukunden entsprechend_____ Angebote schicken.

5 Eigenschaften eines guten Kundenberaters 📖2

Was passt zusammen? Ergänzen Sie die Adjektive.

~~sym~~   bereit   ~~pa~~   aus
lich   ru   ~~thisch~~   aufmerk
quali   hig   sam   fi
gedul   ziert   hilfs   viert
dig   ehr   dauernd   moti

Die Person	Sie ist
ist freundlich, nett.	*sympathisch.*

Die Person	**Sie ist**
1 hilft und berät gut.	
2 wird nicht nervös.	
3 sagt die Wahrheit.	
4 hört immer zu, was die Kunden sagen.	
5 kennt sich gut mit ihrer Arbeit aus.	
6 ist begeistert von ihrer Arbeit, macht ihre Arbeit gern.	
7 wird nicht laut.	
8 gibt nicht gleich auf.	

6 Reflexivpronomen 3

a Ergänzen Sie: *mich, dich, sich, sich, sich, uns, euch.*

1 Die Arbeit ist erledigt. Wir freuen _____ sehr.

2 Ärgert ihr _____ darüber, dass die neue Kollegin schon wieder krank ist?

3 Sie müssen _____ beeilen, die Arbeit muss heute noch fertig werden.

4 Laura zieht _____ heute warm an, da sie auf der Baustelle arbeiten muss.

5 ▶ Hast du _____ schon mit unserem neuen Mitarbeiter getroffen?

  ▷ Nein, er hat _____ noch nicht persönlich vorgestellt. Ich habe _____ bisher nur am Telefon
mit ihm unterhalten.

b Ergänzen Sie *mir/mich* oder *dir/dich.*

> Das Reflexivpronomen – Akkusativ oder Dativ?
>
> Unterschiede gibt es nur in der 1. und 2. Person Singular:
> **mir/mich, dir/dich**.
>
> Meistens steht das Reflexivpronomen im Akkusativ.
> sich waschen: Ich wasche **mich**.
>
> Hat das Verb schon einen Akkusativbezug, dann steht das
> Pronomen im Dativ.
> sich etwas (= Akkusativ) waschen: Ich wasche **mir** die Hände.

1 ▶ Zieh _____ warm an. Auf der
Baustelle wird es heute kalt sein.

  ▷ Ja, ich habe _____ schon dicke
Kleidung angezogen.

2 ▶ Wasch _____ unbedingt nach der Arbeit die Hände.

  ▷ Ich habe _____ nicht nur die Hände gewaschen, ich habe _____ geduscht.

3 ▶ Die Bauteile sind schon gekommen. Hast du _____ bei unserem neuen Lieferanten bedankt?

  ▷ Ja, ich habe ihm schon gesagt, dass ich _____ sehr freue, dass er mit uns zusammenarbeiten will.
Ich habe _____ seine Kontaktdaten notiert.

4 ▶ Gestern habe ich _____ bei der Arbeit verletzt.

  ▷ Was ist passiert?

  ▶ Ich habe _____ den Arm verletzt und musste _____ dann krankmelden.

  ▷ Mach _____ keine Sorgen. Ich werde die Arbeit für dich erledigen.

c Zur Vorbereitung eines Kundengesprächs schreibt Toma sich einen Notizzettel. Ergänzen Sie die
Reflexivpronomen *mich* oder *mir*.

1 Ich muss _____ gut vorbereiten.

2 Ich muss _____ dem Gesprächspartner vorstellen.

3 Ich muss _____ während des Gesprächs Notizen machen.

4 Ich muss _____ erkundigen, welche Wünsche der Gesprächspartner hat.

5 Ich muss _____ alles aufschreiben.

6 Ich muss _____ den Namen des Gesprächspartners merken.

7 Ich muss _____ während des Gesprächs gut konzentrieren.

8 Ich muss _____ schnell eine praktische Lösung ausdenken.

9 Ich darf _____ nicht zu lange mit Menschen beschäftigen, die nicht
interessant für uns sind.

10 Ich muss _____ natürlich immer Mühe geben.

d Schreiben Sie die Sätze wie im Beispiel.

Ich | mich | vorstellen | dem Kunden → *Ich stelle mich dem Kunden vor.*

1 Wir | uns | treffen | mit Kollegen

....

2 Auf der Baustelle | ich | mir | anziehen | Schutzkleidung

....

3 Bei der Arbeit | wir | müssen | konzentrieren | uns | sehr gut

....

4 Sie | nach den Verträgen | sich | erkundigen | sollten

....

5 Gestern | unser neuer Mitarbeiter | sich vorstellen (Perfekt)

....

6 Letzte Woche | wir | gut | unterhalten | uns (Perfekt)

....

7 Toma hat sich auf die Messegespräche vorbereitet. 3

Ergänzen Sie die Wörter.

> verabredet | gegeben | erkundigt | verabschiedet | gemerkt |
> gestellt | vorgestellt | gemacht | vorbereitet | beschäftigt

Toma hat sich sehr gut auf die Gespräche auf der Messe ...1............... . Zuerst hat er sich seinen

Gesprächspartnern höflich ...2............... und sich nach ihren Wünschen ...3............... .

Mit Besuchern, die nur Werbematerial haben wollten, hat er sich nicht zu lange ...4............... .

Wichtig für ihn waren die Besucher, die potenzielle Kunden waren. Er hat sich die Namen dieser Kunden

...5............... und sich während der Gespräche mit diesen Kunden besonders viel Mühe

...6............... . Er hat gezielt Fragen ...7............... , um Lösungen für ihre Wünsche zu finden.

Während der Gespräche hat er sich ausführliche Notizen ...8............... . Am Ende hat er sich höflich

...9............... und sich mit einigen potenziellen Kunden für weitere Gespräche ...10............... .

8 Small Talk 5

Welche Reaktion passt? Kreuzen Sie an.

1 Guten Tag, Herr Breitner. Haben Sie gut
  zu uns gefunden?

  a ☐ Selbstverständlich.
  b ☐ Ah, wie erstaunlich.
  c ☐ Das finde ich auch.

2 Es freut mich, Sie persönlich kennenzulernen.

  a ☐ Ebenfalls.
  b ☐ Kein Problem.
  c ☐ Gerne.

3 Allerdings hatte die S-Bahn eine halbe Stunde
  Verspätung.

  a ☐ Das sind gute Nachrichten.
  b ☐ Ich kann Sie beruhigen.
  c ☐ Das ist nichts Neues.

4 Was für ein schlechtes Wetter heute!

  a ☐ Ja, unbedingt.
  b ☐ Ja, da haben Sie wirklich recht.
  c ☐ Ja, das ist interessant.

9 Vereinbarungen treffen ☐7

a Ergänzen Sie bei den Nomen das entsprechende Verb und umgekehrt.

die Lieferung → *liefern*

1	....	← die Vereinbarung	4	garantieren	→ ....
2	bestellen	→	5	....	← die Besprechung
3	....	← die Präsentation	6	werben	→ ....

b Streichen Sie das falsche Wort durch.

1	eine pünktliche Lieferung	garantieren | informieren | vereinbaren
2	Termine	vereinbaren | planen | bestellen
3	Einzelheiten	besprechen | klären | absagen
4	die Liefer-und Zahlungsbedingungen	zusenden | akzeptieren | kontaktieren
5	Warenmuster	zeigen | präsentieren | formulieren
6	Lösungen	anbieten | machen | vorschlagen
7	einen Katalog	schicken | bestellen | beliefern
8	Verträge	lagern | vorbereiten | unterzeichnen

10 Anfrage und Antwort ☐8

a Die Mitarbeiter der Firma Möbelbau & Co. hatten viele Gespräche auf der Möbelmesse. Ein Interessent schickt die folgende Anfrage. Ergänzen Sie die Wörter.

Fläche | Zahlungsbedingungen | Preisliste | Produkte | Antwort | Lieferzeiten

Sehr geehrte Damen und Herren,

durch unseren Besuch auf der Möbelmesse IMM in Köln wurden wir auf Ihre .... aufmerksam. Wir sind eine Hotelgruppe mit mehreren Niederlassungen in Hessen und Bayern und suchen für unser Haus in Aschaffenburg hochwertige Einrichtungsmöbel für den Eingangsbereich (Lounge). Es handelt sich um eine .... von 155 m², für die wir Sessel, kleine Sitzsofas und Couchtische benötigen.

Könnten Sie uns bitte Informationen zu Ihren Produkten mit aktueller .... und Angabe Ihrer Liefer- und .... zuschicken? Da unser Hotel in zwei Monaten eröffnet werden soll, ist für uns auch eine Angabe der voraussichtlichen .... von Interesse.

Wir freuen uns auf eine baldige ....

Mit freundlichen Grüßen

b Schreiben Sie eine Antwort. Benutzen Sie die folgenden Textbausteine.

> Sehr geehrte Damen und Herren,
>
> vielen Dank für Ihre Anfrage.
>
> In diesem Zusammenhang möchten
> wir Sie fragen, ob …
>
> Außerdem …
>
> Wir würden uns freuen, …
>
> Für weitere Fragen stehen wir Ihnen
> jederzeit zur Verfügung.

> Wir können Sessel, Sitzsofas und Couchtische anbieten, benötigen aber noch genauere Angaben über die einzurichtende Fläche (Länge/Breite).

> Frage: Möchten Sie auch ein Angebot für den Rezeptionsbereich (Theke, Regale)?

> Frage: Sollen die Couchtische aus Glas oder aus Holz sein?

> Frage: An welche Farben für die Möbel haben Sie gedacht?
> Hier wäre ein Besichtigungstermin im Hotel sinnvoll. Ein Innenarchitekt könnte Vorschläge zu den passenden Farben machen.

11 Kundengespräche 9

a Was passt zusammen? Ordnen Sie die Redemittel zu.

Wir benötigen … | Das ist problemlos möglich. | Wir könnten auch … | Eine Möglichkeit wäre …

Die Lieferung müsste sehr schnell erfolgen. | Wie lange wird es dauern, bis … | Es tut uns leid, aber …

Könnten Sie …? | Ist ein Preisnachlass möglich? | Was halten Sie davon, wenn … | Wir brauchen …

Ab welcher Menge könnten wir einen Rabatt bekommen? | Das können wir für Sie erledigen.

1 Wünsche formulieren: Wir benötigen …

2 einen Vorschlag machen:

3 über Preise und Lieferzeiten sprechen:

4 Lösungen anbieten:

5 Bedauern ausdrücken:

b Schreiben Sie Dialoge. Verwenden Sie passende Redemittel aus dem Kasten.

1 Das Hotel Astoria sucht für den Eingangsbereich Sessel, kleine Sitzsofas und Couchtische. Die Waren sollen spätestens in zwei Monaten geliefert werden.

2 Die Firma Schneider KG sucht für ihre Büros Kopierer und Scanner mit Wartungsvertrag.

3 Der Kaffeeautomat in Ihrer Firma funktioniert nicht mehr. Sprechen Sie mit dem technischen Service und bitten Sie um Reparatur. Eine Reparatur ist erst in zwei Wochen möglich, in der Zwischenzeit kann ein anderer Automat als Ersatz zur Verfügung gestellt werden.

Lernwortschatz

Auf der Messe

Geben Sie die Pluralformen an.

der Aussteller
der Besucher
die Broschüre
der Flyer
die Genehmigung
das Give-away
der Katalog
der potenzielle Kunde
der Lagerraum
das Logo
die Preisliste
das Poster
das Produktangebot
der Prospekt
der Prospektständer
der Stand
• der Messestand
• der Verkaufsstand
der Sticker
die Theke
das Verkaufsgespräch
die Visitenkarte
der Wasseranschluss
das Werbegeschenk
der Wettbewerber

Verkaufsgespräche

Schreiben Sie Sätze.

Einzelheiten besprechen — *Wir müssen die Einzelheiten besprechen.*
Gespräche führen
Kontakte knüpfen
sich einem Kunden vorstellen
eine pünktliche Lieferung garantieren
sich eine Lösung ausdenken
Neuheiten präsentieren
sich Notizen machen
Präsenz zeigen
Produkte vorstellen
Termine vereinbaren
sich über Trends informieren

Übersetzen Sie in Ihre Muttersprache.

das Angebot
die Liefer- und Zahlungsbedingungen
die Lieferzeit
die Präsentation
die Produkte und Dienstleistungen
das Muster, das Warenmuster
die Terminabsprache
der Vertrag

1 Eine Anfrage

Was passt? Ordnen Sie zu.

1 Wir sind auf der Messe in Köln
2 Hiermit bitten wir Sie um
3 Bitte teilen Sie uns auch
4 Für die Zusendung Ihrer aktuellen Preisliste
5 Mit welcher Lieferzeit
6 Vielen Dank

a Ihre Liefer- und Zahlungsbedingungen mit.
b im Voraus.
c auf Ihr Unternehmen aufmerksam geworden.
d ein unverbindliches Angebot.
e wären wir Ihnen dankbar.
f müssen wir rechnen?

2 Ein Angebot

Bringen Sie die Textbausteine in die richtige Reihenfolge und schreiben Sie den Brief in Ihr Heft.

a ☐ 150 Duschkabinen, Farbe Weiß, Typ „Komfort"

b ☐ Über einen Auftrag von Ihnen würden wir uns sehr freuen.

c ☐ Bitte zahlen Sie innerhalb von 10 Tagen nach Rechnungsdatum.

d ☐1 Sehr geehrte Damen und Herren,

e ☐ zu 348,– Euro pro Stück.

f ☐ und erfolgt innerhalb von 4 Wochen nach Auftragseingang.

g ☐ und unterbreiten Ihnen folgendes Angebot:

h ☐ Mit freundlichen Grüßen

i ☐ Die Lieferung ist frei Haus

j ☐ wir danken Ihnen für Ihr Interesse an unseren Produkten

3 Wichtige Wörter für ein Angebot

Ergänzen Sie.

Anfrage | frei Haus | Verfügung | Allgemeinen Geschäftsbedingungen |
Angebot | Bestellung | Lieferung | Mehrwertsteuer | Skonto | Nettopreise

Betreff: Angebot

Sehr geehrte …,

Vielen Dank für Ihre .

Gerne unterbreiten wir Ihnen folgendes .

Alle Preise sind .

Es gilt die gesetzliche .

Bei Zahlung innerhalb von 10 Tagen erhalten Sie 3 % .

Die erfolgt innerhalb einer Woche nach Bestellung.

Wir liefern .

Im Anhang senden wir Ihnen unsere .

Wir freuen uns auf Ihre .

Für weitere Fragen stehen wir Ihnen gerne zur …

4 Temporale Präpositionen 3

a Ergänzen Sie die Präpositionen.

<table>
<tr><td>am</td><td>bis</td></tr>
<tr><td>im</td><td>in</td></tr>
<tr><td>nach</td><td>von</td></tr>
<tr><td>vor</td><td>um</td></tr>
</table>

1

Wir haben .... September unseren Termin mit Herrn Lorenz, und zwar .... der 37. Kalenderwoche, ... Dienstag, dem 12. September, ... 14 Uhr. Unsere Besprechung ist .... 14 .... 17 Uhr geplant. .... 14 Uhr hat Herr Lorenz keine Zeit und .... 17 Uhr hat er schon einen anderen Termin.

<table>
<tr><td>ab</td><td>am</td></tr>
<tr><td>ab</td><td>ab</td></tr>
<tr><td>seit</td><td>seit</td></tr>
<tr><td>seit</td><td>seit</td></tr>
</table>

2

Unser Betrieb hat .... 20xx seinen Hauptsitz in München. 20xx werden wir umziehen. .... November können Sie uns dann in Ingolstadt erreichen. .... zwei Wochen ist Frau Krause krank. .... Mittwoch wird sie wieder im Büro sein.
.... wann sind Sie in der Firma? .... letztem Juni.
.... wann haben Sie Ferien? .... nächsten Montag.

<table>
<tr><td>innerhalb</td></tr>
<tr><td>außerhalb</td></tr>
<tr><td>während</td></tr>
<tr><td>während</td></tr>
</table>

3

.... der Sommermonate hatten viele unserer Kunden Betriebsferien.
.... der Arbeit dürfen Sie keine privaten E-Mails schreiben.
Wir erwarten Ihre Zahlung .... von sieben Tagen.
.... unserer Öffnungszeiten sind wir mobil erreichbar.

<table>
<tr><td>bei</td></tr>
<tr><td>für</td></tr>
<tr><td>über</td></tr>
</table>

4

Im April war unser Chef .... zwei Tage in Paris. .... seiner Besprechung mit Geschäftspartnern konnte er ein interessantes Angebot unterbreiten. .... Ostern macht er Urlaub.

b Welche Präposition passt? Ergänzen Sie.

1 ► Herr Berger, wann können wir mit der Lieferung rechnen?
▷ ...1............ sofort. Wir haben die Waren schon ...2............ Donnerstag verschickt. Sie müssten ...3............ heute Abend bei Ihnen eintreffen.

2 ► Toma, ...4............ nächsten Montag sollen wir doch auf die Baustelle in München. Wir könnten aber schon ...5............ das Wochenende nach München fahren. Ich habe dort Bekannte, da könnten wir übernachten.
▷ Das ist eine super Idee. Ich möchte schon ...6............ Langem München einmal kennenlernen. Du kennst die Stadt ja ganz gut.
► Ja, ich habe München ...7............ meines Studiums kennengelernt. Die Stadt lohnt sich.
▷ Gut, dann könnten wir uns schon ...8............ Freitag ...9............ 17 Uhr ...10............ der Arbeit auf den Weg machen.

5 Zeitpunkt oder Zeitraum? ☐3

Lesen Sie die Sätze und markieren Sie die Präpositionen. Bestimmen Sie dann, ob es sich um einen Zeitpunkt oder um einen Zeitraum handelt. Notieren Sie auch, welcher Fall folgt.

1   Die neuen Preise gelten ab dem neuen Kalenderjahr.   ✓

2   Nach einer ersten Bestellung können wir Rabatt geben.

3   Sie erreichen uns außerhalb unserer Geschäftszeiten mobil unter 0172 …

4   Vom 5. August bis zum 2. September arbeitet unsere Produktion nicht.

5   Vor dem 2. September haben wir Betriebsferien.

6   Unser Termin ist um 8.00 Uhr.

7   Ab nächsten Dienstag hat die Kantine wieder geöffnet.

8   Die Schließung unseres Geschäfts ist voraussichtlich um die Weihnachtszeit.

9   Meine Kollegin ist bis nächsten Montag im Urlaub.

10   Bitte antworten Sie innerhalb der nächsten Woche.

11   Die Firma ist über die Sommerferien geschlossen.

12   Seit unserem Besuch bei Ihnen haben wir nichts mehr von Ihnen gehört.

13   Seit letzter Woche bin ich krank.

14   Bei unserem Treffen haben Sie uns einen günstigeren Preis angeboten.

15   Die Volkshochschule ist während der Schulferien geschlossen.

16   In der letzten Woche waren wir auf Dienstreise.

	Zeitpunkt	Zeitraum	Fall
1	x		Dativ
2			
3			
4			
5			
6			
7			
8			

	Zeitpunkt	Zeitraum	Fall
9			
10			
11			
12			
13			
14			
15			
16			

6 Geschäftskorrespondenz ☐3

Ergänzen Sie die Präpositionen und die richtigen Endungen.

1   Bitte beachten Sie, dass unsere Preise nur noch _____ nächste____ Monat gelten.

2   _____ de____ 1. November gelten unsere neuen Allgemeinen Geschäftsbedingungen.

3   Unser Geschäft bleibt _____ d____ Weihnachtsfeiertagen geschlossen.

4   Ihre Zahlung ist _____ 1.10. fällig.

5   Über Ihre Sonderwünsche können wir _____ eine____ persönlichen Gespräch reden.

6   _____ 3.8. _____ 31.8. bleibt unser Geschäft geschlossen.

7   _____ d____ Sommerferien erreichen Sie uns leider nicht.

8   Wenn Sie _____ eine____ Frist von 10 Tagen zahlen, erhalten Sie 3 % Skonto.

9   Sie rufen _____ unsere____ Geschäftszeiten an.

10   _____ d____ Messe schicken wir Ihnen ein Angebot.

11   _____ unsere____ letzten Bestellung sind die Lieferzeiten kürzer geworden.

12   _____ unsere____ Urlaub müssen wir noch viele Arbeiten erledigen.

7 Verbindliche Vereinbarungen – Adverbien [4]

Was passt? Ergänzen Sie: *mindestens – höchstens – frühestens – spätestens – spätestens.*

1 ▶ Wir können .... noch 10 Tage auf Ihre Lieferung warten. Die Waren müssen

.... am 1. Februar bei uns eintreffen.

▷ Leider können wir .... am 4. Februar liefern.

2 ▶ Können wir noch einmal über die Preise sprechen? Wir werden eine große Menge bestellen,

.... 50 Container. Da müsste doch ein Preisnachlass möglich sein.

▷ Ich werde mal nachfragen, Sie bekommen .... morgen Bescheid.

8 Bedingungen ausdrücken [5]

a Der wenn/falls-Satz steht vor dem Hauptsatz.
Verbinden Sie die Sätze mit *wenn* oder *falls* wie in den Beispielen.

Sie zahlen innerhalb von 10 Tagen. Wir geben Ihnen 3 % Skonto.

Wenn/Falls Sie innerhalb von 10 Tagen zahlen, geben wir Ihnen 3 % Skonto.

1 Sie haben weitere Fragen. Dann kontaktieren Sie mich unter 040-732 42 49.

2 Bestellen Sie bis zum 10.12. Sie erhalten die Ware noch vor Weihnachten.

3 Sie haben Sonderwünsche? Dann machen wir am besten einen Termin für ein persönliches Gespräch
mit unserem Techniker.

4 Können Sie die Ware per Express senden? Dann sind wir bereit, die Kosten für die Lieferung zu zahlen.

5 Sie können nicht bis Ende dieser Woche liefern? Kontaktieren Sie mich bitte unbedingt.

6 Sie möchten unsere Allgemeinen Geschäftsbedingungen lesen? Gehen Sie auf unsere Webseite.

b Der wenn/falls-Satz steht hinter dem Hauptsatz. Schreiben Sie die Sätze aus a neu wie im Beispiel.

Wir geben Ihnen 3 % Skonto, wenn/falls Sie innerhalb von 10 Tagen zahlen.

1 ....

2 ....

3 ....

4 ....

5 ....

6 ....

9 Probleme mit dem Angebot

Lesen Sie den folgenden Text und entscheiden Sie, welcher Ausdruck (a, b oder c) am besten in die Lücken 1–9 passt.

Sehr geehrte Damen und Herren,

vielen Dank für Ihr Angebot vom 13. November ....1.... unsere Anfrage nach zwei Multifunktionsdruckern der Marke LINOX und die uns zugesandten Informationen.

Ihr Angebot ist in vielen Punkten ....2.... gestoßen, vor allem bezogen auf die von Ihnen angebotenen sehr günstigen Wartungsbedingungen für beide Geräte. Leider ist der von Ihnen angegebene Liefertermin aber viel zu spät für uns, ...3...., wie in unserem Schreiben vom 6. November bereits erwähnt, ...4.... in der 46. oder 47. Kalenderwoche benötigen. Könnten Sie uns bitte mitteilen, ob eine Lieferung bis zu diesem Zeitpunkt doch machbar wäre?

Sollte dies ....5...., müssten wir uns leider für einen anderen Anbieter entscheiden. Wir würden Sie in diesem Fall für die Entscheidung ....6.... bitten, möchten aber betonen, dass wir bei zukünftigen Aufträgen ....7.... sehr positiven Geschäftsbeziehungen in der Vergangenheit natürlich weiter gerne mit Ihnen zusammenarbeiten werden.

Bitte lassen Sie uns schnellstmöglich eine ....8.....

Für weitere Fragen stehen wir Ihnen ....9.... zur Verfügung.

Mit freundlichen Grüßen
i.A. Jens Wittenberg
Büro-Express KG

1	a als Antwort auf b als Entscheidung für c als Nachfrage zu	4	a die Bestellung außerdem b die Drucker unbedingt c die Lieferung frühestens	7	a aufgrund unserer b bezüglich unserer c wegen Ihrer

1
  a als Antwort auf
  b als Entscheidung für
  c als Nachfrage zu

2
  a auf unsere Ablehnung
  b auf unser Interesse
  c zu unserer Zufriedenheit

3
  a als wir
  b da wir
  c wenn wir

4
  a die Bestellung außerdem
  b die Drucker unbedingt
  c die Lieferung frühestens

5
  a machbar wäre
  b nicht der Fall sein
  c wichtig werden

6
  a um Beachtung
  b um Bedauern
  c um Verständnis

7
  a aufgrund unserer
  b bezüglich unserer
  c wegen Ihrer

8
  a Nachricht zukommen
  b Lieferung bestätigen
  c Wartung vereinbaren

9
  a außerdem
  b jederzeit
  c wieder

10 Verhandeln beim Autokauf

Lesen Sie die Situation im Kursbuch noch einmal. Was könnte B sagen/fragen? Ordnen Sie zu.

1	Ihr Angebot interessiert mich,	a	hatte der Wagen?
2	Wie lange	b	die Innenausstattung?
3	Gibt es außer am Außenspiegel	c	um alles Weitere zu besprechen?
4	Hat der Wagen noch	d	aber ich hätte gerne noch einige Informationen.
5	Welche Reparaturen	e	mit Rost aus?
6	Wie sieht es	f	noch andere Kratzer?
7	Wie ist	g	unter 3.000 Euro.
8	Hat der Wagen auch	h	weitere Mängel?
9	Könnten wir einen Termin ausmachen,	i	hat der Wagen noch TÜV?
10	Eigentlich dachte ich an einen Preis	j	ein Navi?

11 Lieferbedingungen 7

Käufer oder *Verkäufer*? Ergänzen Sie.

1 frei Haus: Der .... übernimmt alle Transportkosten bis zum Haus des ....

2 ab Werk: Der .... holt die Waren beim Standort des .... ab. Der .... stellt seine Waren dem .... an seinem Werk, seinem Firmengelände, seinem Lager zur Verfügung. Der .... muss also die Waren selbst abholen.

3 frei Grenze: Der .... übernimmt die Kosten für die Lieferung bis zur Landesgrenze. Ab dort muss der .... die Kosten übernehmen.

4 fob (free on board): Der .... übernimmt die Lieferkosten, bis sich die Waren an Bord des Schiffes befinden. Danach ist der .... für die Kosten verantwortlich.

5 cif (cost, insurance, freight): Der .... übernimmt auch die Kosten für die Versicherung der Waren.

12 Zahlungsbedingungen 8

Ergänzen Sie die Wörter.

> Rechnungsbetrag | Abbuchung | Skonto | Erhalt | Konten

Ihnen stehen verschiedene Zahlungsmöglichkeiten zur Verfügung: Zahlung auf Rechnung nach ...1................................ der Ware per Bankeinzug/Lastschrift. Nur möglich von ...2................................ deutscher Kreditinstitute oder mit Kreditkarte MasterCard, Visa, Diners Club und American Express. Die ...3................................ erfolgt eine Woche nach Versand der Ware. Wenn Sie innerhalb von 10 Tagen zahlen, können wir Ihnen einen ...4................................ von 3 % gewähren. Danach ist der ...5................................ ohne Abzug fällig.

13 Rund ums Geld 8

Streichen Sie das falsche Wort durch.

1 Geld	überweisen – einzahlen – übernehmen
2 Zahlungsverpflichtungen	erfüllen – vorauszahlen – einhalten
3 eine Zahlungsfrist	einhalten – verlängern – behalten
4 den Zahlungseingang	überweisen – kontrollieren – bestätigen
5 einen Skonto	einzahlen – abziehen – gewähren
6 einen Rechnungsbetrag	vorauszahlen – begleichen – liefern

14 Welche Wörter bedeuten das Gleiche? 8

Ordnen Sie zu.

1	liefern	a	transportieren
2	fällig sein	b	erhalten
3	begleichen	c	zustellen
4	befördern	d	zahlen
5	bekommen	e	zu zahlen

15 Eine Nachricht für den Kollegen 8

58

Sie hören zwei Ansagen. Zu jeder Ansage gibt es eine Aufgabe.
Welche Lösung (a, b oder c) passt am besten? Kreuzen Sie an.

1 Die Ware wurde noch nicht geliefert,   a ☐   b ☐   c ☐
   a weil es Lieferprobleme gab.
   b weil es Zahlungsprobleme gab.
   c weil es Probleme mit der Rechnung gab.

2 Julia soll   a ☐   b ☐   c ☐
   a die Bestell- und Lieferdokumente prüfen.
   b die Lieferung zurückschicken.
   c einen zusätzlichen Schrank bestellen.

16 Das bessere Angebot 9

Überlegen Sie sich eine private oder berufliche Situation, in der Sie immer wieder einen Drucker benötigen. Dann sehen Sie in der Zeitung zwei Angebote.
Welches Angebot ist Ihrer Meinung nach am besten? Schreiben Sie Sätze.

Multifunktionsdrucker XXL A	**Multifunktionsdrucker GX** B
– Drucken, Scannen, Kopieren, Faxen	– Drucken, Scannen, Kopieren, Faxen
– Druckformate: A4, A5, A6	– Druckformate: A4, A5, A6
– Maximale Druckgeschwindigkeit: schwarz-weiß 36 Seiten/Minute, Preis 445 €	– max. Druckgeschwindigkeit SW: 22 Seiten/Minute
– Verbrauchsmaterial: Toner für 3000 Seiten 79,00 €, für 8000 Seiten 129,00 €	– max. Druckgeschwindigkeit Farbe: 20 Seiten/Minute, Preis 290 €
– Wartung/Vor-Ort-Service innerhalb von 24 Stunden	– Verbrauchsmaterial: Tintenpatrone für 500 Seiten schwarz 19,99 €, für 500 Seiten Magenta/Cyan/Gelb 22,99 €

Meiner Meinung nach … / Ich bin der Meinung, dass …

Verglichen mit Drucker A hat Drucker B den Vorteil, dass …

Wenn man Drucker A mit Drucker B vergleicht, kann man feststellen/sehen, dass …

17 Schreiben üben

Schreiben Sie den Text richtig. Denken Sie an Wortgrenzen, Groß- und Kleinschreibung, Zeichensetzung.

sehrgeehrtedamenundherrenwirsindaufdermöbelmesseinkölnaufsieaufmerksamgewordenundinteressie
renunsfürihrebüromöbelkönntensieunsbitteeinenkatalogmitpreislistezuschickenbesonderesinteresseha
benwiranumweltfreundlichenproduktenvielendankimvorausmitfreundlichengrüßen

Lernwortschatz

Angebote

das Angebot
ein unverbindliches Angebot
ein Angebot unterbreiten
das Angebot ist gültig bis …
der Anhang
der Nettopreis
die Mehrwertsteuer (MwSt)
inklusive/zuzüglich der gesetzlich
   geltenden Mehrwertsteuer
zahlen innerhalb von

Vielen Dank für Ihr Angebot.

Schreiben Sie Sätze.

Allgemeine Geschäftsbedingungen (AGB)

Es gelten die AGB.
frei Haus
Kosten übernehmen
der Lieferant
die Lieferbedingungen lauten …
die Lieferkosten
die Lieferung
liefern
der Preisnachlass
der Rabatt
eine Rechnung begleichen
der Skonto
der Transport
transportieren
der Versand
versenden
die Vorauszahlung
ab Werk
der Zahlungsausgang
der Zahlungseingang
die Zahlungsbedingungen

Übersetzen Sie in Ihre Muttersprache.

Ergänzen Sie die Artikel der Nomen.

Aufträge und Bestellungen

Anfrage
Auftrag
Auftragseingang
Auftragserteilung
Bestellung

frühestens
höchstens
innerhalb von
mindestens
spätestens

Schreiben Sie Sätze.

1 Präfixe für nicht trennbare Verben (Präfix unbetont)   1 ⬜

a Ergänzen Sie je drei Beispiele. Benutzen Sie dabei ein Wörterbuch.

be-	*bezahlen,*
emp-	*empfehlen,*
ent-	*enthalten,*
er-	*ergänzen,*
ge-	*gehören,*
miss-	*misstrauen,*
ver-	*verkaufen,*
zer-	*zerbrechen,*

b Lesen Sie alle Verben laut vor und achten Sie auf die Betonung.

> Nicht trennbare Verben haben im Partizip kein „-ge-".

c Wählen Sie das passende Verb aus und setzen Sie es als Partizip ein.

zerstören | verkaufen | beginnen | entscheiden | genießen | empfehlen | ergänzen | misstrauen

1 Er hat mit dem Bau des Hauses ....

2 Meine Kollegin hat mir das Seminar „Besser Telefonieren" ....

3 Wir haben uns für die roten Decken ....

4 Unser Sortiment wird durch neue Handtaschen aus Chile ....

5 Mein Chef hat seinen Urlaub in den Bergen sehr ....

6 Ich habe ihm von Anfang an ....

7 Der Computer wurde mir als das allerneueste Modell ....

8 Durch das Feuer ist die Telefonanlage nun vollkommen ....

2 Die wichtigsten Präfixe für trennbare Verben (Präfix betont)   1 ⬜

Was passt zusammen? Bilden Sie mit jedem Präfix mindestens drei Verben.
Verfassen Sie auf einem separaten Blatt zu diesen Verben jeweils einen Beispielsatz.

kaufen | denken | nehmen | stellen | kommen | gehen | schauen | geben | fahren | rufen | passen | bringen |
machen | decken | schalten | fallen | schreiben | schmeißen | fassen | brechen | bereiten | spielen

ab-	
an-	
auf-	
aus-	
ein-	
her-	
hin-	
los-	
mit-	
nach-	
vor-	
weg-	
zu-	
zurück-	

3 Eine Bestellung schreiben 3

a Ihr Kurs plant eine Abschiedsparty und die Sprachschule hat Sie mit der Bestellung des Caterings beauftragt.
Schreiben Sie eine Bestellung an info@latifa-kocht-fuer-dich.de. Berücksichtigen Sie folgende Punkte:
- Anlass der Feier
- Einzelheiten (Anzahl der Personen, Termin, Sonderwünsche etc.)
- wie Sie zahlen möchten
- Speisen und Getränke

Latifas Catering Service bietet dir Catering für deine Party. Ich koche raffinierte Menüs, liefere dazu die Getränke und stelle das Geschirr zur Verfügung. Aufbau- und Abholdienst ist im Preis inklusive.

So einfach geht die Bestellung:

www.latifa-kocht-fuer-dich.de

Wähle dein Wunschmenü aus.	Nutze das Kontaktformular für Fragen oder Sonderwünsche.	Nenne uns den genauen Termin deiner Party.	Nach zwei Tagen erhältst du von uns ein Angebot.	Bestätige das Angebot. Wir machen den Rest!
→	→	→	→	→

In formellen E-Mails ist es wichtig, den richtigen Betreff zu wählen. Nur so kann der Empfänger sofort entscheiden, ob die Nachricht wichtig ist.
Vergleichen Sie die Beispiele.

Gute Betreffzeilen
- kurz (max. 50 Zeichen), damit der Betreff auch auf Handys vollständig erscheint
- das Wichtigste an den Anfang, meist als Substantiv
- keine Details, damit die E-Mail auch gelesen wird
- keine Wörter, die im Spam-Filter landen

👎 Unsere Personalversammlung am Montag wurde auf Dienstag verschoben
👍 Terminänderung Personalversammlung

👎 Wir möchten gerne 50 graue Wolldecken zum Preis von 73,99 € pro Stück bestellen
👍 Bestellung Wolldecken

👎 Neu, attraktiv und topsecret! Nur für Sie: Unsere neuesten TV Modelle
👍 TV-Sonderangebote für Stammkunden

b Schreiben Sie einen passenden Betreff für folgende Situationen.

1 Sie haben vor zehn Tagen eine Bestellung abgeschickt, aber haben weder die Ware noch eine Rückmeldung des Verkäufers erhalten.
2 Die Rechnung, die Sie für Ihre Bestellung erhalten haben, zeigt nicht den versprochenen Rabatt.
3 Die Ware, die Sie vor einer Woche bestellt haben, ist mangelhaft und zwei Teile fehlen.
4 Sie möchten, dass Ihnen die Firma ihren neuesten Katalog per Post zuschickt.
5 Sie interessieren sich für die Produkte des Anbieters, haben aber noch Fragen zum Versand.
6 Sie möchten bestellen, müssen aber wissen, ob die Ware bis morgen verschickt werden kann.

4 Professionell telefonieren

59

Sie hören vier Ansagen auf dem Anrufbeantworter.
Notieren Sie die wichtigsten Informationen.

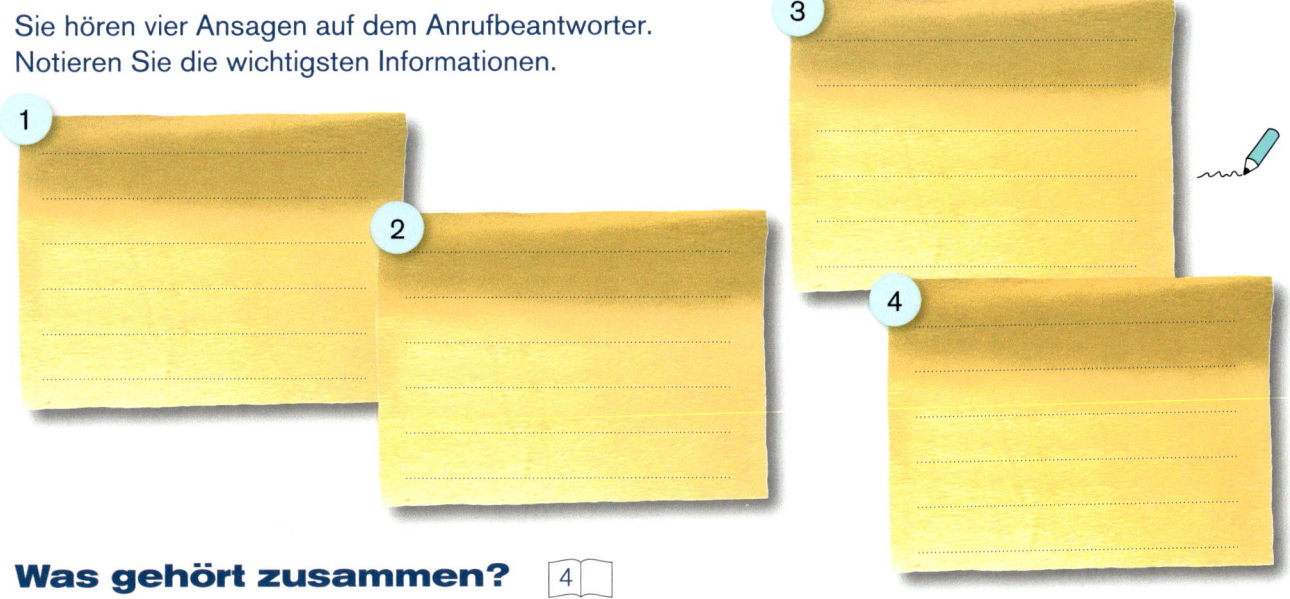

5 Was gehört zusammen?

Setzen Sie die Satzteile richtig zusammen.

1	Ich habe eine Frage	a	mir sehr geholfen.
2	Kann ich eine Nachricht	b	zu meiner Bestellung.
3	Einen Augenblick, ich	c	für Herrn Richter hinterlassen?
4	Wie kann ich	d	meine Bestellung.
5	Bitte richten Sie Herrn Richter	e	Ihr Name?
6	Frau Meyer ist leider	f	verbinde Sie.
7	Es geht um	g	mit Herrn Richter sprechen?
8	Könnten Sie Herrn Richter	h	aus, dass er zurückrufen soll.
9	Moment bitte, ich stelle	i	eine Nachricht hinterlassen?
10	Wie war bitte	j	Sie durch.
11	Können Sie mich bitte	k	außer Haus.
12	Kann ich bitte	l	Ihnen helfen?
13	Ich rufe wegen	m	bitte wiederholen?
14	Danke und	n	für Sie tun?
15	Könnten Sie das	o	im Haus.
16	Vielen Dank, Sie haben	p	mit Frau Meyer verbinden?
17	Was kann ich	q	meiner Bestellung an.
18	Herr Richter ist nicht	r	einen schönen Tag noch.

6 Wer sagt was?

Welche der oben aufgeführten Sätze sagt der Anrufer, welche der Angerufene? Einige Sätze können von beiden gesagt werden. Schreiben Sie sie auf und lesen Sie sie anschließend laut vor.

Anrufer	Angerufener

7 Zweiteilige Konjunktionen 5

a Setzen Sie die Konjunktionen zusammen und schreiben Sie diese noch einmal auf.

1	sowohl	a	oder	....	A und B
2	weder	b	desto	....	nicht A und auch nicht B
3	entweder	c	aber	....	nur A oder nur B
4	je	d	als auch	....	B verändert sich mit A
5	nicht nur	e	noch	....	A und B tatsächlich auch
6	zwar	f	sondern auch	....	A aber auch B

b Setzen Sie die zweiteiligen Konjunktionen ein und vollziehen Sie noch einmal die Erklärung nach.

1 Bestellungen im Internet werden .... ständig beliebter, ... immer sicherer.

2 Zu Beginn der Onlineverkäufe waren Kunden .... hinsichtlich der Zahlung .... der Lieferung unsicher.

3 Man wusste .... , ob das Geld tatsächlich richtig von der Kreditkarte abgebucht wurde, ... , ob die gewünschte Ware wirklich so aussieht wie auf der Webseite.

4 Aber .... häufiger im Internet bestellt wurde, ... mehr verschwanden diese Bedenken.

5 Heute hat man .... die Möglichkeit, mit Onlinebezahldiensten wie PayPal zu bezahlen, ... das Recht, die Ware zurückzuschicken, wenn sie nicht gefällt.

6 .... gibt es immer noch Menschen, die nicht gerne im Internet kaufen, ... ein Großteil der Bevölkerung ist glücklich über diese Alternative.

7 Man muss .... ins Auto steigen, um noch schnell etwas zu besorgen .... lange vor der Kasse Schlange stehen.

8 Onlineverkäufe sind .... für den Kunden, ... für die Händler ein gutes Geschäft, denn diese machen zusätzliche Gewinne.

9 Die Einzelhändler heutzutage wissen genau: .... sie bieten dem Kunden etwas, das das Internet nicht bieten kann, z.B. freundliche und kompetente Beratung, ... sie verlieren einen Großteil der Kunden.

8 Vokabeltraining 5

Wie heißen die Wörter zum Thema „Bestellung"? (Ü = UE, Ä = AE)

1 alle Preise zusammengefasst   `G E S [ ] [ ] [ ] E I`

2 ein Kunde, den man bereits hat (Ggs. „Neukunde")   `B [ ] [ ] [ ] N D S [ ] [ ] [ ]`

3 Bruttopreis abzüglich Nettopreis   `M [ ] [ ] W E R [ ] [ ] [ ] [ ]`

4 Stückpreis   `E [ ] [ ] Z [ ] [ ] [ ] [ ]`

5 Transferieren eines Geldbetrages auf ein Konto   `A N K [ ] [ ] [ ] [ ] [ ] [ ] U N G`

6 Stückzahl   `[ ] [ ] [ ] G E [ ]`

7 Person, die eine Lieferung erhält   `[ ] [ ] P F [ ] [ ] [ ] [ ]`

ein formelles Zahlungserinnerungsschreiben: `[ ] [ ] [ ] [ ] [ ] [ ] [ ]`

9 Rechnungen bezahlen 7

Ordnen Sie den Zahlungsmethoden die Erklärungen zu.

1 Lastschrift | 2 Kreditkarte | 3 Rechnung und Banküberweisung | 4 Onlinebezahldienst

A
Ich gebe beim Kauf meine Kartennummer und den dreistelligen Sicherheitscode an. Am Ende des Monats wird mein Konto belastet.

B
Ein Dienstleister kennt meine Bankdaten und übernimmt die Überweisung an den Verkäufer.

C
Ich nenne dem Verkäufer meine Bankverbindung und gebe ihm die Erlaubnis, das Geld direkt von meinem Konto abzubuchen.

D
Ich erhalte vom Verkäufer eine Rechnung und überweise ihm selbst das Geld von meinem Konto.

10 Der Preis beträgt … 6

a Ergänzen Sie die fehlenden Wörter.

beträgt | insgesamt | berechnet | Betrag | Zahlung | Gesamtpreis | Summe | zuzüglich | kostet | Preis

Ein Kissen ..1.......... für Einzelkunden 9,99 €. Für Großkunden ..2.......... der Stückpreis aber nur 8,50 €. Bei einer Bestellung von 100 Stück ergibt sich eine ..3.......... von 850 €, ..4.......... MwSt., das heißt, zu diesem ..5.......... kommen noch 19 % Mehrwertsteuer dazu. Damit ergibt sich ein ..6.......... von 1.011,50 €. Bei ..7.......... mit Kreditkarte werden 2,00 € Bearbeitungsgebühren ..8........... Der ..9.......... beträgt also ..10.......... 1.013,50 €.

b Hören Sie die Rechenaufgaben und schreiben Sie diese mit der Angabe der Einheiten auf. 60 ((▶

1 ....
2 ....
3 ....
4 ....
5 ....

6 ....
7 ....
8 ....
9 ....

11 Ein Überweisungsformular 7

Welche Erklärung passt?

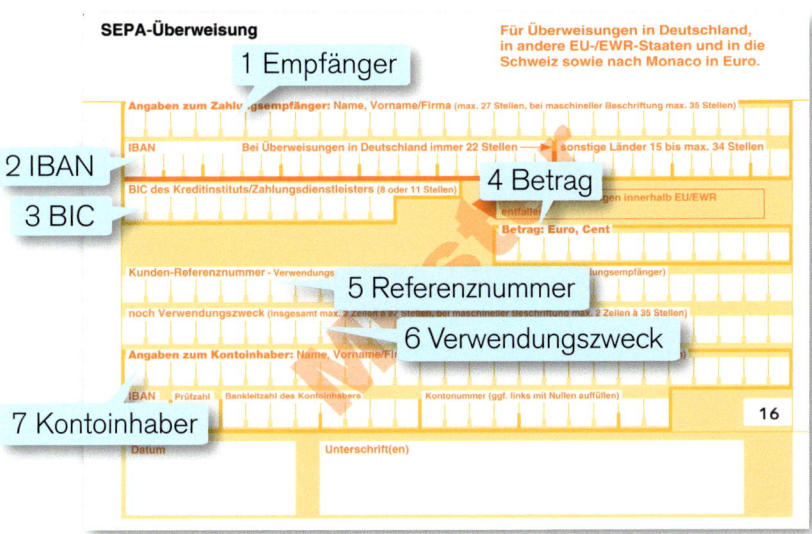

SEPA-Überweisung
Für Überweisungen in Deutschland, in andere EU-/EWR-Staaten und in die Schweiz sowie nach Monaco in Euro.

1 Empfänger
2 IBAN
3 BIC
4 Betrag
5 Referenznummer
6 Verwendungszweck
7 Kontoinhaber

a der Grund für die Überweisung
b die Person, die das Geld erhält
c eine Zahl, die dem Auftrag zugeordnet wird
d die Kontonummer
e die Person, die die Überweisung tätigt
f die Nummer der Bank
g die Summe, die überwiesen wird

12 Relativpronomen 📖 8

a Füllen Sie die Tabelle aus.

	Der Mann, (1)	**Die** Frau, (2)	**Das** Kind, (3)	**Die** Leute, (4)
Nominativ	.... am Fenster steht, ist Herr Xing.	.... mir gegenüber sitzt, ist meine Chefin.	.... vor dem Fernseher sitzt, langweilt sich.	.... heute im Geschäft waren, sind aus Marokko.
Akkusativ	.... ich dir neulich vorgestellt habe, wohnt nicht mehr hier.	.... du am Telefon hattest, kam gestern noch einmal vorbei.	.... wir nicht kannten, ist Frau Singers Tochter.	.... wir in der Bahn getroffen haben, wollten nach Bonn.
Dativ	.... der Audi gehört, hat sich über den Service beschwert.	.... die Kündigung geschickt wurde, hat einen neuen Job.	.... das Dessert nicht geschmeckt hat, muss nicht bezahlen.	.... gesagt wurde, sie sollen morgen anrufen, sind ziemlich sauer.
Genitiv	.... Firma pleitegegangen ist, ist mein Nachbar.	.... Bestellung nicht angekommen ist, hat angerufen.	.... Ball vor das Auto gerollt ist, blieb zum Glück stehen.	.... Anträge bearbeitet wurden, holen diese bitte am Schalter A ab.

b Setzen Sie das richtige Relativpronomen ein.

1   Die Bestellung, ... wir gestern erhalten haben, habe ich an Frau Winter weitergegeben.

2   Sie bearbeitet jeden Auftrag, ... mehr als 10.000 Euro beträgt.

3   Der Kunde Sandner, ... Lieferung wir vorgestern rausgeschickt haben, hat sich beschwert.

4   Er sagt, die Ware entspricht nicht dem Bild, ... auf unserer Webseite zu sehen ist.

5   Unsere AGB, ... jeder Kunde vor einer Bestellung lesen muss, müssen dringend aktualisiert werden.

6   Die Kunden, ... wir den Liefertermin 23.12. zugesagt haben, müssen alle angerufen werden.

7   Die Artikel, ... Verpackung beschädigt ist, nehmen wir selbstverständlich zurück.

8   Beschwerden können Sie an unseren Kundenservice richten, ... 24 Stunden für Sie da ist.

c Verbinden Sie die Sätze durch ein Relativpronomen. Mehrere Vorschläge sind möglich.

Das alte Sprichwort sagt „Geld regiert die Welt". Es ist heute immer noch aktuell.
→ *Das alte Sprichwort, **das** sagt „Geld regiert die Welt", ist heute immer noch aktuell.*

1   Ein Arbeitnehmer bekommt für seine Arbeit Geld. Dieses Geld wird als Lohn oder Gehalt bezeichnet.

2   Das Geld wird vom Arbeitgeber ausgezahlt. Es wird auf das Konto des Arbeitnehmers überwiesen.

3   Der Lohn wird im Vertrag vereinbart. Das ist der Bruttolohn.

4   Der Arbeitnehmer erhält nicht den vollen Lohn. Was nach Steuern und Sozialabgaben übrigbleibt, heißt Nettolohn.

5   Mit dem Nettogehalt müssen Fixkosten für Miete etc. bezahlt werden. Diese sind am höchsten.

6   Die Ausgaben für Kleidung, Freizeit und Urlaub fallen nicht jeden Monat an. Sie können variieren.

7   Am Monatsende bleibt etwas Geld übrig. Es wird auf ein Sparkonto überwiesen.

8   Die Summe wird benötigt, um z. B. ein neues Auto zu kaufen. Diese muss schon ziemlich hoch sein.

13 Mahnungen 9

a Lesen Sie die folgenden E-Mails. Welche ist die Zahlungserinnerung, welches die 1., 2. und 3. Mahnung?

A Wir beziehen uns auf unsere Zahlungserinnerung vom … und möchten noch einmal darauf hinweisen, dass der Betrag über 12.350 € (Rechnung Nr. 392UE72016 vom 29.8.20xx) noch nicht auf unserem Konto eingegangen ist. Wir bitten Sie, die Rechnung inklusive Mahngebühren von 2,60 € zeitnah zu begleichen. Für weitere Fragen stehen wir gerne zur Verfügung.

B Hiermit fordern wir Sie letztmalig auf, den Gesamtbetrag von 12.392,60 € (Rechnung Nr. 392UE72016 + Mahngebühren) unverzüglich zu begleichen. Sollte der Betrag bis zum 5.1.20xx nicht auf unserem Konto eingegangen sein, machen wir unsere Forderung gerichtlich geltend.

C Bei der Durchsicht unserer Unterlagen haben wir festgestellt, dass die Rechnung Nr. 392UE72016 noch nicht beglichen wurde. Dies kann in der Hektik des Alltags schon einmal passieren. Wir bitten Sie daher, den Rechnungsbetrag so bald wie möglich zu überweisen. Sollten Sie den Betrag in der Zwischenzeit angewiesen haben, so betrachten Sie dieses Schreiben bitte als gegenstandslos. Falls Sie mit unserer Leistung nicht zufrieden waren, kontaktieren Sie uns bitte. Wir sind stets bemüht, die Wünsche unserer Kunden zu erfüllen.

D Noch einmal müssen wir Sie auf die seit dem 15.9.20xx fällige Zahlung von 12.350 € (Rechnung Nr. 392UE72016) zzgl. Mahngebühren von 40,00 € hinweisen. Auf unsere letzten Schreiben haben Sie leider nicht reagiert. Wir bitten Sie daher, Ihren Zahlungsverpflichtungen schnellstmöglich nachzukommen und erwarten den Zahlungseingang bis zum 15.12.20xx.

b In den Briefen finden Sie Angaben, wie schnell der Kunde die Zahlung leisten soll. Wie lauten diese?

Zahlungserinnerung: ....   Zweite Mahnung: ....

Erste Mahnung: ....   Dritte Mahnung: ....

c Welche Ausdrücke werden in formellen Schreiben benutzt, welche nicht?

sofort | schnell | baldmöglich | auf der Stelle | binnen einer Woche | auf schnellstem Wege | umgehend | dalli | dringend | ruckzuck | augenblicklich | zum baldmöglichsten Zeitpunkt

formell: ....

informell: ....

d Ordnen Sie zu. Schreiben Sie mindestens fünf Sätze.

Wir beziehen uns	noch nicht auf	gerichtlich geltend machen.
Hiermit weisen wir auf die	wir unsere Forderungen	fällig.
Leider ist der offene Betrag	die Zahlung bis	unserem Konto eingegangen.
Die Zahlung über 38,50 €	auf unser Schreiben	als gegenstandslos.
Wir bitten Sie,	offene Rechnung	zu begleichen.
Hiermit fordern wir Sie	auf, den fälligen Betrag	umgehend zu überweisen.
Ansonsten werden	Ihren Zahlungsverpflichtungen	vom 14.7.20xx hin.
Haben Sie überwiesen? Dann	betrachten Sie dieses Schreiben	vom 21.6.20xx.
Bitte kommen Sie	war am 30.8.20xx	zum 18.2.20xx.
Wir erwarten	die offene Rechnung	unverzüglich nach.

Lernwortschatz

Bestellen und bezahlen

bestellen
betragen
bezahlen
gelten
überweisen
verfassen
vergleichen

Finden Sie ein passendes Substantiv zu diesen Verben und schreiben Sie einen Satz.

Angebot und Bestellung

die Allgemeinen Geschäfts-
    bedingungen (AGB)
das Angebot
der Artikel
die Artikelnummer
die Banküberweisung
der Bestandskunde
die Bestellung
der Betrag
der Betreff
die Bezeichnung
die BIC
der Bruttopreis
der Einzelpreis
der Empfänger
der Gesamtbetrag
der Gesamtpreis
die Größe
die IBAN
die Kreditkartenzahlung
die Kundennummer
die Lastschrift
die Lieferung
die Mahnung
die Mehrwertsteuer (MwSt.)
die Menge
der Nettopreis
der Neukunde
der Onlinebezahldienst
der Preis
die Stückzahl
die Ware
die Zahlung
die Zahlungserinnerung

Wie heißen diese Wörter in Ihrer Muttersprache? Kennen Sie einzelne Wörter auch in Englisch?

Mit oder ohne?

inklusive
insgesamt

Zeigen Sie den Unterschied mit einem Beispielsatz.

1 Mündliche Beschwerden

Bringen Sie die Wörter in die richtige Reihenfolge.

1 richtig | Sie | Entschuldigung, | verstanden | ich | nicht | habe
2 frischen | heute | haben | keinen | Leider | Saft | wir
3 mich | Sie | Vorgesetzten | mit | Bitte | sprechen | lassen | meinem
4 ist | Ausnahme | Ihnen, | versichere | eine | dass | dies | Ich
5 voll | Ich | ganz | verstehe | und | Sie
6 recht | vollkommen | Sie | haben
7 ist | wohl | Missverständnis | Das | ein
8 Beschwerde | Ich | weitergeben | Ihre | werde

2 Die indirekte Rede

Setzen Sie die Aussagen in die indirekte Rede und benutzen Sie dabei die folgenden Verben.

erzählen   behaupten   erklären   feststellen   sagen   fragen

1 Dimitra: „Ich hätte gerne einen Obstsalat."

Dimitra ...., dass ....

2 Malaika: „Unser Lieferant hat heute leider kein frisches Obst geliefert."

Malaika ...., dass ....

3 Dimitra: „Im Internet steht aber, dass Sie immer frisches Obst anbieten."

Dimitra ...., dass ....

4 Malaika: „Möchten Sie vielleicht ein Müsli statt frischem Obst?"

Malaika ...., ob ....

5 Dimitra: „Der Service in diesem Hotel ist nicht so gut wie ich gedacht habe."

Dimitra ...., dass ....

6 Frau Aruba: „Das ist mir in meinem letzten Urlaub auch passiert. Nie gab es das, was ich wollte."

Frau Aruba ...., dass ....

3 Konjunktiv I in der indirekten Rede

a Setzen Sie die richtigen Formen des Konjunktiv I ein.

	werden	müssen	können	sein
ich		müsse		
du				sei(e)st
er/sie/es	werde			
wir			können	
ihr		müsset		
sie/Sie				seien

b Übertragen Sie den Text so in die indirekte Rede, als würden Sie an der Aussage des Gastes zweifeln.

„Der Urlaub hier auf Mallorca ist eine einzige Katastrophe. Der Service im Hotel ist schlecht, denn die Angestellten können kein Deutsch und das Essen ist typisch spanisch. Außerdem muss man jeden Morgen früh aufstehen, um die beste Liege am Pool zu reservieren. Die Wetterbedingungen sind sehr unangenehm. Es ist viel zu heiß und man wird ganz faul. So kann man die Ausflüge nicht genießen und muss den ganzen Tag an der Bar bleiben. Ich werde meinen Freunden diese Reise nicht empfehlen."

4 Einen Beschwerdebrief schreiben

Sie arbeiten in einer Kindertagesstätte und haben für den Tag der offenen Tür bei Latifas Catering Service (vgl. S. 176) ein Büfett mit warmen und kalten Speisen sowie Getränke bestellt. Sie waren sowohl mit der Art der Speisen als auch mit anderen vereinbarten Serviceleistungen nicht zufrieden. Schreiben Sie nun eine Beschwerdemail.

- Beschweren Sie sich über die schlechten Leistungen.
- Beschreiben Sie, welche Auswirkungen diese auf Ihre Veranstaltung hatten.
- Erklären Sie, was Sie unter einem guten Cateringservice verstehen.
- Sagen Sie deutlich, was Sie von der Firma nun erwarten.

5 Konjunktiv II für Wünsche, Ratschläge oder Träume

a Setzen Sie die richtige Form des Konjunktiv II ein.

Wenn wir unseren Kundenservice verbessern wollen, ...1............ (müssen) wir einige Dinge ändern. Zunächst ..2............ (sollen) wir unbedingt mehr Personal einstellen. Wir ..3............ (können) auch Schulungen zum Thema Beschwerdemanagement durchführen. Dadurch ..4............ (werden) unsere Mitarbeiter im Umgang mit unzufriedenen Kunden besser. Wir ..5............ (dürfen) auch nicht mehr akzeptieren, dass unsere Lieferanten Fehler machen, denn damit ..6............ (haben) dann auch wir weniger Probleme. Am liebsten ..7............ (mögen) ich nur zufriedene Kunden sehen. Das ..8............ (sein) so viel einfacher.

b Markieren Sie das richtige Verb.

1 Man (dürfte / sollte) es dem Kunden leicht machen, sich zu beschweren.
2 Auch wenn man am liebsten keine Beschwerden annehmen (möchte / hätte), (müsste / sollte) man es unbedingt tun.
3 Viele Leute sagen auch, man (dürfte / könnte) den Kunden am Telefon nicht warten lassen.
4 Der größte Fehler bei Beschwerden (müsste / wäre) es, nicht ehrlich zu sein.
5 Auch wenn man sich gerne rechtfertigen (möchte / könnte), (sollte / wäre) das ein Fehler.
6 Man (sollte / müsste) immer eine Lösung anbieten.
7 Allerdings (müsste / könnte) man den Kunden auch fragen, was er von der Firma erwartet.
8 Der richtige Umgang mit Beschwerden (müsste / könnte) Teil der Unternehmenskultur sein.

6 Konjunktiv II für höfliche Fragen

Mit einem Hilfsverb oder Modalverb im Konjunktiv II kann man höfliche Fragen einleiten.

Beispiel: Könntest du bitte das Fenster schließen?

mögen | haben | dürfen | sein | müssen | sollen | können

1 .... ich Sie bitten, mir den Brief zu übersetzen?
2 .... du so freundlich, mir dein Handy zu leihen?
3 .... Sie vielleicht morgen früher zur Arbeit kommen?
4 .... wir nicht noch einmal über diese wichtige Entscheidung nachdenken?
5 .... dein Kollege vielleicht Zeit, mir mit dem Bericht zu helfen?
6 .... Sie noch etwas Kaffee?
7 .... er nicht längst von seinem Außentermin zurück sein?

7 Auf Beschwerden reagieren

Welche Wörter zum Thema „Beschwerde" aus dem Lernwortschatz verstecken sich in diesen Aussagen?

1 Bitte entschuldigen Sie das _ _ s _ _ e_s _ _ n _ n _ _ .

2 Solch ein V _ r _ _ l _ wird nicht mehr passieren.

3 Das war eine _ _ s n _ _ _ _ e und kommt nicht wieder vor.

4 Wir bitten Sie, die U _ a _ n _ _ _ l _ c _ k _ _ _ e _ zu entschuldigen.

5 Wir können Ihren _ _ r w u _ f verstehen.

6 Es tut uns leid, dass der Aufenthalt bei uns eine _ n _ _ ä _ s c _ _ n _ für Sie war.

8 Entschuldigungen schreiben

Ordnen Sie die Satzbausteine zu.

1 Wir bedauern sehr, dass	a liegt uns am Herzen.
2 Ein solches Missgeschick wird	b wir uns bei Ihnen entschuldigen.
3 Sie haben sich geärgert,	c nicht wieder vorkommen.
4 Für die Unannehmlichkeiten möchten	d sehr gut nachvollziehen.
5 Die Zufriedenheit unserer Kunden	e Sie mit unserem Service unzufrieden waren.
6 Bei dem Vorfall handelt es sich	f das tut uns sehr leid.
7 Glücklicherweise konnten wir	g unglücklicherweise um ein Missverständnis.
8 Wir können Ihre Enttäuschung	h den Fehler zwischenzeitlich beheben.

9 Ein Gespräch im Restaurant ⏹3

Lesen Sie den Dialog zwischen einem Gast und einem Kellner und ergänzen Sie die Lücken.

also | Entschädigung | gerne | leider | nein | Missverständnis |
recht | sicherlich | tut mir leid | Vorfall | vorkommen | entschuldigen

► Ich hätte ___1___ die Rechnung, bitte.

▷ Zahlen Sie zusammen oder getrennt?

► Zusammen bitte.

▷ ___2___, zweimal den Feldsalat, eine Forelle und ein Jägerschnitzel, für die Dame das Tiramisu, zwei Pils und zwei Mineralwasser. Macht zusammen 47,85 € bitte.

► Moment, wir hatten nur ein Mineralwasser. Das zweite habe ich zwar bestellt, aber ___3___ nicht bekommen.

▷ Oh, das ___4___. Bitte ___5___ Sie. Dann sind es 45,65 €.

► Der Service hier ist wirklich nicht der beste. Wir hatten darum gebeten, den Salat vor der Hauptspeise zu bringen, aber Ihre Kollegin hat alles zusammen serviert.

▷ Das hat meine Kollegin ___6___ nicht richtig verstanden. Bitte entschuldigen Sie das ___7___.

► Es kann ja mal ___8___, dass man etwas nicht versteht, aber dann muss man nachfragen.

▷ Sie haben vollkommen ___9___. Wir werden dafür sorgen, dass sich ein solcher ___10___ nicht wiederholt. Darf ich Ihnen als ___11___ einen Digestiv anbieten?

► Da sagen wir nicht ___12___. Vielen Dank.

10 Konfliktsituationen

Präpositionen mit dem Genitiv, die den Grund angeben

Die Präpositionen *aufgrund, wegen, angesichts, dank* und *mangels* antworten auf die Frage *warum?* und ersetzen so einen Nebensatz mit *weil*.

Wegen seiner geringen Kenntnisse in Buchhaltung hat er den Job nicht bekommen.

> Nach *mangels* steht nie ein Artikel.

a Markieren Sie die richtige Präposition.

1 Aufgrund/Dank eines Fehlers in unserer Datenbank wurde die Adresse leider falsch gedruckt.
2 Dank/Wegen der vielen Überstunden ist das Personal im Moment sehr unzufrieden.
3 Mangels/Angesichts der ständig steigenden Kosten müssen wir auch die Preise erhöhen.
4 Wegen/Mangels Personal können wir die Bestellungen nicht schneller bearbeiten.
5 Dank/Angesichts des neuen Schichtplans ist die Arbeitsverteilung nun gerechter.

b Ergänzen Sie nun die richtigen Endungen im Genitiv.

Angesichts der vielen Beschwerden im letzten Jahr hat die Geschäftsleitung beschlossen, alle Mitarbeiter zum Thema „Beschwerdemanagement" zu schulen. Aufgrund d____ schwierig____ Situation wäre es zwar besser, alle Mitarbeiter in eine dreitägige Schulung zu schicken, aber mangels Zeit kann nur ein Onlineseminar angeboten werden. Dank ein____ neu____ Schulungssoftware sollte das aber kein Problem sein. Wegen d____ gering____ zeitlichen____ und finanziell____ Aufwand____ ist ein solches Seminar eine gute Alternative zu Präsenzschulungen.

11 Typische Konflikte

Verfassen Sie für jedes Bild eine Überschrift und schreiben Sie einen Dialog zu einem Bild Ihrer Wahl.

1 _____ 2 _____ 3 _____

12 So geht es nicht! 　📖 4

Hören Sie ein Gespräch auf einer Mitarbeiterkonferenz im Baumarkt und ordnen Sie die Kritikpunkte Mitarbeiterin 1, Mitarbeiter 2 oder Mitarbeiter 3 zu. Nicht jede Aussage kann zugeordnet werden.

61 ◀))

a ☐ Der Betrieb soll dafür sorgen, dass in jeder Abteilung immer ein Mitarbeiter präsent ist, um Fragen der Kunden beantworten zu können.

b ☐ Im Moment müssen die Mitarbeiter zu viele Überstunden machen.

c ☐ Das Personal hat wegen der vielen Arbeit keine Zeit, Pausen zu machen.

d ☐ Jeder Mitarbeiter sollte auch Fragen zu anderen Abteilungen beantworten können, um dem Kunden schnell helfen zu können.

e ☐ Es ist nicht gerecht, wenn einige Mitarbeiter Überstunden machen und andere nicht.

f ☐ Die Küche im Pausenraum wird nicht ordentlich gehalten.

13 Das Passiv im Perfekt 　📖 4

> Das Passiv im Perfekt wird meist im Mündlichen benutzt. Es betont die Handlung, nicht die handelnde Person.
>
> **sein** + Partizip II + **worden**
> Der Plan für die Überstunden **ist** aufgestellt **worden**.

a Setzen Sie die folgenden Sätze ins Passiv Perfekt. Lassen Sie dabei die handelnde Person weg.

1 Der Marktleiter hat einen Mitarbeiter in jeder Abteilung bestimmt, um Fragen der Kunden zu beantworten:
Ein Mitarbeiter in jeder Abteilung ...., um Fragen der Kunden zu beantworten.

2 Der Betrieb hat die Überstunden reduziert: Die Überstunden ....

3 Die Chefin hat die Pausenzeiten neu geregelt: Die Pausenzeiten ....
....

4 Die Mitarbeiter haben die Fragen der Kunden zufriedenstellend beantwortet: Die Fragen der Kunden
....

5 Die Mitarbeiter haben den Pausenraum nicht ordentlich gehalten: Der Pausenraum ....
....

6 Der Vorgesetzte hat die Anzahl der Überstunden gerecht auf alle Mitarbeiter aufgeteilt:
Die Anzahl der Überstunden ....

b Familie Eriwan fährt in Urlaub. Frau und Herr Eriwan prüfen, ob alle Vorbereitungen getroffen sind. Schreiben Sie die Fragen und Antworten im Passiv Perfekt.

		Frau Eriwan	Herr Eriwan
Koffer packen	☺	Sind die Koffer gepackt (worden)?	Ja, die Koffer sind gepackt (worden).
Blumen gießen	☹		Nein,
Schlüssel an Nachbarn übergeben	☹		
Auto volltanken	☺		
Licht ausmachen	☺		
Alarmanlage einschalten	☹		

14 Das Passiv im Präteritum

Nach der Mitarbeiterkonferenz will Dimitra ihre Kollegen über die Änderungen in der Klinik informieren. Vervollständigen Sie die E-Mail anhand ihrer Notizen. Setzen Sie die Sätze ins Passiv Präteritum.

> Das Passiv im Präteritum wird hauptsächlich im Schriftlichen benutzt. Wie das Passiv im Perfekt betont es auch die Handlung, nicht die handelnde Person.
>
> **wurde(n)** + Partizip II
> Es **wurde** ein neuer Plan für die Überstunden aufgestellt.

To do

1. Patientenakten überarbeiten
☑ angeschaut, Überarbeitung erst ab KW 44
2. Raucherraum finden
☑ Hausmeister hat einen Raum identifiziert
3. Pausenzeiten verlängern
mit Klinikleiter gesprochen: nicht möglich!
4. Schichtplan neu schreiben
☑ neuer Plan steht im Intranet
5. Überstunden reduzieren
erst ab November möglich

Liebe Kolleginnen und Kollegen,
hier ein Update zu den offenen Punkten aus unserer Mitarbeiterkonferenz.
Die Patientenakten wurden _____. Eine Überarbeitung ist erst ab KW 44 möglich.
Ein Raucherraum _____. Unser Hausmeister hat dafür Raum 125 identifiziert.
Die Pausenzeiten _____ leider nicht _____. Der Klinikleiter sagt, dass das leider nicht möglich ist.
Der Schichtplan _____ neu _____ und steht im Intranet.
Die Überstunden _____ noch nicht _____. Das können wir erst im November machen.
Ich hoffe, wir konnten einige gute Lösungen finden.
Viele Grüße

15 Konstruktive Kritik

a Vervollständigen Sie die kursiv gedruckten Wörter aus Igors E-Mail zum Thema „Essen".

Die Wartezeiten in der Kantine sind (1) l_i_ _ r sehr lang. Daher (2) pa_ _i_r_ es öfter, dass Kollegen an ihrem Schreibtisch essen. Durch den Geruch des Essens fühle ich mich (3) g_ _t_rt. Gestern (4) zu_ Be_s_ _e l hat eine Kollegin Fisch gegessen, und das ganze Büro hat danach gerochen. Natürlich kann ich (5) v e_ _t_h_ _, dass jeder das isst, was er gerne mag. Aber wie (6) wä_ _ es d_ _n, wenn wir vereinbaren, am Schreibtisch nur kalte Speisen zu essen? Das wäre vielleicht ein guter (7) Ko_p_ _m_ _s. Ich muss aber (8) a_ _h s_ge_, dass es noch besser wäre, die Wartezeiten in der Kantine zu verringern.
Viele Grüße
Igor

b Schreiben Sie eine Antwort auf die Kritik.

- Fassen Sie die Situation zusammen.
- Zeigen Sie Verständnis.
- Sagen Sie Ihre Meinung.
- Schlagen Sie eine Lösung vor.

16 Qualitätssicherung

Welche Wörter werden hier erklärt?

1 Maße, Angaben oder Prozesse, die immer gleich sind: ....

2 Ein System, das die Qualität der Produkte und Dienstleistungen garantiert: ....

3 Eine Qualitätsprüfung in einer Firma: ....

4 Eine bekannte Norm im QM-System: ....

5 Ein Dokument, das die Einhaltung dieser Norm zeigt: ....

6 Ein Prozess, der zeigt, dass die Produkte stets verbessert werden: ....

7 Etwas schriftlich festhalten: ....

8 Die für die Qualität verantwortliche Person im Unternehmen: ....

17 Qualitätsmanagement

Lesen Sie den Werbetext für eine ISO-Zertifizierung und beantworten Sie die Fragen.

Die Norm ISO 9001 ist die wichtigste Norm zur Sicherstellung der Qualität von Waren und Dienstleistungen in Deutschland und darüber hinaus. Lassen Sie Ihr Unternehmen zertifizieren und zeigen Sie damit Ihren Kunden und Geschäftspartnern, dass die Qualität Ihrer Produkte und Dienstleistungen internationalen Standards entspricht. Jedes Unternehmen, unabhängig von seiner Größe oder seinem Angebot, kann eine ISO-Zertifizierung erhalten. Dazu müssen Mindestanforderungen eingehalten werden. Mit einem Qualitätsmanagementsystem können Sie Fehler vermeiden, Kosten senken und Ihre Kunden besser zufriedenstellen. Eine ISO-Zertifizierung sorgt für Vertrauen beim Kunden, denn er weiß, dass er sich auf die Qualität Ihrer Produkte verlassen kann. An die Zertifizierung schließen sich regelmäßige interne und externe Audits an. Dies führt zu einem kontinuierlichen Verbesserungsprozess in Ihrer Firma und zu stetiger Kundenzufriedenheit. Und zufriedene Kunden bedeuten höhere Umsätze und größere Gewinne für Ihre Firma.

	✓	✗
1 Die ISO-Norm 9001 gilt nur für Dienstleistungen.	☐	☐
2 Sie ist hauptsächlich im Ausland bekannt.	☐	☐
3 Nur große Firmen können zertifiziert werden.	☐	☐
4 ISO-Zertifizierung bedeutet, dass in der Firma weniger Fehler gemacht werden.	☐	☐
5 Vor einer Zertifizierung erfolgt ein Audit.	☐	☐

18 DIN-Normen für Papier

Zu zweit: Nehmen Sie einige A4-Blätter und bilden Sie die Seitengrößen A0 bis A10 nach. Suchen Sie die genauen Maße für A0 bis A10 im Internet und tragen Sie diese in die Übersicht ein.

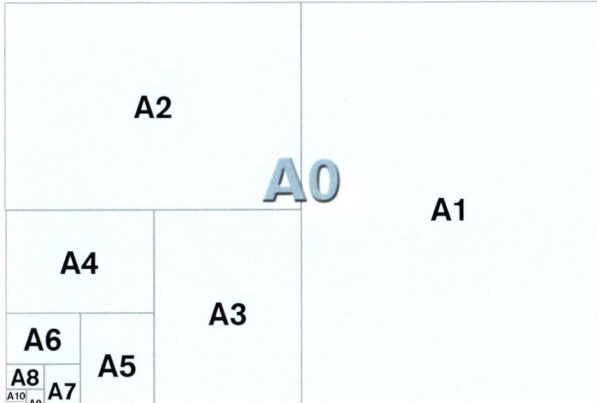

DIN-Papierformate im Überblick

A0 = ...

A1 = ...

A2 = ...

A3 = ...

A4 = ...

A5 = ...

A6 = ...

A7 = ...

A8 = ...

A9 = ...

A10 = ...

Lernwortschatz

Mündliche und schriftliche Beschwerden

Bilden Sie einen Satz.

die Ausnahme
die Beschwerde
die Enttäuschung
das Missverständnis
die Unannehmlichkeit
der Vorfall
der Vorwurf

nicht akzeptabel
ärgerlich
unangenehm
verständlich

sich ärgern
etwas bedauern
sich beschweren
etwas entschuldigen
sich entschuldigen
etwas verzeihen
etwas wiedergutmachen

Kritik und Konflikte

Bilden Sie den Plural.

die Akte
die Kantine
der Raucherraum
der Schichtplan
die Überstunde

Übersetzen Sie in Ihre Muttersprache.

passieren
stören
verallgemeinern
versuchen
vorschlagen
zusammenfassen

Schreiben Sie Beispielsätze.

Beispiele geben
Lösungen vorschlagen
Verständnis zeigen
Vorschläge machen

Qualitätsmanagement

Ergänzen Sie den Artikel.

Anforderung
Arbeitsablauf
Audit
Norm
Qualitätsmanagement
Standard
Verbesserungsprozess
Zertifizierung

1 Temporale Präpositionen 1

Ergänzen Sie die Präpositionen.

1 Die Besprechung wurde verschoben und findet nun _____ Mittwoch statt.
2 Die Mitarbeiterbesprechung beginnt pünktlich _____ 10 Uhr.
3 Die Pause geht _____ 10.15 Uhr _____ 10.30 Uhr.
4 Alle Mitarbeiter gingen _____ der Hauptversammlung zufrieden nach Hause.
5 Herr Ibrahim, _____ dem Personalmeeting möchte ich Sie kurz persönlich sprechen.
6 _____ ungefähr einem Jahr hat unsere Firma stetig den Umsatz gesteigert.
7 Die Konferenz wird _____ ca. 17.00 Uhr dauern.
8 Die Sekretärin von Herrn Wiedemann ist _____ zwei Wochen verreist.
9 Wir werden unser Gespräch _____ Mittagessen fortsetzen.
10 Der neue Personalplan gilt _____ 1. August an.

2 Modale und kausale Präpositionen 1

Setzen Sie die richtigen Artikel und Endungen ein.

Liebe Kolleginnen und Kollegen,

wegen d_____ bevorstehend_____ Bekleidungsmesse möchte ich morgen eine Teambesprechung abhalten. Wir alle wissen, dass der Besuch einer Messe ohne intensiv_____ Vorbereitung nicht wirklich sinnvoll ist. Trotz d_____ viel_____ Arbeit, die zurzeit ansteht, müssen wir uns zu ein_____ kurz_____ Besprechung mit all_____ Kollegen aus der Verkaufsabteilung zusammensetzen. Außer unser_____ Verkaufsleiter, Herrn Seifert, sind ja morgen alle Mitarbeiter im Haus. Frau Megan wird uns von ihr_____ Erfahrungen auf der letzten Messe erzählen. Statt ein_____ ausführlich_____ Tagesordnung möchte ich Sie bitten, sich zu überlegen, welche Punkte Sie besprechen möchten.
Viele Grüße

3 Termine 2

a Welche Definition passt?

Einen Termin
1 absagen   a Alle Kollegen fragen, wann sie Zeit haben.
2 verschieben   b Den Termin nicht stattfinden lassen.
3 vereinbaren   c Den Termin auf eine bestimmte Zeit legen.
4 abstimmen   d Den Termin auf eine andere Zeit legen.

b Wie heißen die einzelnen Nomen? Schreiben Sie diese noch einmal mit Artikel.

kalenderwocheprotokollteilnehmertagesordnungmeetingteilnahmemaßnahmebesprechung

1 _____   5 _____
2 _____   6 _____
3 _____   7 _____
4 _____   8 _____

4 Einen Termin verschieben

Ihre Chefin bittet Sie, in ihrem Namen folgende E-Mail anhand ihrer Notizen zu beantworten.

> – Tag passt nicht. Konferenz Prag. Dienstag möglich?
> – möglichst gleich um 10 Uhr
> – 20 Min. reichen, noch nicht so viel Erfahrung
> – Wenn anderer Termin nicht möglich, evtl. Vertretung durch Herrn Michalis. Er arbeitet mehr mit der Software.

Betreff: Teambesprechung

Sehr geehrte Frau Gengenhauer,

am Montag, den 24.3. findet von 10.00 bis 13.00 Uhr unsere monatliche Teambesprechung statt. Eines unserer Themen wird die für Mai geplante Einführung der neuen Reiseplanungssoftware in unserer Abteilung sein. Da Sie im Verkauf schon seit einigen Monaten mit der Software arbeiten, wäre es schön, wenn Sie eine Stunde Ihrer Zeit entbehren könnten, um uns über Ihre Erfahrungen mit dem neuen Programm zu berichten. Zeitlich würden wir uns nach Ihnen richten.

Bitte lassen Sie uns kurz wissen, wann Sie zu uns in die Logistikabteilung kommen könnten. Die Besprechung findet in Raum 05 im 4. OG statt.

Viele Grüße

Eva Sandner
Logistik & Versand

Liebe Frau Sandner,

Frau Gengenhauer hat mich gebeten, ...

5 Der Besprechungsraum

Sie sollen zusammen mit zwei Kolleginnen/Kollegen den neuen Besprechungsraum einrichten und ausstatten, aber Ihr Budget ist begrenzt. Überlegen Sie zusammen, welche technische Ausstattung Sie brauchen (wofür?), machen Sie Notizen und fertigen Sie eine Skizze an. Stellen Sie dann Ihren Entwurf im Kurs vor.

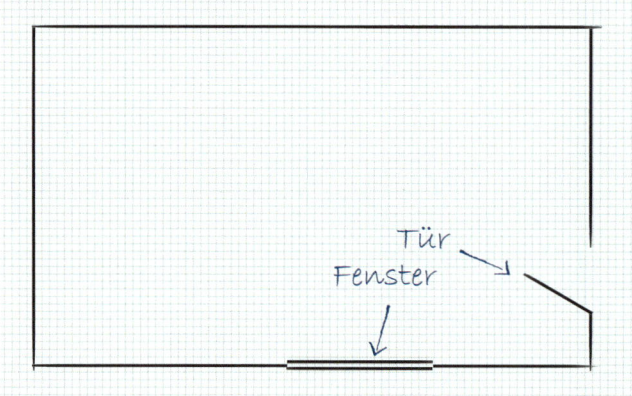

Tische, Form?
Stühle, wie viele?

6 Die Tagesordnung [4]

a In der folgenden Tagesordnung sind zehn sprachliche Fehler enthalten.
Markieren Sie diese und korrigieren Sie die Wörter in der rechten Spalte.

Verkaufsmeeting um 17. März, 10.00 – 12.00 Uhr ....

Teilhaber: A. Jiménez, U. Meier, I. Ameri, S. Hausmann, J. Waran ....

TOP 1: Vorstellung des neuen Praktikantin, Frau Waran ....

TOP 2: Aktuelle Verkaufszahlen und Zurückblick auf das letzte Jahr ....

TOP 3: Probleme bei der Koperation mit NewFashion ....

TOP 4: Neue Trends und Entwicklungen vom Markt ....

TOP 5: Kürtzungen im Budget ....

TOP 6: Prognosten für das nächste Jahr ....

TOP 7: Planen und neue Projekte ....

TOP 8: Sonstig ....

b Hören Sie Anita Jiménez und überprüfen Sie Ihre Korrekturen.

62 ◀))

c Welcher Tagesordnungspunkt ist kurzfristig ergänzt worden?

7 Komparativ und Superlativ [4]

a Ergänzen Sie die Adjektive im Komparativ und im Superlativ.

1	klein	....	6	gut	....
2	alt	....	7	praktisch	....
3	viel	....	8	klug	....
4	hoch	....	9	gern	....
5	teuer	....	10	niedrig	....

b Vergleichen Sie die fünf Länder mit den Ausdrücken *weniger als …,*
mehr als … und *(ungefähr) genauso … wie …* Schreiben Sie zehn Sätze.

Griechenland
Fläche: 132.000 km²
Einwohner: 10,9 Mio
BIP/Einw.: 25.900 USD
Bevölkerung unter 14 J.: 14,5 %
Arbeitslosigkeit: 26 %
Internetnutzer: 6,6 Mio

Argentinien
Fläche: 2,8 Mio km²
Einwohner: 44 Mio
BIP/Einw.: 22.400 USD
Bevölkerung unter 14 J.: 24,7 %
Arbeitslosigkeit: 8,5 %
Internetnutzer: 26 Mio

Vietnam
Fläche: 333.000 km²
Einwohner: 95 Mio
BIP/Einw.: 3.400 USD
Bevölkerung unter 14 J.: 29,3 %
Arbeitslosigkeit: 2,4 %
Internetnutzer: 43,9 Mio

Eritrea
Fläche: 122.000 km²
Einwohner: 5,9 Mio
BIP/Einw.: 300 USD
Bevölkerung unter 14 J.: 42,8 %
Arbeitslosigkeit: 7,2 %
Internetnutzer: 650.000

Russland
Fläche: 17,1 Mio km²
Einwohner: 142,4 Mio
BIP/Einwohner: 17.900 USD
Bevölkerung unter 14. J.: 15,4 %
Arbeitslosigkeit: 5,9 %
Internetnutzer: 87,3 Mio

Gut zu wissen …
Das BIP (Bruttoinlandsprodukt)
ist der Wert aller Waren und
Dienstleistungen eines Landes
in einem Jahr.

8 Grafiken 5

a Sagen Sie die Sätze anders. Benutzen Sie dabei die folgenden Ausdrücke:

> ein Viertel | knapp die Hälfte | die meisten | genauso viele … wie |
> doppelt so viel | die Mehrheit | halb so viele | ungefähr die Hälfte

1 Ca. 60 % aller Italiener machen Urlaub in Italien.
2 47 % der Franzosen mögen keinen Weißwein.
3 In Luxemburg verbringt man im Durchschnitt drei Stunden vor dem Fernsehen, in der Schweiz nur 90 Minuten.
4 50,9 % der Schweden sprechen Englisch.
5 25 % aller Spanier haben eine Katze.
6 In Portugal gibt es 84 Regentage im Jahr, in England ca. 170.
7 Acht von zehn Deutschen essen gerne Kartoffeln.
8 Sowohl in Norwegen als auch in Belgien nutzen ca. 70 % der Jugendlichen Facebook.

b Beschreiben Sie die Statistik. Schreiben Sie sechs Sätze.
Die folgenden Textbausteine helfen Ihnen dabei.

Die Statistik zeigt, wie viel Zeit …
Es werden drei Gruppen verglichen: Personen zwischen 14 und 29 Jahren, …
Außerdem kann man sehen, wie viele Personen insgesamt …
Betrachten wir zunächst die Gruppe …
Die 14- bis 29-Jährigen verbringen ca. …
Knapp 60 % der 50-Jährigen verbringen …
Am meisten Zeit … / Am wenigsten Zeit …

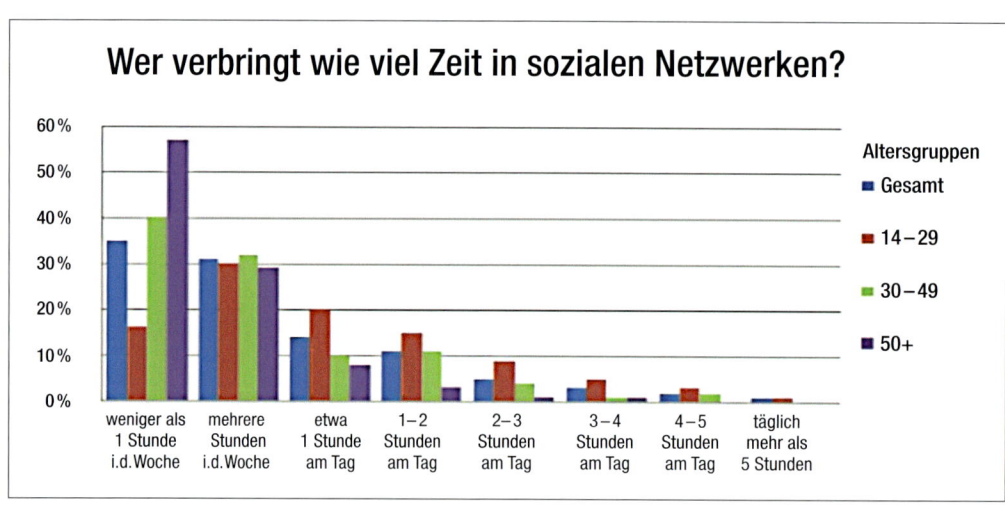

Wer verbringt wie viel Zeit in sozialen Netzwerken?

Altersgruppen
- Gesamt
- 14–29
- 30–49
- 50+

9 Diskutieren 6

a Welche beiden Ausdrücke bedeuten das Gleiche?

1	Was halten Sie davon?	a	Das finde ich auch.
2	Das sehe ich anders.	b	Ich bin der Ansicht …
3	Das sehe ich genauso.	c	Wie sehen Sie das?
4	Vielleicht könnten wir …	d	Dieser Meinung bin ich auch.
5	Dieser Vorschlag ist gut.	e	Ich denke, wir sollten …
6	Meiner Meinung nach …	f	Ich denke, das stimmt so nicht.

b Was halten Sie von dieser Aussage? Schreiben Sie einen kurzen Text.

Ich bin immer bei meinen Freunden, egal wo.

10 Die Zukunft 7

a Setzen Sie die folgenden Sätze in das Futur I.

1 Ich mache eine Fortbildung im IT-Bereich.

2 Wirst du demnächst befördert?

3 Mein Terminkalender ist dieses Jahr sehr voll.

4 Frau Hintner macht den Termin mit Ihnen persönlich aus.

5 Dieses Jahr schneit es voraussichtlich sehr viel.

6 Meine neuen Kollegen und ich, wir sind ein gutes Team.

7 Ihr findet eine Einigung – da bin ich sicher!

8 Einige Mitarbeiter sagen ihre Teilnahme am Meeting ab.

b Welcher Pfeil gehört zu welchem Verb?

1	wachsen	a	→
2	sinken	b	↑
3	stagnieren	c	↓
4	fallen	d	→
5	(an)steigen	e	↓
6	gleichbleiben	f	↑

c Anita hält einen Vortrag zu den Verkaufsprognosen in diesem Jahr. Hören Sie und zeichnen Sie eine Grafik zur Umsatzentwicklung.

63

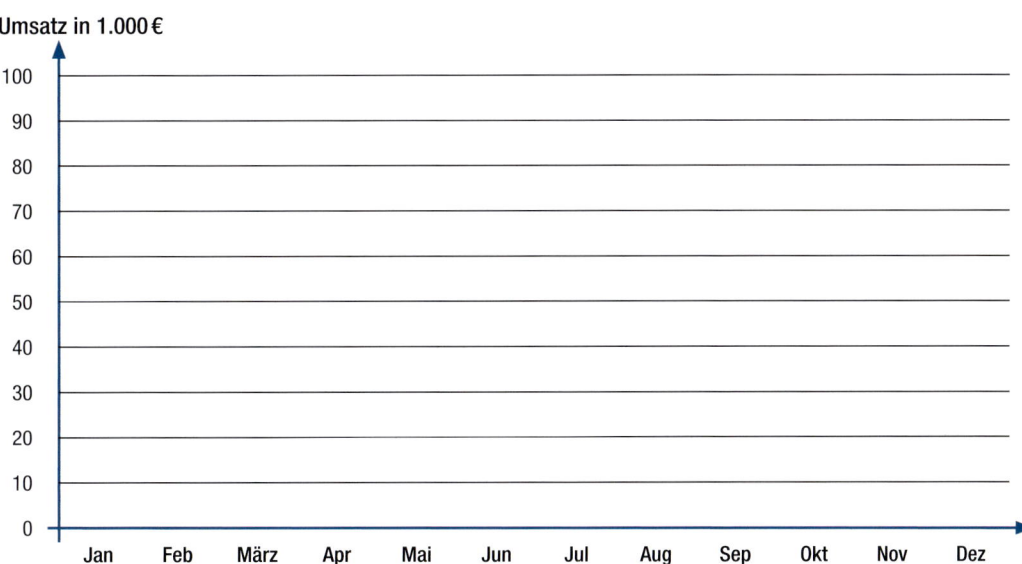

Umsatz in 1.000 €

11 **Pläne und Vorhaben** 8

Ordnen Sie die Ausdrücke den Vorhaben der einzelnen Personen zu.

| sich weiterbilden | ein Zusatzstudium machen | Karriere machen | Erfahrungen sammeln |

| sich weiterentwickeln | sich bewerben | sich spezialisieren | eine Ausbildung machen |

1 „Die Elbstrand Klinik gefällt mir. Aber ich möchte nicht immer nur Sachbearbeiterin bleiben, sondern eine höhere Position haben. Das bedeutet zwar mehr Arbeit und mehr Verantwortung, aber auch mehr Geld. Nächstes Jahr geht meine Chefin in Rente und ich werde versuchen, ihren Posten zu bekommen. Dann wäre ich Teamleiterin. In zehn Jahren möchte ich Personalchefin sein. Wenn ich meine Arbeit gut mache, werde ich es schaffen."

Dimitra möchte ....

2 „Mein Praktikum im Seniorenheim wird bald zu Ende gehen. Ich muss also überlegen, was ich danach machen möchte, um im Leben voranzukommen. Ich könnte eine Ausbildung machen oder studieren. Auch mein Deutsch muss ich noch verbessern, um eine gute Arbeit und ein gutes Gehalt zu bekommen. Aber auch persönlich muss ich noch viel lernen, z. B. wie man im Team arbeitet oder sich gegenüber Vorgesetzten verhält. Ich will einfach immer besser werden."

Nhan möchte ....

3 „Ich habe vor Kurzem leider eine Kündigung erhalten, sodass ich mir jetzt überlegen muss, wie es weitergeht. Vielleicht werde ich mich weiterbilden, aber ich muss auch Geld verdienen. Also werde ich mir einen Job suchen. Ich war schon beim Arbeitsamt und habe dort verschiedene Angebote erhalten. Jetzt werde ich die Firmen anschreiben. Hoffentlich finde ich bald einen neuen Job."

Fayyad möchte ....

4 „Meine Übersetzungsagentur läuft ganz gut, aber manchmal merke ich, dass ich Architektur studiert habe und nicht Übersetzen und Dolmetschen. Ich spreche zwar sehr gut Englisch und Deutsch, aber ich könnte sicherlich mehr über die Techniken lernen, die man für diesen Job braucht. Ich glaube, ich werde mich nächstes Semester noch einmal an der Universität einschreiben."

Fadi möchte ....

5 „Bei uns im Sanitärbetrieb übernehme ich immer mehr Aufgaben und das gefällt mir. Ich weiß jetzt, wie man Messen vorbereitet und habe gelernt, Angebote zu schreiben und Aufträge zu bearbeiten. Unsere Firma ist zwar zu klein, um richtig Karriere zu machen, aber ich möchte trotzdem noch viel mehr Aufgaben übernehmen, um irgendwann so kompetent wie mein Chef zu sein."

Toma möchte ....

6 „Meine Firma ist weltweit führend in der Automobilindustrie, und ständig gibt es neue Entwicklungen. Als Ingenieurin möchte ich mich auf den neuen Bereich „Autonomes Fahren" konzentrieren und Expertin auf diesem Gebiet werden. Ich denke, es ist besser, in einem Bereich richtig gut zu sein, als von allem ein bisschen zu wissen."

Hedda möchte ....

7 „Mein Traum ist es, an der Rezeption des Hotels zu arbeiten. Ich habe zwar keine Ausbildung als Hotelfachfrau, aber ich kann verschiedene Kurse und Seminare belegen. Das Altstadthotel bietet demnächst ein Seminar zum Umgang mit unserer Hotelsoftware an. Und an der vhs Altona findet ein Kurs für Englisch in der Gastronomie statt. Den werde ich belegen, um mehr für meinen zukünftigen Beruf zu lernen."

Malaika möchte ....

12 Protokolle schreiben 📖 9

a Lesen Sie das Protokoll und ordnen Sie die Fragen zu.

Besprechungsprotokoll

Wöchentliches Teammeeting **a**

Datum / Zeit:	27.3.20xx, 9.00 Uhr – 10.30 Uhr **c**
Leitung: **b**	Hannes Wiesmeier, Geschäftsführer
Teilnehmer:	Anja Weißberger (Sekretariat), Milan Zcevic (HR), Julia Alesso (Verkauf), Anita Jiménez (Kundenbetreuung), Franziska Marks (Einkauf), Bilal Khan (IT)
Protokoll:	Anja Weißberger **d**
e	
TOP 1:	Neue Kooperation mit NewFashion **f**
Diskussion:	NewFashion hält Lieferfristen nicht ein; Ware kommt oft zu spät; Kundenbeschwerden werden häufiger **g**
Ergebnis:	Der gute Ruf von VODEGA nimmt Schaden, wir verlieren Kunden
Aufgaben: **h**	Telko mit NewFashion, Fragen nach Gründen für die Verspätungen, Vorschlag: neue Spedition
Verantwortlich:	Anita Jiménez **i**
Frist: **j**	30.3.20xx; Situation muss ab Mai besser werden!

1	Bis wann muss die Aufgabe erledigt sein? ☐	6	Wann fand die Besprechung statt? ☐
2	Wer war bei der Besprechung anwesend? ☐	7	Wer hat das Protokoll geschrieben? ☐
3	Wie wirkt sich das Problem aus? ☐	8	Wer hatte den Vorsitz? ☐
4	Wer übernimmt die Aufgabe? ☐	9	Was soll gemacht werden? ☐
5	Was ist das Problem? ☐	10	Was war der erste Besprechungspunkt? ☐

b Ordnen Sie die Sätze.

1 zur | neuen | Am | wurde | Sitzung | unsere | abgehalten | der | 24. März | Eröffnung | Zweigstelle

....

2 Sie | Anhang | Teilnehmer | Die | Liste | der | finden | im

....

3 in | eröffnen | Zweigstelle | Es | die | entschieden, | Hamburg Barmbek | wurde | zu

....

4 ergriffen | einige | Vor | der | werden | Maßnahmen | Eröffnung | müssen | wichtige

....

5 Mitarbeiter | gleichmäßig | Die | werden | alle | Aufgaben | verteilt | auf

....

6 Mai | sein | Alle | bis | Aufgaben | müssen | Ende | erledigt

....

Lernwortschatz

Termine

der Termin
die Kalenderwoche (KW)

Schreiben Sie Beispielsätze.

absagen .... Ich muss den Termin absagen, weil ...
abstimmen
ausmachen
vereinbaren
verschieben

Besprechungen

die Agenda
die Anwesenden
die Besprechung
die Maßnahme
das Meeting
das Protokoll
die Sitzung
die Tagesordnung
die Teilnehmer
das Thema
der Tagesordnungspunkt (TOP)

Wie lauten die Pluralformen?

der Beamer
der Besprechungsraum
die Besprechungsunterlagen
das (der, die) Flipchart
der Internetzugang
die Leinwand
der Netzwerkanschluss
die Pinnwand
der Moderationskoffer
die Moderationskarten
das Whiteboard

Statistiken

der Ausblick
die Entwicklung
die Grafik
die Planung
die Prognose
der Rückblick
die Statistik
der Trend
die Zukunft

Übersetzen Sie in Ihre Muttersprache.

fallen
sinken
steigen

Malen Sie passende Pfeile.

1 Ein technisches Gerät erklären 1–2

a Wie heißen die Wörter zum Thema „Mobilgeräte"?

1 eine Beschreibung, wie ein Gerät funktioniert — L E I T

2 ein mobiler PC — T E

3 hier sind Daten gespeichert — A R T

4 ein Gerät deaktivieren — S C H

5 wenn der Akku leer ist, muss man ihn … — A U

6 sie leuchtet, wenn das Gerät betriebsbereit ist — T R I E B

7 der Bildschirm bei Smartphones und Tablets — U C H

8 ein modernes Handy — M A R

hierhin gehört der Akku:

b Schreiben Sie die Bitten im Imperativ.

1 Kannst du bitte die Bedienungsanleitung lesen?

2 Kannst du bitte den Akku einlegen?

3 Kannst du bitte das Gerät reparieren?

4 Kannst du mir bitte eine App runterladen?

5 Kannst du ihr bitte beim Download helfen?

6 Kannst du mir bitte eine neue Speicherkarte besorgen?

c Wie lauten die einzelnen Wörter aus einer Bedienungsanleitung? Notieren Sie.

abdeckungcoverakkueinrastenanschlusskontaktladegerätdisplaypinanzeigesymbolsimnavigiereneinrichten

1		8	
2		9	
3		10	
4		11	
5		12	
6		13	
7		14	

2 Ein technisches Gerät verstehen ▭

a Welche Funktion ist das? Ordnen Sie zu.

_6_ Mikrofon/Lautsprecher 1	___ Touchscreen/Display	___ Kamera
___ Ein-/Aus-Taste bzw. Stand-by-Taste	___ Lautstärke lauter/leiser	___ Lautsprecher 2
___ Stummtaste an/aus	___ Micro-USB-Anschluss	
___ Ohrhörer-Anschluss	___ Betriebsanzeige	

b Verbinden Sie die Funktionen mit den Beschreibungen.

1 Kamera	a Hier schließt man das Ladegerät oder den PC an.
2 Ohrhörer-Anschluss	b Hier spricht man rein bzw. kann man Gespräche laut hören.
3 Betriebsanzeige	c Diesen Anschluss benutzt man meist zum Musikhören.
4 Touchscreen/Display	d Hier kann man das Handy lauter/leiser stellen.
5 Mikrofon/Lautsprecher 1	e Hier schaltet man das Handy an, aus oder auf Stand-by.
6 Micro-USB-Anschluss	f Hiermit macht man Fotos.
7 Ein-/Aus-Taste bzw. Stand-by-Taste	g Das ist der Bildschirm.
8 Lautstärketaste lauter/leiser	h Sie zeigt an, wenn das Gerät eingeschaltet ist.
9 Stummtaste	i Diesen Lautsprecher benutzt man z. B. beim Telefonieren.
10 Lautsprecher 2	j Hier kann man alle Geräusche auf stumm oder laut schalten.

c Wie heißt das Gegenteil?

1 ein Gerät ausschalten ....

2 eine Datei hochladen ....

3 das rückseitige Cover entfernen ....

4 das Ladegerät anschließen ....

5 eine Datei aufmachen ....

6 ein Gerät auf stumm schalten ....

3 Richtig kopieren 2

a Bringen Sie die einzelnen Schritte beim Kopieren in die richtige Reihenfolge. Es gibt Varianten.

| 1 Kopiertaste drücken | 2 Abdeckung schließen | 3 Blatt auf die Scheibe legen | 4 Kopierer einschalten |

| 5 Papier auffüllen | 6 Farbe, Größe, Anzahl auswählen | 7 Kopien entnehmen | 8 Abdeckung öffnen |

Reihenfolge: ....

b Schreiben Sie eine Anleitung für das Kopieren.

Schalten Sie zuerst ....

....

....

c Ergänzen Sie den Text.

wählt | wählt | drückt | legt | schaltet | füllt … auf | stellt | gebt … an | nehmt | wartet

.1.............. den Kopierer ein und .2.............., bis die Betriebsleuchte leuchtet. Dann ist der Kopierer kopierbereit. .3.............. eure Vorlage mit der zu kopierenden Seite auf die Scheibe. .4.............. im Menü die Anzahl der Kopien. .5.............. die Größe und das Kopierformat der Kopie ein. .6.............. dann das Papierfach .... .7.............. bei Farbkopierern die Farbeinstellung. .8.............. eventuell das Papierfach mit dem entsprechenden Papierformat .... .9.............. anschließend die Starttaste. .10.............. zum Schluss die Kopien aus dem Ausgabefach.

4 Lauter Werbesprüche 2

a Schreiben Sie die Sätze im Imperativ.

1   ihr: erleben | das | neuste | Smartphone

....

2   Sie: testen | unsere Flatscreen-Fernseher | diesen | Monat | kostenlos

....

3   du: gewinnen | eines | von | 100 | Tablets

....

4   ihr: erhalten | kostenlose | eine | Einführung | in | das | aktuelle | PC-Programm

....

b Ergänzen Sie die Imperativformen.

Infinitiv	du (2. Person Sg.)	ihr (2. Person Pl.)	Sie (2. Person Pl./formell)
löschen			
speichern			
wiederholen			
aktivieren			
klicken			

5 Die Erste im Büro

a Ordnen Sie die Verben den Bildern zu. Mehrfachzuordnungen sind möglich.

> öffnen | abhören | aufschließen | abschließen | anmachen | trinken | zumachen |
> hochfahren | anschalten | ausschalten | machen | ausdrucken | wählen | notieren

64 **b** Frau Baumgart arbeitet seit Kurzem als Sekretärin bei Herrn Körner. Hören Sie das Gespräch zwischen ihr und ihrem Chef und notieren Sie, in welcher Reihenfolge sie was tun soll.

1 ....
2 ....
3 ....
4 ....

5 ....
6 ....
7 ....
8 ....

c Formulieren Sie die Tätigkeiten im Imperativ mit „Du".

6 Trennbare Verben

Welche Verben sind trennbar, welche nicht? Notieren Sie.

> bestätigen | ~~auswählen~~ | hinzufügen | hochladen | aussuchen |
> aufrufen | bestimmen | eintragen | wiederholen | abtippen | auflegen |
> abwarten | deaktivieren | hingehen | eingeben | angeben | wegklicken |
> ablegen | erhalten | abspeichern | entladen | anschauen | anrufen |
> abdrücken | herunterladen | entnehmen | heranzoomen

trennbar		nicht trennbar	
aus|wählen			

7 Urlaub und Überstunden [4]

Welcher Satz hat die gleiche Bedeutung? Notieren Sie.

1 Fayyad hat diese Woche Urlaub.
   a ◯ Er reicht seinen Urlaubsplan ein.
   b ◯ Er befindet sich im Urlaub.

2 Sein Kollege Simon vertritt ihn in der Abteilung.
   a ◯ Simon macht in dieser Zeit Fayyads Arbeit.
   b ◯ Simon vertritt die Abteilung.

3 Murad beantragt Freizeitausgleich.
   a ◯ Murad möchte seine Überstunden abbauen.
   b ◯ Murad möchte seinen Jahresurlaub machen.

4 Fayyads Urlaub beträgt 25 Arbeitstage.
   a ◯ Er hat zusätzlich zu den Wochenenden 25 Tage Urlaub.
   b ◯ Er hat mit den Samstagen insgesamt 25 Tage Urlaub.

8 Betriebsvereinbarungen [5]

a Ergänzen Sie die Sätze mit *zu* + Infinitiv. Mehrfachzuordnungen sind möglich.

nehmen   beantragen   abbauen   beachten   festlegen   einhalten

1 Die Betriebsvereinbarungen sind ....

2 Die Kernarbeitszeiten sind ....

3 Der Jahresurlaub ist rechtzeitig ....

4 Die Überstunden sind ....

5 Die Pausen sind ....

6 Die Abteilungsleitung hat die Arbeitszeiten ....

b Markieren Sie die richtige Lösung.

1 Der Mitarbeiter hat sich im Krankheitsfall unverzüglich bei der Abteilungsleitung
  krankzumelden/zu krankmelden.

2 Die Krankmeldung hat bis zum dritten Tag der Arbeitsunfähigkeit bei der Abteilungsleitung
  zu eingehen/einzugehen.

3 Ein Arbeitsunfall ist unverzüglich mitzuteilen/zu mitteilen.

4 Die Anweisungen von der Abteilungsleitung sind zu befolgen/bezufolgen.

5 Die Spesenabrechnungen sind pünktlich zu einreichen/einzureichen.

6 Die Sicherheitsbestimmungen sind stets zu einhalten/einzuhalten.

9 Berufsbekleidung 6☐

a Welche Berufe sind hier abgebildet? Notieren Sie.

1 .... 2 .... 3 .... 4 ....

b Welche Berufskleidung und/oder Arbeitsmittel benötigen diese Berufsgruppen? Notieren Sie.

1 ....

2 ....

3 ....

4 ....

c Wer trägt was? Die Übersichten haben jeweils einen Fehler. Streichen Sie das nicht passende Wort durch.

Fachkraft Großmetzgerei
Sicherheitshandschuhe
Kittel/gummierte Schürze
Sicherheitsweste
Sicherheitsschuhe
Hygienehaube
Gummihandschuhe
Kettenhandschuhe

Krankenschwester/ Krankenpfleger
Mundschutz
weißes T-Shirt
Kasack
weiße Hose
Pantoletten
Arztkittel

10 Sicherheitsbestimmungen 7☐

a Wählen Sie vier Piktogramme aus und notieren Sie, was man (nicht) darf/kann/soll.

1   2   3   4   5   6

....

....

....

....

b Ordnen Sie zu.

1 Es darf im Gebäude nicht   a tagsüber getragen werden.
2 Warnwesten müssen auch   b korrekt abgesichert werden.
3 Es darf kein offenes   c gesprungen werden.
4 Eine Gefahrenstelle muss   d geraucht werden.
5 Es darf nicht vom Beckenrand   e Feuer gemacht werden.

c Streichen Sie das falsche Wort durch.

1 Sicherheitshinweise: anordnen – lesen – beachten
2 Arbeitsunfälle: vermeiden – melden – begehen
3 Schutzkleidung: tragen – entsorgen – einhalten
4 Arbeitsgeräte: reinigen – prüfen – werfen
5 Hygienebestimmungen: beachten – deaktivieren – einhalten

11 Einen Arbeitsunfall melden 8☐

a Herr Lombardi hatte einen Arbeitsunfall.
Bringen Sie seine Aussagen in die richtige Reihenfolge.

.... Ich habe das Fleisch und das Gemüse in den Pfannen angebraten.
.... Dann wollte ich die gekochten Kartoffeln abgießen.
..1.. Ich habe den Herd angemacht und auf Stufe 6 gestellt.
.... Ich bin mit dem Topf ausgerutscht und habe das heiße Wasser über meinen linken Arm geschüttet.
.... Danach habe ich etwas Butter in die Pfannen gegeben und die Kartoffeln in das kochende Wasser gegeben.
.... Die Teller habe ich zum Warmhalten in den Ofen geschoben.
.... Plötzlich wurde ich vom Kellner versehentlich angestoßen.
.... Dann habe ich zwei Pfannen und einen Topf mit Wasser auf die Herdplatte gestellt.
.... Ich habe den Topf mit dem heißen Wasser über die Spüle gehalten und langsam das Wasser ausgegossen.
.... Das gebratene Fleisch und das Gemüse habe ich auf die Teller getan.

b Was macht man bei einem Arbeitsunfall? Schreiben Sie die Sätze in der richtigen Reihenfolge.

beim Unfallopfer bleiben, bis professionelle Hilfe eintrifft   Unfallopfer ansprechbar?

Rettungswagen, Notarzt, betrieblichen Sanitäter rufen   Erstversorgung der Verletzungen

1 Zuerst ....
2 Dann ....
3 Anschließend ....
4 Zum Schluss ....

c Schreiben Sie, was man bei einer „stabile Seitenlage" tun muss.

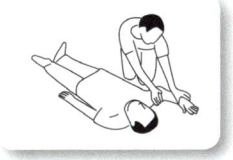
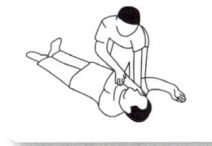

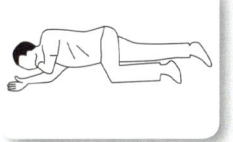

Lernwortschatz

Ein technisches Gerät erklären

Unterstreichen Sie alle Wörter aus dem Englischen. Wie heißen sie in Ihrer Muttersprache?

das Akkufach
aufladen/laden
die Betriebsanleitung
die Betriebsanzeige
betriebsbereit
der Bildschirm
die Ein-/Aus-Taste
einschalten/ausschalten
das Gerät
das Handy
das Ladegerät
der Laptop
die Lautstärketaste
der Monitor
das Notebook
die SIM-Karte
das Smartphone
die Speicherkarte
technisch
der Touchscreen

Technische Anweisungen befolgen

Bilden Sie mit diesen Verben einen Satz im Imperativ.

aktivieren/deaktivieren
aktualisieren
bestätigen
eingeben
heranzoomen/zoomen
hinzufügen
(ab)speichern
(aus)wählen

Betriebsvereinbarungen

Geben Sie den bestimmten Artikel an.

Freizeitausgleich
Regelung
Überstunde
Urlaubsanspruch
Vereinbarung

Sicherheitsbestimmungen/Arbeitsunfälle

Aus welchen Nomen setzen sich diese Komposita zusammen?

das Arbeitsgerät   *die Arbeit + das Gerät*
der Arbeitsunfall
die Berufskleidung
die Hygienebestimmung
der Notarzt
der Rettungswagen
die Schutzkleidung
der Sicherheitshinweis

1 Arbeitsverträge

a Klären Sie die Begriffe und füllen Sie den Personalfragebogen mit Ihren eigenen Angaben aus.

PERSONALFRAGEBOGEN

Name des Mitarbeiters: .... Personalnummer: 123456 VODEGA GMBH

Persönliche Angaben

Familienname und ggf. Geburtsname	Vorname(n), Rufname unterstrichen
Straße, Hausnummer und ggf. Adresszusatz	PLZ, Ort
Telefon (Festnetz und mobil)	E-Mail-Adresse
Staatsangehörigkeit	Geburtsort und -land
Familienstand	Geschlecht ❏ männlich ❏ weiblich
Anzahl der Kinder	Schwerbehinderung ❏ ja ❏ nein
Kontoverbindung: Name der Bank	Name des Kontoinhabers
IBAN	BIC

Angaben zur Beschäftigung

Eintrittsdatum	Abteilung
Berufsbezeichnung	Ausgeübte Tätigkeit
❏ Haupttätigkeit ❏ Nebentätigkeit	Probezeit ❏ ja ❏ nein Wenn ja, wie lange:
Schulabschluss ❏ ohne Schulabschluss ❏ Haupt- / Volksschulabschluss / gleichwertiger Abschluss ❏ mittlere Reife / gleichwertiger Abschluss ❏ Abitur / Fachabitur / gleichwertiger Abschluss	Berufsausbildung ❏ ohne Berufsausbildung ❏ anerkannte Berufsausbildung ❏ Meister / Techniker / gleichwertige Fachausbildung ❏ Bachelor ❏ Master / Diplom / Magister / Staatsexamen ❏ Promotion
Wöchentliche Arbeitszeit	Urlaubsanspruch
Kostenstelle 1523	Personengruppenschlüssel 101

Angaben zur Sozialversicherung

Ich bin ❏ ohne Versicherungsschutz ❏ privat krankenversichert / Name der Versicherung: ❏ pflichtversichert / Name der Versicherung: ❏ familienversichert / Name des Hauptversicherten:	Versicherungsnummer gemäß Sozialversicherungsausweis 12 123456 M 123

Angaben zur Steuer (soweit vorhanden)

Identifikationsnummer	Finanzamt	Steuerklasse	Kinderfreibeträge	Konfession
12 345 678 912	Hamburg-Mitte			

Ich versichere nach bestem Wissen die Vollständigkeit und Richtigkeit meiner Angaben. Mit ist bekannt, dass ich dazu verpflichtet bin, jede Änderung, die sich gegenüber den Angaben in diesem Personalfragebogen ergibt, unverzüglich dem Arbeitgeber anzugeben.

Ort, Datum .... Unterschrift ....

b Ordnen Sie die Begriffe aus dem Arbeitsvertrag zu.

Urlaub | Arbeitsvergütung | Nebentätigkeiten | Kündigungsfrist | Arbeitnehmer |
Arbeitsverhältnis | Fortzahlung des Gehalts | Probezeit | Arbeitgeber | Tätigkeit

Arbeitsvertrag
zwischen:

MiroWELT   Barbara Welsch

nachfolgend ...1................................ genannt   nachfolgend ...2................................ genannt

Das ...3.................... beginnt am 1.3.20xx.

Die ersten drei Monate gelten als ...4............................. .

Die ...5.................... ist wie folgt: Kassieren, Regale einräumen, Produktinformationen geben.

Die ...6.................... beträgt 1.500 € brutto pro Monat.

Der Arbeitnehmer hat 25 Tage ...7.................... im Jahr.

Bei Krankheit besteht ...8.................... bis zu sechs Wochen.

Der Arbeitnehmer darf ...9.................... nur mit Zustimmung des Arbeitgebers übernehmen.

Die ...10.................... beträgt vier Wochen zum Monatsende.

c Es passen jeweils vier der unten aufgeführten Aussagen zu den folgenden Begriffen. Ordnen Sie sie zu.

1   umfasst eine Arbeitszeit von 40 Stunden wöchentlich
2   darf keine internen Informationen über seine Arbeit weitergeben
3   ist auf zwei Jahre befristet
4   muss bei privaten Veränderungen informiert werden
5   verpflichtet sich, auch andere Tätigkeiten auszuüben
6   kann mit einer Frist von zwei Wochen gekündigt werden
7   zahlt dem Beschäftigten 2.100 € brutto
8   hat Anspruch auf 28 Tage Urlaub
9   muss eine Nebentätigkeit genehmigen
10 verpflichtet sich, das Gehalt im Krankheitsfall fortzuzahlen
11 beginnt am 1. August 20xx
12 wird als Elektriker beschäftigt

4

der Arbeitgeber

das Arbeitsverhältnis

der Arbeitnehmer

2 Compliance [3][ ]

Lesen Sie den folgenden Auszug aus dem Leitbild eines mittelständischen Unternehmens zum Thema *Compliance*. Beantworten Sie die Fragen.

... Unser Unternehmen hat klare Regeln zum Umgang mit Geschenken von Geschäftspartnern und Kunden. Es ist unseren Mitarbeitern nicht erlaubt, Geschenke anzunehmen, die direkt mit einer Gegenleistung, wie z. B. einem Auftrag, verbunden sind. Ausgenommen sind Geschenke unter einem Wert von 16,00 Euro (Kugelschreiber, Kalender etc.). Jeder Mitarbeiter, der ein Geschenk über diesem Wert annimmt, verhält sich regelwidrig und steht unter dem Verdacht der Bestechlichkeit. Er kann somit fristlos gekündigt werden. Von dieser Regelung ausgenommen sind Einladungen zu Geschäftsessen.

1 Was dürfen die Mitarbeiter annehmen? ....

2 Was dürfen sie nicht annehmen? ....

3 Die Gehaltsabrechnung 4

a Hören Sie einen Vortrag zum Thema
Steuern und Sozialabgaben.
Ergänzen Sie dabei die Wörter in der Übersicht.

65 ◀》

Gehaltsabrechnung: Hedda Aziz

(1)	.............verdienst	2.600,00 €
(2)	– ....steuer	348,91 €
(3)	– ....steuer	---
(4)	– S.............	19,19 €
(5)	– ....versicherung	213,20 €
(6)	– ....versicherung	37,50 €
(7)	– ....versicherung	243,10 €
(8)	– ....versicherung	39,00 €
(9)	= ....verdienst	1.699,10 €

b Ergänzen Sie die Verben in der richtigen Form.

überweisen | sparen | vereinbaren | abziehen | erhalten | einbehalten | zahlen | verwenden

1 Arbeitgeber und Arbeitnehmer .... das Bruttogehalt.
2 Der Staat .... die Lohnsteuer ....
3 Der Solidaritätszuschlag wird für den Aufbau Ost ....
4 In Deutschland .... Protestanten und Katholiken Kirchensteuer.
5 Durch die Änderung der Steuerklassen kann man eventuell Steuern ....
6 Die Sozialversicherungen werden ebenfalls vom Gehalt ....
7 Menschen ohne Arbeit .... Arbeitslosengeld.
8 Die Firma .... das Nettogehalt auf das Konto des Arbeitnehmers.

c Lesen Sie den Text und beantworten Sie die Fragen.

guteINFO.net

Startseite | Frage stellen | Antworten | Themen A-Z | Suche

⇒ Abzüge von Lohn und Gehalt

Steuern und Sozialabgaben sind in Deutschland obligatorisch, d.h. sie müssen gezahlt werden und werden automatisch vom Gehalt abgezogen. Es handelt sich immer um einen Prozentsatz vom Bruttoverdienst. Arbeitnehmer, die mehr verdienen, zahlen also einen höheren Betrag. Dies nennt man „Solidaritätsprinzip", das bedeutet, dass ein Staatsbürger nicht für sich alleine verantwortlich ist, sondern für die ganze Gesellschaft. So muss zum Beispiel jeder Arbeitnehmer in die Krankenkasse einzahlen, egal wie hoch sein eigenes Risiko ist, krank zu werden, oder wie alt er ist oder ob er Kinder hat oder nicht. Wer viel verdient, muss auch mehr zahlen; wer wenig verdient oder sogar arbeitslos ist, zahlt weniger, bekommt aber die gleichen Leistungen beim Arzt oder im Krankenhaus. Der Arbeitgeber zahlt ca. die Hälfte der Sozialabgaben für den Arbeitnehmer und überweist diese direkt an die Krankenkasse und die Rentenversicherung. Den Anteil des Arbeitnehmers sieht man auf der Gehaltsabrechnung nicht, aber für eine Firma bedeutet das natürlich höhere Lohnkosten insgesamt.

		✓	✗
1	Jeder Arbeitnehmer zahlt den gleichen Betrag an Sozialabgaben.	☐	☐
2	Wer wenig verdient, bekommt beim Arzt auch weniger Leistung.	☐	☐
3	Auch der Arbeitgeber zahlt Sozialleistungen für den Arbeitnehmer.	☐	☐

4 Partizipialkonstruktionen 5

a Ergänzen Sie die Tabelle mit Partizipialkonstruktionen.

	maskulin	feminin	neutral	Plural
Nom.	.... gezahlte Lohn	die gezahlte Lohnsteuer	das gezahlt........ Gehalt	die gezahlt........ Abgaben
Akk.	.... gezahlten Lohn	die gezahlt........ Lohnsteuer	das gezahlt........ Gehalt	die gezahlt........ Abgaben
Dat.	dem gezahlt........ Lohn	.... gezahlten Lohnsteuer	.... gezahlten Gehalt	den gezahlt........ Abgaben
Gen.	des gezahlt........ Lohns	der gezahlt........ Lohnsteuer	des gezahlt........ Gehalts	.... gezahlten Abgaben

b Suchen Sie sich vier Konstruktionen heraus und bilden Sie Sätze.

1 ....

2 ....

3 ....

4 ....

c Bilden Sie aus dem Relativsatz eine Partizipialkonstruktion.

1 Der Vertrag, der mit der Firma abgeschlossen wurde, zeigt das Bruttogehalt.

....

2 Die Wohnung, die er gemietet hat, hat einige Mängel.

....

3 Das Geld, das ihm gestohlen wurde, hat er leider nie wiederbekommen.

....

4 Sie können das Auto, das gestern repariert wurde, heute zwischen 15 und 18 Uhr abholen.

....

5 Wem gehört das Handy, das nicht ausgeschaltet wurde?

....

6 Ich suche seit Stunden nach der Rechnung, die noch nicht bezahlt wurde.

....

7 Die Bestellung, die wir gestern erhalten haben, kann erst nächste Woche bearbeitet werden.

....

8 Durch die Steuerklasse, die geändert wurde, sparen wir jetzt 60 € im Monat.

....

9 Alle Punkte, die auf der Sitzung besprochen wurden, müssen ins Protokoll.

....

10 Das Material, das für die Messe vorbereitet wurde, liegt bei Frau Wiesner im Büro.

....

5 Der Betriebsrat

a Finden Sie die Erklärungen für die Wörter – ordnen Sie zu.

1	Betriebsrat	a	Maßnahmen, um den Arbeitnehmer vor Gefahren zu schützen
2	Belegschaft	b	Hilfe für die Arbeitnehmer, ihre Meinung im Betrieb zu sagen
3	Schwerbehinderte	c	alle Mitarbeiter, die im Betrieb arbeiten
4	Gleichberechtigung	d	Interessenvertretung aller Arbeitnehmer im Betrieb
5	Arbeitsschutz	e	Menschen mit einer andauernden Krankheit
6	Interessenvertretung	f	gleiche Rechte und Chancen für jeden Mitarbeiter

b Bringen Sie die Wörter in die richtige Reihenfolge.

1 die | Arbeitnehmer | vertritt | Betriebsrat | Der | Interessen | der

....

2 nicht | Betriebsrats | dürfen | des | streiken | Mitglieder

....

3 Belegschaft | zwischen | Konflikte | und | verhindern | Arbeitgeber | sollen | Sie

....

6 Gleichberechtigung

In deutschen Firmen fallen oft die Begriffe „Gender" und „Diversity". Schauen Sie die Bedeutung im Internet nach und tauschen Sie sich in der Gruppe darüber aus, was gemeint ist.
Die folgenden Stichwörter helfen Ihnen dabei.

> *Ausländer ... ältere Menschen ... Kultur ... Chancen ...*
> *behinderte Menschen ... Karriere ... Religion ... Frauen*

7 Die Kündigung

a In jeder Zeile ist ein Wort zum Thema „Kündigung". Schreiben Sie die Wörter auf. (Ü = UE)

1	B	I	N	C	K	E	R	E	S	T	U	R	L	A	U	B
2	F	R	E	I	S	T	E	L	L	U	N	G	N	J	E	M
3	O	S	P	E	R	R	Z	E	I	T	C	H	W	I	S	Y
4	T	M	Q	Z	L	W	K	U	E	N	D	I	G	U	N	G
5	K	U	E	N	D	I	G	U	N	G	S	F	R	I	S	T
6	Y	S	A	B	M	A	H	N	U	N	G	Q	C	D	D	R
7	A	R	B	E	I	T	S	L	O	S	I	G	K	E	I	T

1 _ _ _ _ _ _ _

2 _ _ _ _ _ _ _ _ _

3 _ _ _ _ _ _ _ _

4 _ _ _ _ _ _ _

5 _ _ _ _ _ _ _ _ _ _

6 _ _ _ _ _ _ _

7 _ _ _ _ _ _ _ _ _ _ _ _

b Betriebliche Kündigungen werden ausgesprochen, wenn die Firma weniger Arbeitskräfte benötigt. Schreiben Sie nun Beispiele auf, warum Ihrer Meinung nach ein Arbeitnehmer wegen *seiner Leistung* oder *seines Verhaltens* gekündigt werden kann.

c Sind diese Aussagen richtig oder falsch?

                                               ✓ ✗

1 Eine **betriebliche Kündigung** heißt, dass der Arbeitnehmer nicht gut gearbeitet hat. ☐ ☐
2 **Fristgerecht kündigen** bedeutet, dass der Arbeitnehmer sofort gehen muss. ☐ ☐
3 Bei einer **Freistellung** kann der Arbeitnehmer vor dem Ende der Kündigungsfrist gehen. ☐ ☐
4 **Fortzahlung des Gehalts** bedeutet, dass der Arbeitnehmer sein Gehalt auch bekommt, wenn er freigestellt ist. ☐ ☐
5 Wenn der **Resturlaub angerechnet wird**, kann er noch genommen werden, wenn das Arbeitsverhältnis bereits zu Ende ist. ☐ ☐
6 Eine **ordentliche Kündigung** heißt, dass die Kündigungsfrist eingehalten wurde. ☐ ☐
7 Der Arbeitgeber informiert das Arbeitsamt und meldet den Arbeitnehmer **arbeitslos**. ☐ ☐
8 Wenn die Arbeitslosenmeldung zu spät erfolgt, erhält der Arbeitslose weniger **Arbeitslosengeld**. ☐ ☐

8 Weiterbildung 8 ☐

a Lesen Sie den Text und entscheiden Sie, welche Wörter am besten in die Lücken passen.

> Jeder Mensch __1__ sich kontinuierlich weiterentwickeln. __2__ man schon eine gute Ausbildung oder ein Studium und vielleicht sogar einen guten Arbeitsplatz hat, sollte man nie aufhören, Neues zu lernen. Arbeitslose müssen natürlich erst recht __3__, sich weiterzuentwickeln, um bessere Chancen zu haben, wieder einen guten Arbeitsplatz zu finden. Es gibt ganz __4__ Möglichkeiten, sich weiterzubilden: Man kann eine neue Sprache lernen, sich am Computer weiterbilden oder einen Kurs für Rhetorik und freies Sprechen belegen. Die Volkshochschulen __5__ bieten die unterschiedlichsten Kurse an, dort ist für jeden etwas dabei. Mit einer Weiterbildung erweitern Sie __6__ Ihr Fachwissen in einem bestimmten Bereich, sondern gewinnen auch an Sicherheit und Selbstbewusstsein. __7__ macht es einfach Spaß, etwas Neues zu entdecken, neue Menschen kennenzulernen und den Erfolg in der Gruppe zu feiern. Probieren Sie es aus, es ist nie __8__!

1	a DÜRFTE	2	a AUCH WENN	3	a BEMÜHEN	4	a ANDERE
	b MÜSSTE		b SOWOHL		b SCHAFFEN		b VERSCHIEDENE
	c SOLLTE		c TROTZDEM		c VERSUCHEN		c VIELFACHE
5	a IM ALLGEMEINEN	6	a NICHT NUR	7	a AUSSERDEM	8	a ZU SCHLECHT
	b BESONDERS		b UMSO		b SOWIE		b ZU SEHR
	c ZUM BEISPIEL		c WEDER		c UND		c ZU SPÄT

b Sammeln Sie Stichpunkte und stellen Sie dann Ihre Wünsche der Gruppe vor.

- In welchem Bereich möchten Sie sich weiterbilden?
- Warum ist das für Sie wichtig oder interessant?
- Wo würden Sie die Weiterbildung gerne machen?
- Wie sollte der Kurs aussehen?

9 Arbeitsmöglichkeiten 8

a Ordnen Sie zu und notieren Sie die richtigen Kombinationen.

1	Werk-	job
2	Honorar-	arbeit
3	Mini-	vertrag
4	Praktikums-	anstellung
5	Zeit-	tätigkeit
6	Teilzeit-	vertrag

b Tragen Sie wie im Beispiel die Begriffe aus a in die Übersichten ein und ordnen Sie ihnen die folgenden Eigenschaften zu. Mehrfachzuordnungen sind möglich. Sie können auch eigene Ideen ergänzen.

1 stundenweise Arbeit   2 eigene Rechnungsstellung   3 unregelmäßiges Gehalt   4 kurze Arbeitszeit

5 Berufserfahrung sammeln   6 geringeres Gehalt   7 regelmäßiges Gehalt   8 relativ hohes Gehalt

9 keine Steuern und Sozialversicherungen   10 Jobsicherheit   11 Routine   12 Arbeit nach Auftrag

13 selbstständig   14 Verleihung des Arbeitnehmers an verschiedene Firmen   15 abwechslungsreich

16 kein bzw. wenig Geld verdienen   17 wenig Sicherheit   18 verschiedene Abteilungen kennenlernen

19 kurze Verträge mit einzelnen Firmen   20 geregelter Urlaub

Werkvertrag: 2

c Hören Sie drei Personen und ihre Meinungen zu den verschiedenen Arbeitsmöglichkeiten. Welche Meinung passt zu welcher Aussage? Pro Sprecher ist nur eine Zuordnung möglich.

66

Sprecher 1: ....

Sprecher 2: ....

Sprecher 3: ....

a   Honorartätigkeit ist immer mit finanzieller Unsicherheit verbunden.

b   Minijobs sind praktisch, denn man muss nur wenige Stunden im Monat arbeiten.

c   Wenn man für eine Zeitarbeitsfirma arbeitet, muss man flexibel sein und sich oft auf Neues einstellen.

d   Routine im Arbeitsalltag kann schnell langweilig werden.

e   Selbst wenn man gut arbeitet, ist es nicht sicher, dass man neue Aufträge bekommt.

f   Bei einem Minijob darf man nur so viele Stunden arbeiten, dass man eine bestimmte Verdienstgrenze nicht überschreitet.

Lernwortschatz

Arbeitsvertrag und Kündigung

Übersetzen Sie in Ihre Muttersprache.

die Abmahnung

die Anrechnung des Resturlaubs

die Arbeitsvergütung

das Arbeitsverhältnis

die Fortzahlung des Gehalts

die Freistellung

die Genehmigung

die Kündigung

die Kündigungsfrist

die Nebentätigkeit

die Probezeit

die Sperrzeit

die Tätigkeit

die Verschwiegenheitspflicht

Steuern und Sozialabgaben

die Arbeitslosenversicherung

das Bruttogehalt

die Kirchensteuer

die Krankenversicherung

die Lohnsteuer

das Nettogehalt

die Pflegeversicherung

die Rentenversicherung

der Solidaritätszuschlag

die Steuerklasse

Bilden Sie Sätze.

abziehen

einbehalten

sparen

streiken

überweisen

vereinbaren

der Arbeitsschutz

die Belegschaft

die Compliance

die Eingliederung

die Gleichberechtigung

der Schwerbehinderte

die Festanstellung — *fest + die Anstellung*

die Honorartätigkeit

der Minijob

die Teilzeittätigkeit

die Vollzeittätigkeit

der Werkvertrag

die Zeitarbeit

Aus welchen Wörtern setzen sich die Komposita zusammen?

Tests

- Mit den Zwischentests zu den Lektionen 1–3, 4–6, 7–9 und 10–12 können Sie kontrollieren, wie viel Sie dazugelernt haben. Außerdem bereiten die Zwischentests Sie schrittweise auf den Übungstest *telc Deutsch B1·B2 Beruf* vor.

- Mit dem Übungstest *telc Deutsch B1·B2 Beruf* können Sie ausprobieren, ob Sie das Niveau B2 schon erreicht haben.

- Einen weiteren kompletten Übungstest mit Erklärungen finden Sie im Internet: www.telc.net/verlagsprogramm.

- Bitte markieren Sie die richtige Antwort auf dem Antwortbogen so:

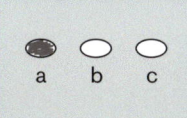

Hören, Teil 1

🔊 67

Sie hören drei Ansagen. Zu jeder Ansage gibt es eine Aufgabe. Welche Lösung (a, b oder c) passt am besten? Sie hören jede Ansage nur einmal.

> **TIPP!**
> Vor jeder Ansage haben Sie einen kurzen Moment Zeit, um die entsprechende Aufgabe zu lesen. Lesen Sie aufmerksam. Hören Sie dann genau hin. Was soll die Person tun?

1 Ahmad soll
   a das Menü für die Betriebsfeier bestellen.
   b ein Angebot für ein Menü einholen.
   c Essensvorschläge besprechen.

○ ○ ○
a b c

2 Axel soll Renato sagen,
   a ob der richtige Motor bestellt wurde.
   b wann der neue Motor geliefert wird.
   c welcher Motor gebraucht wird.

○ ○ ○
a b c

3 Peter soll
   a eine neue Preisliste erstellen.
   b Marjam gleich nach seiner Ankunft anrufen.
   c zuerst einen Bericht schreiben.

○ ○ ○
a b c

Hören, Teil 4

Situation

🔊 68

Sie hören ein Gespräch zwischen Teilnehmerinnen und Teilnehmern einer Tagung.

> **TIPP!**
> Lesen Sie die Sätze aufmerksam. Achten Sie dann beim Hören darauf, welche Meinung die Sprecherin/der Sprecher vertritt.
> Achten Sie nicht auf Details, sondern auf die allgemeine Aussage.

Aufgabe

Welcher der Sätze a–f passt am besten zu den Meinungen 4–6? Wählen Sie Ihre Lösungen für die Aufgaben 4–6. Zwei der Sätze a–f passen nicht. Lesen Sie jetzt die Sätze a–f. Dazu haben Sie 30 Sekunden Zeit. Danach hören Sie die Meinungen. Sie hören sie nur einmal.

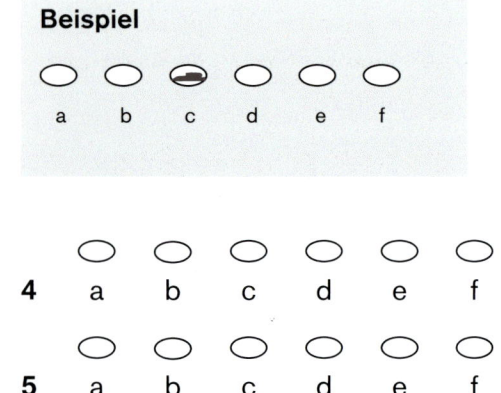

Beispiel

○ ○ ⊖ ○ ○ ○
a b c d e f

4 ○ ○ ○ ○ ○ ○
   a b c d e f

5 ○ ○ ○ ○ ○ ○
   a b c d e f

6 ○ ○ ○ ○ ○ ○
   a b c d e f

a Die Kinderbetreuung ist leider für viele Allein-erziehende noch immer ein großes Problem.

b Es ist gut, wenn Firmen eigene Betreuungsein-richtungen für Kinder zur Verfügung stellen.

✗ Wichtig sind bei der Kinderbetreuung vor allem eine flexible Organisation und die persönliche Beziehung.

d Der Staat sollte noch viel mehr Geld für Kinderbetreuung ausgeben.

e Es ist gut für Kinder, wenn sie mit Gleichaltrigen zusammen sein können.

f Kinder werden am besten innerhalb der eigenen Familie betreut.

Lesen, Teil 2

Lesen Sie die Sätze 7–11. Lesen Sie die Texte a–f. Welche Frage 7–11 passt zu welchem Tipp? Für eine Frage gibt es keinen passenden Tipp. Markieren Sie diesen Satz mit einem x.

TIPP! Lesen Sie die Sätze. Welche Information möchte die Person bekommen? Lesen Sie dann die Texte a – f. Welcher Text liefert genau die benötigte Information? Ordnen Sie zu.

7 *Moritz Wenders*
Ich schreibe gerade einen Lebenslauf. Nun frage ich mich, ob ich bei der jetzigen Stelle oder lieber ganz am Anfang meiner Berufslaufbahn beginnen soll. Kann mir vielleicht jemand einen Tipp geben?

8 *star99*
Mit Bewerbungen habe ich nicht viel Erfahrung. Ich möchte mich jetzt für eine Stelle als Kfz-Mechatroniker bewerben. Könnt ihr mir sagen, ob ich meinen Lebenslauf per Post oder lieber elektronisch übermitteln soll?

9 *Mandy IV*
Hallo Leute! Ich bin mit meiner derzeitigen Stelle unzufrieden, finde aber keine passende Aus-schreibung. Deshalb überlege ich, ob ich mich einfach so bei einer Firma bewerben soll. Was meint ihr?

10 *Zyklon2000*
Wir diskutieren gerade darüber, ob man Bewerbungsmappen besonders originell gestalten oder ob man sich lieber an die übliche Form halten sollte. Wie sollten sie eurer Meinung nach aussehen?

11 *Tom B*
Was meint ihr: Wenn ich mich bei einer Firma bewerbe, wo ich einen der Mitarbeiter persönlich kenne und der mir den Tipp mit der Bewerbung gegeben hat, soll ich darauf im Anschreiben hinweisen oder lieber nichts erwähnen?

Hilfe und Tipps bei Computerproblemen

Es gibt ganz unterschiedliche Bewerbungsmappen, zum Beispiel Schnellhefter oder mehrteilige Mappen. Fast alle gibt es aus Karton oder aus Plastik. Mir persönlich ist Karton lieber als Kunststoff. Ich glaube, dass das für die meisten Menschen gilt. Die Mappe sollte vor allem handlich sein. Für welche Farbe du dich entscheidest, ist Geschmackssache. Du kannst dich für deine Lieblingsfarbe entscheiden oder zum Beispiel die Farbe des Unternehmenslogos wählen.

Grundsätzlich würde ich sagen: so einfach wie möglich! Personalentscheider bekommen nach einer Ausschreibung vielleicht Hunderte an Bewerbungen und möchten übersichtliche, handliche und leicht vergleichbare Unterlagen. Deshalb würde ich dir raten, bei der üblichen Form zu bleiben. Etwas anderes ist es natürlich, wenn du dich in einer kreativen Branche bewirbst. Da darf die Bewerbung ruhig ausgefallen sein!

Sicher, tu das! Im schlimmsten Falle bekommst du eine Absage oder gar keine Antwort, aber wer wagt, gewinnt! Ich habe meine Traumstelle auch durch Eigeninitiative gefunden. Es hat einige Vorteile, sich ohne Ausschreibung zu bewerben. Zum Beispiel gibt es keine oder nur wenige Mitbewerber. Außerdem musst du keine besonderen Bedingungen erfüllen. Viele Unternehmen schätzen es, wenn Bewerber von sich aus tätig werden.

Deine E-Mail-Bewerbung solltest du auf keinen Fall an ein allgemeines Postfach schicken, das mit info@ oder so ähnlich beginnt. In den Ausschreibungen wird eine persönliche Adresse angeführt. Wenn du dich ohne Ausschreibung bewirbst, solltest du herausfinden, wer für Bewerbungen zuständig ist. Die richtigen Kontakte findet man häufig auf den Internetseiten. Ansonsten lohnt sich ein Anruf bei der Firma. Bewerbungen an anonyme Postfächer verschwinden oft im Papierkorb.

Beides ist möglich. Wenn du schon einige Jahre Berufserfahrung hast, solltest du mit der aktuellen Stelle beginnen, und die anderen dann rückwärts aufzählen. Ansonsten würde ich empfehlen, die verschiedenen Stationen chronologisch anzuführen, das heißt, du beginnst am Anfang und endest mit der letzten abgeschlossenen Ausbildung. In beiden Fällen solltest du den Lebenslauf in einer übersichtlichen Tabellenform gestalten.

Das kommt auf das Unternehmen an, bei dem du dich bewerben möchtest. Also wenn es ein eigenes Online-Formular auf der Internetseite des Unternehmens gibt, solltest du das für deine Bewerbung nutzen. Bei den meisten großen Firmen ist das der Fall. Kleineren Unternehmen ist es oft lieber, wenn man ihnen eine klassische Bewerbungsmappe schickt. In den Stellenangeboten steht meistens, welche Art der Übermittlung bevorzugt wird.

Sprachbausteine, Teil 1

Lesen Sie den folgenden Text und entscheiden Sie, welche Wörter a – i am besten in die Lücken 12 – 17 passen. Sie können jedes Wort im Kasten nur einmal verwenden. Nicht alle Wörter passen in den Text.

TIPP!

Achten Sie bei der Wahl der Wörter auf den Sinn, die passende Endung und die korrekte Verbform.

An:	m.kreisler@sealcom.net
CC:	
Betreff:	Anfrage Dichtungen

Sehr geehrter Herr Kreisler,

wir sind ein Kleinunternehmen, das eine 24-Stunden-Soforthilfe im Bereich der industriellen Fertigung anbietet. Bei Bedarf liefern wir rund um die Uhr Ersatz für defekte Maschinenteile. Unsere qualifizierten Mitarbeiter bauen die Ersatzteile auch jederzeit vor Ort ____**12**____.

Unser Interesse gilt ____**13**____ Sortiment an Dichtungen. Bei dem Lieferanten, bei dem wir ____**14**____ unsere Dichtungen bestellt haben, mussten wir in letzter Zeit leider wiederholt Qualitätsmängel feststellen. Durch ein Inserat ____**15**____ wir auf Ihre Firma aufmerksam geworden.

Können Sie ____**16**____ bitte Ihren Katalog zuschicken? Gerne empfangen wir auch einen ____**17**____ Außendienstmitarbeiter in unserer Firma. Wir bitten um eine Terminvereinbarung unter dieser E-Mail-Adresse.

Mit besten Grüßen

Florentina Nemecek
Einkauf
24/24-AG

a BISHER	**d** IHRER	**g** SIND
b EIN	**e** SOFORT	**h** WURDEN
c IHREM	**f** UNS	**i** VOR

Sprechen, Teil 1

TIPP!

Betrachten Sie die beiden Bilder. Welcher Beruf/welche Tätigkeit ist dargestellt? Über welche Tätigkeit möchten Sie lieber sprechen? Zu welchem Beruf fällt Ihnen am meisten ein?

Über Erfahrungen und Meinungen sprechen

Bild 1

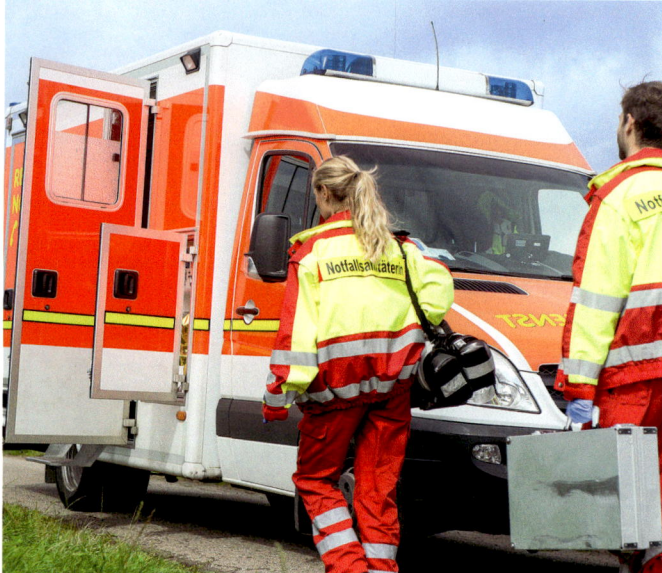

Bild 2

Das sagt die Prüferin bzw. der Prüfer:

Teil 1A

Warum haben Sie gerade dieses Bild gewählt?
Was fällt Ihnen zu der Tätigkeit ein?

Teil 1B – Bild 1

Lassen Sie uns über die „Arbeit als Näherin/Näher" sprechen.

Mögliche Prüferfragen

- *Welche Arbeiten macht man als Näherin/Näher?*
- *Was würde Ihnen besonders an dieser Tätigkeit gefallen?*
- *Lassen sich viele Menschen Kleider nähen in dem Land, aus dem Sie kommen?*

Teil 1B – Bild 2

Lassen Sie uns über die „Notfallsanitäterin/Notfallsanitäter" sprechen.

Mögliche Prüferfragen

- *Würden Sie gerne als Notfallsanitäterin/Notfallsanitäter arbeiten?*
- *Haben Sie Erfahrung mit dieser Tätigkeit?*
- *Welche Rettungsdienste gibt es in dem Land, aus dem Sie kommen?*

Hören, Teil 2

*Sie hören drei Gespräche.
Zu jedem Gespräch gibt es
zwei Aufgaben (1 und 2, 3
und 4, 5 und 6).
Entscheiden Sie bei jedem
Gespräch, ob die Aussage dazu richtig oder falsch ist und welche Lösung
(a, b oder c) am besten passt. Sie hören jedes Gespräch einmal.*

TIPP!

Vor jedem Gespräch haben Sie einen kurzen Moment Zeit, um die zwei Aufgaben zu lesen. Lesen Sie aufmerksam. Hören Sie dann genau hin. Um welche Situation handelt es sich, worum geht es?
Achten Sie auf Einzelheiten für die zweite Aufgabe!

69 (◀

1 Der Mann erwartet den Besuch von japanischen Kunden.

    ◯ ◯
    richtig falsch

2 Frau Aydin soll

  a das Abendessen organisieren.
  b ein Fahrzeug für die Kunden besorgen.
  c im Seminarhotel reservieren.

    ◯ ◯ ◯
    a   b   c

3 Die Frau kann nicht arbeiten, weil ihr PC kaputt ist.

    ◯ ◯
    richtig falsch

4 Sie

  a braucht ihren alten PC für eine dringende Arbeit.
  b möchte den Computer am nächsten Tag abholen lassen.
  c soll die Übersetzung heute noch liefern.

    ◯ ◯ ◯
    a   b   c

5 Sie hören ein Gespräch zwischen einer Kundin und einer Friseurin.

    ◯ ◯
    richtig falsch

6 Die Kundin, Frau Haschemian,

  a bekommt eine Brautfrisur.
  b kommt das erste Mal in den Friseurladen.
  c möchte nur von Sonja bedient werden.

    ◯ ◯ ◯
    a   b   c

Lesen, Teil 1

*Lesen Sie zuerst die Betreffzeilen a – e.
Lesen Sie anschließend die E-Mails 7 – 9
und entscheiden Sie, welche Betreffzeile
am besten zu welcher E-Mail passt.
Zwei Betreffzeilen passen zu keiner Mail.*

TIPP!

Die Betreffzeile bezieht sich auf das Thema, das in den Mails behandelt wird. Überlegen Sie: Worum geht es? Achten Sie auf den Gesamtinhalt, nicht auf einzelne Wörter.

a   Hotelreservierung   **d**   Bestellung

b   Beschwerde   **e**   Angebotsanforderung

c   Projekttreffen

7

An:	
CC:	
Betreff:	

Hallo Amina,

im Anhang schicke ich dir noch eine Excel-Datei zu unserem laufenden Projekt.

Einige Arbeitsblätter sind bereits auf Französisch übersetzt. Ich habe zwei neue Blätter eingefügt. Sie haben die Bezeichnung „RES-Spezifikationen I und II". Die müssten nun auch noch übersetzt werden.

Kannst du bitte ein Angebot für die Übersetzung einholen?

Es ist leider sehr dringend, ich brauche die französische Fassung schon für die Projektbesprechung am Montag.

Danke und bis Montag
Sabine

8

An:	
CC:	
Betreff:	

Sehr geehrter Herr Sedláček,

vielen Dank für Ihr Angebot. Hiermit bestelle ich 5 Kartons à 6 Flaschen Sekt und 6 Kartons à 6 Flaschen Riesling zum Gesamtpreis von 684 Euro.

Könnten Sie die Kartons bitte am Freitag gleich zu der Veranstaltungshalle in der Breiten Straße Nr. 87 liefern? Ich werde ab 11.00 Uhr dort sein und die Ware in Empfang nehmen. Die Rechnung bitte wie gewohnt an meine Adresse.

Mit bestem Dank
Mikela Ganado

9

An:	
CC:	
Betreff:	

Sehr geehrte Damen und Herren,

wir haben über Ihr Reisebüro eine Woche Aufenthalt im Hotel *An der Enns* in Rotenfeld, Oberösterreich, gebucht.

Leider waren wir mit der Unterkunft nicht zufrieden. Das Hotel lag nicht wie angegeben in einer ruhigen Wohngegend, sondern an einer vielbefahrenen Straße. Durch Liefer-Lkws gab es eine starke Lärmbelästigung ab 5:30 Uhr. Die Zimmer waren außerdem nicht sauber.

Wir erwarten daher eine Preisminderung.

Mit besten Grüßen
Nicolai Curtianu

Lesen, Teil 3

Lesen Sie die Texte 1–2 und die Aufgaben 10–13. Entscheiden Sie, welche Antwort (a, b oder c) am besten passt.

TIPP!

Lesen Sie aufmerksam die einzelnen Texte mit den jeweiligen Aufgaben.
Suchen Sie die passenden Stellen im Text. Achten Sie genau auf Details!

Text 1

Arbeitsverhältnis

Nachweis der wesentlichen Vertragsbedingungen

Spätestens einen Monat nach Arbeitsbeginn muss der Arbeitgeber die wichtigsten Vertragsbedingungen für den Arbeitnehmer niederschreiben, unterzeichnen und sie dem Arbeitnehmer aushändigen. Für diesen Nachweis ist die elektronische Form ausgeschlossen.

Der schriftliche Nachweis muss den Namen und die Anschrift des Arbeitgebers und des Arbeitnehmers enthalten. Es müssen der Beginn des Arbeitsverhältnisses und, falls es befristet ist, das voraussichtliche Ende angeführt werden. Außerdem muss der Arbeitsort genannt werden. Wenn der Arbeitnehmer an verschiedenen Orten tätig sein soll, muss ausdrücklich darauf hingewiesen werden.

Die vom Arbeitnehmer auszuführende Tätigkeit muss kurz beschrieben werden. Ebenso müssen die Arbeitszeiten angegeben werden, innerhalb derer der Arbeitnehmer die Leistung erbringen muss.

Das Dokument muss sowohl die Höhe als auch die Zusammensetzung der Bezahlung einschließlich aller Zuschläge, Zulagen, Prämien und Sonderzahlungen sowie deren Fälligkeit anführen.

Weitere erforderliche Angaben sind die Dauer des jährlichen Erholungsurlaubs und die Fristen für die Kündigung des Arbeitsverhältnisses. Schließlich muss der Nachweis allgemeine Hinweise auf geltende Tarifverträge und Betriebs- oder Dienstvereinbarungen enthalten.

10 Der Arbeitgeber

a darf den Nachweis elektronisch übermitteln.
b muss dem Arbeitnehmer einen schriftlichen Nachweis geben.
c muss sofort bei Arbeitsbeginn einen Nachweis vorlegen.

a   b   c

11 Der Nachweis

a braucht immer nur einen Arbeitsort anzuführen.
b ist nicht notwendig bei befristeten Arbeitsverhältnissen.
c muss alle Bestandteile des Lohns enthalten.

a   b   c

Text 2

Sehr geehrte Damen und Herren,

wir freuen uns, Ihnen hiermit unser renoviertes Gästehaus vorstellen zu dürfen. In unmittelbarer Nähe des Gewerbeparks gelegen, eignet es sich hervorragend für die Unterbringung Ihrer Monteure. Die Innenstadt ist mit öffentlichen Verkehrsmitteln gut erreichbar.

Wir bieten auf zwei Stockwerken geräumige Gästezimmer, nach Wunsch als Einzelbett-, Zweibett- oder Mehrbettzimmer für drei Personen. Zu unserem Angebot zählt auch eine Gästewohnung für bis zu sechs Personen. Alle unsere Zimmer sind vollständig möbliert, hell und freundlich. Im Zuge der Renovierung wurde jedes Zimmer mit eigenem Bad und WC ausgestattet.

Nach den Renovierungsarbeiten haben wir auf Nichtraucherzimmer umgestellt. Es gibt jedoch einen Raucherraum mit TV-Anschluss. Ein zweiter Aufenthaltsraum, ebenfalls mit Fernsehgerät, ist für einen Nichtraucher reserviert. In den beiden Aufenthaltsräumen bieten wir unseren Gästen digitales Fernsehen in drei Sprachen. Kostenloser Internetzugang in jedem Zimmer ist selbstverständlich.

Auf jedem Stockwerk gibt es eine Küche für die Eigenversorgung. Geschirr, Kochtöpfe und Pfannen sind in ausreichender Menge vorhanden, ebenso ein Geschirrspüler und ein großer Kühlschrank. Einkaufsmöglichkeiten gibt es in der Nähe. Hinter dem Haus liegt ein kleiner Garten, in dem ein gemauerter Grill genutzt werden kann. Im Keller gibt es die Möglichkeit, eine Waschmaschine zu benutzen, die mit Wertmarken funktioniert. Die Wertmarken und Waschmittel können Ihre Mitarbeiter an der Rezeption kaufen.

Unser Gästehaus verfügt über einen kleinen Parkplatz. Zwei größere, kostenlose Parkplätze mit Busverbindung zu unserem Gästehaus gibt es im Umkreis von 2,5 km.

Im Anhang finden Sie unsere Preisliste. Wenn Sie Zimmer für einen längeren Zeitraum benötigen, machen wir Ihnen gerne ein individuelles und besonders günstiges Angebot! Rufen Sie uns an!

12 Das Gästehaus

   a liegt in der Innenstadt.
   b passt gut für Arbeiter auf Montage.
   c wurde erst kürzlich erbaut.

   ◯ ◯ ◯
   a   b   c

13 Die Gäste

   a dürfen kostenlos waschen.
   b haben die Möglichkeit, selbst zu kochen.
   c können in ihrem Zimmer fernsehen.

   ◯ ◯ ◯
   a   b   c

Schreiben, Aufgabe 2

TIPP!

Sie schreiben eine Mail an eine Kollegin.
Überlegen Sie: Wie sprechen Sie diese Kollegin
an? Sind Sie per du/per Sie?
Welche Einleitung ist passend?
Welchen Gruß verwenden Sie zum Schluss?

Situation

Ihre Kollegin Fabienne ist in Ihrer Firma für die Mitarbeiterzeitung zuständig. Sie haben kürzlich für Ihre Firma an einer Messe teilgenommen. Ihre Kollegin möchte, dass Sie einen kleinen Bericht für die Zeitung schreiben.

Aufgabe

Antworten Sie Ihrer Kollegin mit einer E-Mail. Vergessen Sie nicht den Betreff, die Anrede, eine passende Einleitung und einen passenden Schluss.

Von:	fabienne.mercier@lisax.net
Gesendet:	13.03.
An:	…@lisax.net
Betreff:	Bitte um Beitrag

Hallo …,

du warst doch zusammen mit Günther auf der Messe. Könntest du mir vielleicht einen kleinen Bericht für unsere Mitarbeiterzeitung schreiben? Er braucht nicht lang zu sein, vielleicht 200 – 300 Wörter?

Wenn du einverstanden bist, dann schreib mir doch kurz, worüber du in deinem Beitrag berichten möchtest. Günther liefert auch einen Beitrag, und es wäre gut, wenn ihr unterschiedliche Aspekte behandeln könntet.

Die Beiträge sollen in die nächste Ausgabe kommen. Könntest du den Bericht bis Ende der Woche schreiben? Mitte nächster Woche geht auch noch.

Ich hoffe, dass du einverstanden bist und mir schreibst, welche Ideen du für deinen Bericht hast.

Liebe Grüße
Fabienne

Bearbeiten Sie folgende Punkte angemessen ausführlich.

- bis wann Sie den Bericht schreiben können
- was Ihnen besonders wichtig war/gefallen hat
- Fotos?

Hören, Teil 3

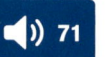 **70**

Sie hören gleich eine Radiosendung. Dazu gibt es fünf Aufgaben. Welche Lösung (a, b oder c) passt jeweils am besten? Sie haben nun eine Minute Zeit, um die Aufgaben zu lesen. Dann hören Sie das Gespräch. Sie hören das Gespräch einmal. Lesen Sie nun die Aufgaben.

TIPP!

Lesen Sie die Aufgaben aufmerksam. Achten Sie dann beim Hören auf die entsprechenden Stellen. Welcher Satz passt genau zu dem, was Sie tatsächlich hören?

1 Frau Aisha Adib

    a arbeitet derzeit als Pressesprecherin.

    b bietet Kurse an, in denen man telefonieren lernen kann.

    c ist als Kommunikationsberaterin angestellt.

○ ○ ○
a   b   c

2 Das Telefon

    a eignet sich weniger gut für schnelles Informieren.

    b ist im Beruf das am meisten eingesetzte Mittel zur Kommunikation

    c wird immer mehr von elektronischen Medien verdrängt.

○ ○ ○
a   b   c

3 In einer Firma sollte man

    a Anrufer möglichst kurz begrüßen.

    b eine besonders originelle Begrüßung wählen.

    c immer beim ersten Klingeln abheben.

○ ○ ○
a   b   c

4 Frau Adib rät dazu,

    a in aufrechter Haltung zu telefonieren.

    b mit angemessenem Ernst zu sprechen.

    c hochkonzentriert zu klingen.

○ ○ ○
a   b   c

5 Wenn man am Telefon nicht helfen kann, sollte man

    a das ehrlich zugeben.

    b keine negativen Aussagen machen.

    c eine klare Absage erteilen.

○ ○ ○
a   b   c

Hören, Teil 4

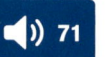 **71**

Situation
Sie hören Äußerungen von Teilnehmerinnen und Teilnehmern eines Trainingskurses.

Aufgabe
Welcher der Sätze a – f passt am besten zu den Meinungen 6 – 8? Wählen Sie Ihre Lösungen für die Aufgaben 6 – 8. Zwei der Sätze a – f passen nicht. Lesen Sie jetzt die Sätze a – f. Dazu haben Sie 30 Sekunden Zeit. Danach hören Sie die Meinungen. Sie hören sie nur einmal.

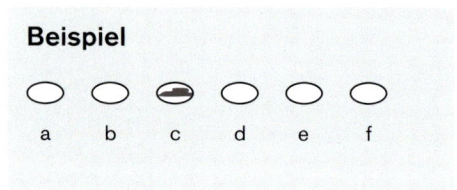

Beispiel

○ ○ ⊖ ○ ○ ○
a   b   c   d   e   f

6 ○ ○ ○ ○ ○ ○
   a   b   c   d   e   f

7 ○ ○ ○ ○ ○ ○
   a   b   c   d   e   f

8 ○ ○ ○ ○ ○ ○
   a   b   c   d   e   f

a Mit der nötigen Toleranz kann man Konflikte am Arbeitsplatz vermeiden.

b Es liegt auf jeden Fall im Interesse von Arbeitnehmern und Arbeitgebern, dass Konflikte gelöst werden.

✗ Konflikte am Arbeitsplatz sind eine Chance für die persönliche Entwicklung.

d Konflikte entstehen auch, weil ältere Generationen andere Arbeitsauffassungen vertreten.

e Man sollte sich bemühen, Konfliktsituationen frühzeitig zu erkennen und offen über sie zu reden.

f Die Unternehmensleitung muss den Arbeitnehmerinnen und Arbeitnehmern gute Bedingungen bieten, um Konflikte zu vermeiden.

Lesen, Teil 4

Lesen Sie den Text. Entscheiden Sie, ob die Aussagen 9–11 richtig oder falsch sind.

TIPP! Lesen Sie die Aufgaben. Suchen Sie im Text die betreffenden Informationen. Vergleichen Sie: Was steht im Text? Stimmt das mit der jeweiligen Aussage überein?

Zahlungsbedingungen

Zahlungsbedingungen führen die Frist an, innerhalb derer bezahlt werden muss. Sie enthalten auch eventuelle Preisnachlässe, die den Kunden unter bestimmten Bedingungen gewährt werden.

Wenn kein besonderer Zeitpunkt zwischen Verkäufer und Käufer vereinbart wurde, muss dieser die Ware sofort bei der Übergabe bezahlen. Es ist jedoch möglich, andere Zahlungsziele zu vereinbaren. Bei Aufträgen mit einem besonders hohen Auftragswert oder bei Sonderanfertigungen wird häufig verlangt, dass der Kunde die Ware komplett vor der Lieferung bezahlt. In diesem Falle spricht man von einer Vorauszahlung. Wird nicht der gesamte Kaufpreis, sondern nur ein Teil davon im Voraus verlangt, spricht man hingegen von einer Anzahlung.

Beim Zug-um-Zug-Kauf erfolgt die Zahlung bei der Lieferung, das heißt, dass das Geld nach der Lieferung übergeben wird. Diese Art der Zahlung bezeichnet man als Barkauf, nicht zu verwechseln mit einer Barzahlung, bei der man tatsächlich Geld hinlegt. Auch die Zahlung per Scheck, Nachnahme oder elektronischer Karte gilt als Barkauf. Wenn kein anderes Zahlungsziel vereinbart wurde, können Zahlungen beim Barkauf auch noch innerhalb von 7 bis 14 Tagen erfolgen.

Von einer Zahlung nach der Lieferung spricht man dann, wenn der Verkäufer dem Käufer einen Zahlungsaufschub gewährt, zum Beispiel 30 Tage nach Erhalt der Ware.

Zahlungsbedingungen enthalten auch Hinweise auf besondere Preisnachlässe, wie Skonto, Bonus oder Rabatte.

Ein Skonto ist ein Nachlass für die vorzeitige Zahlung. Zum Beispiel gewährt der Verkäufer einen Preisnachlass von 3 % bei Zahlung nach 10 anstatt nach 30 Tagen. Ein Bonus ist eine Gutschrift, die nachträglich – etwa am Jahresende – gewährt wird, wenn der Kunde einen bestimmten Umsatz erreicht. Rabatte sind Preisnachlässe, die der Verkäufer aus unterschiedlichen Gründen anbietet. Mengenrabatte werden z. B. bei Abnahme größerer Mengen gewährt, während Sonderrabatte beim Ausverkauf oder bei Eröffnungen die Kunden zum Kauf bewegen sollen.

9 Bei einer Vorauszahlung muss man den gesamten Kaufpreis im Voraus zahlen. ○ ○
richtig falsch

10 Beim Barkauf muss man immer mit Geldscheinen oder Geldmünzen bezahlen. ○ ○
richtig falsch

11 Einen Bonus bekommen Kunden, die besonders schnell zahlen. ○ ○
richtig falsch

Sprachbausteine, Teil 2

Lesen Sie den folgenden Text und entscheiden Sie, welcher Ausdruck (a, b oder c) am besten in die Lücken 12 – 21 passt.

TIPP!

Welcher der jeweils drei Ausdrücke passt? Denken Sie an Wortverbindungen, die Sie kennengelernt haben.
Achten Sie auf die richtigen Endungen und die passenden Präfixe. Beachten Sie auch den allgemeinen Sinn des Schreibens.

Sehr geehrter Herr König,

wir danken Ihnen für Ihr Schreiben vom 29. November, dem Sie einen Scheck _____**12**_____. Der Scheck wurde über _____**13**_____. Leider müssen wir darauf hinweisen, dass dieser Teilbetrag nicht ausreichend ist, um die offene Forderung _____**14**_____. Diese beläuft sich auf 2450 Euro.

Unsere Zahlungsbedingungen, die auf der Rückseite unserer Auftragsbestätigung vom 23. September angeführt sind, schließen Teilzahlungen _____**15**_____, sofern diese nicht im Voraus vereinbart wurden. Auf diese Bedingungen wurde auch auf unserer Rechnung vom 12. Oktober _____**16**_____. Als Zahlungstermin für den Gesamtbetrag wurden dort 30 Tage netto ohne Abzug oder 10 Tage 3 % Skonto angegeben.

Wie Sie wissen, bieten wir unseren Kunden sowohl qualitätsvolle Produkte als auch Preise an, die im Vergleich zu unseren Mitbewerbern sehr günstig sind. Wir bitten daher _____**17**_____, dass wir Ihnen keinen Kredit in Form von zinslosen Teilzahlungen _____**18**_____.

Deshalb wären wir Ihnen dankbar, wenn Sie den noch offenen Betrag von 1200 Euro _____**19**_____ zum 5. Dezember überweisen oder einen Scheck in der entsprechenden Höhe übermitteln würden. Weil Sie ein langjähriger Kunde unseres Unternehmens sind und Rechnungen _____**20**_____ haben, berechnen wir weder Zinsen noch Mahngebühren.

Wenn Sie die offene Forderung in der Zwischenzeit beglichen haben, _____**21**_____ Sie dieses Schreiben bitte als gegenstandlos.

Beste Grüße
Afaf Shabani
ROTLEX AG

12 a mitgeschickt haben
    b beigelegt haben
    c übermittelt haben

13 a der Höhe von 1250 Euro beigestellt
    b der Summe von 1250 Euro zugestellt
    c einen Betrag von 1250 Euro ausgestellt

14 a abzugleichen
    b zu begleichen
    c zu vergleichen

15 a ausdrücklich aus
    b extra ab
    c speziell auf

16 a abermals zugewiesen
    b erstmals ausgewiesen
    c noch einmal hingewiesen

17 a für Ihr Entgegenkommen
    b um Verständnis
    c zur Entschuldigung

18 a anerkennen sollten
    b billigen müssen
    c gewähren können

19 a frühestens ab
    b mindestens innerhalb
    c spätestens bis

20 a bisher pünktlich beglichen
    b früher schon nicht bezahlt
    c häufig zu spät gezahlt

21 a beachten
    b besehen
    c betrachten

Schreiben, Teil 1

TIPP!

Überlegen Sie:
Warum schreiben Sie?
Worüber beschweren Sie sich?
Was möchten Sie erreichen?
Notieren Sie sich kurz Stichworte zum Aufbau Ihres Schreibens. Nutzen Sie die Zeit, um die einzelnen Punkte sprachlich angemessen zu formulieren. Zeigen Sie, was Sie können (Konjunktiv, Passiv). Denken Sie auch an Ausdrücke, die Sie gelernt haben.

Situation

Ihre Firma hat bei der Kundendienstabteilung der TULI-TEC AG die Reparatur der defekten Heizung in Auftrag gegeben. Die Heizung funktioniert noch immer nicht. Trotzdem haben Sie bereits eine Rechnung bekommen. Darauf wurden außerdem mehr Arbeitsstunden berechnet, als die Techniker tatsächlich in Ihrer Firma gearbeitet haben.

Aufgabe

Sie schreiben im Namen Ihrer Firma, der Schmidt GmbH, eine E-Mail an Herrn Hagedorn von der Kundendienstabteilung der TULI-TEC AG, um sich zu beschweren.

Schreiben Sie an Herrn Hagedorn. Vergessen Sie nicht den Betreff, die Anrede, eine passende Einleitung und einen passenden Schluss. Wählen Sie eine passende Anordnung der Punkte.

Bearbeiten Sie folgende Punkte ausführlich und angemessen.

- Was erwarten Sie von der Firma?
- Was ist passiert?
- Berechnete Stunden (Vergleich mit Aufzeichnungen)

Sprechen, Teil 3

Gemeinsam eine Aufgabe lösen

TIPP!

Zählen Sie Aufgaben auf und teilen Sie die einzelnen Aufgaben unter sich auf. Denken Sie dabei an Ausdrücke, die Sie kennengelernt haben.

Situation:

In Ihrem Unternehmen werden U-Bahn-Wagen hergestellt. Zu Ihren Kunden gehören Verkehrsbetriebe der ganzen Welt. Sie erwarten nun eine Gruppe von Ingenieuren aus Vietnam. Gemeinsam mit Ihrer Kollegin/Ihrem Kollegen sollen Sie den Besuch in Ihrer Firma vorbereiten.

Aufgabe:

Hier einige Punkte, die Ihnen bei der Planung helfen:

- Anzahl Teilnehmer, Raum reservieren
- Präsentation Ihres Unternehmens erstellen (Kunden, Niederlassungen, Projekte)
- durch die Produktionshalle führen
- Getränke, Snacks, Mittagessen (?) organisieren
- Sprache? Dolmetscher?
- …

Entscheiden Sie zuerst, was Sie machen möchten und warum.
Tragen Sie Ihrer Partnerin/Ihrem Partner Ihre Ideen vor und begründen Sie diese.
Reagieren Sie auf die Ideen Ihrer Partnerin/Ihres Partners und die Begründungen.
Einigen Sie sich auf einen gemeinsamen Vorschlag.

Hören, Teil 3

TIPP!

Auch diese Art von Aufgabe haben Sie schon einmal geübt. Denken Sie daran: Wählen Sie nicht, was stimmen könnte, sondern das, was tatsächlich gesagt wird.

Sie hören gleich ein Gespräch. Dazu gibt es sechs Aufgaben. Welche Lösung (a, b oder c) passt jeweils am besten?
Sie haben nun eine Minute Zeit, um die Aufgaben zu lesen. Dann hören Sie das Gespräch. Sie hören das Gespräch einmal. Lesen Sie nun die Aufgaben.

72

1 Herr Krüger

    a möchte Informationen über die Aufgaben eines Sicherheitsbeauftragten.
    b soll die Arbeitsbedingungen im Betrieb besser kennenlernen.
    c wird nun die Funktion eines Sicherheitsbeauftragten übernehmen.

      ○   ○   ○
      a   b   c

2 Sicherheitsbeauftragte in dem Unternehmen

    a arbeiten vollkommen selbstständig im Bereich Arbeitsschutz.
    b bekommen vielleicht einen Bonus für ihre Tätigkeit.
    c haben Anspruch auf mehr Lohn.

      ○   ○   ○
      a   b   c

3 Als Sicherheitsbeauftragter

    a darf man Lösungen für Sicherheitsprobleme entwickeln.
    b muss man über erkannte Mängel und Probleme berichten.
    c sollte man immer mit gutem Beispiel vorangehen.

      ○   ○   ○
      a   b   c

4 Es ist gewünscht, dass Sicherheitsbeauftragte

    a ihren Kolleginnen und Kollegen Anweisungen erteilen.
    b regelmäßige Zusammenkünfte einberufen.
    c unter anderem mit dem Betriebsarzt zusammenarbeiten.

      ○   ○   ○
      a   b   c

5 Bei Betriebsbesichtigungen

    a kommt es manchmal zu Unfällen.
    b müssen Sicherheitsbeauftragte nicht unbedingt dabei sein.
    c werden immer wieder Mängel festgestellt.

      ○   ○   ○
      a   b   c

6 Herr Krüger

    a darf sofort als Sicherheitsbeauftragter anfangen.
    b kann die Aufgabenbeschreibungen bald im Intranet nachlesen.
    c wird sich gleich für den Lehrgang anmelden.

      ○   ○   ○
      a   b   c

Lesen, Teil 3

Lesen Sie die Texte 1–2 und die Aufgaben 7–10.
Entscheiden Sie, welche Antwort (a, b oder c)
am besten passt.

TIPP!

Diese Art von Aufgabe haben Sie schon geübt. Lesen Sie genau und achten Sie auf Details.

Text 1

Liebe Mitarbeiterinnen und Mitarbeiter,

hiermit möchten wir Ihnen mitteilen, dass wir uns dazu entschlossen haben, unseren Betrieb nach der Qualitätsmanagement-Norm ISO 9001 zertifizieren zu lassen. Einerseits möchten wir dadurch die Nachvollziehbarkeit unserer Arbeitsabläufe erhöhen, andererseits streben wir nach einer geringeren Fehlerquote im Management und in der Fertigung. In der Folge streben wir so größere Kundenzufriedenheit und geringere Kosten an.

In diesem Zusammenhang möchten wir Sie umfassend über die Notwendigkeit dieser Zertifizierung informieren.

Wir laden Sie daher ganz herzlich ein zu einer

Informationsveranstaltung am Dienstag, den 12. Mai.

Im Laufe dieser Veranstaltung werden auch die notwendigen Maßnahmen bis zum abschließenden Audit erläutert. Außerdem werden Sie in einem kurzen Filmbeitrag sehen können, wie ein solches Audit konkret abläuft.

Wir sind überzeugt, dass dieses Vorhaben nur gelingen kann, wenn Sie, liebe Mitarbeiterinnen und Mitarbeiter, in die Vorbereitungen mit einbezogen werden. Im Anschluss an die Informationsveranstaltung werden Ihnen daher Entwürfe der QM-Dokumente (Verfahrensbeschreibungen, Handbuch) ausgehändigt. Wir bitten Sie alle, diese Entwürfe aufmerksam zu lesen und uns Ihre Kommentare zu übermitteln. Verbesserungsvorschläge sind ausdrücklich erwünscht.

Ort und genauer Zeitpunkt der Veranstaltung werden Ihnen rechtzeitig bekanntgegeben.

Die Dauer der Veranstaltung, die wir auf ca. zwei Stunden angesetzt haben, wird Ihnen als Arbeitszeit angerechnet.

Mit besten Grüßen

für die Geschäftsführung
Eymen Ünal

7   Die Zertifizierung soll dabei helfen,

   a die Arbeitsabläufe zu verringern.
   b neue Kunden zu gewinnen.
   c weniger Fehler zu machen.

      ○   ○   ○
      a   b   c

8   Von den Mitarbeitern wird erwartet, dass sie

   a bestehende Entwürfe kommentieren.
   b einen geeigneten Versammlungsort vorschlagen.
   c neue Dokumente erstellen.

      ○   ○   ○
      a   b   c

Text 2

StCl133 – säurefreier Reiniger

Technisches Merkblatt

StCl133 ist ein flüssiger, klarer Spezialreiniger für Natur- und Kunststeine im Innen- und Außenbereich.

Aufgrund seiner besonderen Zusammensetzung aus Reinigungskomponenten und aktiven Hilfsstoffen löst und entfernt **StCl133** rasch und wirksam Bauschmutz, Öl- und Fettfilme, leichte Kalkablagerungen und leichte Zementschleier sowie alte Reste von Pflegemitteln.

StCl133 eignet sich für alle Natur- und Kunststeine (Marmor, Kalkstein, Schiefer, Beton usw.) und alle Oberflächenbehandlungen (poliert, geschliffen oder gebürstet usw.), nicht jedoch für Gummi, Kunststoff und Holz.

Schalten Sie eine eventuell vorhandene Fußbodenheizung rechtzeitig ab. Die zu reinigenden Steine müssen erkaltet (ideale Temperatur +12°C bis +25°C) und trocken sein. Probieren Sie das Produkt auf einer Musterfläche aus, um Eignung und Verbrauch prüfen zu können.

Verdünnen Sie **StCl133** im Verhältnis 1:2 bis 1:10, je nach Verschmutzung der zu reinigenden Fläche. Tragen Sie das Produkt anschließend mithilfe einer Bürste oder eines Nylon-Pads auf. Lassen Sie das Produkt ca. 10 Minuten einwirken, ohne es eintrocknen zu lassen, und arbeiten Sie die Fläche noch einmal durch. Entfernen Sie die schmutzige Flüssigkeit und waschen Sie gründlich mit klarem Wasser nach. Eine anschließende Schutzbehandlung dürfen Sie frühestens ein bis zwei Tage nach der Reinigung durchführen, damit die Feuchtigkeit abtrocknen kann.

Beachten Sie die üblichen Vorsichtsmaßnahmen beim Umgang mit chemischen Stoffen sowie Sicherheitshinweise auf dem Behälter. Sorgen Sie bei der Verarbeitung in geschlossenen Räumen für ausreichende Durchlüftung und entfernen Sie Lebens- und Genussmittel aus der Umgebung.

9 Das Reinigungsmittel

   a eignet sich auch für Flächen aus Plastik.

   b enthält hoch wirksame Säuren.

   c darf im Freien und in Innenräumen verwendet werden.

        a   b   c

10 Bei der Reinigung sollte man

   a auch gleich ein neues Schutzmittel auftragen.

   b das Mittel gut eintrocknen lassen.

   c keine Lebensmittel in der Nähe lagern.

        a   b   c

Lesen, Teil 4

Lesen Sie den Text. Entscheiden Sie, ob die Aussagen 11–13 richtig oder falsch sind.

TIPP!

Hier lesen Sie einen etwas schwierigeren Text. Lesen Sie genau und vergleichen Sie! Entsprechen die Aussagen dem Inhalt des Textes?

Die Verschwiegenheitspflicht

Mitarbeiterinnen und Mitarbeiter haben grundsätzlich eine sogenannte „Treuepflicht" gegenüber ihrem Arbeitgeber. Das bedeutet, dass Arbeitnehmer nicht nur zur vereinbarten Leistung verpflichtet sind, sondern auch dazu, die Interessen des Arbeitgebers zu wahren. Dazu gehört unter anderem auch, dass sie keine Betriebs- und Geschäftsgeheimnisse verraten dürfen.

Daher sind Arbeitnehmerinnen und Arbeitnehmer selbst dann zur Verschwiegenheit verpflichtet, wenn dies nicht ausdrücklich in dem von ihnen unterschriebenem Arbeitsvertrag angeführt wird. Eine Verschwiegenheitsklausel ist in Arbeitsverträgen nicht zwingend vorgeschrieben; vielmehr dient sie dazu, diese grundsätzliche Verschwiegenheitspflicht genauer zu definieren und zu regeln.

Unter Betriebsgeheimnissen versteht man zum Beispiel Informationen über bestimmte Produktionsverfahren, Kunden- und Auftragsdaten oder wirtschaftliche Unternehmensdaten, zu denen nur Mitarbeiter Zugang haben.

Die Verschwiegenheitspflicht gilt ab der Unterzeichnung des Arbeitsvertrages und während der gesamten Dauer des Arbeitsverhältnisses, und selbst noch darüber hinaus. Auch nachdem sie aus einem Unternehmen ausgeschieden sind, sind Arbeitnehmer zur Geheimhaltung von Betriebsgeheimnissen ihrer alten Firma verpflichtet. Das bezieht sich jedoch nicht auf persönliche Erfahrungen und erworbenes Wissen. Erfahrungswissen dürfen Arbeitnehmer selbstverständlich verwenden, um in ihrem Beruf weiterzukommen. In bestimmten Branchen, zum Beispiel in Forschungsunternehmen, gelten allerdings strengere Verschwiegenheitsbestimmungen.

Wenn Arbeitnehmer die Verschwiegenheitspflicht verletzen, kann dies ein Grund zur fristlosen Kündigung sein. Unter Umständen kann ein Arbeitgeber einen Arbeitnehmer auch verklagen. In diesem Fall muss der Arbeitgeber aber beweisen, dass ein Arbeitnehmer auch wirklich Betriebsgeheimnisse verraten hat.

---

11 Die Verschwiegenheitspflicht muss immer extra im Vertrag angeführt werden.

○ richtig ○ falsch

12 Informationen über Kunden dürfen Arbeitnehmer nicht mitnehmen, wenn sie die Firma wechseln.

○ richtig ○ falsch

13 Arbeitnehmer können sofort entlassen werden, wenn sie die Verschwiegenheitsregeln nicht befolgen.

○ richtig ○ falsch

Sprechen, Teil 2

Kurzvortrag

*Bitte wählen Sie eines der
beiden Themen und stellen Sie es kurz vor. Die Stichwörter und Bilder können Ihnen dabei helfen.
Ihr Vortrag sollte circa zwei Minuten dauern. Anschließend sollen Sie Fragen der anderen Teilnehmerin
bzw. des anderen Teilnehmers und der Prüfenden beantworten.*

Thema 1:   Montagearbeit im Ausland
Was sind die Vor- und Nachteile von Montagearbeit im Ausland?
In welchen Berufen/Branchen wird häufig auf Montage im Ausland gearbeitet?

Mögliche Prüferfragen

- *Haben Sie Erfahrungen mit Montagearbeit im Ausland?*
- *Würden Sie gerne auf Montage ins Ausland fahren?*
- *Glauben Sie, dass diese Art der Arbeit eher für jüngere Arbeitnehmer geeignet ist?*

Thema 2:   Fachmessen
Welche Bedeutung haben Messen für ein Unternehmen?
Haben Messen auch Nachteile?

Mögliche Prüferfragen

- *Haben Sie schon Messen besucht/auf Messen gearbeitet?*
- *Finden Sie, dass moderne Kommunikationsmittel Messen überflüssig machen?*
- *Welche Branchen profitieren noch von Messeveranstaltungen (z. B. Hotellerie …)?*

Hören, Teil 1

🔊 73

Sie hören vier Ansagen. Zu jeder Ansage gibt es eine Aufgabe. Welche Lösung (a, b oder c) passt am besten? Sie hören jede Ansage einmal. Markieren Sie Ihre Lösungen für die Aufgaben 1 – 4 auf dem Antwortbogen.

Beispiel

Emilia soll für Stefan

a eine Abschiedskarte unterschreiben lassen.

b eine Flasche Wein als Abschiedsgeschenk kaufen.

c um 10 Uhr eine Abschlussfeier organisieren.

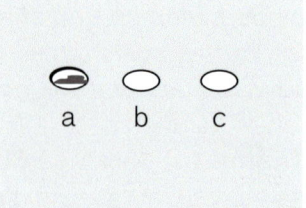

1 Lukas soll
  a für zwei Stunden in die Werkstatt kommen.
  b Ömer ein neues Gerät erklären.
  c weitere Außentermine übernehmen.

2 Yasmin soll Kerstin sagen,
  a in welchen Farben es den Mantel gibt.
  b was sie mit dem Mantel gemacht hat.
  c welchen Mantel die Kundin möchte.

3 Laura will
  a am kommenden Mittwoch arbeiten.
  b am nächsten Wochenende frei haben.
  c sich von Milan vertreten lassen.

4 Herr Koch soll
  a ein Paket ausliefern.
  b für heute Schluss machen.
  c Ware aus dem Lager holen.

Hören, Teil 2

Sie hören fünf Gespräche. Zu jedem Gespräch gibt es zwei Aufgaben. Entscheiden Sie bei jedem Gespräch, ob die Aussage dazu richtig oder falsch ist und welche Lösung (a, b oder c) am besten passt. Sie hören jedes Gespräch einmal. Markieren Sie Ihre Lösungen für die Aufgaben 5 – 14 auf dem Antwortbogen.

5 Die beiden arbeiten in einer Autowerkstatt.
  richtig/falsch?

6 Tomasz soll
  a die Bremsen kontrollieren.
  b ein Auto zum Kunden bringen.
  c etwas aus dem Lager holen.

7 Die Kundin ruft an, weil sie reklamieren möchte.
  richtig/falsch?

8 Frau Nawa
  a bestellt zusätzliches Kopierpapier für denselben Tag.
  b möchte noch zwei Druckerpatronen abholen.
  c soll auf einen baldigen Rückruf warten.

9 Frau Pérez ist Stefans Vorgesetzte.
  richtig/falsch?

10 Stefan
  a erstellt ein neues Computer-Programm.
  b soll Herrn Weber bei der Arbeit helfen.
  c wird in Zukunft die Broschüren allein entwerfen.

11 Die Frau möchte ihre Stelle kündigen.
richtig/falsch?

12 Frau Schmidt möchte ihren Job wechseln, weil
  a ihr Mann in einer anderen Stadt arbeiten wird.
  b sie an ihrem Arbeitsplatz unzufrieden ist.
  c sie ein gutes Angebot bekommen hat.

13 Der Anrufer kann heute nicht zur Arbeit kommen.
richtig/falsch?

14 Elif soll
  a Blumen für die Tischdekoration vorbereiten.
  b Rosen für eine Hochzeit bestellen.
  c schon einmal die Blumen gießen.

Hören, Teil 3

Sie hören gleich eine Radiosendung. Dazu gibt es sechs Aufgaben. Welche Lösung (a, b oder c) passt jeweils am besten? Markieren Sie Ihre Lösungen für die Aufgaben 15 – 20 auf dem Antwortbogen.
Sie haben nun eine Minute Zeit, um die Aufgaben zu lesen. Dann hören Sie das Gespräch. Sie hören das Gespräch einmal.
Lesen Sie nun die Aufgaben.

15 Der Studiogast
  a arbeitet vor allem als Techniker im IT-Bereich.
  b bekommt Aufträge von internationalen Kunden.
  c schreibt Reiseberichte im Internet.

16 Digitale Nomaden
  a arbeiten als Verkäufer von Online-Technologie.
  b arbeiten hauptsächlich als Freiberufler für mehrere Firmen.
  c sind meist Angestellte internationaler Unternehmen.

17 Wolfgang
  a arbeitet jetzt eine Weile von zu Hause aus.
  b geht nach seinem Urlaub zurück nach Schottland.
  c möchte nun an einen billigeren Ort ziehen.

18 Wolfgang
  a erwartet nicht allzu viel von seinen Wohnungen.
  b hat hohe Ansprüche an sein Büro.
  c ist mit seiner finanziellen Situation unzufrieden.

19 Um erfolgreich arbeiten zu können, empfiehlt Wolfgang
  a den Arbeitstag gut zu strukturieren.
  b den Austausch mit anderen Leuten zu suchen.
  c immer früh aufzustehen.

20 Wolfgang
  a findet seinen Lebensstil auch für Familien geeignet.
  b ist mit seinem derzeitigen Lebensmodell zufrieden.
  c möchte auch im späteren Leben im Ausland arbeiten.

Hören, Teil 4

Situation

Sie hören ein Gespräch zwischen Teilnehmerinnen und Teilnehmern einer Tagung.

Aufgabe

Welcher der Sätze a – f passt am besten zu den Meinungen 21 – 23? Markieren Sie Ihre Lösungen für die Aufgaben 21 – 23 auf dem Antwortbogen. Zwei der Sätze a – f passen nicht.
Lesen Sie jetzt die Sätze a – f. Dazu haben Sie 30 Sekunden Zeit. Danach hören Sie die Meinungen.

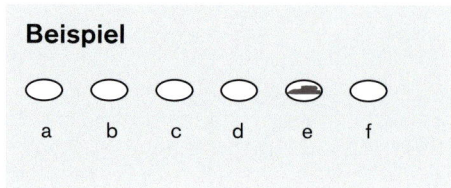

Beispiel

a   b   c   d   e   f

21 …
22 …
23 …

a   Immer mehr Unternehmen verlangen von ihren Angestellten, dass sie auch am Wochenende erreichbar sind.

b   Die Unternehmen sollten die Überstunden reduzieren und dafür lieber neue Arbeitsstellen anbieten.

c   Neueste Umfragen belegen einen deutlichen Anstieg der unbezahlten Überstunden in Deutschland.

d   Es ist unfair gegenüber Kolleginnen und Kollegen, wenn Mitarbeiter ständig freiwillig Überstunden machen.

e   Überstunden sind in Ordnung, wenn sie angemessen bezahlt werden.

f   Eine gute Planung auf der Arbeit und ausreichend Erholung in der Freizeit machen Überstunden unnötig.

Lesen, Teil 1

Lesen Sie zuerst die Betreffzeilen a – f. Lesen Sie anschließend die E-Mails 24 – 27 und entscheiden Sie, welche Betreffzeile am besten zu welcher E-Mail passt.

Markieren Sie Ihre Lösungen für die Aufgaben 24 – 27 auf dem Antwortbogen.

a	Sofortlieferung	**d**	Besprechung über Arbeitszeiten
b	Lieferverzug	**e**	Wechsel Kontaktperson
c	Bestellung	**f**	Einladung

24

An:

CC:

Betreff:

Sehr geehrte Frau Tauscher,

herzlichen Dank für die rasche Übermittlung Ihres nachgebesserten Angebotes.

Hiermit möchten wir nun sechs Sonnenschirme mit unserem Firmenlogo – wie in Ihrem Angebot Nr. 33890021 angeführt – bestellen. Im Anhang finden Sie die Druckvorlage unseres Logos.

Wie telefonisch besprochen, benötigen wir die Schirme Anfang Mai. Wir bitten um eine Bestätigung dieses Auftrags mit Liefertermin spätestens in der ersten Maiwoche.

Mit bestem Dank und freundlichen Grüßen

Massimo Zanini
Das EIS-Café

25

An:

CC:

Betreff:

Liebe Kolleginnen und Kollegen,

hiermit möchten wir euch ganz herzlich zu unserer nächsten Betriebsversammlung einladen. Die Versammlung findet am 29. Mai um 10.00 Uhr im großen Besprechungsraum statt. Die einzelnen Tagesordnungspunkte findet ihr im Anhang zu dieser Mail. Ein Schwerpunkt sind die neuen Betriebsvereinbarungen.

Wir weisen darauf hin, dass die Teilnahme an der Betriebsversammlung für alle Beschäftigten als Arbeitszeit gilt.

Wir hoffen auf zahlreiches Erscheinen!

Mit kollegialen Grüßen

Leena Virtanen
Betriebsratsvorsitzende

26

An:

CC:

Betreff:

Sehr geehrte Damen und Herren,

hiermit möchten wir Ihnen mitteilen, dass Herr Golob ab September nicht mehr für unser Unternehmen arbeitet. Herr Golob geht in den wohlverdienten Ruhestand.

Ihre neue Ansprechpartnerin ist Frau Ilse Patberg, erreichbar unter der Durchwahl 17 bzw. der Handynummer 0161-3399821. Bitte zögern Sie nicht, sich direkt an Frau Patberg zu wenden, wenn Sie Fragen haben.

Mit besten Grüßen
RAMO AG

27

An:

CC:

Betreff:

Sehr geehrter Herr Solak,

Sie haben bei uns am 23. März dieses Jahres einen Ersatzmotor für einen Rasenmäher Modell XB 325 bestellt.

Soeben haben wir vom Hersteller erfahren, dass sich wegen eines Streiks die Lieferung des Motors um eine Woche verschieben wird. Wir werden den Motor sofort nach Erhalt ausliefern.

Mit der Bitte um Entschuldigung für diese Verzögerung und besten Grüßen

R. Seifert
REISER Maschinen GmbH

Lesen, Teil 2

Lesen Sie die Sätze 28 – 32. Lesen Sie die Texte a – h. Welche Frage 28 – 32 passt zu welchem Tipp?
Markieren Sie Ihre Auswahl für die Fragen 28 – 32 auf dem Antwortbogen.
*Für eine Frage gibt es keinen passenden Tipp. Markieren Sie diesen Satz mit einem **x**.*

28

Seit Kurzem habe ich eine neue Stelle und bald ist Weihnachtsfeier. Ich habe eigentlich keine große Lust, daran teilzunehmen. Ich kenne ja kaum jemanden und weiß auch nicht, was ich anziehen soll. Soll ich da wirklich hingehen?

29

Hey, Leute, es ist 20:30 Uhr. Gerade hat mein Chef mich zu Hause angerufen, um mich an einen Termin zu erinnern. Das macht er ständig. Muss ich mir das eigentlich gefallen lassen?

30

Bei uns im Büro ist immer die Klimaanlage eingeschaltet: auf nicht einmal 20 Grad! Den Kollegen ist es offenbar egal, dass ich ständig friere. Findet ihr das nicht auch rücksichtslos?

31

Meine Kolleginnen möchten, dass wir uns auch privat regelmäßig treffen. Ich möchte Privatleben und Beruf aber lieber getrennt halten. Mir fallen schon keine Ausreden mehr ein, um abzusagen. Wie soll ich mich verhalten?

32

Wenn es im Lager zusätzliche Arbeiten gibt, landen sie in der Regel bei mir. Die anderen haben immer gerade etwas Dringendes zu erledigen. Wie viel Hilfsbereitschaft dürfen die Kollegen von mir erwarten?

Hilfe und Tipps

a

pipilotta789, vor 58 Minuten
Mir ist es genauso ergangen. Die Arbeit und das Gehalt waren eigentlich in Ordnung, auch das Arbeitsklima. Aber das Büro war einfach schrecklich. Unbequeme Bürostühle, alte, hässliche Möbel und veraltete Technik. Das Schlimmste aber war, dass es keinen Pausenraum gab und man entweder an seinem Platz vor dem Computer essen oder in eins der teuren Restaurants in der Nähe gehen musste.

b

boris+1, vor 29 Minuten
Am Arbeitsplatz ist gegenseitige Unterstützung selbstverständlich, finde ich – allerdings mit Betonung auf Gegenseitigkeit. Deshalb solltest du das Gespräch mit deinen Kollegen suchen. Sie dürfen nicht ohne Weiteres annehmen, dass du alles übernimmst. Wenn du dich ausgenutzt fühlst, musst du Grenzen setzen. Deine Kollegen müssen akzeptieren, dass du nicht ständig zur Verfügung stehst. Deshalb darfst du ruhig auch einmal nein sagen!

c

maxima21, vor 2 Stunden
Gerade wenn du neu bist, solltest du unbedingt hingehen. Das ist doch eine gute Gelegenheit, die anderen näher kennenzulernen. Und damit zeigst du auch, dass du dazugehören möchtest. Du musst ja nicht bis zum Schluss bleiben. Und wenn es dir wirklich nicht gefällt, musst du nächstes Jahr auch nicht wieder hin. Aber dieses Mal würde ich es an deiner Stelle auf jeden Fall tun!

d

Gregor Mendel, vor 15 Minuten
Das ist gar nicht einfach zu beantworten. Einerseits möchte man natürlich nicht vor den Kollegen zugeben, dass man sich nicht auskennt. Andererseits geht es vielleicht auch anderen Kollegen genauso, und sie sind froh, wenn Probleme angesprochen werden. Wenn du mit dem Programm wirklich nicht umgehen kannst, solltest du auf jeden Fall um Hilfe bitten. Sonst leidet deine Arbeit, und das fällt sehr rasch auf!

e

Didier Martin, vor 1 Tag
Mein Tipp fürs Büro: Schau die anderen Mitarbeiter an und orientiere dich dann an deren Kleidung. Wenn die Männer im Anzug und die Frauen im Kostüm sind, dann solltest du deinen Kleidungsstil anpassen, also keine Jeans oder Leggings tragen. Aber ein bisschen lässiger schadet auch nicht. Am Anfang würde ich mich eher etwas eleganter anziehen, dann, wenn du dir sicherer bist, kannst du auch andere fragen, was so üblich ist.

f

Aglaia Winter, vor 37 Minuten
Das kenne ich gut! Ich habe auch eine Chefin, die glaubt, dass ich Tag und Nacht erreichbar sein muss. Feierabend scheint es für sie nicht zu geben; dauernd ist noch etwas zu klären, abzustimmen, nachzufragen. Wir sollten unseren Vorgesetzten klarmachen, dass wir auch mal abschalten möchten und dass wir ein Recht auf ein Privatleben haben!

g

Peter Herzog, vor 3 Stunden
Also grundsätzlich bin ich der Meinung, dass du dich so kleiden solltest, wie du dich am wohlsten fühlst. Damit zum Chef zu rennen, finde ich übertrieben. Ich denke, dass du das Problem selbst mit deinen Kollegen regeln solltest. Du musst dich nicht dem Geschmack deiner Kollegen anpassen. Trage ruhig weiter einen Anzug, wenn du möchtest. Versuch es doch mal mit etwas Humor!

h

angelaXY, vor 46 Minuten
Das Problem hatte ich auch. Ständig stand irgendetwas auf dem Programm: Sport, essen gehen, Ausflüge. Ich habe mir auch immer Gründe überlegt, um nicht mitmachen zu müssen. Irgendwann habe ich ihnen dann gesagt, dass ich in meiner Freizeit lieber etwas mit meiner Familie und unseren eigenen Freunden unternehme. Die Kolleginnen haben es problemlos akzeptiert. Du solltest dich auch dazu entschließen, ehrlich zu sein.

Lesen, Teil 3

Lesen Sie die Texte 1–3 und die Aufgaben 33–38. Entscheiden Sie, welche Antwort (a, b oder c) am besten passt.

Markieren Sie Ihre Lösungen für die Aufgaben 33–38 auf dem Antwortbogen.

Text 1

An:	r.liebherr@chip-techno.net; m.guevenz@chip-techno.net; m.spitz@chip-techno.net; c.ilic@chip-techno.net
CC:	s.weber@chip-techno.net
Betreff:	Vorbereitung Messe

Liebes Team,

nun ist es beschlossen: Wir werden unsere neue Produktreihe nächstes Jahr auf der Fachmesse in Hamburg vorstellen. Wesentlicher Grund für die Entscheidung war, dass wir in Hamburg Kunden aus aller Welt erwarten. Gleichzeitig haben wir uns gegen die große Publikumsmesse entschieden.

Nun können wir mit den Vorbereitungen zur Messe beginnen. Dazu findet am kommenden Mittwoch von 10 bis 12 Uhr eine Besprechung statt.

Wir haben bereits Anfragen an einige Anbieter von Messeständen verschickt. Ich hoffe, dass die Angebote bereits vor unserem Treffen eingehen.

Außerdem werden wir auch noch eine Reihe anderer Fragen diskutieren.

Es ist wichtig, sowohl unsere Stammkunden einzuladen als auch zukünftige neue Kunden zu informieren. Deshalb bitte ich die Kolleginnen und Kollegen vom Vertrieb und vom Marketing, eine Liste potenzieller Kunden zu erarbeiten.

Die Marketingabteilung soll sich bitte auch Gedanken zu attraktiven, aber nicht zu teuren Werbegeschenken machen. Zusätzlich sind noch Werbebroschüren zu erstellen. Die Kollegen von der technischen Dokumentation arbeiten noch an den Inhalten für die Broschüren. Bei unserem Treffen sollten vom Marketing aber bereits Ideen für die Gestaltung der Werbebroschüren (Farbe, Fotos etc.) präsentiert werden.

Natürlich brauchen wir an unserem Messestand freundliches und kompetentes Personal. Das ist aber eine Frage, die wir bei unserer Besprechung klären können.

Alles Weitere dann nächste Woche!

Viele Grüße
Xaver

33 Das Unternehmen möchte
    a auf der Fachmesse internationale Kunden treffen.
    b nächstes Jahr neue Produkte entwickeln und vorstellen.
    c sich auf einer großen Publikumsmesse präsentieren.

34 Vor dem Treffen
    a müssen Mitarbeiter für die Messe ausgewählt werden.
    b sollen mögliche Neukunden erfasst werden.
    c wird eine Marketingbroschüre erstellt.

Text 2

Auszug – **Besondere Lieferbedingungen der TECHNOSS GmbH**

1. ALLGEMEINES

Die im Folgenden angeführten Lieferbedingungen gelten nur für die Lieferungen unseres Online-Bereichs. Für Lieferungen, Verträge oder sonstige Leistungen aus unserem traditionellen Geschäftsbereich gelten jedoch die <u>Allgemeinen Geschäfts- und Lieferbedingungen</u>.

Die **TECHNOSS GmbH** kann diese besonderen Lieferbedingungen jederzeit ändern oder ergänzen. Kunden müssen die jeweils geltenden Vorschriften bei jeder einzelnen Bestellung bestätigen. Aufträge werden nach den Vorschriften bearbeitet, die zum Zeitpunkt der Bestellung gelten.

2. ANGEBOT

Die Online-Angebote der **TECHNOSS GmbH** sind alle auf unserer Internetseite zu finden. Kleinere Abweichungen im Geräte-Design gegenüber den Abbildungen und/oder andere geringe Änderungen sind möglich. Die technischen Leistungen in der Beschreibung entsprechen aber den realen Leistungen. Es gelten die Preise vom Tag der Bestellung.

3. BESTELLUNGEN

Eine Online-Bestellung ist erst dann wirksam, wenn die Kundin/der Kunde eine Auftragsbestätigung erhält. Diese wird automatisch an die in der Bestellung angegebene E-Mail-Adresse geschickt.

Bestellungen, die am nächsten Tag geliefert werden sollen, müssen von inländischen Kunden bis spätestens 16:30 Uhr geschickt werden, von österreichischen Kunden jedoch bis spätestens 14:30 Uhr. Für Kunden aus anderen europäischen Ländern ist keine Lieferung am Folgetag vorgesehen. In diesen Ländern gelten die unter <u>EU-Regelungen</u> angeführten Lieferfristen.

Bei Tipp- und Übertragungsfehlern können wir im Falle falscher bzw. verspäteter Lieferungen keine Reklamationen akzeptieren.

35 Die genannten Lieferkonditionen
    a betreffen alle Geschäftsbereiche der TECHNOSS GmbH.
    b brauchen nur bei der ersten Bestellung bestätigt zu werden.
    c können von der Firma zu jedem Zeitpunkt verändert werden.

36 Bei Bestellungen
    a erhalten Kunden sofort eine Bestätigung per E-Mail.
    b können manche Kunden ihre Lieferung schon am gleichen Tag bekommen.
    c sind Lieferungen auch bei Tipp- und Übertragungsfehlern pünktlich.

Text 3

Betriebsärzte

Betriebsärztinnen und Betriebsärzte helfen bei gesundheitlichen Fragen am Arbeitsplatz. Ihre Aufgabe ist es, Arbeitnehmer bei der Vermeidung von Berufskrankheiten wie etwa Rückenschmerzen zu unterstützen. Sie beraten Arbeitgeber beispielsweise bei der Gestaltung der Arbeitsplätze oder dem Einkauf von Büromöbeln.

Betriebsärzte arbeiten mit Erfolg, wie Zahlen belegen. In der Tat konnten durch Besuche beim Betriebsarzt Krankheiten, die zum Beispiel durch eine falsche Körperhaltung oder körperliche Belastung bei der Arbeit entstehen, deutlich verringert werden. Für die Behandlung oder Heilung sind Betriebsärzte dann nicht mehr zuständig.

Nach den europäischen Gesetzen hat jede Arbeitnehmerin und jeder Arbeitnehmer Anspruch auf Beratung durch den Betriebsarzt. Auch Betriebsärzte unterliegen der ärztlichen Schweigepflicht. Das bedeutet, dass der Arbeitgeber keine Informationen über die Krankheiten der Arbeitnehmer und deren Verlauf bekommt. Er darf allerdings erfahren, ob jemand für eine Tätigkeit in der Firma geeignet ist oder nicht.

In Deutschland ist jedes Unternehmen, das Mitarbeiter beschäftigt, gesetzlich dazu verpflichtet, einen Betriebsarzt zu benennen oder zur Verfügung zu stellen. Die Unternehmen dürfen nur Fachärzte für Arbeitsmedizin oder Ärzte mit der Zusatzbezeichnung „Betriebsarzt" ernennen. Kleinere Firmen arbeiten dabei in der Regel mit einem externen Arzt zusammen, während sehr große Betriebe meist ihren eigenen Werksarzt beschäftigen. Konzerne mit mehreren Tausend Beschäftigten haben häufig sogar eine betriebsärztliche Abteilung. Diese übernimmt dann auch die Funktion eines Notarztes.

37 Betriebsärzte

   a beraten das Unternehmen beim Einrichten von Arbeitsplätzen.

   b informieren den Arbeitgeber über die Erkrankungen der Angestellten.

   c übernehmen die Behandlung von Berufskrankheiten.

38 Bei kleinen Unternehmen

   a in Deutschland muss kein Betriebsarzt ernannt werden.

   b sind Betriebsärzte meist festangestellt.

   c wird oft ein Betriebsarzt außerhalb der Firma beauftragt.

Lesen, Teil 4

Lesen Sie den Text. Entscheiden Sie, ob die Aussagen 39 – 41 richtig oder falsch sind.
Markieren Sie Ihre Lösungen für die Aufgaben 39 – 41 auf dem Antwortbogen.

Infos zu Weiterbildung und Bildungsurlaub

An dieser Stelle möchten wir noch einmal wesentliche Informationen zum Thema „Weiterbildung und Bildungsurlaub" zusammenfassen.

Viele Unternehmen unterstützen ihre Mitarbeiterinnen und Mitarbeiter bei der Weiterbildung. In der Regel ist es im Interesse des Arbeitgebers, wenn die Mitarbeiter sich weiterbilden. So sind sie motiviert und verbessern vielleicht sogar ihre Leistung.

Sie können Ihrem Arbeitgeber vorschlagen, einen Teil der Kosten zu übernehmen. Einer solchen Kostenbeteiligung wird der Arbeitgeber aber vermutlich nur unter gewissen Bedingungen zustimmen, zum Beispiel bei einer vertraglichen Bindung an das Unternehmen. Es gibt aber kein Gesetz, das bundesweit ein allgemeines Recht auf Weiterbildung regelt. Das heißt, dass Sie als Arbeitnehmer keinen grundsätzlichen Anspruch auf Weiterbildung haben.

Es gibt aber auch noch die Möglichkeit eines Bildungsurlaubs. Ein Bildungsurlaub meint die zeitweise Freistellung von der Arbeit zur persönlichen, beruflichen oder auch politischen Weiterbildung. Das heißt, Sie erhalten zusätzlichen bezahlten Urlaub, damit Sie an einer Bildungsmaßnahme teilnehmen können.

Der Anspruch auf Bildungsurlaub ist allerdings zeitlich begrenzt; in den meisten Bundesländern dürfen Arbeitnehmer in einem Jahr fünf Tage oder alle zwei Jahre zehn Tage für ihre Weiterbildung in Anspruch nehmen. Diese Zeit darf nicht von der normalen Urlaubszeit abgezogen werden; der Anspruch gilt also zusätzlich zum normalen Urlaub. Voraussetzung ist, dass die Weiterbildungsmaßnahme auch als Bildungsurlaub anerkannt ist.

Der Arbeitgeber ist nicht verpflichtet, die Kosten des Bildungsurlaubs zu übernehmen. Sind Sie aber bereit, die Kosten selbst zu tragen, so darf Ihr Arbeitgeber eine als Bildungsurlaub anerkannte Weiterbildung nicht verweigern. Allerdings kann der Arbeitgeber einen Bildungsurlaub zu einem bestimmten Zeitpunkt ablehnen, falls dieser für den Betrieb ungünstig ist.

39 Damit sich der Arbeitgeber an den Kosten einer Weiterbildung beteiligt, muss der Arbeitnehmer einer vertraglichen Bindung an das Unternehmen zustimmen.
richtig/falsch?

40 Jedes Jahr dürfen Arbeitnehmer zehn Tage Bildungsurlaub nehmen.
richtig/falsch?

41 Wenn der Bildungsurlaub für den Betrieb zeitlich schlecht liegt, kann er ihn verweigern.
richtig/falsch?

Sprachbausteine, Teil 1

Lesen Sie den folgenden Text und entscheiden Sie, welche Wörter a – j am besten in die Lücken 42 – 49 passen. Sie können jedes Wort im Kasten nur einmal verwenden. Nicht alle Wörter passen in den Text.

Markieren Sie Ihre Lösungen für die Aufgaben 42 – 49 auf dem Antwortbogen.

An:	a.beron@upstart.net
CC:	
Betreff:	RE: Anfrage Mieten von Büroräumen

Sehr geehrte Frau Beron,

vielen Dank für Ihre Anfrage. Wir haben Ihre Anforderungen sorgfältig geprüft und freuen uns, Ihnen hiermit eine passende Lösung vorschlagen zu können.

Ihrem Schreiben zufolge benötigen Sie großzügige Büroräume im Stadtzentrum, vorerst begrenzt _____42_____ zwei Jahre mit der Option auf eine Verlängerung der Mietzeit.

Gern bieten wir Ihnen _____43_____ Mietvariante „EASY" an, die für Ihre Bedürfnisse bestens geeignet sein dürfte. Sie beinhaltet nicht nur weiträumige Büros in einem eleganten Altbau in der Innenstadt, _____44_____ auch ein umfassendes Dienstleistungspaket.

Sie mieten ab sofort bezugsfähige und einsatzbereite Räume, _____45_____ denen alles, was Sie für Ihren Büroalltag benötigen, bereits vorhanden ist. Anschlüsse für Telefon und Internet stehen bereit, eine Klimaanlage ist ebenfalls vorhanden. Die Büros sind sehr hell und einladend und sorgen _____46_____ für eine angenehme Atmosphäre. Wir bieten Ihnen moderne Besprechungszimmer und Lagerräume. _____47_____ stehen Ihnen zwei komplett ausgestattete Teeküchen zur Verfügung. Ein Pausenraum und eine nahe gelegene Kantine sorgen für den nötigen Ausgleich.

Darüber hinaus gibt es in dem Haus einen Empfangsservice _____48_____ eigenem Telefondienst. Das Empfangspersonal nimmt während Ihrer Abwesenheit gerne Ihre Post und Lieferungen an, _____49_____ Sie eigenes Personal einsparen können.

Im Anhang finden Sie detaillierte Informationen zum Gebäude, zu den optional hinzubuchbaren Dienstleistungen sowie den Kosten. Die Mietzeit kann zum Vertragsende um zwei weitere Jahre verlängert werden, bei Bedarf auch darüber hinaus.

Im Rahmen einer Besichtigung erläutern wir Ihnen selbstverständlich weitere Vorteile dieser Mietvariante. Wir freuen uns auf Ihre Rückmeldung.

Mit besten Grüßen
Florian Welser
OSTSEITE office & business GmbH

a AUF	**d** IN	**g** SODASS	**j** UNSERE
b AUSSERDEM	**e** MIT	**h** SONDERN	
c FÜR	**f** SO	**i** TROTZDEM	

Sprachbausteine, Teil 2

Lesen Sie den folgenden Text und entscheiden Sie, welcher Ausdruck (a, b oder c) am besten in die Lücken 50 – 59 passt.

Markieren Sie Ihre Lösungen für die Aufgaben 50 – 59 auf dem Antwortbogen.

Sehr geehrter Herr Horvat,

vielen Dank für Ihr freundliches Schreiben. Entschuldigen Sie bitte, dass ich nicht schon früher _____50_____, Ihre Mail zu beantworten.

Wie Sie als interessierter Besucher sicher wissen, verzeichnete die Münchner Messe dieses Jahr Besucherrekorde. Auch wir durften an unserem Messestand zahlreiche Besucherinnen und Besucher begrüßen, viel mehr, als wir _____51_____. Über diesen Erfolg haben wir uns sehr gefreut, und auch Sie haben wir ja _____52_____ kennengelernt.

Aus den persönlichen Gesprächen ergaben sich zahlreiche Anfragen an uns. Wegen der großen Menge, die uns selbst etwas überrascht hat, sind wir mit der Bearbeitung leider etwas _____53_____. Wir bemühen uns jedoch, jedem Wunsch nach weiteren Informationen _____54_____.

Mit diesem Schreiben schicke ich Ihnen also nun wie gewünscht _____55_____ für Bierdeckel und Tischaufsteller mit Ihrem Firmenlogo. Wie bereits in München besprochen, wird bei Folgeaufträgen, die sich aus Messekontakten ergeben, der Entwurf nicht _____56_____.

_____57_____ möchte ich Ihnen noch einmal herzlich für Ihren Besuch an unserem Messestand und _____58_____ unseren Werbeartikeln danken. Gleichzeitig bitte ich Sie, die verzögerte Bearbeitung Ihrer Anfrage zu entschuldigen.

Für weitere Fragen _____59_____ gerne persönlich unter der Durchwahl -32 zur Verfügung. Bitte zögern Sie nicht, mich telefonisch oder auch per E-Mail zu kontaktieren.

Freundliche Grüße
Alexander Lehmann
Rister-Druck

50 a damit gerechnet habe
    b davon erfahren habe
    c dazu gekommen bin

51 a berechnen können
    b erwartet hatten
    c kalkulieren werden

52 a bei dieser Gelegenheit
    b mit dieser Entscheidung
    c nach diesem Vorfall

53 a auf Ablehnung gestoßen
    b in Verzug geraten
    c in Vorleistung gegangen

54 a möglichst schnell nachzukommen
    b rasch Ausdruck zu verleihen
    c sobald wie möglich zu widersprechen

55 a ein unverbindliches Angebot
    b eine detaillierte Anfrage
    c eine vorläufige Antwort

56 a in Erwägung gezogen
    b in Rechnung gestellt
    c zur Kenntnis genommen

57 a Auf diesem Wege
    b In dieser Richtung
    c Mit diesem Mittel

58 a das Interesse an
    b den Versand von
    c die Beauftragung von

59 a stehe ich Ihnen
    b stellen wir Sie
    c setzen Sie sich

Schreiben, Aufgabe 1

Situation
Sie arbeiten bei der Firma T&H Elektrotechnik. Sie haben für den Kunden Ali Mazur, einen Handwerker, ein zeitlich befristetes Angebot für Bohrmaschinen zum Sonderpreis erstellt. Das Angebot war nur bis zum Ende des Monats gültig. Der Kunde hat aber erst zwei Wochen später bestellt.

Aufgabe
Reagieren Sie auf die Bestellung und schreiben Sie eine E-Mail an den Kunden, Herrn Ali Mazur: ammazur@gmail.com

Vergessen Sie nicht den Betreff, die Anrede, eine passende Einleitung und einen passenden Schluss. Wählen Sie eine sinnvolle Anordnung der Punkte. Bearbeiten Sie folgende Punkte angemessen und ausführlich.

- Gültigkeit des alten Angebotes
- genaue Angaben zu der Bestellung
- neues Angebot mit drei Wochen Frist

Schreiben, Aufgabe 2

Situation
Sie arbeiten im Vertrieb. Ihre Kollegin Zeynep Brandt hat Ihnen eine E-Mail geschickt.

Aufgabe
Antworten Sie Ihrer Kollegin Frau Brandt. Vergessen Sie nicht den Betreff, die Anrede, eine passende Einleitung und einen passenden Schluss.

Von:	Zeynep Brandt [z.brandt@pr-meyerstahl.com]
Gesendet:	Dienstag, 29. November
An:	vertrieb@meyerstahl.com
Betreff:	Bitte um Vertretung

Liebe Kolleginnen und Kollegen,

ich wende mich mit einer Bitte an euch:

Wie ihr sicher wisst, ist für Donnerstag der Besuch unseres Großkunden aus China geplant. Der Kunde wird den ganzen Tag bei uns im Haus sein. Mein Kollege Thomas sollte mich bei der Betreuung dieses wichtigen Kunden unterstützen, aber leider ist er krank geworden und kommt diese Woche nicht mehr ins Büro.

Könnte jemand von euch Thomas vertreten und mir helfen?

Auf wen darf ich zählen?

Liebe Grüße
Zeynep

Bearbeiten Sie folgende Punkte angemessen ausführlich.

- Zusage für vormittags
- was Sie übernehmen können
- warum Sie nur vormittags Zeit haben

Sprechen, Teil 1 – Blatt 1

Teilnehmerin bzw. Teilnehmer A/B

Über Erfahrungen und Meinungen sprechen

Teil 1A

Warum haben Sie gerade dieses Bild gewählt?
Was fällt Ihnen zu der Tätigkeit ein?

Teil 1B

*Lassen Sie uns über die „**Arbeit in einem Blumenladen**" sprechen.*

Mögliche Prüferfragen B1

- *Würden Sie gern in diesem Bereich, also in einem Blumenladen, arbeiten? Warum/Warum nicht?*
- *Kaufen Sie öfter Blumen? Schenkt man sich z. B. in dem Land, aus dem Sie kommen, auch Blumen? Erzählen Sie uns davon.*
- *Welche Probleme kann es bei der Arbeit mit Pflanzen geben?*

Mögliche Prüferfragen B2

- *Was würde Ihnen an der Arbeit in einem Blumenladen gefallen? Was nicht?*
- *Zu welchem Anlass kaufen Menschen Blumen?*
- *Könnten Sie beschreiben, welche Bedeutung Blumen in dem Land haben, aus dem Sie kommen? Ist das in Deutschland anders?*

Sprechen, Teil 1– Blatt 2

Über Erfahrungen und Meinungen sprechen

Teil 1A

Warum haben Sie gerade dieses Bild gewählt?
Was fällt Ihnen zu der Tätigkeit ein?

Teil 1B

*Lassen Sie uns über die „**Arbeit in einer Autowerkstatt**" sprechen.*

Mögliche Prüferfragen B1

- *Würden Sie gerne in diesem Bereich, also in einer Autowerkstatt, arbeiten? Warum/Warum nicht?*
- *Was sind typische Arbeiten in einer Autowerkstatt?*
- *Wie repariert man Autos in dem Land, aus dem Sie kommen? Wer macht das?*

Mögliche Prüferfragen B2

- *Was würde Ihnen an der Arbeit in einer Autowerkstatt gefallen? Was nicht?*
- *Welche Probleme könnten bei der Arbeit in einer Autowerkstatt auftreten?*
- *Wie wichtig ist es, ein Auto zu haben? Gibt es Unterschiede zwischen Deutschland und dem Land, aus dem Sie kommen? Vergleichen Sie.*

Sprechen, Teil 1 – Blatt 3

Über Erfahrungen und Meinungen sprechen

Teil 1A

Warum haben Sie gerade dieses Bild gewählt?
Was fällt Ihnen zu der Tätigkeit ein?

Teil 1B

*Lassen Sie uns über die „**Arbeit in einer Restaurantküche / als Köchin bzw. Koch**" sprechen.*

Mögliche Prüferfragen B1

- *Würden Sie gern in diesem Bereich, also in einer Restaurantküche / als Köchin bzw. Koch, arbeiten? Warum/Warum nicht?*
- *Was muss eine Köchin/ein Koch alles machen?*
- *Gehen die Menschen in dem Land, aus dem Sie kommen, gerne ins Restaurant essen? Was kann man dort essen?*

Mögliche Prüferfragen B2

- *Was würde Ihnen an der Arbeit in einem Restaurant / als Köchin/Koch gefallen? Was nicht?*
- *Welche Ausbildung ist für den Beruf einer Köchin/ eines Kochs erforderlich?*
- *Könnten Sie uns beschreiben, zu welchen Gelegenheiten man in dem Land, aus dem Sie kommen, ein Restaurant besucht? Sehen Sie Unterschiede zu Deutschland?*

Sprechen, Teil 1 – Blatt 4

Über Erfahrungen und Meinungen sprechen

Teil 1A

Warum haben Sie gerade dieses Bild gewählt?
Was fällt Ihnen zu der Tätigkeit ein?

Teil 1B

*Lassen Sie uns über die „**Arbeit in einer Parfümerie**" sprechen.*

Mögliche Prüferfragen B1

- *Würden Sie gerne in diesem Bereich, also in einer Parfümerie, arbeiten? Warum/Warum nicht?*
- *Welche Probleme kann es geben?*
- *Was kann man in einer Parfümerie alles kaufen?*

Mögliche Prüferfragen B2

- *Was würde Ihnen an der Arbeit in einer Parfümerie gefallen? Was nicht?*
- *Welche Probleme könnten bei der Arbeit in einer Parfümerie auftreten?*
- *Wie wichtig ist Kosmetik in dem Land, aus dem Sie kommen? Sehen Sie da Unterschiede zu Deutschland? Welche sind das?*

Sprechen, Teil 1 – Blatt 5

Über Erfahrungen und Meinungen sprechen

Teil 1A

Warum haben Sie gerade dieses Bild gewählt?
Was fällt Ihnen zu der Tätigkeit ein?

Teil 1B

*Lassen Sie uns über die „**Arbeit auf einer Baustelle / als Maurer**" sprechen.*

Mögliche Prüferfragen B1

- *Würden Sie gerne in diesem Bereich, also als Bauarbeiter/Maurer, arbeiten? Warum/Warum nicht?*
- *Welche Probleme kann es am Bau geben?*
- *Was macht man in diesem Beruf?*

Mögliche Prüferfragen B2

- *Welche Kenntnisse und Fähigkeiten braucht ein Bauarbeiter/Maurer?*
- *Was würde Ihnen an der Arbeit am Bau gefallen? Was nicht?*
- *Welche besonderen Arbeitsbedingungen gibt es für Bauarbeiter/Maurer? Sehen Sie Unterschiede zwischen den Arbeitsbedingungen in Deutschland und dem Land, aus dem Sie kommen?*

Sprechen, Teil 1 – Blatt 6

Über Erfahrungen und Meinungen sprechen

Teil 1A

Warum haben Sie gerade dieses Bild gewählt?
Was fällt Ihnen zu der Tätigkeit ein?

Teil 1B

*Lassen Sie uns über die „**Arbeit als Servicekraft/Reinigungskraft**" sprechen.*

Mögliche Prüferfragen B1

- *Würden Sie gerne in diesem Bereich, also als Reinigungskraft, arbeiten? Warum/Warum nicht?*
- *Was sind typische Aufgaben einer Reinigungskraft?*
- *Welche Probleme kann es geben?*

Mögliche Prüferfragen B2

- *Was würde Ihnen an der Arbeit als Reinigungskraft gefallen? Was nicht?*
- *Was ist bei dieser Tätigkeit wichtig?*
- *Welche gesundheitlichen Probleme kann es bei diesem Beruf geben? Was kann man dagegen tun?*

Sprechen, Teil 2 – Thema 1

Teilnehmerin bzw. Teilnehmer A

Kurzvortrag

Thema 1: Homeoffice/Büroarbeit von zu Hause

Welche Vor- und Nachteile hat das Arbeiten von zu Hause aus für Sie als Arbeitnehmerin/ Arbeitnehmer?

Welche Vor- und Nachteile ergeben sich für die Firma?

Mögliche Prüferfragen:

- *Können Sie sich vorstellen, Arbeit von zu Hause aus zu erledigen? Warum/Warum nicht?*
- *Was kann man tun, um zu Hause nicht von der Arbeit abgelenkt zu werden?*
- *Glauben Sie, dass es in Zukunft mehr Arbeit im Homeoffice/von zu Hause aus geben wird?*

Sprechen, Teil 2 – Thema 2

Teilnehmerin bzw. Teilnehmer A

Kurzvortrag

Thema 2: Fremdsprachen im Beruf

Wie wichtig sind Ihrer Meinung nach Fremdsprachen im Berufsleben?

Welche Rolle spielen Ihrer Ansicht nach Fremdsprachen heute im Vergleich zu früher?

Mögliche Prüferfragen:

- *Gibt es Branchen, in denen Ihnen Fremdsprachen besonders wichtig scheinen?*
- *Wie könnte ein Arbeitgeber Sie beim Fremdsprachenlernen unterstützen?*
- *Haben Fremdsprachenkenntnisse entscheidende Vorteile bei der Arbeitssuche?*
  Wenn ja, welche?

Sprechen, Teil 2 – Thema 1

Teilnehmerin bzw. Teilnehmer B

Kurzvortrag

Thema 1: Kommunikation

Wie wichtig ist ein guter Austausch von Informationen im Berufsleben?

Wer kommuniziert im Berufsleben miteinander, z. B. Kollegen, Vorgesetzte, Kunden …?

Mögliche Prüferfragen:

- *Welche Erfahrungen haben Sie mit guter/schlechter Kommunikation am Arbeitsplatz gemacht?*
- *Was ist Ihrer Meinung nach wichtiger: Fachwissen oder Kommunikationsfähigkeit? Und warum? Können Sie uns Beispiele dafür nennen?*
- *Sind Menschen, die gut kommunizieren können, erfolgreicher?*

Sprechen, Teil 2 – Thema 2

Teilnehmerin bzw. Teilnehmer B

Kurzvortrag

Thema 2: Flexible Arbeitszeiten

Was bedeuten flexible Arbeitszeiten für die Zusammenarbeit mit Kollegen?

Welche Vor- und Nachteile sehen Sie in flexiblen Arbeitszeiten?

Mögliche Prüferfragen:

- *Gibt es Ihrer Meinung nach Branchen/Berufe, bei denen man unbedingt feste Arbeitszeiten einhalten sollte? Wenn ja, welche und warum?*
- *Möchten Sie persönlich gerne zu festen Arbeitszeiten arbeiten oder wären Ihnen flexiblere Arbeitszeiten lieber? Warum/warum nicht?*
- *Sollten Arbeitgeber bei der Festlegung von Arbeitszeiten den Biorhythmus ihrer Mitarbeiter mitberücksichtigen oder nicht? Begründen Sie Ihre Meinung.*

Sprechen, Teil 3

Teilnehmerin bzw. Teilnehmer A/B

Gemeinsam eine Aufgabe lösen

Situation:
Sie arbeiten im Büro eines großen Kaufhauses. Ihr Abteilungsleiter möchte die Stimmung im Team fördern. Deshalb möchte er etwas Besonderes für die Betriebsfeier organisieren. Er bittet Sie, Vorschläge für eine gemeinsame Unternehmung zu erarbeiten.

Aufgabe:
Hier einige Punkte, die Ihnen bei der Planung helfen:

- *sportliche Aktivität?*
- *Musik/Kultur/Essen?*
- *Spaß für alle*
- *mit Partnern und Kindern?*
- *Anreise*
- *Kosten*
- *...*

LANGUAGE TESTS

☐☐☐☐ ☐☐☐☐☐☐ **1 0 6 6** ☐☐☐

Schriftliche Prüfung

1 Hören

Teil 1

1 ⚬ⓐ ⚬ⓑ ⚬ⓒ 1
2 ⚬ⓐ ⚬ⓑ ⚬ⓒ 2
3 ⚬ⓐ ⚬ⓑ ⚬ⓒ 3
4 ⚬ⓐ ⚬ⓑ ⚬ⓒ 4

Teil 2

5 ⚬richtig ⚬falsch 5
6 ⚬ⓐ ⚬ⓑ ⚬ⓒ 6
7 ⚬richtig ⚬falsch 7
8 ⚬ⓐ ⚬ⓑ ⚬ⓒ 8
9 ⚬richtig ⚬falsch 9
10 ⚬ⓐ ⚬ⓑ ⚬ⓒ 10
11 ⚬richtig ⚬falsch 11
12 ⚬ⓐ ⚬ⓑ ⚬ⓒ 12
13 ⚬richtig ⚬falsch 13
14 ⚬ⓐ ⚬ⓑ ⚬ⓒ 14

Teil 3

15 ⚬ⓐ ⚬ⓑ ⚬ⓒ 15
16 ⚬ⓐ ⚬ⓑ ⚬ⓒ 16
17 ⚬ⓐ ⚬ⓑ ⚬ⓒ 17
18 ⚬ⓐ ⚬ⓑ ⚬ⓒ 18
19 ⚬ⓐ ⚬ⓑ ⚬ⓒ 19
20 ⚬ⓐ ⚬ⓑ ⚬ⓒ 20

Teil 4

21 ⚬ⓐ ⚬ⓑ ⚬ⓒ ⚬ⓓ ⚬ⓔ ⚬ⓕ 21
22 ⚬ⓐ ⚬ⓑ ⚬ⓒ ⚬ⓓ ⚬ⓔ ⚬ⓕ 22
23 ⚬ⓐ ⚬ⓑ ⚬ⓒ ⚬ⓓ ⚬ⓔ ⚬ⓕ 23

2 Lesen

Teil 1

24 ⚬ⓐ ⚬ⓑ ⚬ⓒ ⚬ⓓ ⚬ⓔ ⚬ⓕ 24
25 ⚬ⓐ ⚬ⓑ ⚬ⓒ ⚬ⓓ ⚬ⓔ ⚬ⓕ 25
26 ⚬ⓐ ⚬ⓑ ⚬ⓒ ⚬ⓓ ⚬ⓔ ⚬ⓕ 26
27 ⚬ⓐ ⚬ⓑ ⚬ⓒ ⚬ⓓ ⚬ⓔ ⚬ⓕ 27

Teil 2

28 ⚬ⓐ ⚬ⓑ ⚬ⓒ ⚬ⓓ ⚬ⓔ ⚬ⓕ ⚬ⓖ ⚬ⓗ ⚬ⓧ 28
29 ⚬ⓐ ⚬ⓑ ⚬ⓒ ⚬ⓓ ⚬ⓔ ⚬ⓕ ⚬ⓖ ⚬ⓗ ⚬ⓧ 29
30 ⚬ⓐ ⚬ⓑ ⚬ⓒ ⚬ⓓ ⚬ⓔ ⚬ⓕ ⚬ⓖ ⚬ⓗ ⚬ⓧ 30
31 ⚬ⓐ ⚬ⓑ ⚬ⓒ ⚬ⓓ ⚬ⓔ ⚬ⓕ ⚬ⓖ ⚬ⓗ ⚬ⓧ 31
32 ⚬ⓐ ⚬ⓑ ⚬ⓒ ⚬ⓓ ⚬ⓔ ⚬ⓕ ⚬ⓖ ⚬ⓗ ⚬ⓧ 32

Teil 3

33 ⚬ⓐ ⚬ⓑ ⚬ⓒ 33
34 ⚬ⓐ ⚬ⓑ ⚬ⓒ 34
35 ⚬ⓐ ⚬ⓑ ⚬ⓒ 35
36 ⚬ⓐ ⚬ⓑ ⚬ⓒ 36
37 ⚬ⓐ ⚬ⓑ ⚬ⓒ 37
38 ⚬ⓐ ⚬ⓑ ⚬ⓒ 38

Teil 4

39 ⚬richtig ⚬falsch 39
40 ⚬richtig ⚬falsch 40
41 ⚬richtig ⚬falsch 41

3 Sprachbausteine

Teil 1

42 ⚬ⓐ ⚬ⓑ ⚬ⓒ ⚬ⓓ ⚬ⓔ ⚬ⓕ ⚬ⓖ ⚬ⓗ ⚬ⓘ ⚬ⓙ 42
43 ⚬ⓐ ⚬ⓑ ⚬ⓒ ⚬ⓓ ⚬ⓔ ⚬ⓕ ⚬ⓖ ⚬ⓗ ⚬ⓘ ⚬ⓙ 43
44 ⚬ⓐ ⚬ⓑ ⚬ⓒ ⚬ⓓ ⚬ⓔ ⚬ⓕ ⚬ⓖ ⚬ⓗ ⚬ⓘ ⚬ⓙ 44
45 ⚬ⓐ ⚬ⓑ ⚬ⓒ ⚬ⓓ ⚬ⓔ ⚬ⓕ ⚬ⓖ ⚬ⓗ ⚬ⓘ ⚬ⓙ 45
46 ⚬ⓐ ⚬ⓑ ⚬ⓒ ⚬ⓓ ⚬ⓔ ⚬ⓕ ⚬ⓖ ⚬ⓗ ⚬ⓘ ⚬ⓙ 46
47 ⚬ⓐ ⚬ⓑ ⚬ⓒ ⚬ⓓ ⚬ⓔ ⚬ⓕ ⚬ⓖ ⚬ⓗ ⚬ⓘ ⚬ⓙ 47
48 ⚬ⓐ ⚬ⓑ ⚬ⓒ ⚬ⓓ ⚬ⓔ ⚬ⓕ ⚬ⓖ ⚬ⓗ ⚬ⓘ ⚬ⓙ 48
49 ⚬ⓐ ⚬ⓑ ⚬ⓒ ⚬ⓓ ⚬ⓔ ⚬ⓕ ⚬ⓖ ⚬ⓗ ⚬ⓘ ⚬ⓙ 49

Teil 2

50 ⚬ⓐ ⚬ⓑ ⚬ⓒ 50
51 ⚬ⓐ ⚬ⓑ ⚬ⓒ 51
52 ⚬ⓐ ⚬ⓑ ⚬ⓒ 52
53 ⚬ⓐ ⚬ⓑ ⚬ⓒ 53
54 ⚬ⓐ ⚬ⓑ ⚬ⓒ 54
55 ⚬ⓐ ⚬ⓑ ⚬ⓒ 55
56 ⚬ⓐ ⚬ⓑ ⚬ⓒ 56
57 ⚬ⓐ ⚬ⓑ ⚬ⓒ 57
58 ⚬ⓐ ⚬ⓑ ⚬ⓒ 58
59 ⚬ⓐ ⚬ⓑ ⚬ⓒ 59

1 Nomen und Pronomen

Artikel im Nominativ, Akkusativ und Dativ

	Singular			Plural	
Nominativ	der Chef mein Chef	die Firma meine Firma	das Team mein Team	die Kolleginnen und Kollegen meine Kolleginnen und Kollegen	
Akkusativ	den Chef meinen Chef	die Firma meine Firma	das Team mein Team	die Kolleginnen und Kollegen meine Kolleginnen und Kollegen	
Dativ	dem Chef meinem Chef	der Firma meiner Firma	dem Team meinem Team	den Kolleginnen und Kollegen meinen Kolleginnen und Kollegen	

Die n-Deklination

	Singular			Plural		
Nominativ	der/ein	Kunde	Mensch	die/-	Kunden	Menschen
Akkusativ	den/einen	Kunden	Menschen	die/-	Kunden	Menschen
Dativ	dem/einem	Kunden	Menschen	den/-	Kunden	Menschen
Genitiv	des/eines	Kunden	Menschen	der/-	Kunden	Menschen

Oft kann man die Nomen der n-Deklination an ihren Endungen erkennen. Zur n-Deklination gehören:
- Nomen, die männliche Personen bezeichnen und auf -e enden (der Kollege, der Grieche etc.)
- Nomen, die männliche Personen bezeichnen und folgende Endungen haben: *-oge, -ent, -ant, -and, -ist, -at, -graf* (der Geologe, der Student, der Praktikant, der Doktorand, der Polizist, der Kandidat, der Fotograf etc.)
- Außerdem: der Mensch, der Herr, der Nachbar, der Pilot, **das** (!) Herz

Possessivartikel

ich	→	**mein**
du	→	**dein**
er	→	**sein**
es	→	**sein**
sie	→	**ihr**

wir	→	**unser**
ihr	→	**euer**
sie/Sie	→	**ihr/Ihr**

eu**er**/eu**re** (!)
euer Sohn
eure Tochter

Der Possessivartikel *unser*

	maskulin	feminin	neutral	Plural
Nominativ	unser Chef	unsere Firma	unser Kind	unsere Kollegen
Akkusativ	unseren Chef	unsere Firma	unser Kind	unsere Kollegen
Dativ	unserem Chef	unserer Firma	unserem Kind	unseren Kollegen
Genitiv	unseres Chefs	unserer Firma	unseres Kindes	unserer Kollegen

2 Verben

Modalverben

wollen/möchten

Bitte (höflich):	Ich **möchte** gern ein Doppelzimmer buchen.
Wunsch:	Ich **will/möchte** mit der Bahn fahren.
Plan:	Wir **wollen** am Dienstag anreisen.

können

Möglichkeit:	Sie **können** am Dienstag nach München fliegen.
Fähigkeit:	Hedda Aziz **kann** Deutsch sprechen.
Erlaubnis:	Toma und Tobias **können** ein teureres Hotelzimmer buchen.
Verbot:	Sie **können** hier jetzt nicht warten.

müssen

Regel/Aufgabe:	Toma **muss** die Aufträge ausdrucken.
Notwendigkeit:	Tobias **muss** den Lieferwagen betanken.

dürfen

Erlaubnis:	Toma **darf** auf dem Parkplatz parken.
Verbot:	Sie **dürfen** nicht im Zimmer rauchen.

sollen

Aufforderung:	Tobias **soll** die Reifen checken.

Negation mit *nicht*

Notausgänge dürfen **nicht** zugestellt werden.

Schutzkleidung braucht **nicht** getragen zu werden.

Verspätungen müssen **nicht** gemeldet werden.

Perfekt = *haben* oder *sein* + Partizip II

	Infinitiv	Perfekt
ge + Verbstamm + t /et	machen arbeiten	ich habe gemacht ich habe gearbeitet
ge + Verbstamm + en	helfen gehen	ich habe geholfen ich bin gegangen
Verbstamm + t /et	studieren erstatten	ich habe studiert ich habe erstattet
unregelmäßige Formen	bekommen verlieren	ich habe bekommen ich habe verloren

Perfekt und Präteritum

Perfekt	Präteritum
haben + Partizip II	*-t-*
Sie **hat** Arabisch in der Schule gelernt.	Sie lernte Arabisch in der Schule.

In der gesprochenen Sprache verwendet man meistens das Perfekt.

Verben mit Präfix

Trennbar sind Verben mit den Präfixen *ab-, an-, auf-, aus-, ein-, mit-, nach-, her-, hin-, vor-, weg-, zu-, zurück-*.

ab|schicken	Ich schicke die Bestellung **ab**.
an|kommen	Die Ware kommt voraussichtlich am Dienstag **an**.
nach|fragen	Ich weiß es nicht, aber ich frage mal **nach**.

Nicht trennbar sind Verben mit den Präfixen *be-, ent-, ver-* und *zer-*.

bestätigen	Hiermit bestätigen wir Ihre Bestellung.
verbinden	Einen Moment, bitte. Ich verbinde Sie.

Trennbare Verben

Infinitiv	Präsens	Perfekt
ein|räumen	Ich räume die Waren ein.	Ich habe die Waren eingeräumt.
ab|schließen	Sie schließt das Studium ab.	Sie hat das Studium abgeschlossen.
an|bieten	Wer bietet wem das „Du" an?	Wer hat wem das „Du" angeboten?

Imperativ

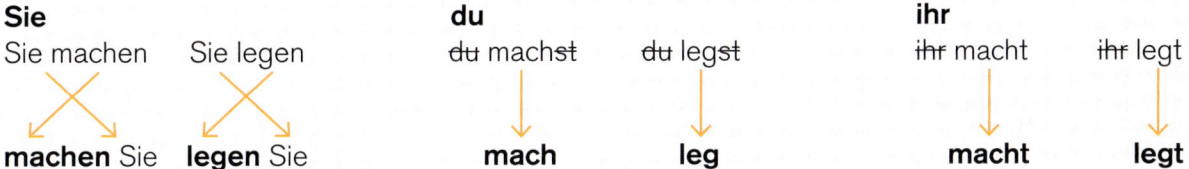

Sie		**du**		**ihr**	
Sie machen	Sie legen	~~du~~ machst	~~du~~ legst	~~ihr~~ macht	~~ihr~~ legt
machen Sie	**legen** Sie	**mach**	**leg**	**macht**	**legt**

Trennbare Verben im Imperativ

ein|schalten

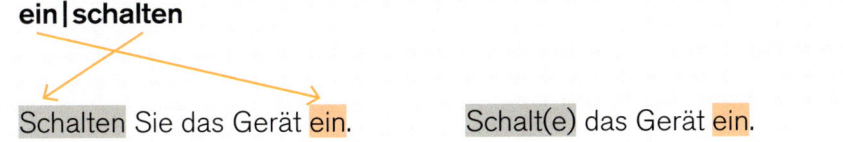

Schalten Sie das Gerät ein.   Schalt(e) das Gerät ein.   Schaltet das Gerät ein.

Reflexive Verben – Deklination des Reflexivpronomens

Das Reflexivpronomen zeigt, dass sich eine Handlung auf das Subjekt bezieht.

Ich wasche **mich**.   **Er** merkt **sich** etwas.

Bei trennbaren Verben steht das Reflexivpronomen in der Mitte.

Du bereitest **dich** vor.   Sie zieht **sich** an.

Im Perfekt steht das Reflexivpronomen vor dem Partizip.

Wir haben **uns** geärgert.   Sie haben **sich** gelangweilt.

	Akkusativ	Dativ
ich	mich	**mir**
du	dich	**dir**
er/sie/es	sich	sich
wir	uns	uns
ihr	euch	euch
sie/Sie	sich	sich

Futur I

Vermutung:	In 30 Jahren werden Roboter unsere Arbeit erledigen.
Aufforderung:	Sie werden morgen die Rechnungen bearbeiten.
Versprechen:	Ich werde das Projekt pünktlich abschließen.
Vorhaben/Plan:	Nächstes Jahr werde ich in Rente gehen.

Konjunktiv I in der indirekten Rede

Der Konjunktiv I wird für alle Verben auf die gleiche Weise gebildet. In der Praxis sowohl der gesprochenen wie auch geschriebenen Sprache wird er nur noch für die 3. Person Singular (*er/sie/es/man*) benutzt. Bei allen anderen Personen ist er veraltet oder wird durch den Konjunktiv II ersetzt, um den Unterschied zum Indikativ deutlich zu machen.

Ausnahmen bilden die Verben *sein* und *werden* und die Modalverben *müssen* und *können.*

Konjunktiv I: *sein, werden, müssen, können*			
	sein	**werden**	**müssen**	**können**
ich	sei	werde	müsse	könne
du	sei(e)st	werdest	müssest	könnest
er/sie/es	sei	werde	müsse	könne
wir	seien	werden	müssen	können
ihr	seiet	werdet	müsset	könnet
sie/Sie	seien	werden	müssen	können

Der Konjunktiv II für Wünsche, Träume und für Höflichkeit

Mit den Konjunktiv II formuliert man höfliche Bitten, Ratschläge und Vorschläge oder man drückt aus, dass etwas nicht real ist.

Könntest/Würdest du bitte die Post zuerst **erledigen**?

Sie **sollten** die Aufträge heute noch **bestätigen**.

Wir **könnten** den Bericht am Montag zusammen **schreiben**.

Ich **wäre** gerne Abteilungsleiter.

Der Konjunktiv II: *sein, haben* + Modalverben *dürfen, können, mögen, müssen, sollen, wollen*

	sein	**haben**	**dürfen**	**können**	**mögen**	**müssen**	**sollen**	**wollen**
ich	wäre	hätte	dürfte	könnte	möchte	müsste	sollte	wollte
du	wär(e)st	hättest	dürftest	könntest	möchtest	müsstest	solltest	wolltest
er/sie/es	wäre	hätte	dürfte	könnte	möchte	müsste	sollte	wollte
wir	wären	hätten	dürften	könnten	möchten	müssten	sollten	wollten
ihr	wäret	hättet	dürftet	könntet	möchtet	müsstet	solltet	wolltet
sie/Sie	wären	hätten	dürften	könnten	möchten	müssten	sollten	wollten

3 Adjektive und Adverbien

Deklination der Adjektive mit dem bestimmten Artikel

	maskulin	feminin	neutral	Plural
Nom.	der neue Chef	die neue Kollegin	das neue Haus	die neuen Mitarbeiter
Akk.	den neuen Chef	die neue Kollegin	das neue Haus	die neuen Mitarbeiter
Dat.	dem neuen Chef	der neuen Kollegin	dem neuen Haus	den neuen Mitarbeitern
Gen.	des neuen Chefs	der neuen Kollegin	des neuen Hauses	der neuen Mitarbeiter

Deklination der Adjektive mit dem unbestimmten Artikel*

	maskulin	feminin	neutral	Plural
Nom.	ein neuer Chef kein neuer Chef mein neuer Chef	eine neue Kollegin keine neue Kollegin meine neue Kollegin	ein neues Haus kein neues Haus mein neues Haus	---- neue Mitarbeiter keine neuen Mitarbeiter meine neuen Mitarbeiter
Akk.	einen neuen Chef	eine neue Kollegin	ein neues Haus	---- neue Mitarbeiter
Dat.	einem neuen Chef	einer neuen Kollegin	einem neuen Haus	---- neuen Mitarbeitern
Gen.	eines neuen Chefs	einer neuen Kollegin	eines neuen Hauses	---- neuer Mitarbeiter

* Im Singular werden die Adjektive **nach einem Possessivartikel** und **nach *kein(e)*** wie nach dem unbestimmten Artikel dekliniert. Im Plural haben alle Adjektive die Endung -en.

Deklination der Adjektive ohne Artikel (bei nicht zählbaren Substantiven)

	maskulin	feminin	neutral	Plural*
Nom.	neuer Lärm	neue Ruhe	neues Gemüse	----
Akk.	neuen Lärm	neue Ruhe	neues Gemüse	----
Dat.	neuem Lärm	neuer Ruhe	neuem Gemüse	----
Gen.	neuen Lärms	neuer Ruhe	neuen Gemüses	----

* Nicht zählbare Substantive haben keinen Plural.

Positiv – Komparativ – Superlativ

Regelmäßige Formen:

schön	→	schöner	→	am schönsten
klein	→	kleiner	→	am kleinsten
leicht	→	leichter	→	am leichtesten

Unregelmäßige Formen:

gut	→	besser	→	am besten
gern	→	lieber	→	am liebsten
viel	→	mehr	→	am meisten

Vokal wird Umlaut:

groß	→	größer	→	am größten
klug	→	klüger	→	am klügsten
alt	→	älter	→	am ältesten

Vergleiche:

höher
niedriger } als …
kleiner

genauso … wie
genauso hoch wie

Zeitadverbien im Satz

Zuerst kontrolliere ich die Waren. → Ich kontrolliere **zuerst** die Waren.

4 Präpositionen

Modale Präpositionen

Modale Präpositionen benutzt man, um auszudrücken, wie etwas ist oder auf welche Weise man etwas macht.

für/ohne + Akkusativ	Tag **für** Tag kommt er um sechs Uhr ins Büro. Manche Menschen bevorzugen Hotelzimmer **ohne** Klimaanlage.
zu/von/mit/aus/außer + Dativ	Er hat alle Arbeiten **zu** unserer Zufriedenheit erledigt. Sie ist **von** allein zum richtigen Ergebnis gekommen. Alle fahren morgen **mit** der Bahn nach Frankfurt. Die Brücke ist **aus** Beton. Der Vertreter kommt **außer** der Reihe.

Kausale Präpositionen

Kausale Präpositionen benutzt man, um auszudrücken, warum oder mit welcher Folge man etwas macht.

wegen/statt/trotz + Genitiv (Dativ)   **wegen** der Bezahlung, **statt** des Berichts, **trotz** der Arbeitszeit

Lokale Präpositionen

Lokale Präpositionen benutzt man, um auszudrücken, wo etwas steht oder wohin man etwas stellt.

Wohin? → Akkusativ ⟶ **durch, bis, gegen, um**

Wechselpräpositionen ⟶ **in, an, auf, unter, über, vor, hinter, neben, zwischen**

Wo? → Dativ ⟶ **aus, bei, nach, zu, gegenüber, von**

Temporale Präpositionen

Temporale Präpositionen benutzt man, um auszudrücken, wann oder wie lange etwas geschieht.

mit Akkusativ		mit Dativ	
um 10.00 Uhr		**vor** der Arbeit	
bis sieben Uhr		**nach** der Arbeit	
gegen Mittag		**am** Mittwoch	
für zwei Wochen		**in** zwei Tagen	
über drei Stunden		**im** Winter	
		beim Mittagessen	
		von 12.00 bis 16.00 Uhr	
		vom 1. Mai an	

mit Genitiv	
während der Arbeitszeit	
innerhalb (binnen) der angegebenen Frist	
außerhalb der Geschäftszeiten	
anlässlich des Firmenjubiläums	

Infinitiv + *zu*

Nicht trennbare Verben

beladen   →   **zu** beladen
entsorgen   →   **zu** entsorgen

Der Lkw ist **zu** beladen.
Die Kittel sind **zu** entsorgen.

Trennbare Verben

fest|legen   →   fest**zu**legen
auf|teilen   →   auf**zu**teilen

Die Arbeitszeiten sind fest**zu**legen.
Die Pausenzeiten sind auf**zu**teilen.

5 Satzbau

W-Fragen – indirekte Fragen

Das Fragepronomen leitet den Nebensatz ein.

Wann	beginnt	die Ausbildung?		Sie möchte wissen,	wann	die Ausbildung	beginnt.
Wie	sind	die Arbeitszeiten?		Sie will wissen,	wie	die Arbeitszeiten	sind.
Wer	kann	mir Fragen beantworten?		Sie fragt,	wer	ihre Fragen beantworten	kann.

Bei indirekten Fragen kommt das Verb immer ans Ende.

Ja/Nein-Fragen – indirekte Fragen

Es gibt kein Fragepronomen. Der Nebensatz wird mit *ob* eingeleitet.

| Haben | Sie Berufserfahrung? | | Er möchte wissen, | ob | sie Berufserfahrung | hat. |
| Dauert | die Ausbildung drei Jahre? | | Sie will wissen, | ob | die Ausbildung drei Jahre | dauert. |

Bei indirekten Fragen kommt das Verb immer ans Ende.

Zweiteilige Konjunktionen

weder … noch	Die Lampe ist **weder** in Weiß **noch** in Grau erhältlich.
sowohl … als auch	**Sowohl** die Kissen **als auch** die Wolldecken sind im Angebot.
nicht nur … sondern auch	Die Lampe gibt es **nicht nur** in Hellgrau, **sondern auch** in Blau.
entweder … oder	Wir bestellen **entweder** die roten Kissen **oder** die gelben.
zwar … aber	Die Wolldecke ist **zwar** teuer, **aber** die Qualität ist hervorragend.
je … desto	**Je** schneller Sie liefern können, **desto** besser.

Grammatik

Relativsätze

Nominativ	Der Mann, **der** hier arbeitet …	Die Frau, **die** hier arbeitet …
Akkusativ	Der Mann, **den** ich anrufen soll …	Die Frau, **die** ich anrufen soll …
Dativ	Der Mann, **dem** die Firma gehört …	Die Frau, **der** die Firma gehört …
Genitiv	Der Mann, **dessen** Firma …	Die Frau, **deren** Firma …

Partizipialkonstruktion

Ein Partizip kann einen Relativsatz ersetzen. Diese Konstruktion wird verwendet, um eine passive Handlung oder ein Ergebnis aus der Vergangenheit auszudrücken.

Das Auto, das gestohlen wurde, stand am Bahnhof. → Das **gestohlene** Auto stand am Bahnhof.

Die Partizipialkonstruktion wird gebildet, indem das Partizip II des Verbs benutzt und wie ein Adjektiv dekliniert wird.

Nominativ
Der **verlorene** Schlüssel ist wieder da!
Die **gewünschte** Schuhgröße ist nicht vorrätig.
Ein **gebrauchtes** Auto kann noch viele Jahre Freude machen.

Akkusativ
Den **verlorenen** Schlüssel hat sie nie wiedergefunden.
Ich kann Ihnen die **gewünschte** Schuhgröße leider nicht anbieten.
Ein **gebrauchtes** Auto kauft man am besten im Internet.

Dativ
Wir suchen jetzt seit einer Stunde nach dem **verlorenen** Schlüssel.
Die Verkäuferin sucht nach der **gewünschten** Schuhgröße.
Er sucht seit einiger Zeit nach einem **gebrauchten** Auto.

Genitiv
Wegen des **verlorenen** Schlüssels musste er das Schloss aufbrechen.
Wegen der **gewünschten** Schuhgröße muss ich ins Lager gehen.
Wegen des **gebrauchten** Autos wird er sich morgen bei mir melden.

Aussprachetraining

1a Arbei**ts**pla**tz**, Si**tz**ung, Konsequen**z**, **z**usammen, Kommunika**tion**

1b 1 z, 2 tz, 3 ts, 4 -tion

1c **Z**eitarbeit, Arbei**ts**verträge, Informa**tion**, gese**tz**liche So**z**ialabgaben, Kompeten**z**, le**tz**ten Mär**z**, nich**ts** nü**tz**en, ein hochgeschä**tz**ter Geschä**fts**führer

1e [ts]: Überse**tz**ung, Haupts**itz**, gese**tz**lich; kein [ts]: ta**t|s**ächlich, Haup**t|s**itz, rech**t|z**eitig, For**t|z**ahlung, selbs**t|s**tändig

Regel: [ts] wird nur dann gesprochen, wenn ts und tz zur gleichen Silbe gehören, z. B. Haup**t|s**itz, aber: selbs**t|s**tändig

1f 1 **Z**ur Sommer**z**eit si**tz**en **z**wanzig Spa**tz**en krä**chz**end **z**wischen drei**z**ehn Kat**z**en. 2 **Z**weiund**z**wanzig **Z**ahnär**z**te **z**ogen **z**usammen **z**um Po**ts**damer Pla**tz**. 3 Am **z**ehnten **Z**ehnten um **z**ehn Uhr **z**ehn **z**iehen **z**ehn **z**ahme **Z**iegen **z**ehn **Z**entner **Z**ucker **z**um **Z**oo. **Z**ehn **Z**iegen **z**iehen **z**ehn **Z**entner **Z**ucker **z**um **Z**oo – **z**um **Z**oo **z**iehen **z**ehn **Z**iegen **z**ehn **Z**entner **Z**ucker.

2b [z]: le**s**en, Banküberwei**s**ung, be**s**orgen, **S**ortiment; [s]: e**ss**en, Me**ss**e, Außendien**s**tmitarbeiter, Ergebni**s**

2c Es gibt zwei Varianten, wie s gesprochen werden kann: s wird weich gesprochen, z. B. wie in *sagen* und *lesen*, wenn es am Wortanfang oder am Silbenanfang steht. Am Wortende und am Silbenende wird s immer hart gesprochen, wie z. B. in *Kurs* und *Praktikumsvertrag*. Wörter mit ss und ß werden immer mit einem harten s gesprochen, z. B. wie in den Wörtern *heißen* und *messen*.

2d [z]: **S**ekt, Reali**s**ierung, Um**s**ätze, **S**onstiges, genau**s**o, **S**icherheitsbestimmungen; [s] am Wort- und Silbenende: Verlauf**s**protokoll, Meeting**s**, die mei**s**ten, Geschäft**s**essen, Zeugni**s**, am lieb**s**ten, Migration**s**hintergrund, au**s**tauschen; ss/ß: regelmä**ß**ig, Disku**ss**ion, Telefonanschlu**ss**

3c **Arb**ei**ts**pla**tz**, Ge**schäfts**part**n**er, Selb**st**stä**nd**ig**k**eit, Geschä**fts**bedi**ng**u**ng**en, Wei**hn**a**chts**z**eit**, Za**hl**u**ng**smö**g**li**ch**keiten, La**st**schri**ft**ver**f**a**hr**en, Buchu**ng**sbe**st**äti**gung**

3d **Ar** | beits | pla**tz**, Ge | **sch**ä**fts** | **p**art | n**er**, Selb**st** | **st**ä**n** | **d**ig | **k**eit, Ge | **sch**ä**fts** | **b**e | **d**ing | u**ng** | en, Weih | **n**a**chts** | **z**eit, Za**h** | l**u**ngs | **m**ög | li**ch** | **k**eiten, La**st** | **s**chri**ft** | v**er** | **f**a**h** | **r**en, Bu | chu**ngs** | **b**e | **st**ä | ti | gu**ng**

4a Fachmesse, Berufserfahrung, Industriekauffrau, Betriebsklima, Praktikumsvertrag, Lebenslauf, Geschäftsreise

4c <u>Fach</u>messe, <u>Berufs</u>erfahrung, <u>Industrie</u>kauffrau, <u>Betriebs</u>klima, <u>Praktikums</u>vertrag, <u>Lebens</u>lauf, <u>Geschäfts</u>reise

4d der Deutschkurs = Deutsch (Bestimmungswort) + Kurs (Grundwort). Der Wortakzent bei Komposita aus zwei Wörtern liegt auf dem Bestimmungswort.

5a unhöflich: 2, 4, 5, 6; höflich: 1, 3, 7, 8

5c Freundliche, höfliche Aussagen werden mit viel Melodie gesprochen. Am Ende des Satzes steigt die Satzmelodie. Außerdem werden sie lauter und klarer gesprochen. Die Stimme ist insgesamt meistens höher.

5e Körpersprache (positiv: offene Körperhaltung, zum anderen gewandt; negativ: verschränkte Arme, Wegdrehen etc.), Gestik, Mimik (positiv: lächeln, Blickkontakt mit Gesprächspartner; negativ: ernster Gesichtsausdruck, gähnen, kein Blickkontakt mit Gesprächspartner etc.); Imperativ/Konjunktiv (Imperativ = direkt, ohne „bitte" oft unhöflich, Konjunktiv = in Kombination mit steigender Satzmelodie höflich)

Arbeitsbuch

Lektion 1

1 1b, 2d, 3a, 4c, 5f, 6e

2 1 Wer, 2 Wen, 3 Wen, 4 Wer, 5 wem, 6 wen, 7 wem, 8 wem, 9 wem, 10 wen

3 1 deinen, unseren, meinem 2 dein, Meine, meinem, den, die

4 1 wichtig, 2 altmodisch, 3 klar, 4 vertraut, 5 Arbeitsplatz, 6 Jobs, 7 Idee, 8 Team, 9 Mitarbeiter, 10 Situation

5 1 Gastronomie, 2 Produktion, 3 Großhandel, 4 Einzelhandel, 5 Logistik, 6 öffentlicher Dienst, 7 IT-Branche, 8 Pharmaindustrie, 9 Metallindustrie, 10 Tourismus

6 Medien: 1, 7, 8, 13, 17; Maschinenbau: 6, 14; Einzelhandel: 10, 20, 21; Tourismus: 3, 4; Immobilien: 2, 5; Gastronomie: 3, 15; Bildung: 8,16; Pharmabranche: 21; Transport/Logistik: 11,12; Metallindustrie: 6, 14; IT: 1, 18; öffentlicher Dienst: 9, 19

7 1 Ich habe in meinem Heimatland in der Tourismusbranche gearbeitet. 2 Vor zwei Jahren bin ich nach Deutschland gekommen. 3 An der vhs habe ich Deutsch gelernt. 4 Ich habe den Deutschkurs mit der B1-Prüfung abgeschlossen. 5 Danach bin ich einige Jahre zu Hause geblieben, weil ich ein Kind bekommen habe. 6 Dann habe ich mich um verschiedene Stellen beworben. 7 Jetzt habe ich eine Arbeit in einem Reisebüro gefunden. 8 Vor zwei Monaten habe ich mit der Arbeit angefangen und die Arbeit gefällt mir sehr gut.

8a **ge + … t/et**: ich habe gehört, gearbeitet, gejobbt, gesucht, gemacht, geleitet, gelernt, gelebt, gewohnt, gedacht, gebracht, gewusst, gekannt

…**ge +… + t**: ich habe aufgehört, hergestellt, eingeräumt, kennengelernt; ich bin aufgewacht

ge + … + en: ich habe gefunden, geschrieben, gegeben, gegessen, getrunken, geholfen, gesprochen, genommen, getroffen, gesehen, getragen, gelesen, geschlafen, gesessen, gehalten; ich bin aufgestanden, gekommen, geblieben, gegangen, gewesen, geworden, geflohen

…**ge + -… + en**: ich habe abgeschlossen, angefangen, angeboten, angerufen, teilgenommen, mitgenommen, eingeladen, vorgeschlagen, ausgegeben, ferngesehen; es hat stattgefunden; ich bin aufgestanden, angekommen, abgefahren, umgezogen, eingeschlafen

… **+ t**: ich habe studiert, verkauft, transportiert, telefoniert, produziert, organisiert, erklärt

… **+ en**: ich habe bekommen, verloren, begonnen, besprochen, beraten, (mich) beworben, es hat gefallen

8b kommen, aufwachen, bleiben, gehen, sein, werden, fliehen, ankommen, aufstehen, abfahren, umziehen, einschlafen

9 1 Oleg fängt um 8 Uhr mit der Arbeit an. Oleg hat um 8 Uhr mit der Arbeit angefangen. 2 Am Vormittag nimmt er an einer Besprechung teil. Am Vormittag hat er an einer Besprechung teilgenommen. 3 Am Nachmittag ruft er viele Kunden an. Am Nachmittag hat er viele Kunden angerufen. 4 Um 19 Uhr hört er auf zu arbeiten. Um 19 Uhr hat er aufgehört zu arbeiten.

10 1 Stefanie hat früher oft ihrem Vater in der Logistikfirma geholfen. Dann hat sie Informatik studiert. Letzten Monat hat sie sich bei verschiedenen IT-Firmen beworben und auch eine Stelle bekommen. Inzwischen hat sie mit ihrer Arbeit angefangen und viele Kollegen bereits kennengelernt. Heute ist sie sogar schon länger geblieben.

2 Mohamed hat in Syrien als Krankenpfleger gearbeitet. Er ist mit seiner Familie nach Deutschland geflohen und hat schnell Deutsch gelernt. Zuerst hat er in Berlin gelebt, dann ist er mit seiner Familie nach Hamburg umgezogen. Inzwischen hat er eine Stelle in einem Krankenhaus gefunden.

3 Anja ist heute zu spät aufgewacht. Sie ist erst um 9 Uhr aufgestanden und dann zu spät im Büro angekommen. Erst um 10 Uhr hat sie ihre Arbeit begonnen. Sie ist heute bis 19 Uhr im Büro gewesen.

11 Beispiele: 1 Wo arbeiten Sie? Für welche Firma arbeiten Sie? 2 Wo arbeiten Sie? In welcher Abteilung arbeiten Sie? 3 Wofür/Für was sind Sie zuständig? Was sind Ihre Aufgaben? 4 Könnte auch ich Möbel bei Ihnen bestellen? 5 Sind Sie mit Ihrer Arbeit zufrieden? Gefällt Ihnen Ihre Arbeit? 6 Warum würden Sie gern in einer anderen Abteilung arbeiten? 7 In welcher Abteilung/Wo würden Sie am liebsten arbeiten?

13 1 als, 2 im, 3 bei, 4 für, 5 im, 6 als, 7 bei, 8 als, 9 in

14 1 Lager, 2 Verkauf, 3 Einkauf, 4 Kunden, 5 Abteilung, 6 Buchhaltung, 7 Geschäftsleitung, 8 Personalabteilung, 9 Personal, 10 Cafeteria, 11 Stockwerk

15 1e, 2h, 3f, 4a, 5b, 6d, 7c, 8g

16 1 setzen, 2 herstellen, 3 zunehmen, 4 bearbeiten

17 1 In der Produktion werden neue Produkte hergestellt. 2 Im Labor werden Versuche durchgeführt. 3 In der Einkaufsabteilung werden neue Waren bestellt. 4 In der Kundenbetreuung werden Reklamationen und Beschwerden bearbeitet. 5 Im Lager werden Waren angenommen und kontrolliert. 6 Im Konferenzraum werden Besprechungen abgehalten. 7 In der Finanzabteilung werden Rechnungen bezahlt. 8 In der Marketingabteilung werden neue Werbestrategien entwickelt.

18   1c , 2b

Lektion 2

1a   der Arbeitsvertrag, die Berufserfahrung, das Bewerbungsfoto, die Bewerbungsunterlagen, die Festanstellung, die Gehaltsvorstellungen, der Lebenslauf, die Personalabteilung, das Stellenangebot, der Stellenmarkt, das Vorstellungsgespräch

1b   1 Stellenangebot, 2 Bewerbungsunterlagen, Lebenslauf, 3 Bewerbungsfoto, 4 Vorstellungsgespräch, 5 Berufserfahrung, 6 Gehaltsvorstellungen, 7 Arbeitsvertrag, 8 Festanstellung

2   1 Ausbildung, Berufserfahrung, 2 Universität, Kenntnisse, 3 Qualifikation, Fortbildung, 4 Zeugnis, 5 Arbeitsförderung

3a   korrekt: 1 abschließen, 2 sammeln, 3 machen, 4 erfüllen, 5 unterschreiben

3b   1 gemacht, 2 gesammelt, 3 abgeschlossen, 4 erfüllt, 5 unterschreiben

4   1 Mohamed möchte wissen, ob die Stelle noch frei ist. 2 Er fragt, was seine Aufgaben sind. 3 Er möchte wissen, wie die Arbeitszeiten sind. 4 Ihn interessiert auch, ob er im Team arbeitet oder alleine. 5 Weiter fragt er, ob er auch am Wochenende arbeiten muss. 6 Er erkundigt sich, wie die Bezahlung ist. 7 Er fragt, ob er auch ein Jobticket bekommen kann. 8 Ihn interessiert, wie lange die Probezeit ist. 9 Er möchte wissen, ob er einen festen Arbeitsvertrag bekommt. 10 Zum Schluss stellt er die Frage, wann er mit der Arbeit anfangen könnte.

5   1 falsch, 2 richtig, 3 falsch, 4 falsch

6   1 Persönliche Daten, 2 Familienstand, 3 Weiterbildung, 4 Berufserfahrung, 5 Schulbildung, 6 Besondere Kenntnisse

7a   1 Bevor Rabia ihr Vorstellungsgespräch hat, hat sie ihre Unterlagen noch einmal durchgesehen. 2 Bevor Malaika nach Deutschland gekommen ist, hat sie in Somalia gelebt. 3 Bevor Marcel in der Personalabteilung gearbeitet hat, war er in der Buchhaltung tätig.

7b   1 Nachdem Elena das Anschreiben am Computer erfasst hat, schickt sie es ihrem Chef. 2 Nachdem Jens den Lieferanten ausgewählt hat, bestellt er neue Waren. 3 Nachdem Ludmilla eine Tasse Kaffee getrunken hat, fängt sie mit ihrer Arbeit an.

7c   1 Während Marcel mit seiner Kollegin spricht, klingelt das Telefon. 2 Während Fayyad eine Bewerbung schreibt, kommt ein Nachbar zu Besuch. 3 Während Jens auf einen Kunden wartet, findet eine wichtige Besprechung statt.

7d   1 Seit/Seitdem Igor viel Kontakt zu seinen Kollegen hat, ist sein Deutsch viel besser. 2 Seit/Seitdem Muzit im Krankenhaus arbeitet, muss sie viele Überstunden machen. 3 Seit/Seitdem Stefanie ein Praktikum macht, hat sie keine Zeit mehr für den Chor.

8   1a, 2d, 3i, 4c, 5h, 6f, 7e, 8j

9   1 Interesse, 2 Lebenslauf, 3 Erfahrungen, 4 Aufgabenbereich, 5 Arbeitgeber, 6 Beschäftigung, 7 Organisation, 8 Einladung

10a   kommen – kam – gekommen, nehmen – nahm – genommen, sprechen – sprach – gesprochen, helfen – half – geholfen, treffen – traf – getroffen, bleiben – blieb – geblieben, schreiben – schrieb – geschrieben, liegen – lag – gelegen, geben – gab – gegeben, gehen – ging – gegangen, finden – fand – gefunden, fahren – fuhr – gefahren, ziehen – zog – gezogen, umziehen – zog um – umgezogen, schließen – schloss – geschlossen, gefallen – gefiel – gefallen, bringen – brachte – gebracht, denken – dachte – gedacht, kennen – kannte – gekannt, wissen – wusste – gewusst, sein – war – gewesen, haben – hatte – gehabt, arbeiten – arbeitete – gearbeitet, leben – lebte – gelebt, wohnen - wohnte – gewohnt, besuchen – besuchte – besucht, suchen – suchte – gesucht, anmelden – meldete an – angemeldet, lernen – lernte – gelernt, hören – hörte – gehört, gründen – gründete – gegründet, machen – machte – gemacht

10b   Beispiel: Jannis kam vor drei Jahren aus Griechenland nach Deutschland. Er wohnte zuerst in Stralsund und suchte lange Zeit Arbeit. Er schrieb viele Bewerbungen, fand aber keine Stelle. Danach zog er nach Berlin und traf dort Freunde aus Griechenland. Sie halfen ihm bei seinen Bewerbungen. Nach drei Monaten fand er endlich eine Beschäftigung in einem Möbelhaus. Weil ihm die Arbeit als Verkäufer nicht gefiel, meldete er sich zu einer Fortbildung für den Einzelhandel an.

11   1 falsch, 2b, 3 falsch, 4a

12a   1 Sehr ge<u>ehr</u>te Damen und Herren, mit großem Interesse habe ich Ihre Anzeige gelesen und möchte mich um die Stelle als Rezeptionistin bewerben. 2 In meiner Heimat konnte ich schon viele Erfahrungen in diesem Beruf sammeln. 3 Es macht mir großen Spaß, Gäste zu ber<u>aten</u> und ich kann von mir sagen, da<u>ss</u> ich kontaktf<u>reudig</u> und zuverlässig bin. 4 Über eine <u>Ei</u>nladung zu einem persönlichen Gespräch würde ich mich sehr freuen.

12b   Bevor Malaika nach Deutschland <u>kam</u>, <u>hat sie</u> als Näherin <u>gearbeitet</u>. Sie <u>hat</u> einen Kredit <u>aufgenommen</u>, weil sie sich selbstständig machen <u>wollte</u>. Zusammen mit ihrer Mutter <u>hat sie</u> eine Schneiderei <u>eröffnet</u> und Kleider auf dem Markt <u>verkauft</u>. In Deutschland <u>möchte</u> sie eine Ausbildung zur Hotelkauffrau <u>machen</u>. Sie hofft, dass sie einen Ausbildungsplatz <u>bekommt</u>.

Lektion 3

1   der Arbeitsplatz, die Arbeitszeit, die Kollegen, die Arbeitsbedingungen, die Firma, der Betrieb, das Unternehmen, das Gehalt, der Lohn, die Lohnsteuer, die Sozialleistungen, der Betriebsrat, die Gewerkschaft, die Geschäftsleitung, die Mittagspause, der Urlaub

2   6a, 1b, 7c, 2d, 3e, 5f, 4g

3   1 Wenn Dimitra sehr spät mit der Arbeit aufhört, ist sie sehr müde. 2 Wenn Mitarbeiter zu spät zur Arbeit kommen, bekommen sie Ärger mit dem Chef. 3 Wenn Malaika im Hotel arbeitet, muss sie sich umziehen. 4 Wenn Malaika nachmittags zu Hause ist, spielt sie mit ihrem Sohn. 5 Wenn Fadi viele Aufträge hat, muss er auch am Wochenende arbeiten. 6 Wenn Kunden ihn anrufen, hilft er ihnen gerne. 7 Wenn Bassam Krankenpfleger werden will, muss er eine Ausbildung machen. 8 Wenn Marek Nachtschicht hat, kann er nicht zum Fußballtraining kommen.

4   c1, b2, e3

5   1 durchführen, 2 ausbilden, 3 treffen, 4 übersetzen, 5 arbeiten, 6 anmachen, 7 ausbilden

6   Siehe Transkript Hörtext Arbeitsbuch: Track 52

7   1 Zuerst trinkt Toma einen Kaffee. 2 Dann beginnt er mit der Arbeit. 3 Danach muss Toma viel telefonieren. 4 Anschließend besucht er einen Kunden. 5 Zuerst macht er ihm ein Angebot. 6 Schließlich einigen sich beide.

8   Beispiel: Zuerst reserviert Anja einen Tagungsraum. Dann richtet sie den Raum ein. Sie stellt Beamer und Flipcharts auf, dann kümmert sie sich um Stühle und Tische. Danach sorgt sie für Getränke. Anschließend stellt sie Infomappen für die Teilnehmer bereit. Auf der Tagung begrüßt sie die Teilnehmer, danach kontrolliert sie die Teilnehmerliste, anschließend stellt sie die Tagesordnung vor. Schließlich organisiert sie auch noch eine Nachbesprechung.

9   1 Stress, 2 überfordert, 3 Betriebsrat, 4 unterfordert, 5 Aufstiegschancen, 6 Fortbildung, 7 keine Anerkennung, 8 Tätigkeiten, 9 unfaire Bezahlung, 10 Streik

10   1 bearbeiten, schreiben; 2 aushelfen; 3 koordinieren, schreiben, erstellen; 4 bearbeiten, entgegennehmen; 5 entgegennehmen, bearbeiten; 6 koordinieren; 7 einarbeiten; 8 vereinbaren, koordinieren; 9 servieren; 10 aufgeben, bearbeiten, entgegennehmen

11a   **n-Deklination:** der Kunde, der Mensch, der Polizist, der Lieferant, der Praktikant, der Name, der Automat, der Kollege, der Nachbar, der Student, der Architekt, der Journalist, der Tourist, der Vorgesetzte, der Grieche, der Franzose; **keine n-Deklination:** die Aufgabe, die Adresse, die Ware, die Maschine, die Anlage, die Broschüre, die Messe, die Sache, der Chef, der Italiener

11b   1 ▶ Darf ich Ihnen meinen neuen Kollegen vorstellen, Herrn Groß?
       ▷ Freut mich, Sie kennenzulernen, Herr Groß. Mein Name ist Baumann.
     2 ▶ Können Sie mir mit dem Getränkeautomaten helfen? Ich weiß nicht, wie er funktioniert. Vielleicht ist der Automat auch kaputt.
       ▷ Fragen Sie doch Herrn Ortega, unseren Praktikanten. Ich glaube, er hat gerade für einen Kunden Kaffee an diesem Automaten geholt.

3 ▶ Unser Kunde, Herr Meier, hat eine neue Adresse. Teilen Sie das bitte dem Lieferanten mit?

▷ Welcher Lieferant ist für Herrn Meier zuständig?

▶ Das ist die Firma Storz KG.

▷ Gut. Ich werde dann auch die Kollegen aus der Buchhaltung informieren.

4 ▶ Kennst du schon meinen neuen Nachbarn? Er ist sehr sympathisch.

▷ Meinst du den Studenten im ersten Stock?

▶ Nein, links neben mir ist mein neuer Nachbar eingezogen. Er ist kein Student. Ich glaube, er ist Journalist.

12 1 Kindertagesstätte, 2 Kita, 3 Krippe, 4 Tagesmutter, 5 Ganztagsschulen

14a

ich	mein, meine, mein	wir	unser, unsere, unser
du	dein, deine, dein	ihr	euer, eure, euer
er/es	sein, seine, sein	sie (Plural)	ihr, ihre, ihr
sie	ihr, ihre, ihr	Sie	Ihr, Ihre, Ihr

14b

	maskulin	feminin	neutral	Plural
Nominativ	mein	meine	mein	meine
Akkusativ	meinen	meine	mein	meine
Dativ	meinem	meiner	meinem	meinen
Genitiv	meines	meiner	meines	meiner

14c 1 mein Sohn, meinen Sohn, meinem Sohn; 2 unsere Tochter, unsere Tochter, unserer Tochter; 3 Ihr Kind, meinem Kind, mein Kind; 4 Meine Kinder, meinen Kindern, meine Kinder; 5 meine Familie, Mein Vater, meine Mutter, meiner Mutter, meines Bruders, Mein Kollege, seinen Garten, mein Chef, meines Kollegen, meiner Familie, Mein Bruder, seinen Kindern, seinem Sohn, seiner Tochter

Lektion 4

1 1n, 2e, 3k, 4q, 5a, 6o, 7h, 8j, 9r, 10l, 11d, 12p, 13b, 14m, 15f, 16i, 17g, 18c

2 1 für, 2 vom, 3 zum, 4 aus, 5 ohne, 6 außer, 7 mit, 8 Aus, 9 zum, 10 für, 11 zum, 12 mit, 13 zur

3 1 der, 2 die, 3 dieses, 4 den, 5 dem, 6 biologischem, 7 der

4a **Grund der Reise:** Kundenbesuch, Montage, Tagung, Meeting, Besprechung, Messe, an einer Weiterbildung/einem Kongress teilnehmen; **An- und Abreise:** Gepäck, Flugzeug, Firmenwagen, Bahn, Check-in, Zug, Taxi, Fahrgemeinschaft, Gepäck, Koffer packen; **Hotel/Pension:** Gepäck, Übernachtung, Einzelzimmer, Doppelzimmer, im Zentrum, zentrale Lage, wenige Gehminuten zur U-Bahn, Frühstücksbüfett, Nähe Flughafen, Check-in, Rezeption; **Buchung:** mit Kreditkarte, am Telefon, online

4b Beispiele: Ich war auf Geschäftsreise, weil ich zu einer Messe musste. Wir haben mit Kreditkarte gebucht. Wir haben ein Hotel in zentraler Lage gefunden. Wir sind mit dem Zug und dem Taxi zum Hotel gefahren.

5 a: 1 Können, 2 soll, 3 kann; b: 4 müssen, 5 kann, 6 muss, 7 können, 8 dürfen, 9 möchte, 10 wollen, 11 können

6 A: 1b, 2c, 3b, 4a, 5a; B: 1c, 2b, 3a, 4c, 5a

7 1c, 2b

8 1 bei, 2 Von, 3 nach, 4 aus, 5 zur, 6 durch, 7 um, 8 bei, 9 gegen, 10 aus

9a 1 In die rechte Ecke, 2 Vor die Waschmaschine und den Kühlschrank, 3 Zwischen die beiden Geräte, 4 Auf die linke Seite, 5 vor den Fernseher, unter den Fernseher, hinter den Fernseher und das Radio, 6 Neben den Fernseher, in die Mitte, 7 an die Decke über die Waren, 8 an die Waren

9b 1 in der rechten Ecke, 2 zwischen der Waschmaschine und dem Kühlschrank, 3 zwischen den beiden, 4 auf der linken Seite, 5 vor dem Fernseher, unter dem Fernseher, hinter dem Fernseher und dem Radio, 6 neben dem Fernseher, in der Mitte, 7 an der Decke über den Waren, 8 an den Waren

10 1 Ich habe sie doch an die Wände gestellt. 2 … im Keller auf den Tisch gelegt. 3 … vor die Hauswand gelegt. 4 … vor das Waschbecken gestellt. 5 … auf die Therme gelegt.

11 Beispiel: Am Donnerstag liefert die Firma ImmerFrisch um 20 Uhr die Ware. Danach, um 21 Uhr, bereitet Laura die Gerichte für Freitag zu. Um 23 Uhr stellt sie die Gerichte über Nacht (für den nächsten Tag) kühl. Am Freitag hat Karim ab 7 Uhr Dienst. Er beginnt mit der Zubereitung der Speisen. Das Gemüse muss gewaschen, geschält und geschnitten werden, das Fleisch wird angebraten. Dann würzt er das Fleisch und backt außerdem noch das Brot auf. Um 10 Uhr sind die Gerichte fertig. Um 10.15 Uhr kontrolliert der Küchenleiter, ob alles in Ordnung ist, und ab 11 Uhr gibt Karim das Essen aus. Am Nachmittag bestellt er noch die Produkte für den nächsten Tag und ab 15.30 Uhr reinigt er die Küche.

12 1 Agnes würde gern als Ärztin arbeiten. 2 Alexandru würde gern nicht so viele Überstunden machen. 3 Daniela hätte gern mehr Zeit für die Familie. 4 Herr Roth würde gern seinen Termin verschieben. 5 Anja wäre gern Chefin ihrer Abteilung. 6 Herr Popescu wäre gern nicht so viel auf Geschäftsreise. 7 Ahmed hätte gern eine Vertretung für nächsten Freitag. 8 Laura würde gern eine Fortbildung machen.

13 1 Tom, könntest/würdest du mir mal die Maschine erklären? 2 Könnten/Würden Sie bitte heute noch die Lagerbestände prüfen? 3 Könnten/Würden Sie bis heute Mittag die Unterlagen für die Dienstreise zusammenstellen? 4 Anja, könntest/würdest du bitte für mich ans Telefon gehen? 5 Frau Kobler, könnten/würden Sie bitte einen Termin mit der Firma Grohmann vereinbaren?

14 1 Sie sollten die Aufgaben heute noch erledigen. 2 Sie sollten die Firma Groß heute noch anrufen. 3 Du solltest bei Problemen ein Gespräch mit dem Chef suchen. 4 Du solltest dich bei der Rezeption über das schlechte Zimmer beschweren.

15 um etwas bitten: Könnten Sie …? / Wären Sie bereit … zu …? / Wäre es Ihnen möglich … zu …? absagen: Es tut mir leid, das geht nicht, weil … / Heute passt es mir gar nicht. / Ich fühle mich im Moment nicht sehr fit/nicht wohl. Ich glaube, ich habe … zustimmen: Ja, kein Problem. / Das mache ich gern. / Na gut, wenn es sein muss. / Gut, wenn es gar nicht anders geht. / Das geht in Ordnung. nachfragen/einen Gegenvorschlag machen: Was müsste ich eigentlich erledigen? / Was wären dann meine Aufgaben? / Gibt es keine andere Möglichkeit? / Könnte das nicht jemand anders machen? / Vielleicht könnte mein Kollege das erledigen. / Wir könnten doch auch … / Wir sollten vielleicht … / Ich habe aber schon sehr viele Überstunden. Wie könnte ich diese dann abbauen?

16a

Sprecher 1	☹	Sprecher 4	☺
Sprecher 2	☹	Sprecher 5	☹
Sprecherin 3	☹	Sprecherin 6	☺

Lektion 5

1a 1 Besucher, 2 Aussteller, 3 Wettbewerber, 4 Stand, 5 Dienstleistungen, 6 Präsenz, 7 Kontakte, 8 Branche

1b 1 knüpfen, 2 mieten, 3 informieren, 4 vorstellen, 5 vereinbaren, 6 treffen, 7 führen, 8 bleiben

2 1i, 2f, 3d, 4c, 5j, 6b, 7h, 8g

3a 1 falsch, 2 falsch, 3 richtig, 4 falsch, 5 richtig, 6 richtig, 7 falsch, 8 richtig

3b Beispiele: 1 Heute gab es eine Störung auf der Webseite. Aber morgen kann wieder gebucht werden. 2 Die angegebenen Preise sind nur Preise für die Miete. 4 Die Stromkosten sind beim großen Stand höher. 7 Die Messe soll sich um die Standreinigung kümmern.

3c **Reihenstand:** billiger, kleiner, für das Publikum geschlossener, hat Außenwände als Fläche für Grafik (Logo, Powerpoint-Präsentation), höhere Kosten für Wände, weniger Zulauf von Besuchern
Stand in der Mitte (Inselstand): teurer, alleinstehend, von allen Seiten offen, dadurch sehr repräsentativ, keine Außenwände, höhere Kosten für Fußboden, höhere Stromkosten

4a 1 Das ist der neue Messestand, ein neuer Messestand. 2 Das ist die aktuelle Preisliste, eine aktuelle Preisliste. 3 Das ist das neue Logo, ein neues Logo. 4 Das sind die attraktiven Angebote, attraktive Angebote. 5 Wir suchen den neuen Messestand, einen neuen Messestand. 6 Wir suchen die aktuelle Preisliste, eine aktuelle Preisliste. 7 Wir präsentieren das neue Logo, ein neues Logo. 8 Wir präsentieren die attraktiven Angebote, attraktive Angebote. 9 Wir stehen vor dem neuen Messestand, einem neuen Messestand. 10 Wir stehen vor der aktuellen Preisliste, einer aktuellen Preisliste. 11 mit dem neuen Logo, einem neuen

Logo 12 mit den attraktiven Angeboten, attraktiven Angeboten 13 wegen des neuen Messestands, eines neuen Messestands 14 wegen der aktuellen Preisliste, einer aktuellen Preisliste 15 wegen des neuen Logos, eines neuen Logos 16 wegen der attraktiven Angebote, attraktiver Angebote

4b Das ist neue Ware, das ist neues Material. Wir bieten an: hochwertigen Kunststoff, neue Ware, neues Material / mit hochwertigem Kunststoff, neuer Ware, neuem Material

4c 1 einen aktuellen Flyer, Der aktuelle Flyer, 2 eine aktuelle Informationsmappe, Die aktuelle Informationsmappe, 3 ein neues Messeprogramm, Das neue Messeprogramm, 4 neue Broschüren, Die neuen Broschüren, 5 aktuelle Preislisten, Die aktuellen Preislisten, 6 englische Kataloge, Die englischen Kataloge 7 Eine aktuelle Preisliste, vor dem neuen Messestand, 8 Der neue Werbeflyer, 9 Das vollständige Werbematerial, 10 die aktualisierten Broschüren, 11 zweisprachige Flyer, die aktuellen Flyer, aktuelle Poster und Sticker, ein praktischer Prospektständer, aus hochwertigem Kunststoff, ein großes Wandregal und kundenfreundliche Sitzmöbel, attraktive Kugelschreiber mit dem neuen Logo, die alten Kugelschreiber, unser neues Logo, verschiedene, kostenlose Give-aways (Taschen in mehreren Farben) als nette Werbegeschenke, 12 Neue Kontakte, die neuen Kontakte, entsprechende Angebote

5 1 hilfsbereit, 2 geduldig, 3 ehrlich, 4 aufmerksam, 5 qualifiziert, 6 motiviert, 7 ruhig, 8 ausdauernd

6a 1 uns, 2 euch, 3 sich, 4 sich, 5 dich, sich, mich

6b 1 dich, mir, 2 dir, mir, mich, 3 dich, mich, mir, 4 mich, mir, mich, dir

6c 1 mich, 2 mich, 3 mir, 4 mich, 5 mir, 6 mir, 7 mich, 8 mir, 9 mich, 10 mir

6d 1 Wir treffen uns mit Kollegen. 2 Auf der Baustelle ziehe ich mir Schutzkleidung an. 3 Bei der Arbeit müssen wir uns sehr gut konzentrieren. 4 Sie sollten sich nach den Verträgen erkundigen. 5 Gestern hat sich unser neuer Mitarbeiter vorgestellt. 6 Letzte Woche haben wir uns gut unterhalten.

7 Toma hat sich sehr gut auf die Gespräche auf der Messe vorbereitet. Zuerst hat er sich seinen Gesprächspartnern höflich vorgestellt und sich nach ihren Wünschen erkundigt. Mit Besuchern, die nur Werbematerial haben wollten, hat er sich nicht zu lange beschäftigt. Wichtig für ihn waren die Besucher, die potenzielle Kunden waren. Er hat sich die Namen dieser Kunden gemerkt und sich während der Gespräche mit diesen Kunden besonders viel Mühe gegeben. Er hat gezielt Fragen gestellt, um Lösungen für ihre Wünsche zu finden. Während der Gespräche hat er sich ausführliche Notizen gemacht. Am Ende hat er sich höflich verabschiedet und sich mit einigen potenziellen Kunden für weitere Gespräche verabredet.

8 1a, 2a, 3c, 4b

9a 1 vereinbaren, 2 die Bestellung, 3 präsentieren, 4 die Garantie, 5 besprechen, 6 die Werbung

9b Falsch: 1 informieren, 2 bestellen, 3 absagen, 4 kontaktieren, 5 formulieren, 6 machen, 7 beliefern, 8 lagern

10a … durch unseren Besuch auf der Möbelmesse IMM in Köln wurden wir auf Ihre Produkte aufmerksam. Wir sind eine Hotelgruppe mit mehreren Niederlassungen in Hessen und Bayern und suchen für unser Haus in Aschaffenburg hochwertige Einrichtungsmöbel für den Eingangsbereich (Lounge). Es handelt sich um eine Fläche von 155 m², für die wir Sessel, kleine Sitzsofas und Couchtische benötigen.
Könnten Sie uns bitte Informationen zu Ihren Produkten mit aktueller Preisliste und Angabe Ihrer Liefer- und Zahlungsbedingungen zuschicken?
Da unser Hotel in zwei Monaten eröffnet werden soll, ist für uns auch eine Angabe der voraussichtlichen Lieferzeiten von Interesse.
Wir freuen uns auf eine baldige Antwort.

11a **Wünsche formulieren:** Wir benötigen, Könnten Sie …? Wir brauchen …

einen Vorschlag machen: Wir könnten auch …/ Eine Möglichkeit wäre …

über Preise und Lieferzeiten sprechen: Die Lieferung müsste sehr schnell erfolgen./ Wie lange wird es dauern, bis …/ Ist ein Preisnachlass möglich?/ Ab welcher Menge könnten wir einen Rabatt bekommen?

Lösungen anbieten: Das ist problemlos möglich./ Das können wir für Sie erledigen./ Was halten Sie davon, wenn …

Bedauern ausdrücken: Es tut uns leid, aber …

Lektion 6

1 1c, 2d, 3a, 4e, 5f, 6b

2 d1, j2, g3, a4, e5, i6, f7, c8, b9, h10

3 Sehr geehrte Damen und Herren,
vielen Dank für Ihre Anfrage. Gerne unterbreiten wir Ihnen folgendes Angebot. Alle Preise sind Nettopreise. Es gilt die gesetzliche Mehrwertsteuer. Bei Zahlung innerhalb von 10 Tagen erhalten Sie 3% Skonto. Die Lieferung erfolgt innerhalb einer Woche nach Bestellung. Wir liefern frei Haus. Im Anhang senden wir Ihnen unsere Allgemeinen Geschäftsbedingungen. Wir freuen uns auf Ihre Bestellung. Für weitere Fragen stehen wir Ihnen gerne zur Verfügung.

4a 1 Wir haben im September unseren Termin mit Herrn Lorenz, und zwar in der 37. Kalenderwoche, am Dienstag, dem 12. September, um 14 Uhr. Unsere Besprechung ist von 14 bis 17 Uhr geplant. Vor 14 Uhr hat Herr Lorenz keine Zeit und nach 17 Uhr hat er schon einen anderen Termin.

2 Unser Betrieb hat seit 20xx seinen Hauptsitz in München. 20xx werden wir umziehen. Ab November können Sie uns dann in Ingolstadt erreichen. Seit zwei Wochen ist Frau Krause krank. Ab/Am Mittwoch wird sie wieder im Büro sein. Seit wann sind Sie in der Firma? Seit letzten Juni. Ab wann haben Sie Ferien? Ab nächsten Montag.

3 Während der Sommermonate hatten viele unserer Kunden Betriebsferien. Während der Arbeit dürfen Sie keine privaten E-Mails schreiben. Wir erwarten Ihre Zahlung innerhalb von sieben Tagen. Außerhalb unserer Öffnungszeiten sind wir mobil erreichbar.

4 Im April war unser Chef für zwei Tage in Paris. Bei seiner Besprechung mit Geschäftspartnern konnte er ein interessantes Angebot unterbreiten. Über Ostern macht er Urlaub.

4b 1: 1 Ab, 2 am, 3 bis, 2: 4 am, 5 über, 6 seit, 7 während, 8 am, 9 um, 10 nach

5 (ZP = Zeitpunkt, ZR = Zeitraum) 1 ab/ZP/Dativ, 2 nach/ZP/Dativ, 3 außerhalb/ZR/Genitiv, 4 vom … bis/ZR/Dativ, 5 vor/ZP/Dativ, 6 um/ZP/Akkusativ, 7 ab/ZP/Dativ, 8 um/ZR/Akkusativ, 9 bis/ZP/Dativ, 10 innerhalb/ZR/Genitiv, 11 über/ZR/Akkusativ, 12 seit/ZP/Dativ, 13 seit/ZR/Dativ, 14 bei/ZP/Dativ, 14 bei/ZP/Dativ, 15 während/ZR/Genitiv, 16 in/ZR/Dativ

6 1 bis nächsten, 2 Ab dem, 3 über die/während der, 4 zum 5 in/bei einem, 6 Vom … bis zum, 7 In den/Während der, 8 innerhalb einer, 9 außerhalb unserer, 10 Nach der, 11 Seit/Nach unserer, 12 Vor unserem

7 1 höchstens, spätestens, frühestens; 2 mindestens, spätestens

8a 1 Wenn/Falls Sie weitere Fragen haben, dann kontaktieren Sie mich unter 040-732 42 49. 2 Wenn/Falls Sie bis zum 10.12. bestellen, erhalten Sie die Ware noch vor Weihnachten. 3 Wenn/Falls Sie Sonderwünsche haben, dann machen wir am besten einen Termin für ein persönliches Gespräch mit unserem Techniker. 4 Wenn/Falls Sie die Ware per Express senden können, dann sind wir bereit, die Kosten für die Lieferung zu zahlen. 5 Wenn/Falls Sie nicht bis Ende dieser Woche liefern können, kontaktieren Sie mich bitte unbedingt. 6 Wenn/Falls Sie unsere Allgemeinen Geschäftsbedingungen lesen möchten, gehen Sie auf unsere Webseite.

8b 1 Kontaktieren Sie mich unter 040-732 42 49, wenn/falls Sie weitere Fragen haben. 2 Sie erhalten die Ware noch vor Weihnachten, wenn/falls Sie bis zum 10.12. bestellen. 3 Wir machen am besten einen Termin für ein persönliches Gespräch mit unserem Techniker, wenn/falls Sie Sonderwünsche haben. 4 Wir sind bereit, die Kosten für die Lieferung zu zahlen, wenn/falls Sie die Ware per Express senden können. 5 Kontaktieren Sie mich bitte unbedingt, wenn/falls Sie nicht bis Ende dieser Woche liefern können. 6 Gehen Sie auf unsere Webseite, wenn/falls Sie unsere Allgemeinen Geschäftsbedingungen lesen möchten.

9 1a, 2b, 3b, 4b, 5b, 6c, 7a, 8a, 9b

10 1d, 2i, 3f, 4h, 5a, 6e, 7b, 8j, 9c, 10g

11 1 Verkäufer, Käufers; 2 Käufer, Verkäufers, Verkäufer, Käufer; 3 Verkäufer, Käufer; 4 Verkäufer, Käufer; 5 Verkäufer

12 1 Erhalt 2 Konten, 3 Abbuchung, 4 Skonto, 5 Rechnungsbetrag

13 Falsch: 1 übernehmen, 2 vorauszahlen, 3 behalten, 4 überweisen, 5 einzahlen, 6 liefern

14 1c, 2e, 3d, 4a, 5b

15 1b, 2a

17 Sehr geehrte Damen und Herren,
wir sind auf der Möbelmesse in Köln auf Sie aufmerksam geworden und interessieren uns für Ihre Büromöbel. Könnten Sie uns bitte einen Katalog mit Preisliste zuschicken? Besonderes Interesse haben wir an umweltfreundlichen Produkten.
Vielen Dank im Voraus.
Mit freundlichen Grüßen

Lektion 7

1c 1 begonnen, 2 empfohlen, 3 entschieden, 4 ergänzt, 5 genossen, 6 misstraut, 7 verkauft, 8 zerstört

2 **ab-**: abkaufen, abnehmen, abstellen, abgehen, abschauen, abgeben, abfahren, abpassen, abbringen, abmachen, abdecken, abschalten, abfallen, abschreiben, abschmeißen, abfassen, abbrechen, abspielen

an-: ankaufen, annehmen, anstellen, ankommen, angehen, anschauen, angeben, anfahren, anrufen, anpassen, anbringen, anmachen, anschalten, anschreiben, anschmeißen, anfassen, anbrechen, anspielen

auf-: aufkaufen, aufnehmen, aufstellen, aufgehen, aufschauen, aufgeben, auffahren, aufrufen, aufpassen, aufmachen, aufdecken, auffallen, aufschreiben, auffassen, aufbrechen, aufbereiten, aufspielen

aus-: ausdenken, ausnehmen, ausstellen, auskommen, ausgehen, ausschauen, ausgeben, ausrufen, ausmachen, ausschalten, ausfallen, ausbrechen, ausspielen

ein-: einkaufen, einnehmen, einstellen, eingehen, eingeben, einfahren, einpassen, einbringen, einmachen, eindecken, einschalten, einfallen, einbrechen, einspielen

her-: hernehmen, herstellen, herkommen, hergehen, herschauen, hergeben, herfahren, herrufen, herbringen, herfallen, herspielen

hin-: hindenken, hinnehmen, hinstellen, hinkommen, hingehen, hinschauen, hingeben, hinfahren, hinpassen, hinbringen, hinmachen, hinfallen, hinschreiben, hinschmeißen, hinfassen

los-: loskaufen, loskommen, losgehen, losgeben, losfahren, losmachen, losbrechen

mit-: mitdenken, mitnehmen, mitkommen, mitgehen, mitgeben, mitfahren, mitbringen, mitmachen, mitschreiben, mitspielen

nach-: nachkaufen, nachdenken, nachstellen, nachkommen, nachgehen, nachschauen, nachgeben, nachfahren, nachrufen, nachmachen, nachbereiten, nachspielen

vor-: vordenken, vornehmen, vorstellen, vorkommen, vorgehen, vorgeben, vorfahren, vorbringen, vormachen, vorschalten, vorfallen, vorschreiben, vorfassen, vorbereiten, vorspielen

weg-: wegkaufen, wegdenken, wegnehmen, wegstellen, wegkommen, weggehen, wegschauen, weggeben, wegfahren, wegbringen, wegmachen, wegfallen, wegschmeißen, wegbrechen

zu-: zukaufen, zunehmen, zustellen, zuschauen, zugeben, zurufen, zupassen, zumachen, zudecken, zuschalten, zufallen, zuschmeißen, zufassen, zubereiten, zuspielen

zurück-: zurückkaufen, zurückdenken, zurücknehmen, zurückstellen, zurückkommen, zurückgehen, zurückschauen, zurückgeben, zurückfahren, zurückrufen, zurückpassen, zurückbringen, zurückschalten, zurückfallen, zurückspielen

3b Beispiele: 1 Unsere Bestellung vom …, 2 Fehlerhafte Rechnung, 3 Mangelhafte Lieferung, 4 Bitte um Zusendung von Katalog, 5 Fragen zum Versand, 6 Bitte um schnellstmöglichen Versand

4 Siehe Transkript Hörtext Arbeitsbuch: Track 59

5 1b, 2c, 3f, 4l, 5h, 6k, 7d, 8i, 9j, 10e, 11p, 12g, 13q, 14r, 15m, 16a, 17n, 18o

6 Anrufer; 1, 2, 5, 7, 8, 11, 12, 13, 14, 15, 16; Angerufener: 3, 4, 6, 9, 10, 14, 15, 17, 18

7a 1d, 2e, 3a, 4b, 5f, 6c

7b 1 nicht nur … sondern auch, 2 sowohl … als auch, 3 weder … noch, 4 je … desto, 5 sowohl … als auch, 6 Zwar … aber, 7 weder … noch, 8 nicht nur … sondern auch, 9 Entweder … oder

8 1 GESAMTPREIS, 2 BESTANDSKUNDE, 3 MEHRWERTSTEUER, 4 EINZELPREIS, 5 BANKUEBERWEISUNG, 6 MENGE, 7 EMPFÄNGER, Lösungswort: MAHNUNG

9 1C, 2A, 3D, 4B

10a 1 kostet, 2 beträgt, 3 Summe, 4 zuzüglich, 5 Betrag, 6 Gesamtpreis, 7 Zahlung, 8 berechnet, 9 Preis, 10 insgesamt

10b Siehe Transkript Hörtext Arbeitsbuch: Track 60

11 1b, 2d, 3f, 4g, 5c, 6a, 7e

12a 1 Der Mann, der/den/dem/dessen, 2 Die Frau, die/die/der/deren, 3 Das Kind, das/das/dem/dessen, 4 Die Leute, die/die/denen/deren

12b 1 die, 2 der, 3 dessen, 4 das, 5 die, 6 denen, 7 deren, 8 der

12c 1 Das Geld, das ein Arbeitnehmer für seine Arbeit bekommt, wird als Lohn oder Gehalt bezeichnet. 2 Das Geld, das vom Arbeitgeber ausgezahlt wird, wird auf das Konto des Arbeitnehmers überwiesen. 3 Der Lohn, der im Vertrag vereinbart wird, heißt Bruttolohn. 4 Der Lohn, der nach Steuern und Sozialabgaben übrigbleibt, heißt Nettolohn. 5 Die Fixkosten, die für Miete etc. bezahlt werden müssen, sind am höchsten. 6 Die Ausgaben für Kleidung, Freizeit und Urlaub, die nicht jeden Monat anfallen, können variieren. 7 Das Geld, das am Monatsende übrigbleibt, wird auf ein Sparkonto überwiesen. 8 Die Summe, die ziemlich hoch sein muss, wird benötigt, um z. B. ein neues Auto zu kaufen.

13a Zahlungserinnerung: C, Erste Mahnung: A, Zweite Mahnung: D, Dritte Mahnung: B

13b Zahlungserinnerung: so bald wie möglich, Erste Mahnung: zeitnah, Zweite Mahnung: schnellstmöglich, Dritte Mahnung: unverzüglich

13c formell: baldmöglich, binnen einer Woche, auf schnellstem Wege, umgehend, dringend, zum baldmöglichsten Zeitpunkt; informell: sofort, schnell, auf der Stelle, dalli, augenblicklich

13d 1 Wir beziehen uns auf unser Schreiben vom 21.6.20xx. 2 Hiermit weisen wir auf die noch offene Rechnung vom 14.7.20xx hin. 3 Leider ist der offene Betrag noch nicht auf unserem Konto eingegangen. 4 Die Zahlung über 38,50 € war am 30.8.20xx fällig. 5 Wir bitten Sie, die offene Rechnung zeitnah zu begleichen. 6 Hiermit fordern wir Sie auf, den fälligen Betrag umgehend zu überweisen. 7 Ansonsten werden wir unsere Forderungen gerichtlich geltend machen. 8 Sie haben überwiesen? Dann betrachten Sie dieses Schreiben als gegenstandslos. 9 Bitte kommen Sie Ihren Zahlungsverpflichtungen unverzüglich nach. 10 Wir erwarten die Zahlung bis zum 18.2.20xx.

Lektion 8

1 1 Entschuldigung, ich habe Sie nicht richtig verstanden. 2 Leider haben wir heute keinen frischen Saft. 3 Bitte lassen Sie mich mit meinem Vorgesetzten sprechen. 4 Ich versichere Ihnen, dass dies eine Ausnahme ist. 5 Ich verstehe Sie voll und ganz. 6 Sie haben vollkommen recht. 7 Das ist wohl ein Missverständnis. 8 Ich werde Ihre Beschwerde weitergeben.

2 1 Dimitra sagt, dass sie gerne einen Obstsalat hätte. 2 Malaika erklärt, dass ihr Lieferant heute leider kein frisches Obst geliefert hat. 3 Dimitra behauptet, dass im Internet steht, dass das Hotel immer frisches Obst anbietet. 4 Malaika fragt, ob Dimitra vielleicht ein Müsli statt frischem Obst möchte. 5 Dimitra stellt fest, dass der Service in diesem Hotel nicht so gut ist, wie sie gedacht hat. 6 Frau Aruba erzählt, dass ihr das in ihrem letzten Urlaub auch passiert ist und dass es nie das gab, was sie wollte.

3a

	werden	müssen	können	sein
ich	werde	müsse	könne	sei
du	werdest	müssest	könnest	sei(e)st
er/sie/es	werde	müsse	könne	sei
wir	werden	müssen	können	seien
ihr	werdet	müsset	könnet	sei(e)t
sie/Sie	werden	müssen	können	seien

3b Der Gast erzählt, dass der Urlaub auf Mallorca eine einzige Katastrophe sei. Der Service im Hotel sei schlecht, denn die Angestellten könnten kein Deutsch und das Essen sei typisch spanisch. Außerdem müsse man jeden Morgen früh aufstehen, um die beste Liege am Pool zu reservieren. Die Wetterbedingungen seien sehr unangenehm. Es sei viel zu heiß und man werde ganz faul. So könne man die Ausflüge nicht genießen und müsse den ganzen Tag an der Bar bleiben. Er werde seinen Freunden diese Reise nicht empfehlen.

5a 1 müssten, 2 sollten, 3 könnten, 4 würden, 5 dürften, 6 hätten, 7 möchte, 8 wäre

5b 1 Man sollte es dem Kunden leicht machen, sich zu beschweren. 2 Auch wenn man am liebsten keine Beschwerden annehmen möchte, sollte man es unbedingt tun. 3 Vielen Leute sagen auch, man dürfte den Kunden am Telefon nicht warten lassen. 4 Der größte Fehler bei Beschwerden wäre es, nicht ehrlich zu sein. 5 Auch wenn man sich gerne rechtfertigen möchte, wäre das ein Fehler. 6 Man sollte immer eine Lösung anbieten. 7 Allerdings könnte man den Kunden auch fragen, was er von der Firma erwartet. 8 Der richtige Umgang mit Beschwerden müsste Teil der Unternehmenskultur sein.

6 1 Dürfte ich Sie bitten, mir den Brief zu übersetzen? 2 Wär(e)st du so freundlich, mir dein Handy zu leihen? 3 Könnten Sie vielleicht morgen früher zur Arbeit kommen? 4 Sollten wir nicht noch einmal über diese wichtige Entscheidung nachdenken? 5 Hätte dein Kollege vielleicht Zeit, mir mit dem Bericht zu helfen? 6 Möchten Sie noch etwas Kaffee? 7 Müsste er nicht von seinem Außentermin zurück sein?

7 1 Missverständnis, 2 Vorfall, 3 Ausnahme, 4 Unannehmlichkeiten, 5 Vorwurf, 6 Enttäuschung

8 1e, 2c, 3f, 4b, 5a, 6g, 7h, 8d

9 1 gerne, 2 Also, 3 leider, 4 tut mir leid, 5 entschuldigen, 6 sicherlich, 7 Missverständnis, 8 vorkommen, 9 recht, 10 Vorfall, 11 Entschädigung, 12 Nein

10a 1 Aufgrund, 2 Wegen, 3 Angesichts, 4 Mangels, 5 Dank

10b Angesichts der vielen Beschwerden im letzten Jahr hat die Geschäftsleitung beschlossen, alle Mitarbeiter zum Thema „Beschwerdemanagement" zu schulen. Aufgrund der schwierigen Situation wäre es zwar besser, alle Mitarbeiter in eine dreitägige Schulung zu schicken, aber mangels Zeit kann nur ein Online-Seminar angeboten werden. Dank einer neuen Schulungssoftware sollte das aber kein Problem sein. Wegen des geringeren zeitlichen und finanziellen Aufwands ist ein solches Seminar eine gute Alternative zu Präsenzschulungen.

12 1e, 2a, 3f

13a 1 Ein Mitarbeiter in jeder Abteilung ist bestimmt worden, um Fragen der Kunden zu beantworten. 2 Die Überstunden sind reduziert worden. 3 Die Pausenzeiten sind neu geregelt worden. 4 Die Fragen der Kunden sind zufriedenstellend beantwortet worden. 5 Der Pausenraum ist nicht ordentlich gehalten worden. 6 Die Anzahl der Überstunden ist gerecht auf die Mitarbeiter aufgeteilt worden.

13b 1 Sind die Koffer gepackt worden? – Ja, die Koffer sind gepackt worden. 2 Sind die Blumen gegossen worden? – Nein, die Blumen sind nicht gegossen worden. 3 Sind die Schlüssel an den Nachbarn übergeben worden? – Nein, die Schlüssel sind nicht an den Nachbarn übergeben worden. 4 Ist das Auto vollgetankt worden? – Ja, das Auto ist vollgetankt worden. 5 Ist das Licht ausgemacht worden? – Ja, das Licht ist ausgemacht worden. 6 Ist die Alarmanlage angeschaltet worden? – Nein, die Alarmanlage ist nicht angeschaltet worden.

14 1 wurden angeschaut, 2 wurde gefunden, 3 wurden … verlängert, 4 wurde … geschrieben, 5 wurden … reduziert

15a 1 leider, 2 passiert, 3 gestört, 4 zum Beispiel, 5 verstehen, 6 wäre … denn, 7 Kompromiss, 8 auch sagen

16 1 Normen, 2 Qualitätsmanagementsystem, 3 Audit, 4 ISO 9001, 5 ISO-Zertifikat, 6 kontinuierlicher Verbesserungsprozess, 7 dokumentieren, 8 Qualitätsmanager

17 1 falsch, 2 falsch, 3 falsch, 4 richtig, 5 falsch

Lektion 9

1 1 am, 2 um, 3 von … bis, 4 nach, 5 vor/nach, 6 Seit, 7 bis, 8 für/seit, 9 beim (nach dem), 10 vom

2 Liebe Kolleginnen und Kollegen,
wegen der bevorstehenden Bekleidungsmesse möchte ich morgen eine Teambesprechung abhalten. Wir alle wissen, dass der Besuch einer Messe ohne intensive Vorbereitung nicht wirklich sinnvoll ist. Trotz der vielen Arbeit, die zurzeit ansteht, müssen wir uns zu einer kurzen Besprechung mit allen Kollegen aus der Verkaufsabteilung zusammensetzen. Außer unserem Verkaufsleiter, Herrn Seifert, sind ja morgen alle Mitarbeiter im Haus. Frau Megan wird uns von ihren Erfahrungen auf der letzten Messe erzählen. Statt einer ausführlichen Tagesordnung möchte ich Sie bitten, sich zu überlegen, welche Punkte Sie besprechen möchten …

3a 1b, 2d, 3c, 4a

3b 1 die Kalenderwoche, 2 das Protokoll, 3 der/die Teilnehmer, 4 die Tagesordnung, 5 das Meeting, 6 die Teilnahme, 7 die Maßnahme, 8 die Besprechung

6a/b Verkaufsmeeting am 17. März, 10.00 – 12.00 Uhr; Teilnehmer: Anita Jiménez, Uwe Meier, Idris Ameri, Sven Hausmann, Juliette Waran; TOP 1: Vorstellung der neuen Praktikantin, Frau Waran; TOP 2: Aktuelle Verkaufszahlen und Rückblick auf das letzte Jahr, TOP 3: Probleme bei der Kooperation mit NewFashion, TOP 4: Neue Trends und Entwicklungen im/auf dem Markt, TOP 5: Kürzungen im Budget, TOP 6: Prognosen für das nächste Jahr, TOP 7: Planung und neue Projekte, TOP 8: Sonstiges

6c TOP 5: Kürzungen im Budget

7a 1 klein – kleiner – am kleinsten, 2 alt – älter – am ältesten, 3 viel – mehr – am meisten, 4 hoch – höher – am höchsten, 5 teuer – teurer – am teuersten, 6 gut – besser – am besten, 7 praktisch – praktischer – am praktischsten, 8 klug – klüger – am klügsten, 9 gern – lieber – am liebsten, 10 niedrig – niedriger – am niedrigsten

7b Beispiele: Argentinien hat mehr Fläche als Vietnam. Vietnam hat weniger Einwohner als Russland. Eritrea hat ungefähr genauso viel Fläche wie Griechenland. In Griechenland gibt es mehr Arbeitslosigkeit als in Vietnam. In Eritrea gibt es weniger Internetnutzer als in Griechenland.

8a 1 Die Mehrheit der Italiener macht Urlaub in Italien. 2 Knapp die Hälfte der Franzosen mag keinen Weißwein. 3 In Luxemburg verbringt man doppelt so viel Zeit vor dem Fernseher wie in der Schweiz. 4 Ungefähr die Hälfte der Schweden spricht Englisch. 5 Ein Viertel aller Spanier hat eine Katze. 6 In Portugal gibt es ca. halb so viele Regentage wie in England. 7 Die meisten Deutschen essen gerne Kartoffeln. 8 In Norwegen nutzen genauso viele Jugendliche Facebook wie in Belgien.

8b Beispiele: Die Statistik zeigt, wie viel Zeit durchschnittlich in sozialen Netzwerken verbracht wird. Es werden drei Gruppen verglichen: Personen zwischen 14 und 29 Jahren, Personen zwischen 30 und 49 Jahren sowie Personen ab 50 Jahren. Außerdem kann man sehen, wie viele Personen insgesamt durchschnittlich wie viel Zeit in sozialen Netzwerken verbringen. Betrachten wir zunächst die Gruppe der 14- bis 29-Jährigen. Die 14- bis 29-Jährigen verbringen ca. … Knapp 60% der 50-Jährigen verbringen weniger als eine Stunde in der Woche in sozialen Netzwerken. Am meisten Zeit verbringen die 14- bis 29-Jährigen in sozialen Netzwerken. Am wenigsten Zeit verbringen die Personen ab 50 Jahren in sozialen Netzwerken.

9a 1c, 2f, 3d, 4e, 5a, 6b (auch 3a und 5d)

10a 1 Ich werde eine Fortbildung im IT-Bereich machen. 2 Wirst du demnächst befördert werden? 3 Mein Terminkalender wird dieses Jahr sehr voll sein. 4 Frau Hintner wird den Termin mit Ihnen persönlich ausmachen. 5 Dieses Jahr wird es voraussichtlich sehr viel schneien. 6 Meine neuen Kollegen und ich, wir werden ein gutes Team sein. 7 Ihr werdet eine Einigung finden – da bin ich sicher! 8 Einige Mitarbeiter werden ihre Teilnahme am Meeting absagen.

10b 1b/f, 2c/e, 3a/d, 4e/c, 5f/b, 6d/a

10c Siehe Transkript Hörtext Arbeitsbuch: Track 63

11 1 Dimitra möchte Karriere machen. 2 Nhan möchte sich weiterentwickeln. 3 Fayyad möchte sich bewerben. 4 Fadi möchte ein Zusatzstudium machen. 5 Toma möchte Erfahrungen sammeln. 6 Hedda möchte sich spezialisieren. 7 Malaika möchte sich weiterbilden.

12a 1j, 2c, 3g, 4i, 5f, 6a, 7d, 8b, 9h, 10e

12b 1 Am 24. März wurde unsere Sitzung zur Eröffnung der neuen Zweigstelle abgehalten. 2 Die Liste der Teilnehmer finden Sie im Anhang. 3 Es wurde entschieden, die Zweigstelle in Hamburg Barmbek zu eröffnen. 4 Vor der Eröffnung müssen einige wichtige Maßnahmen ergriffen werden. 5 Die Aufgaben werden auf alle Mitarbeiter gleichmäßig verteilt. 6 Alle Aufgaben müssen bis Ende Mai erledigt sein.

Lektion 10

1a 1 BETRIEBSANLEITUNG, 2 NOTEBOOK, 3 SPEICHERKARTE, 4 AUSSCHALTEN, 5 AUFLADEN, 6 BETRIEBSANZEIGE, 7 TOUCHSCREEN, 8 SMARTPHONE, Lösungswort: AKKUFACH

1b 1 Lies bitte die Bedienungsanleitung. (Bitte lies …) 2 Leg(e) bitte den Akku ein. 3 Reparier(e) bitte das Gerät. 4 Lad(e) mir bitte eine App runter. 5 Hilf ihr bitte beim Download. 6 Besorg(e) mir bitte eine neue Speicherkarte.

1c 1 Abdeckung, 2 Cover, 3 Akku, 4 einrasten, 5 Anschluss, 6 Kontakt (Anschlusskontakt), 7 Ladegerät, 8 Display, 9 PIN, 10 Anzeige, 11 Symbol, 12 SIM, 13 navigieren, 14 einrichten

2a 1 Kamera, 2 Lautsprecher 2, 3 Betriebsanzeige, 4 Touchscreen/Display, 5 Ein-/Aus- bzw. Stand-by-Taste, 6 Mikrofon/Lautsprecher 1, 7 Micro-USB-Anschluss, 8 Ohrhörer-Anschluss, 9 Lautstärke lauter/leiser, 10 Stummtaste an/aus

2b 1f, 2c, 3h, 4g, 5b, 6a, 7e, 8d, 9j, 10i

2c 1 ein Gerät einschalten, 2 eine Datei runterladen (herunterladen), 3 das rückseitige Cover einsetzen, 4 das Ladegerät herausziehen, 5 eine Datei zumachen, 6 ein Gerät auf laut schalten

3a Beispiel: 4-5-8-3-2-6-1-7 (Papier auffüllen z. B. auch gleich zu Beginn)

3b Beispiel: Schalten Sie zuerst den Kopierer ein und öffnen Sie die Abdeckung. Legen Sie nun das Blatt Papier (das Sie kopieren wollen) auf die Scheibe und wählen Sie Farbe, Größe und Anzahl aus. Schließen Sie dann die Abdeckung wieder. Kontrollieren Sie das Papierfach und füllen Sie es ggf. nach. Danach drücken Sie die Kopiertaste und entnehmen schließlich Ihre Kopien.

3c 1 Schaltet, 2 wartet, 3 Legt, 4 Wählt, 5 Stellt, 6 Gebt … an, 7 Wählt, 8 Füllt … auf, 9 Drückt, 10 Nehmt

4a 1. Erlebt das neuste Smartphone. 2. Testen Sie unsere Flatscreen-Fernseher diesen Monat kostenlos. 3. Gewinne eines von 100 Tablets. 4. Erhaltet eine kostenlose Einführung in das aktuelle PC-Programm.

4b löschen: lösch(e), löscht, löschen Sie; speichern: speich(e)r(e), speichert, speichern Sie; wiederholen: wiederhol(e), wiederholt, wiederholen Sie; aktivieren: aktivier(e), aktiviert, aktivieren Sie; klicken: klick(e), klickt, klicken Sie

5a 1 Tür: öffnen, aufschließen, abschließen, zumachen; 2 Licht: anmachen, ausschalten; 3 Kalender: öffnen, ausdrucken, notieren; 4 Fenster: öffnen, aufschließen, abschließen, zumachen; 5 Drucker: anmachen, hochfahren, anschalten, ausschalten, ausdrucken; 6 Telefon: abhören (Anrufbeantworter), wählen; 7 PC (Bildschirm): anmachen, hochfahren, anschalten; Tasse Kaffee: trinken, machen

5b 1 Tür aufschließen, 2 Licht anschalten, 3 alle Fenster öffnen, 4 Kopierer anschalten, 5 Anrufbeantworter abhören, 6 Computer hochfahren, 7 Terminplan ausdrucken, 8 Kaffee machen

5c 1 Schließ bitte die Tür auf. (Bitte schließ …) 2 Schalt(e) dann das Licht an. 3 Öffne bitte alle Fenster. 4 Schalt(e) den Kopierer an. 5 Hör(e) den Anrufbeantworter ab. 6 Fahr(e) den Computer hoch. 7 Druck(e) den Terminplan aus. 8 Mach(e) bitte Kaffee.

6 **trennbar:** auswählen, hinzufügen, hochladen, aussuchen, aufrufen, eintragen, abtippen, auflegen, abwarten, hingehen, eingeben, angeben, wegklicken, ablegen, abspeichern, anschauen, anrufen, abdrücken, herunterladen, heranzoomen
nicht trennbar: bestätigen, bestimmen, wiederholen, deaktivieren, erhalten, entladen, entnehmen

7 1b, 2a, 3a, 4a

8a 1 zu beachten, 2 einzuhalten, 3 zu beantragen, 4 abzubauen, 5 zu nehmen, 6 festzulegen

8b 1 krankzumelden, 2 einzugehen, 3 mitzuteilen, 4 zu befolgen, 5 einzureichen, 6 einzuhalten

9a 1 Kellner/in, Restaurantfachkraft; 2 Lagerist/in (Staplerfahrer/in); 3 Friseur/in; 4 Reinigungsfachkraft

9b 1 Hemd/Bluse, schwarze Hose, Fliege, Bistroschürze; 2 Schutzhelm, Warnweste, Handschuhe, Arbeitshose, Arbeitsoverall, Sicherheitsschuhe; 3 Friseurschürze, Friseurwerkzeugtasche; 4 Kittel, Gummihandschuhe

9c Falsch: Sicherheitsweste bei Fachkraft Großmetzgerei und Arztkittel bei Krankenschwester/Krankenpfleger

10a Beispiele: 1 Man kann hier Hilfe bekommen. 2 Man darf kein Feuer machen. 3 Man soll den Sicherheitsgurt anlegen. 4 Man soll auf giftige Stoffe achten. 5 Man darf sein Handy nicht benutzen. 6 Man soll seine Hände waschen.

10b 1d, 2a, 3e, 4b, 5c

10c Richtig: 1 Sicherheitshinweise: lesen, beachten; 2 Arbeitsunfälle: vermeiden, melden; 3 Schutzkleidung: tragen, entsorgen; 4 Arbeitsgeräte: reinigen, prüfen; 5 Hygienebestimmungen: beachten, einhalten

11a 1 Ich habe den Herd angemacht und auf Stufe 6 gestellt. 2 Dann habe ich zwei Pfannen und einen Topf mit Wasser auf die Herdplatte

gestellt. 3 Danach habe ich etwas Butter in die Pfannen gegeben und die Kartoffeln in das kochende Wasser gegeben. 4 Ich habe das Fleisch und das Gemüse in den Pfannen angebraten. 5 Das gebratene Fleisch und das Gemüse habe ich auf die Teller getan. 6 Die Teller habe ich zum Warmhalten in den Ofen geschoben. 7 Dann wollte ich die gekochten Kartoffeln abgießen. 8 Ich habe den Topf mit dem heißen Wasser über die Spüle gehalten und langsam das Wasser ausgegossen. 9 Plötzlich wurde ich vom Kellner versehentlich angestoßen. 10 Ich bin mit dem Topf ausgerutscht und habe das heiße Wasser über meinen linken Arm geschüttet.

11b 1 Zuerst schaut man, ob das Unfallopfer ansprechbar ist. 2 Dann ruft man den Rettungswagen, Notarzt oder den betrieblichen Sanitäter. 3 Anschließend macht man die Erstversorgung der Verletzungen (z. B. Wunden). 4 Zum Schluss bleibt man beim Unfallopfer, bis professionelle Hilfe eintrifft.

11c Beispiel: Zuerst streckt man den einen Arm des Verletzten nach oben, Handinnenfläche nach oben. Dann legt man den anderen Arm über die Brust, Handrücken an die Wange. Danach hält man diese Hand mit einer Hand fest und fasst den Verletzten mit der anderen Hand oberhalb vom Knie an. Zuletzt dreht man den Verletzten auf die Seite und streckt den Kopf nach oben. Der Mund sollte leicht geöffnet sein.

Lektion 11

1b 1 Arbeitgeber, 2 Arbeitnehmer, 3 Arbeitsverhältnis, 4 Probezeit, 5 Tätigkeit, 6 Arbeitsvergütung, 7 Urlaub, 8 Fortzahlung des Gehalts, 9 Nebentätigkeiten, 10 Kündigungsfrist

1c der Arbeitgeber: 4, 7, 9, 10; das Arbeitsverhältnis: 1, 3, 6, 11; der Arbeitnehmer: 2, 5, 8, 12

2 1 Die Mitarbeiter dürfen nur Geschenke unter einem Wert von 16,00 Euro annehmen. Und sie dürfen sich zu einem Geschäftsessen einladen lassen. 2 Die Mitarbeiter dürfen keine Geschenke über einem Wert von 16,00 Euro annehmen.

3a 1 Bruttoverdienst, 2 Lohnsteuer, 3 Kirchensteuer, 4 SoLi/Solidaritätszuschlag, 5 Krankenversicherung, 6 Pflegeversicherung, 7 Rentenversicherung, 8 Arbeitslosenversicherung, 9 Nettoverdienst

3b 1 vereinbaren, 2 behält … ein, 3 verwendet, 4 zahlen, 5 sparen, 6 abgezogen, 7 erhalten, 8 überweist

3c 1 falsch, 2 falsch, 3 richtig

4a Mask.: der gezahlte Lohn, den gezahlten Lohn, dem gezahlten Lohn, des gezahlten Lohns; fem.: die gezahlte Lohnsteuer, die gezahlte Lohnsteuer, der gezahlten Lohnsteuer, der gezahlten Lohnsteuer; neutr.: das gezahlte Gehalt, das gezahlte Gehalt, dem gezahlten Gehalt, des gezahlten Gehalts; Plural: die gezahlten Abgaben, die gezahlten Abgaben, den gezahlten Abgaben, der gezahlten Abgaben

4b Beispiele: 1 Die gezahlten Abgaben steigen jedes Jahr. 2 Der gezahlte Lohn reicht aus, um jeden Monat etwas zu sparen. 3 Mit der gezahlten Lohnsteuer finanziert der Staat wichtige Investitionen. 4 Wegen des gezahlten Lohns kommt es immer wieder zum Streit.

4c 1 Der mit der Firma abgeschlossene Vertrag zeigt das Bruttogehalt. 2 Die von ihm gemietete Wohnung hat einige Mängel. 3 Das ihm gestohlene Geld hat er leider nie wiederbekommen. 4 Sie können das gestern reparierte Auto heute zwischen 15 und 18 Uhr abholen. 5 Wem gehört das nicht ausgeschaltete Handy? 6 Ich suche seit Stunden nach der noch nicht bezahlten Rechnung. 7 Die gestern erhaltene Bestellung kann erst nächste Woche bearbeitet werden. 8 Durch die geänderte Steuerklasse sparen wir jetzt 60 € im Monat. 9 Alle auf der Sitzung besprochenen Punkte müssen ins Protokoll. 10 Das für die Messe vorbereitete Material liegt bei Frau Wiesner im Büro.

5a 1d, 2c, 3e, 4f, 5a, 6b

5b 1 Der Betriebsrat vertritt die Interessen der Arbeitnehmer. 2 Mitglieder des Betriebsrats dürfen nicht streiken. 3 Sie sollen Konflikte zwischen Arbeitgeber und Belegschaft verhindern.

7a 1 Resturlaub, 2 Freistellung, 3 Sperrzeit, 4 Kündigung, 5 Kündigungsfrist, 6 Abmahnung, 7 Arbeitslosigkeit

7c 1 falsch, 2 falsch, 3 richtig, 4 richtig, 5 falsch, 6 richtig, 7 falsch, 8 richtig

8a 1c, 2a, 3c, 4b (c), 5c, 6a, 7a, 8c

9a 1 Werkvertrag, 2 Honorartätigkeit, 3 Minijob, 4 Praktikumsvertrag, 5 Zeitarbeit, 6 Teilzeitbeschäftigung

9b Beispiele:
Werkvertrag: 2, 3, 12, 13, 15, 17, 18, 19; Honorartätigkeit: 1, 2, 3, 5, 12, 13, 15, 17, 19; Minijob: 4, 6, 7, 17, 20; Praktikumsvertrag: 5, 9, 15, 16, 17, 18, 20; Zeitarbeit: 9, 14, 17, 18, 20; Teilzeitanstellung: 4, 6, 7, 10, 11, 20

9c Sprecher 1: c, Sprecher 2: a, Sprecherin 3: f

Zwischentests

zu den Lektionen 1–3

Hören, Teil 1
1c, 2a, 3b

Hören, Teil 4
4e, 5f, 6b

Lesen, Teil 2
7e, 8f, 9c, 10b, 11x

Sprachbausteine, Teil 1
12b, 13c, 14a, 15g, 16f, 17d

zu den Lektionen 4–6

Hören, Teil 2
1r, 2b, 3f, 4a, 5f, 6c

Lesen, Teil 1
7e, 8d, 9b

Lesen, Teil 3
10b, 11c, 12b, 13b

zu den Lektionen 7–9

Hören, Teil 3
1b, 2b, 3a, 4a, 5b

Hören, Teil 4
6e, 7f, 8b

Lesen, Teil 4
9 richtig, 10 falsch, 11 falsch

Sprachbausteine, Teil 2
12b, 13c, 14b, 15a, 16c, 17b, 18c, 19c, 20a, 21c

zu den Lektionen 10–12

Hören, Teil 3
1a, 2 b, 3b, 4c, 5b, 6b

Lesen, Teil 3
7c, 8a, 9c, 10c

Lesen, Teil 4
11 falsch, 12 richtig, 13 richtig

Hörtexte Kursbuch
Lektion 1

Aufgabe 1a und b (Track 02)
▶ Entschuldigen Sie, ich suche Herrn Hadji.
▷ Das bin ich. Was kann ich für Sie tun?
▶ Mein Name ist Stefanie Wirth. Ich bin Studentin und ich habe hier einen Job für die Semesterferien bekommen. Heute ist mein erster Tag. Der Marktleiter, Herr Klinger, hat mir gesagt, dass ich mich bei Ihnen melden soll.
▷ Ach so? Davon weiß ich gar nichts. Aber egal. Schön, dass Sie da sind. Hilfe können wir ja immer gebrauchen. Im Moment ist wirklich viel zu tun.
▶ Na, dann komme ich ja genau richtig.
▷ Ja, wir haben eben neue Ware bekommen, die jetzt in die Regale geräumt werden muss. Dabei können Sie mir helfen. Übrigens, wir können uns auch gerne duzen. Ich bin Fayyad.
▶ Stefanie. Du kannst auch Steffi sagen. Duzen sich eigentlich alle Kollegen hier in der Firma?
▷ Nicht alle, aber die meisten – jedenfalls hier im Verkaufsteam.
▶ Aber die Kunden werden nicht geduzt, oder?
▷ Nein. In manchen Läden ist das ja so, aber wir siezen unsere Kunden.
▶ Gut zu wissen. Sind das die Waren, die eingeräumt werden müssen?
▷ Ja, genau. Das ist alles Computerzubehör: Taschen, Tastaturen, Webcams und Lautsprecher. Die kommen da hinten hin, in den letzten Gang. Hilfst du mir?

Aufgabe 4a (Track 03)
1 Das „Sie" wirkt professionell und respektvoll und ist deshalb aus meiner Sicht die ideale Anredeform im Berufsleben. Außerdem hält man mit dem „Sie" eine gewisse Distanz zu den Kolleginnen und Kollegen. Das hat den Vorteil, dass man nicht so schnell über private Dinge plaudert, sondern sich mehr auf die Arbeit konzentriert.
2 Das „Du" signalisiert eine gewisse Vertrautheit. Ich finde, es erleichtert die Kommunikation und schafft eine lockere Arbeitsatmosphäre. Ich fühle mich jedenfalls viel entspannter, wenn wir uns auf der Arbeit duzen. Es fällt mir dann auch leichter, die Kollegen um Hilfe zu bitten oder Probleme anzusprechen. Besonders für die Zusammenarbeit im Team ist das ein großer Vorteil.
3 Ich bin da skeptisch. Das „Du" suggeriert eine Vertrautheit, die oft nicht wirklich vorhanden ist. Das ist vor allem bei Auseinandersetzungen ein Problem. Stellen Sie sich vor, Sie haben sich über einen Kollegen oder eine Kollegin geärgert. Wenn Sie per Du sind, werden Sie viel schneller emotional und sagen vielleicht sogar Dinge, die respektlos oder beleidigend sind. „Du Idiot" ist leichter gesagt als „Sie Idiot".
4 Viele Firmen möchten sich als kreativ und dynamisch präsentieren. Da wirkt das „Sie" viel zu konservativ. In traditionsreichen Unternehmen ist es vielleicht immer noch angemessen, sich zu siezen, aber zum modernen Image vieler junger Unternehmen passt das einfach nicht mehr.

Aufgabe 5a und 6 (Track 04)
▶ Die Lautsprecher kommen hier oben hin, richtig?
▷ Ja. Du machst das ziemlich gut. Hast du schon mal im Einzelhandel gearbeitet?
▶ Nein, aber mein Vater arbeitet bei einer Logistikfirma. Früher habe ich da öfter im Lager ausgeholfen. Da ist es natürlich auch wichtig, dass alles am richtigen Platz ist.
▷ Stimmt. Was studierst du eigentlich?
▶ Informatik. Nach dem Abitur wollte ich zuerst was mit Medien machen, Mediendesign oder so was, aber dann habe ich mich anders entschieden. Im Bereich Medien ist die Konkurrenz einfach zu groß. Da wird es später schwer, auf dem Arbeitsmarkt Fuß zu fassen. Die IT-Branche bietet dagegen sehr gute Berufsmöglichkeiten. Und du? Warum hast du dich für eine Ausbildung im Einzelhandel entschieden?
▷ Habe ich gar nicht. Eigentlich bin ich Elektriker. Ich bin in Marokko aufgewachsen und habe dort auch meinen Beruf gelernt. Als ich nach Deutschland kam, habe ich als Elektriker keine Arbeit gefunden. Ich war ziemlich lange arbeitslos. Dann hat mir das Arbeitsamt diese Stelle hier vermittelt.
▶ Vom Handwerker zum Verkäufer! Gefällt dir der Job denn?
▷ Ja schon, meistens jedenfalls. Ich glaube sogar, dass ich ein ganz guter Verkäufer bin. Ich nehme mir Zeit für die Kunden und versuche, Produkte zu finden, die zu ihren Wünschen passen. Das mögen die Leute. Im Moment überlege ich allerdings, in die Immobilienbranche zu wechseln. Ein Bekannter von mir hat eine eigene Firma und sucht Mitarbeiter, die Arabisch sprechen.
▶ Na ja, das ist zwar eine ganz andere Arbeit, aber dein Verkaufstalent kannst du da auch gut gebrauchen.

▷ Das stimmt, aber ich weiß es noch nicht. Eigentlich fühle ich mich hier sehr wohl.

Aufgabe 9c (Track 05)

▶ Sag mal, Fayyad, welche Abteilungen gibt es eigentlich noch hier in der Firma? Außer dem Verkauf?

▷ Außer dem Verkauf gibt es natürlich noch den Einkauf. Die Mitarbeiterinnen dort suchen die Lieferanten aus und bestellen die Waren – natürlich zu möglichst günstigen Preisen.

▶ Und wenn die neuen Waren geliefert werden, kommen sie ins Lager.

▷ Genau. Wenn ein Lkw neue Waren bringt, nimmt ein Kollege aus dem Lager die Waren an. Dazu gehört auch, dass er beim Ausladen hilft, die Waren auspackt und kontrolliert. Wenn alles in Ordnung ist, werden sie an den richtigen Ort gebracht und einsortiert.
Dann haben wir natürlich auch noch eine Personalabteilung.

▶ Frau Ortmann arbeitet dort, nicht wahr? Mit ihr habe ich schon gesprochen.

▷ Stimmt. Frau Ortmann wählt die neuen Mitarbeiterinnen und Mitarbeiter aus. Außerdem macht sie die Lohn- und Gehaltsabrechnungen.

▶ Macht das nicht die Finanzabteilung?

▷ Nein, aber die kümmert sich um alles andere, was mit Geld zu tun hat: Rechnungen bezahlen, Buchführung und so was.

▶ Verstehe. Das sind aber schon ziemlich viele Abteilungen. Ich dachte gar nicht, dass die Firma so groß ist.

▷ Na ja, einige Abteilungen sind sehr klein. Manchmal arbeiten nur zwei Personen dort. Eine recht große Abteilung ist die Marketingabteilung. Hier werden zum Beispiel Werbestrategien entwickelt und Marktstudien durchgeführt. Außerdem kümmert sich die Marketingabteilung um den Internetauftritt der Firma. Schließlich soll alles professionell aussehen.
Und dann gibt es noch die Kundenbetreuung. Kundenzufriedenheit ist sehr wichtig für die Firma. Wenn ein Kunde eine Reklamation oder eine Beschwerde hat, helfen die Kolleginnen und Kollegen, eine Lösung zu finden. Zum Beispiel, wenn ein Produkt nicht richtig funktioniert, sorgen sie dafür, dass es repariert oder ersetzt wird.

▶ Gut, jetzt kann ich mir alles viel besser vorstellen.

▷ Ach ja, ich hab' doch noch was vergessen. Eine Geschäftsleitung haben wir natürlich auch. Einer muss ja die Firma leiten und Ziele für die Zukunft setzen.

Lektion 2

Aufgabe 2a und b (Track 06)

▶ City Grand Hotel, mein Name ist Lydia Heilmann. Was kann ich für Sie tun?

▷ Guten Tag, mein Name ist Malaika Hadrawi. Ich interessiere mich für die Ausbildung zur Hotelkauffrau. Wer kann mir diesbezüglich Fragen beantworten?

▶ Da verbinde ich Sie am besten mit Herrn Janke, dem Personalchef. Einen Moment …

▷ Vielen Dank!

▶ Janke, guten Tag.

▷ Guten Tag Herr Janke. Mein Name ist Malaika Hadrawi. Ich habe in der lokalen Jobbörse der Arbeitsagentur gelesen, dass sie eine Ausbildung zur Hotelkauffrau anbieten. Ich interessiere mich für diese Ausbildung.

▶ Das ist richtig. Wir nehmen jedes Jahr neue Auszubildende.

▷ Haben Sie eine Altersbegrenzung für Auszubildende?

▶ Nun, eigentlich nicht, aber zu alt dürfen die Auszubildenden natürlich nicht sein. Wie alt sind Sie?

▷ Ich bin schon 26. Ich komme aus Somalia und bin vor einem Jahr nach Deutschland gekommen.

▶ Haben Sie denn Berufserfahrung im Gastgewerbe?

▷ Ein wenig. Seit einigen Monaten arbeite ich im *Altstadthotel* als Servicekraft beim Frühstücksbuffet.

▶ Ah ja.

▷ Wann beginnt die Ausbildung?

▶ Zum 1. August. Ihre Bewerbungsunterlagen können Sie schon jetzt einreichen.

▷ Dauert die Ausbildung drei Jahre?

▶ In der Regel schon. Wenn Sie Abitur haben, können Sie die Ausbildung verkürzen. Welchen Schulabschluss haben Sie?

▷ Ich habe die weiterführende Schule besucht und den Mittleren Schulabschluss. Wie ist die Ausbildung aufgebaut? Arbeitet man in verschieden Bereichen?

▶ Nun, Hotelkaufleute sorgen in erster Linie für einen reibungslosen Geschäftsablauf. Das heißt sie koordinieren die verschiedenen Abteilungen eines Hotels. Während der Ausbildung werden Sie in den verschiedenen Bereichen im Hotel arbeiten. Sie arbeiten dann auch für ein paar Wochen beispielsweise im Restaurant und auch beim Zimmerservice.

▷ Das hört sich interessant an. Wie sind die Arbeitszeiten?

▶ Nun, im Gastgewerbe arbeiten wir rund um die Uhr. Während der Ausbildung gibt es keinen Schichtdienst, aber als Hotelkauffrau müssen Sie auch nachts und an manchen Wochenenden arbeiten.

▷ Die Wochenendarbeit bin ich von meiner jetzigen Stelle gewohnt. Die Gäste wollen ja schließlich auch am Sonntag frühstücken. Vielen Dank für die Informationen.

▶ Gerne …

Aufgabe 5a (Track 07)

▶ Hallo Bassam, wie geht's? Wir haben uns ja lange nicht gesehen. Hat sich beruflich bei dir etwas getan?

▷ Ich will vielleicht Krankenpfleger werden. Ich habe mich vor Kurzem bei der Arbeitsagentur erkundigt und das klang ganz interessant.

▶ Das hört sich spannend an. Was hast du eigentlich gemacht, bevor du nach Deutschland gekommen bist?

▷ Hm, nicht so viel. Von 2004 bis 2014 habe ich die Schule besucht. Zuerst habe ich gelegentlich Aushilfsjobs gemacht. Danach habe ich versucht, eine feste Arbeit zu finden, aber unter den Umständen war das nicht möglich. Während meiner Schulzeit wollte ich Arzt werden.

▶ Und seit wann bist du in Deutschland? Schon lange, oder? Wo wohnst du denn?

▷ Seit fast zwei Jahren. Nachdem ich keine Arbeit gefunden habe und der Krieg in Syrien immer schlimmer wurde, habe ich beschlossen, nach Deutschland zu kommen. Seitdem ich in Deutschland bin, lebe ich bei einer deutschen Familie, die mich aufgenommen hat. Zurzeit besuche ich das Berufskolleg, um einen deutschen Schulabschluss zu machen.

Aufgabe 8a (Track 08)

▶ Warum möchten Sie eine Ausbildung zur Hotelkauffrau machen?

▷ Durch meine Arbeit im *Altstadthotel* habe ich das Gastgewerbe kennengelernt. Die Arbeit mit Menschen macht mir große Freude und ich möchte gerne eine richtige Ausbildung machen.

▶ Was haben Sie davor gemacht?

▷ Davor habe ich ein Jahr lang an der Volkshochschule einen Integrationskurs besucht.

▶ Sie haben in Somalia als Näherin gearbeitet. Erzählen Sie ein wenig von dieser Arbeit? Wie haben Sie gearbeitet und mit wem?

▷ Nun, ich habe von meiner Mutter nähen gelernt. Während der Schulzeit habe ich ihr nur ab und zu geholfen. Nachdem ich die Schule beendet hatte, haben wir eine kleine Schneiderei zu Hause eröffnet. Wir haben einen kleinen Mikrokredit bekommen und konnten damit eine Nähmaschine kaufen. Zusammen haben wir traditionelle afrikanische Kleidung genäht und diese dann auf dem Markt verkauft. Seit ich mit meinem kleinen Sohn in Deutschland bin, nähe ich allerdings sehr selten. Zuerst haben wir mit anderen Flüchtlingen in einem Wohnheim gewohnt und da habe ich keinen Platz zum Nähen gehabt und danach hat mir die Zeit gefehlt.

▶ Sie sprechen außer Ihrer Muttersprache noch Englisch und Arabisch. Wie kommt das?

▷ In Somalia sind Arabisch und Englisch Handelssprachen. Ich habe beide Sprachen in der Schule gelernt, ich spreche sie aber nicht fließend.

Lektion 3

Aufgabe 1b und 2a (Track 09)

Dimitra: Hallo, mein Name ist Dimitra. Ich habe eine Vollzeitstelle im Büro, also eine 40-Stunden-Woche. Im Moment mache ich zusätzlich einige Überstunden, weil so viele Kollegen krank sind. Mein Arbeitstag beginnt in der Regel zwischen neun und halb zehn. Hier im Büro haben wir Gleitzeit. Das heißt, wir können mitbestimmen, wann wir morgens anfangen und wann wir Feierabend machen. Zwischen 10 und 16 Uhr müssen allerdings alle da sein, denn das ist die Kernzeit. Wenn ich ins Büro komme, verbringe ich meist den Vormittag mit organisatorischen Tätigkeiten: Ich koordiniere zum Beispiel Termine für Bewerbungsgespräche oder organisiere Fortbildungen für unsere Mitarbeiter. Gegen eins esse ich zusammen mit meinen Kolleginnen in der Kantine zu Mittag. Am frühen Nachmittag haben wir oft Besprechungen. Anschließend setze ich mich wieder an den Schreibtisch und kümmere mich um meine anderen Aufgaben: Arbeitsverträge vorbereiten, Urlaubslisten führen, Bescheinigungen ausstellen, und, und, und. Wenn ich dann so gegen halb sieben den Computer ausmache, bin ich meist ganz schön geschafft.

Malaika: Gleitzeit gibt es bei uns im Hotel nicht. Ich muss pünktlich um 6.30 Uhr anfangen. Wer zu spät kommt, kriegt Ärger mit dem Chef. Ich gehe also schon um sechs aus dem Haus. Zuerst bringe ich meinen Sohn zu meiner Freundin Valentina. Valentina hat auch eine kleine Tochter und bringt die Kinder dann zusammen in die Kita. Wenn ich zur Arbeit komme, muss ich mich zunächst umziehen. Die Mitarbeiter im Service tragen alle weiße Blusen oder Hemden und schwarze Schürzen mit dem Logo des Hotels. Dann geht es an die Arbeit, und die ist eigentlich immer gleich. Ich kümmere mich darum, dass das Frühstücksbuffet ordentlich aussieht und dass genug von allem da ist. Wenn ein Gast den Frühstücksraum verlässt, räume ich den Tisch ab und bringe das schmutzige Geschirr in die Küche. Die Leute können bis 11 Uhr frühstücken. Danach räumen wir auf und bereiten schon wieder alles für den nächsten Tag vor. Um 12 Uhr ist Feierabend: Ich arbeite ja nur halbtags. Nachmittags kümmere ich mich dann um meinen Sohn und mache den Haushalt. Außerdem gehe ich Montag- und Mittwochnachmittag zum Deutschkurs, denn mein Deutsch ist noch lange nicht perfekt.

Fadi: Als freiberuflicher Übersetzer habe ich keine festen Arbeitszeiten. Wann und wie viel ich arbeite hängt von den Aufträgen ab – manchmal sind es 30 Stunden in der Woche, manchmal auch 50. Im Moment ist ziemlich viel zu tun. Ich schaue jeden Abend in meinen Kalender, damit ich nichts vergesse. Heute beginnt mein Tag mit einem Termin bei der Polizei. Dort soll ein junger Mann, der einen Einbruch beobachtet hat, als Zeuge aussagen. Er spricht kaum Deutsch, und deshalb brauchen sie mich als Übersetzer. Heute Nachmittag habe ich zum Glück keine Außentermine. Dann kann ich die Sachen, die auf meinem Schreibtisch liegen, abarbeiten. Einer meiner Kunden hat schon zweimal angerufen, weil er dringend mehrere Briefe übersetzt haben möchte. Das muss heute unbedingt noch fertig werden. Ich fürchte, es wird ein langer Tag …

Aufgabe 6a (Track 10)
▶ Hallo Fadi, ich hoffe, ich störe dich nicht bei der Arbeit?
▷ Nein. Ich dachte mir schon, dass du vorbeikommst. Dein Sohn hat seinen Kuschelhasen bei mir vergessen. Einen Moment, ich hole ihn …. So … hier.
▶ Ah danke, sein Lieblingsstofftier, aber deswegen bin ich gar nicht gekommen. Ich wollte dir diesen Kuchen hier bringen.
▷ Hmm, der sieht toll aus. Aber ich hab' doch gar nicht Geburtstag.
▶ Nein, aber du hast auf meinen Sohn aufgepasst, als die Kita gestreikt hat und meine Freundin Valentina krank war. Damit hast du mir sehr geholfen. Der Kuchen ist ein kleines Dankeschön.
▷ Das ist wirklich lieb von dir. Sieht lecker aus. Sind da Mandeln drin?
▶ Ja, und Schokolade.
▷ Hmmm!
▶ Du, ich wollte dich noch was fragen: Ich habe dir doch erzählt, dass ich bei uns im Hotel einige neue Aufgaben habe.
▷ Ja, und dass du unzufrieden bist, weil du nicht mehr Geld bekommst.
▶ Genau. Eine Frau in einem Internetforum hat mir gesagt, ich soll um eine Lohnerhöhung bitten.
▷ Klingt logisch. Und? Hast du schon mit deinem Vorgesetzten gesprochen?
▶ Mit Herrn Richwald? Nein, noch nicht. Ich will mich auf das Gespräch gut vorbereiten. Kannst du mir dabei helfen?
▷ Ich weiß nicht. Was kann ich denn tun?
▶ Ich möchte eine Liste machen und meine Tätigkeiten im Hotel genau aufschreiben, damit Herr Richwald sieht, was ich alles mache.
▷ Ah, eine Tätigkeitsliste ist eine gute Grundlage für eine Verhandlung. Natürlich helfe ich dir. Komm doch morgen nach der Arbeit vorbei.
▶ Prima, so gegen halb zwei?
▷ Ja, das passt.
▶ Gut, dann bis morgen. Und vielen Dank schon mal.
▷ Kein Problem. Danke für den Kuchen.

Lektion 4

Aufgabe 1a (Track 11)
▶ Frau Aziz, ich habe eine Flugverbindung für unser Meeting in München rausgesucht.
▷ Das ist sehr gut, Herr Lehmann. Ich suche gerade ein Hotel im Internet.
▶ Wir können am 21. um 8.30 Uhr nach München fliegen und am 23. nach der Tagung zurückkommen.
▷ Dann brauchen wir vom 21. bis zum 23. ein Hotel.

Aufgabe 1b (Track 12)
▶ Diese Hotels kommen in Frage. Alle außer dem Hotel *Zur Alten Post* haben ein Restaurant und eine Bar.
▷ Hmm … aber es sind welche in der Nähe. Die Zimmer sind ohne Klimaanlage. Das finde ich grundsätzlich gut und es ist ein kleines Hotel. Da ist es etwas persönlicher.
▶ Und wenn wir ein Hotel in der Innenstadt nehmen? Was halten Sie vom Hotel *Bayern*?
▷ Ach, das ist aber groß. Und wir müssten jeden Morgen mit der S-Bahn zum Gewerbegebiet rausfahren.
▶ Ja, das stimmt. Nun, das Hotel *Airport* ist eine gute Alternative. Es hat nicht so viele Betten und es ist nicht weit entfernt zum Tagungsort. Es liegt direkt am Flughafen. Das hat auch Vorteile bei der An- und Abreise.
▷ Dann nehmen wir aus Bequemlichkeit das Hotel *Airport*.
▶ Gut. Dann buche ich für zwei Personen zwei Einzelzimmer für zwei Tage.

Aufgabe 3a (Track 13)
▶ Hotel Hansen, guten Tag.
▷ Guten Tag, mein Name ist Toma Popescu. Können Sie mir sagen, ob Sie Zimmer an Handwerker vermieten?
▶ Ja, wir sind ein kleines Hotel und vermieten fast nur Einzelzimmer an Handwerker.
▷ Das ist gut. Ich wollte zwei Einzelzimmer für die nächste Woche reservieren.
▶ Nächste Woche … hm. Da sind unsere Zimmer schon gut belegt. Wann kommen Sie denn?
▷ Wir wollen am Montag anreisen. Müssen wir schon am Vormittag einchecken oder können wir direkt zur Baustelle fahren und erst nach Feierabend zum Hotel kommen?
▶ Nun ja, Sie dürfen natürlich erst arbeiten, aber Sie müssen bis 18.00 Uhr Ihre Zimmer bezogen haben, dann haben wir Schichtwechsel.
▷ Das geht in Ordnung. Kann man bei Ihnen abends essen?
▶ Wir haben einen Gasthof. Da gibt es kalte und warme Speisen. Das können Sie dann abends spontan entscheiden. In der Nähe gibt es aber auch andere Möglichkeiten.
▷ Haben Sie Parkmöglichkeiten? Wir kommen mit dem Firmentransporter.
▶ Ja, hinter dem Haus stehen den Gästen Parkplätze zur Verfügung. Da dürfen Sie kostenfrei parken.
▷ Das ist perfekt. Dann möchte ich bitte bis Freitag zwei Einzelzimmer auf die Namen Toma Popescu und Tobias Schmidt, Firma Herbert Möller, reservieren.
▶ Gut Herr Popescu. Sie bekommen von mir eine Buchungsbestätigung per Mail. Geben Sie mir bitte Ihre E-Mail-Adresse?

Aufgabe 4c (Track 14)
▶ So, meine Herren, dann schauen wir mal, welches Vorgehen am sinnvollsten ist. Ich schlage vor, Sie stemmen zuerst die Schlitze in den Wänden auf.
▷ Wir müssen zuerst die Wände an den Stellen markieren, wo die Heizungsrohre hinkommen.
▶ Ja, richtig! Und dann können Sie die Heizungsrohre in den Wänden verlegen. …
Haben Sie das schon gelernt?
▶ Ja, das habe ich zwar schon gemacht, aber ohne die Verbindungen anzubringen.
▷ Nun, wir gehen das gemeinsam durch und ich zeige dir, wie du die Verbindungen zwischen den einzelnen Rohren anbringst.
▶ Danach müssten dann die Heizungsanschlüsse auf die Heizungsrohre montiert werden.
▷ Dann können wir die Heizkörper an die Wände montieren.
▶ Zuerst muss der Maurer die Schlitze in den Wänden wieder verschließen.
▷ Nein, besser noch nicht.
▶ Warum denn nicht?
▷ Zuerst müssen wir einen Probedurchlauf machen und sehen, ob alles in Ordnung ist und alle Leitungen dicht sind.
▶ Ja, ja richtig. Also dann am besten danach erstmal die Heizungstherme an das System anschließen.
▷ Und noch das Lüftungsrohr auf dem Dachboden anbringen.
▶ Ach ja, das hatte ich vergessen. Dann aber einen Probelauf im gesamten Haus starten.
▷ Tobias, danach müssen wir die Heizkörper leider wieder von den Wänden abmontieren, um die Schlitze verschließen zu können.
▶ Und zum Schluss können die Heizkörper wieder an die Wände geschraubt werden.
▷ Genau.
▶ Gut, dann …

Aufgabe 7b (Track 15)

1 ▶ Frau Abels, könnten Sie bitte heute etwas früher die externe und interne Post erledigen. Wir haben auch einen wichtigen Brief, den müssten Sie dringend zur Post bringen. Das ist ein Einschreiben.
▷ Ich habe gerade mit der Hauspost angefangen. Ich könnte aber das Einschreiben zuerst erledigen und würde danach die restliche Post durchschauen.

2 ▶ Würden Sie mir bitte die neue Lieferadresse angeben?
▷ Ja, gerne. Das ist die Beethovenstraße 20. Es wäre nett, wenn Sie mir eine Auftragsbestätigung zusenden könnten.
▶ Die schicke ich Ihnen umgehend zur Rechnungsadresse.

3 ▶ Vielen Dank für deine Hilfe.
▷ Du solltest heute noch die Grafik einpflegen, dann würde ich morgen früh alles durchlesen.
▶ Das ist gut, danach könnte ich den Bericht dem Chef vorlegen.

4 ▶ Wenn wir mehr Zeit hätten, könnten wir das Lager sortieren.
▷ Wir sollten es aber dennoch aufräumen. Spätestens bis zur Inventur.

Aufgabe 8a (Track 16)

▶ Herr Lehmann, mein Laptop funktioniert auf einmal nicht. Könnten Sie mir bitte helfen?
▷ Gerne, aber ich wüsste auch nicht so recht, was ich tun könnte. Würde es Ihnen vielleicht helfen, wenn ich Ihnen meinen Laptop ausleihe?
▶ Nein, das hilft mir nicht. Die Präsentation ist auf meinem Laptop gespeichert.
▷ Sie sollten alles runterfahren und ihn neu starten.
▶ Könnten Sie mal schauen, ob Sie ihn wieder starten können?
▷ Nun ja, ich kann es mal versuchen. Vielleicht könnten Sie die Präsentation auf einem Stick speichern und sie dann auf meinen Laptop spielen? Oder haben Sie vielleicht eine Kopie auf einem Stick?
▶ Nein leider nicht. Daran habe ich nicht gedacht.
▷ Eine Sicherungskopie wichtiger Daten sollten Sie aber immer machen. Es kann ja immer etwas passieren.
▶ Hätte ich das mal besser gemacht.
▷ Hm, hier tut sich nichts. Es wäre besser, wenn Sie im Büro anrufen. Die IT-Abteilung könnte Ihnen per E-Mail eine Kopie zusenden.
▶ Nein, die Datei ist viel zu groß.
▷ Aber sie könnten sie in die Dropbox legen und Sie müssten sie dann nur runterladen.
▶ Das ist eine gute Idee.
▷ Sie müssten die Präsentation mit meinem Laptop machen und Sie sollten Ihren Laptop in die Reparatur geben. Die haben hier ja auch eine IT-Abteilung.
▶ Ja, so könnten wir es machen. Danke, Herr Lehmann.

Lektion 5

Aufgabe 1c (Track 17)

Hallo alle zusammen. Dieses Jahr werden wir an der ISH teilnehmen. In den letzten Jahren war ich dort nur als Besucher, aber dieses Jahr möchte ich als Aussteller dabei sein und einen Stand mieten, um unsere Produkte und Dienstleistungen vorzustellen. Ich habe mir die Webseite der Messe angeschaut und gesehen, dass alle unsere Wettbewerber aus dem Nordwesten Deutschlands ebenfalls einen Stand haben. Wenn wir wettbewerbsfähig bleiben wollen, müssen wir Präsenz zeigen. Ich möchte, dass wir neue Kontakte knüpfen, aber auch unsere Kunden treffen, um zu besprechen, wie wir unser bestehendes Geschäft mit ihnen erweitern können. Außerdem möchte ich mich über die neuesten Trends in der Branche informieren und schauen, was es Interessantes auf dem Markt gibt.

Aufgabe 3a (Track 18)

Hör zu, Toma, ich hoffe, du hast dich auf jedes Gespräch gut vorbereitet. Zu Beginn musst du dich höflich vorstellen und dich nach den Wünschen deines Gesprächspartners erkundigen. Dabei solltest du dir Notizen machen, sonst erinnerst du dich später nicht mehr daran. Bitte merke dir auch unbedingt den Namen deines Gesprächspartners. Du musst dich gut auf das Gespräch konzentrieren, gezielte Fragen stellen und dir schnell eine praktische Lösung ausdenken. Manche Besucher kommen nur zum Stand, um Give-aways mitzunehmen. Mit diesen Leuten solltest du dich nicht zu lange beschäftigen, damit verschwendest du deine Zeit. Und Zeit ist Geld!

Aufgabe 4 (Track 19)

▶ Herr Breitner? Guten Tag, mein Name ist Anita Jiménez. Wir hatten ja schon per E-Mail Kontakt.
▷ Ach, Frau Jiménez. Das freut mich aber, Sie persönlich kennenzulernen.
▶ Ja, es ist immer schön, wenn man auch ein Gesicht zu einer E-Mail-Adresse hat. Hatten Sie denn eine gute Messe?
▷ Ja, eigentlich schon. Ich konnte bereits einige interessante Kontakte knüpfen. Aber es ist doch auch immer ein bisschen stressig, den ganzen Tag auf den Beinen zu sein.
▶ Oh ja, da haben Sie recht! Herr Breitner, darf ich Ihnen meine Karte geben?
▷ Vielen Dank. Hier ist meine.
▶ Danke! Ah, Sie kommen also aus München.
▷ Ja, die gesamte Einkaufsabteilung von Promoto GmbH sitzt in unserer Zentrale in München. Aber wir haben natürlich Filialen in ganz Deutschland. Kennen Sie München?
▶ Leider nicht sehr gut. Ich bin mal durchgefahren, als ich letztes Jahr in Österreich Urlaub gemacht habe. Auf den ersten Blick hat es mir gut gefallen. Ich muss wohl noch einmal hinfahren.
▷ Unbedingt! München ist immer eine Reise wert. Und ich meine nicht nur das Hofbräuhaus. Wir haben viel mehr zu bieten.
▶ Davon bin ich überzeugt. Also, Herr Breitner, Sie sagten, Sie hätten Interesse an Schuhen und Taschen aus Südamerika. Woran genau haben Sie da gedacht?
▷ Ja, also …

Aufgabe 6 (Track 20)

▶ Ja, also, Promoto verkauft Schuhe und Handtaschen in ganz Deutschland. Wir sind derzeit die Nummer vier.
▷ Tatsächlich? Ich kenne Ihre Läden selbstverständlich gut. Ich selbst habe dort schon oft gekauft und mein dreijähriger Sohn liebt seine Känguru-Schuhe von Promoto. Wenn ich mich richtig informiert habe, kaufen Sie Ihre Ware derzeit hauptsächlich über einen Großhändler in Spanien. Stimmt das?
▶ Richtig. Aber wir würden gerne zu einem Partner in Deutschland wechseln, denn mit den Spaniern haben wir oft Probleme mit pünktlichen Lieferungen. Und das ist sehr ärgerlich.
▷ Natürlich, das kann ich gut verstehen. Niemand wartet gerne auf seine Ware. Wir bei VODEGA garantieren Lieferung innerhalb von sieben Tagen nach Erhalt Ihrer Bestellung.
▶ OK. Aber was machen Sie, wenn doch mal etwas schiefgeht und die Lieferung sich verspätet? Sie werden verstehen, dass wir das nicht akzeptieren können.
▷ Selbstverständlich! In diesem Fall informieren wir den Kunden umgehend und suchen gemeinsam nach der besten Lösung für Sie, zum Beispiel eine Lieferung per Express. Aber ich kann Sie beruhigen, Herr Breitner, das kam in den fünf Jahren, die ich nun schon im Vertrieb arbeite, erst ein- oder zweimal vor. An welche Mengen hatten Sie denn gedacht?
▶ Das hängt von der Saison ab. Im Sommer verkaufen wir mehr Schuhe als im Winter. Hier rechnen wir mit ca. 10.000 Paar Schuhe pro Woche. Im Winter würden wir ca. 6.000 Paar bestellen.
▷ Das klingt gut. Ihr Sortiment umfasst, soweit ich weiß, Damen- und Herrenschuhe, Kinderschuhe und Sportschuhe sowie Handtaschen. Ist das alles?
▶ Nein, wir haben noch Gürtel im Sortiment.
▷ Das ist interessant! Aber es macht natürlich Sinn, man kauft doch gerne einen passenden Gürtel zu den neuen Schuhen. Also, kommen wir zurück zu den Mengen …

Aufgabe 7 (Track 21)

▶ Also, Herr Breitner, lassen Sie mich noch einmal zusammenfassen. Sie möchten für die kommende Sommersaison ca. 10.000 Paar Schuhe pro Woche bestellen. Wir senden Ihnen zunächst unseren ausführlichen Katalog und die aktuelle Preisliste. Das mache ich gleich, wenn ich am Montag zurück im Büro bin.
▷ Vielen Dank. Und Sie sagten, ein Außendienstmitarbeiter könnte uns besuchen, um uns Muster zu zeigen.
▶ Richtig! Ich werde gleich mit meinen Kollegen sprechen, sodass sie die Muster schon vorbereiten können. Dann können wir sofort einen Termin vereinbaren. Wenn Sie von der Qualität unserer Waren überzeugt sind, senden wir Ihnen einen Vertrag mit unseren Liefer- und Zahlungsbedingungen. Dann können wir gerne noch einmal telefonieren, um die Einzelheiten zu besprechen.
▷ Ja, das sollten wir machen.
▶ Und Sie würden uns dann Ihre Bestellung bis Ende Januar senden, sodass wir Ihnen eine pünktliche Lieferung bis Anfang März garantieren können.
▷ Klingt gut. Es war mir ein Vergnügen, mit Ihnen zu sprechen, Frau …
▶ Jiménez. Aber nennen Sie mich doch Anita. Dann wünsche ich Ihnen noch einen schönen Tag, Herr Breitner, und vielleicht sehen wir uns heute Abend beim Empfang. Ich würde mich freuen.

Lektion 6

Aufgabe 4b und c (Track 22)

▶ Fadi Samet, guten Tag!

▷ Hallo, hier ist Dimitra Papadopoulou von der Elbstrand Klinik in Altona. Spreche ich mit dem Übersetzerdienst?

▶ Ja! Was kann ich für Sie tun?

▷ Also, ich suche jemanden, der für uns einige Dokumente übersetzt. Wir haben immer mehr Patienten, die Arabisch sprechen, und die arabischen Pfleger haben nicht immer Zeit, zu helfen.

▶ Das kann ich gut verstehen. Um welche Art von Dokumenten handelt es sich denn bitte, Frau Papadopoulou?

▷ Zum Beispiel die Selbstauskunft. Hier müssen die Patienten angeben, welche Vorerkrankungen sie haben, welche Medikamente sie nehmen usw. Und ganz wichtig: die Einverständniserklärung und noch Informationsblätter für verschiedene Operationen. Ich weiß noch nicht so genau. Was würde uns denn eine Übersetzung kosten?

▶ Ich berechne 1,50 Euro pro Zeile für allgemeine Texte und 1,80 Euro für Fachtexte, wie zum Beispiel medizinische Texte. Für Formulare nehme ich einen Preis von 36 Euro pro Stunde. Das ist für den Kunden günstiger. Bei Ihrem Auftrag handelt es sich wohl um Fachtexte.

▷ Nein, nein, so kompliziert sind die Texte nicht. Sie können den normalen Preis berechnen.

▶ Bitte verstehen Sie mich nicht falsch, aber ich muss mir die Texte selbst ansehen, um das zu beurteilen. Wenn Sie mir die Texte per E-Mail schicken, kann ich Ihnen ein Angebot machen.

▷ OK. Aber wir brauchen die Übersetzungen spätestens bis Donnerstag. Am Freitag haben wir Personalversammlung. Da möchte ich sie gerne den Kollegen vorstellen.

▶ Bis Donnerstag, oh je! Heute ist ja schon Dienstag. Wenn Sie mir die Dokumente innerhalb der nächsten Stunde schicken, mache ich das Angebot sofort fertig. Ihren Auftrag müsste ich dann bitte umgehend erhalten. Und in diesem Fall berechne ich einen Eilzuschlag von 10 Cent pro Zeile.

▷ Das wird ja immer teurer! Wir haben für solche Ausgaben eigentlich gar kein Budget. Wir können höchstens 2.000 Euro bezahlen.

▶ Hören Sie! Vielleicht müssen Sie Ihren Kollegen ja nicht alle Übersetzungen am Freitag vorstellen. Ich könnte Ihnen ein Dokument bis Freitag 9.00 Uhr übersetzen. Aber den Rest kann ich frühestens am Montag nächste Woche schicken. Dann berechne ich keinen Eilzuschlag. Und nachdem ich die Texte gesehen habe, entscheide ich, ob ich tatsächlich für alle Dokumente den höheren Preis berechnen muss. Aber 1,50 Euro muss ich mindestens berechnen.

▷ In Ordnung. Ich sende Ihnen die Texte zur Ansicht und Sie machen mir ein Angebot. In der Zwischenzeit werde ich aber auch andere Übersetzer kontaktieren und die Preise dann vergleichen.

▶ Selbstverständlich! Ich möchte Ihnen aber versichern, dass ich Ihnen höchste Qualität liefere. Sie können sich auf mich verlassen.

▷ Klingt gut. Also, ich höre von Ihnen.

▶ Ja. Vielen Dank für Ihren Anruf und auf Wiederhören.

Lektion 7

Aufgabe 1a und b (Track 23)

▶ Nhan, da sind Sie ja! Ich habe Sie schon gesucht. Kann ich kurz mit Ihnen sprechen?

▷ Natürlich. Einen Moment, ich stelle nur eben die Bücherkiste ab. … Uff, ganz schön schwer. Die sind alle vom Flohmarkt – sind aber richtig gute Sachen dabei.

▶ Wo sollen die Bücher denn hin?

▷ In den Gemeinschaftsraum. Unsere Senioren haben sich doch eine Leseecke gewünscht. Gestern habe ich das neue Regal aufgestellt, und jetzt will ich die Bücher einräumen.

▶ Ach ja, richtig. Das hatte ich ganz vergessen. Aber weshalb ich eigentlich mit Ihnen sprechen wollte: Könnten Sie sich vorstellen, in den nächsten Wochen hin und wieder im Büro auszuhelfen? Frau Wellbrock ist ja seit letzter Woche in Elternzeit und allein schafft Frau Bauer die Arbeit nicht.

▷ Ich helfe gerne aus. Aber wollten Sie nicht eine Vertretung für Frau Wellbrock einstellen?

▶ Ja, wir haben auch eine Vertretung gefunden: Frau Manthei. Sie kann aber erst in zwei Wochen anfangen. Bis dahin müssen wir alleine klarkommen.

▷ Verstehe. Also, wie gesagt, ich helfe gerne. Aber, ähm, darf ich noch etwas fragen?

▶ Selbstverständlich.

▷ Was soll ich denn im Büro eigentlich genau machen? Ich meine, wenn ich viel schreiben muss … hm, ich weiß nicht, ob mein Deutsch da gut genug ist …

▶ Keine Sorge, Nhan. Das schaffen Sie. Wir wollen bis zum Jahresende noch einige Sachen neu bestellen. Wissen Sie, wir haben dieses Jahr gut gewirtschaftet und von unserem Budget ist noch etwas übrig. Sie sollen nun zuerst feststellen, was am nötigsten gebraucht wird und eine Liste erstellen. Dann überlegen wir gemeinsam, was sinnvoll und machbar ist. Bevor Sie die Bestellungen aufgeben, müssen Sie vielleicht hier und da noch ein paar Informationen einholen und Preise vergleichen oder so etwas.

▷ Ah ja, ich denke, das ist nicht so schwierig.

▶ Genau, und wenn Sie Fragen haben, hilft Frau Bauer Ihnen ja auch.

▷ Stimmt, Claudia ist immer sehr nett. Soll ich gleich zu ihr ins Büro gehen?

▶ Räumen Sie ruhig zuerst die Bücher ein. Danach sprechen Sie mit Frau Bauer. Sie erklärt Ihnen dann nochmal die Einzelheiten.

▷ In Ordnung.

▶ Prima. Danke, Nhan, und frohes Schaffen noch!

Aufgabe 3a und b (Track 24)

▶ Claudia?

▷ Ja?

▶ Was soll ich denn jetzt genau bestellen? Die Wolldecke gibt es in zwei Größen. Nehmen wir die großen oder die kleineren?

▷ Die kleineren. Die sind eh ziemlich teuer und wir brauchen 15 Stück.

▶ OK. Also 1,30 Meter mal 1,80 Meter, 15 Stück. In Rot?

▷ Um, lieber in Hellgrau. Das ist neutral und passt zu allem.

▶ Gut. Und die Kissenbezüge? 40 mal 40 oder 60 mal 60?

▷ Da können wir ruhig kleine UND große nehmen: 30 von den kleinen und 10 große.

▶ Und welche Farbe?

▷ Ich würde sagen, die kleinen – also 40 mal 40 – in Cremeweiß und die großen in Rot. Rot ist immer ein schöner Farbakzent.

▶ Ja, das klingt gut. Ist das dann alles?

▷ Ich denke schon.

▶ Gut, dann mache ich die Bestellung jetzt fertig.

▷ Hmmm. Du kannst dafür die Muster-E-Mail nehmen, die ich dir gestern geschickt habe. Da brauchst du nur noch die Informationen zu den Artikeln einzutragen.

▶ In Ordnung, danke.

Aufgabe 4c (Track 25)

▶ Seniorenstift Flottbek, guten Tag. Mein Name ist Nhan Nguyen.

▷ Arndt, guten Tag. Kann ich bitte mit Frau Bauer sprechen?

▶ Tut mir leid. Frau Bauer ist heute nicht im Haus. Kann ich ihr etwas ausrichten?

▷ Ja, könnten Sie ihr bitte sagen, dass ich sie dringend sprechen muss?

▶ Natürlich. Wie war der Name nochmal?

▷ Paul Arndt.

▶ Mit „d" wie „Dora"?

▷ Nein, mit „dt".

▶ In Ordnung, Herr Arndt. Ich richte Frau Bauer aus, dass Sie angerufen haben.

▷ Vielen Dank und auf Wiederhören.

Aufgabe 5a (Track 26)

▶ Grünberg Versand, guten Morgen. Mein Name ist Maylin Voss. Was kann ich für Sie tun?

▷ Nhan Nguyen, Seniorenstift Flottbek in Hamburg. Guten Morgen. Wir haben gestern per E-Mail von Ihren Aktionswochen erfahren. Ist es richtig, dass Sie im Moment einen Rabatt von 20 % auf Lampen geben?

▶ Das ist richtig. Während unserer „Lichtwochen" im November erhalten Sie einen Rabatt von 20 % auf alle Lampen und Leuchtmittel. Das gilt sowohl für die Innenbeleuchtung als auch für die Außenbeleuchtung.

▷ Wir interessieren uns speziell für Tischlampen, entweder in Weiß oder Grau. Ich wollte mich erkundigen, ob das Modell „Stockholm" in einer dieser Farben verfügbar ist.

▶ Einen Augenblick, ich sehe mal nach … Das Modell „Stockholm" gibt es zwar in Weiß und Grau, aber beide Farben sind erst in sechs Wochen lieferbar.

▷ Hm, das ist natürlich eine sehr lange Wartezeit …

▶ Alternativ könnte ich Ihnen das Modell „Florida" anbieten. Es hat ein ähnliches Design und ist nicht nur in Weiß, sondern auch in Hellgrau und Dunkelgrau erhältlich. Allerdings sind nur noch niedrige Stückzahlen verfügbar. Wie viele bräuchten Sie denn?

▷ Ich bin nicht ganz sicher. Das müsste ich noch mit meinen Vorgesetzten besprechen.

▶ Selbstverständlich. Aber wie gesagt: Es sind nur noch geringe Mengen verfügbar. Je schneller Sie sich entscheiden, desto besser.

▷ Ich melde mich morgen wieder. Heute ist weder meine Chefin noch meine Kollegin im Haus, aber ich kläre das gleich morgen früh.

▶ In Ordnung. Kann ich noch etwas für Sie tun?

▷ Im Moment nicht. Vielen Dank.

▶ Gerne. Ich wünsche Ihnen noch einen schönen Tag.

▷ Ebenso. Auf Wiederhören.

Aufgabe 6a (Track 27)

1 Die Gesamtsumme beträgt 42.628 Euro.
2 Die Maschine kostet 136.000 Euro.
3 Der Preis beträgt 1.989 Euro, inklusive Mehrwertsteuer.
4 Wir haben insgesamt 65.756 Euro ausgegeben.
5 Der Betrag von 8.467 Euro wird überwiesen.
6 Wir haben medizinische Geräte für 215.000 Euro bestellt.

Lektion 8

Aufgabe 1a und b (Track 28)

▶ Entschuldigung, bekomme ich bei Ihnen auch ein Spiegelei?

▷ Ja, dort neben der Wurstplatte sind die Eier.

▶ Da sind nur gekochte Eier und Rührei. Ich hätte gerne ein Spiegelei.

▷ Oh, entschuldigen Sie bitte, ich habe Sie nicht richtig verstanden. Wir machen Ihnen gerne ein Spiegelei in der Küche und bringen es an Ihren Platz.

▶ Danke! Und bitte ein bisschen zügig. Ich muss in 15 Minuten los. Mein Zug kommt.

▷ Ich gebe Ihre Bestellung sofort an den Koch weiter. Nehmen Sie sich doch in der Zwischenzeit einen Orangensaft.

▶ Meinen Sie den Saft dort am Spender? Das ist ja wohl ein Witz. Auf Ihrer Internetseite steht, dass Sie jeden Morgen frisch gepresste Säfte anbieten. Diesen Saft hier bekomme ich in jedem Supermarkt.

▷ Sie haben recht. Leider hat unser Lieferant gestern keine frischen Orangen mitgebracht. Deshalb mussten wir Konzentrat nehmen. Das ist eine Ausnahme. Aber ich bringe Ihnen sofort Ihr Spiegelei.

…

▷ So, bitte sehr!

▶ Sagen Sie, wollen Sie sich über mich lustig machen? Das ist ein Rührei und kein Spiegelei!

▷ Ach du meine Güte. Das tut mir wirklich leid. Bitte entschuldigen Sie, das war ein Missverständnis. Ich bringe Ihnen ein neues Ei.

▶ Nein, lassen Sie! Dafür habe ich jetzt keine Zeit mehr. Dann esse ich eben das Rührei. Aber solche Dinge dürfen in einem Hotel wie diesem hier nicht passieren. Sie werben schließlich mit einem exzellenten Service.

▷ Ich verstehe Sie voll und ganz. Lassen Sie mich bitte kurz mit meiner Vorgesetzten sprechen, ich bin gleich zurück.

…

Ich möchte mich noch einmal für das Missverständnis entschuldigen. Ihr Frühstück geht selbstverständlich aufs Haus.

▶ Das ist auch das Mindeste, was man erwarten kann. Grundsätzlich sollten Sie keine Werbung für etwas machen, das Sie nicht anbieten können.

▷ Ich werde es weitergeben.

Aufgabe 4b und c (Track 29)

▶ So, Frau Meinke, Sie haben gesagt, dass der Schichtplan nicht gerecht ist. Ich habe mit der Stationsschwester gesprochen und sie wollte sich darum kümmern. Ist das schon geschehen?

▷ Nein, der Schichtplan ist noch nicht geändert worden. Ich muss immer noch viel mehr Nachtschichten machen als die anderen. Es scheint, als ob es der Stationsschwester einfach egal ist.

▶ Hmm, ich kann Sie gut verstehen, das ist ärgerlich. Ich rede noch einmal mit ihr und dann finden wir bestimmt eine Lösung.
Herr Belal, Sie haben gesagt, dass Sie in der Kantine zu lange warten müssen. Daran lässt sich leider nichts ändern.

▶ Aber wir haben das Problem schon vor einem Jahr angesprochen. Damals sagte man: „Ja, wir werden mehr Kantinenpersonal einstellen." Aber niemand ist eingestellt worden.

▶ Das ist eben nicht immer so einfach. Unser momentanes Budget erlaubt keine Neueinstellungen. Planen Sie also bitte mehr Zeit für die Kantine ein und gehen Sie nicht in großen Gruppen.

☐ Was ist mit dem Raucherraum? Wir können im Winter nicht draußen vor der Tür rauchen. Es ist zu kalt und man wird nass.

▶ Ich habe mit der Hausverwaltung gesprochen. Man wird versuchen, einen Raum im Keller einzurichten. Aber gestern ist das Vordach über dem Personalausgang installiert worden. Sie werden also nicht mehr nass.
Irina, was ist mit den Patientenakten?

◼ Die sind Gott sei Dank alle überarbeitet worden. Jetzt sind wieder alle Informationen vorhanden.

▶ Gut! Bitte sorgen Sie dafür, dass alle Pflegekräfte die Akten unverzüglich und vollständig ausfüllen. Und sagen Sie ihnen,

dass es für jeden Einzelnen Konsequenzen geben wird, wenn Informationen nicht eingetragen werden. Das ist nicht akzeptabel.

● Ich muss noch einmal auf das leidige Thema „Überstunden" zurückkommen. Wir verstehen, dass es viel Arbeit gibt und das Personal knapp ist. Aber was zu viel ist, ist zu viel. Das muss sich ändern.

▶ Da bin ich vollkommen Ihrer Meinung, Frau Meurer. Wir arbeiten hier alle bis an unsere Grenzen und manchmal auch darüber hinaus. Kurzfristig kann ich Ihnen leider keine Lösung präsentieren, so gerne ich es auch machen würde. Aber eine gute Nachricht habe ich doch: Auf der letzten Vorstandssitzung ist entschieden worden, das Budget für Personal aufzustocken. Das bedeutet, dass wir im nächsten Jahr zwei neue Pflegekräfte einstellen können.

● Erst im nächsten Jahr? Das sind noch acht Monate!

▶ Ja, so lange müssen wir leider noch alle durchhalten. Aber Sie sehen, es gibt Licht am Ende des Tunnels.

Lektion 9

Aufgabe 2a (Track 30)

▶ Guten Tag, Frau Jiménez.

▷ Guten Tag, Herr Meier.

▶ Ich habe Ihre Einladung zur Teambesprechung abgelehnt und möchte Sie bitten, den Termin um eine Woche zu verschieben.

▷ Sie meinen auf den 15.?

▶ Nein, ich meine den Termin vorziehen. Nun, vor einer Stunde hat mich Herr Jacob von NewFashion angerufen, um mich zum 8. auf deren Vertriebsmeeting einzuladen. Ich soll NewFashion erläutern, wie wir uns mit denen in Zukunft eine Kooperation vorstellen.

▷ Gut, ich verstehe, dann ist es für Ihren Termin besser, wenn unsere Besprechung vorher stattfindet.

▶ Ja, richtig. Ich schlage vor, dass Sie einen Termin für nächsten Montag mit den Kollegen ausmachen und dass Sie vier Stunden dafür einplanen. Schaffen Sie es zeitlich, das Meeting zu organisieren?

▷ Nun, ohne Hilfe wird es schwierig. Ich kann aber Herrn Heller und Frau Johnson fragen, ob sie mir bei der Organisation helfen können.

▶ Gut. Nach der Besprechung müssten Sie und Frau Pohl dann noch eine aktuelle Aufstellung des letzten Quartals machen. Ich brauche sie statt der letzten Jahresbilanz.

▷ Ich denke, das schaffen Frau Pohl und ich bis zum 8.

▶ Vielen Dank.

Aufgabe 3b und c (Track 31)

▶ Was brauchen wir für unsere Besprechung?

▷ Wir brauchen auf jeden Fall einen Beamer für die Präsentationen.

▶ Im Tagungsraum gibt es einen. Da ist auch eine Leinwand installiert.

▶ Jens, kannst du dann bitte überprüfen, ob er funktioniert und auch schauen, ob wir dort Internetzugang haben.

▷ Der Zugang ist da und in aller Regel funktioniert der auch. Brauchen wir denn auf jeden Fall Internet?

▶ Ich denke schon. Es kann sein, dass wir eine kurze Konferenz mit unserem Auslandsvertrieb machen oder dass wir etwas recherchieren müssen.

▷ Wir haben auch einen Netzwerkanschluss. Soll ich den auch prüfen?

▶ Den brauchen wir eigentlich nicht. Ich kann die Besprechungsunterlagen kopieren und zusammenstellen.

▶ Prima! Das ist super. Aber einen Laptop oder ein Notebook brauchen wir schon und Herr Meier muss noch seine Dateien darauf kopieren.

▷ Dann kann Herr Meier doch seinen Laptop daran anschließen.

▶ Das ist nicht so eine gute Idee. Frau Pohl muss auch noch ein Dokument mit Grafiken abgeben und ich habe auch noch eine Präsentation. Wir können nicht vorher alle auf den Laptop des Chefs etwas kopieren – außerdem braucht er ihn ständig selbst.

▷ Ja, richtig. Ich besorge dann einen vom Außendienst.

▶ Wir sollten vor Beginn der Besprechung die Besprechungspunkte auf eine Flipchart schreiben. Wir haben doch irgendwo eine …

▶ Ich glaube, sie steht immer im Besprechungsraum.

▶ Könntest du das bitte überprüfen?

▶ Ja, ich kann auch gerne die Punkte darauf vermerken.

▶ Perfekt!

▶ Wie sieht es mit einer Pinnwand aus? Brauchen wir eine?

▶ Ach ja richtig. Frau Pohl braucht auch Moderationskarten und Marker. Haben wir eine Pinnwand?

▷ Ja, im Keller steht eine. Ich kann sie holen. Aber wir haben auch ein fahrbares Whiteboard mit Magneten im Großraumbüro.

▶ Bring am besten beides mit. Ich schau im Materialschrank nach Moderationskarten oder besser nach einem Moderationskoffer. Sonst sage ich der Sekretärin, sie soll das Material bestellen. Gut, dann haben wir soweit erst einmal alles …

Aufgabe 4b (Track 32)

Ich möchte Ihnen gerne ein paar Details zur Kooperation mit New-Fashion mitteilen. Wir sind zwar in Deutschland besser bekannt, dennoch ist NewFashion in Europa weiter verbreitet. Die Überlegung war also – wie kann man die Kapazitäten beider Firmen am besten bündeln? Nun, unser Umsatz ist zwar erheblich kleiner, dafür ist aber auch die Produktion der Waren etwas günstiger. Bei einer Kooperation wären die Vertriebsmöglichkeiten größer und die Vertriebswege kürzer. Die Planungsphase für die Jahreskollektion wäre allerdings länger. Trotzdem wäre unsere Gewinnspanne in einer Kooperation am größten.

Schauen wir uns zum Vergleich die Zahlen in der Damenoberbekleidung an. Diese hier sind am aktuellsten. Sie sehen … unsere Sommerblusen sind im Vergleich zu den Konkurrenten ein wenig teurer, aber bei den Kundinnen zwischen 20 und 30 Jahren am beliebtesten. Am wichtigsten ist unseren Kundinnen übrigens die Qualität. Das haben Umfragen ergeben. Am liebsten mögen sie gutes Design in Verbindung mit Qualität.

Am schlechtesten haben sich letzten Sommer dagegen unsere T-Shirts verkauft und auch aktuell ist die Nachfrage geringer als die Prognosen annehmen ließen. In Zukunft sollte unsere Kollektion noch bunter, frischer und jünger werden. Die Farben müssen heller und schöner sein und das Design neuer und moderner wirken. Gleichzeitig muss allerdings die Produktion der T-Shirts billiger werden. Das ist eine Herausforderung, die wir nicht nur gut, sondern besser bewältigen müssen. Jeder von Ihnen hat viel Verantwortung, aber in Zukunft sollten Sie bereit sein, mehr Verantwortung zu übernehmen.

Lektion 10

Aufgabe 1a (Track 33)

► So, Toma – gib hier die Postleitzahl ein … also zum Beispiel 6 0 3 1 3. Dann wird auch schon der Ort angezeigt.

▷ Ja, richtig, Frankfurt am Main. Und was mache ich jetzt?

► Geh jetzt auf das Feld Adresse.

▷ OK. Ah, ja dann kann ich hier die Straße eingeben. B L E I C H – da ist sie ja schon, Bleichstraße. Und hier gebe ich die Hausnummer 1 ein.

► Ja, und drück jetzt bitte auf Navigation starten. Schau, jetzt beginnt die Routenberechnung. Über GPS wird unser Standort ermittelt. Im Prinzip funktioniert es wie ein herkömmliches Navigationsgerät.

▷ Ja, nur mit dem Unterschied, dass ein Navigationsgerät viel preiswerter ist.

► Das stimmt schon, aber das kannst du nicht miteinander vergleichen. Du hast ja hiermit mehrere Geräte in einem. Nimm zum Beispiel die Kalenderfunktion – hier kannst du alle deine Termine eintragen. Dann noch E-Mails, Telefon, Chat und sogar eine E-Book-Reader-Funktion. Die Kamera ist wirklich sehr gut und die Fotos lassen sich leicht verwalten. Mach mal ein Probefoto.

▷ Na, das erste Foto habe ich jetzt mit dir, statt mit meiner Familie. Sag mal, was gibt es denn für Verträge dazu?

► Wir haben verschiedene Verträge. Ich würde dir einen mit einer Flatrate empfehlen. Du bist ja immer viel unterwegs, zumal du die Navigationsfunktion oft benutzen wirst.

▷ Hm … Leg es mir bis morgen zurück. Ich muss nochmal eine Nacht darüber schlafen.

► Gut, das kann ich machen.

Aufgabe 6c (Track 34)

► Schau mal, Tobi. Brauchst du eine Arbeitshose oder Arbeitsjacke?

▷ Nun, eine zweite Arbeitshose ist schon sinnvoll.

► Wie findest du diese denn? Die hat auch viele Taschen. Da passt dann auch der Zollstock und ein kleines Notizbuch rein.

▷ Oh nein, kein Overall. Die find ich unpraktisch und sie sind schwer zu reinigen.

► Na, dann magst du auch sicher dieses Modell nicht?

▷ Nun, eine Latzhose ist in Ordnung, aber ich finde eine normale Arbeitshose am besten. Diese hier finde ich ganz gut und da gibt es auch die passende Jacke und das passende T-Shirt dazu.

► Nein, die gelbe Farbe trägt man eher im Straßenbau. Auch dieses Modell in Orange. Handwerker tragen meistens graue Arbeitskleidung.

▷ Nur die Maler nicht.

► Stimmt, die tragen oft weiße Kleidung. Wie findest du dieses Modell hier? Du kannst nur die Hose oder aber die Hose und die Jacke bestellen.

▷ Die Arbeitshose ist gut, aber die Jacke gefällt mir nicht. Ich brauche sowieso eher einen Anorak für den Winter.

► Gut, dann bestelle ich dir die graue Hose und den Anorak.

▷ Ja bitte. Und was nimmst du?

► Ich denke, ich nehme die Latzhose und die graue Arbeitsjacke.

Aufgabe 8b (Track 35)

► Rettungsdienst Nord. Mein Name ist Segert. Wie kann ich Ihnen helfen?

▷ Guten Tag, mein Name ist Popescu, Toma Popescu. Mein Kollege ist von der Leiter gefallen. Wir brauchen einen Krankenwagen.

► Was ist denn genau passiert?

▷ Ja, also mein Kollege stand im Lager auf der Leiter. Dann hat er das Gleichgewicht verloren und ist auf ein Regal gefallen und hat sich dabei seinen Kopf gestoßen.

► Hat der Kollege Verletzungen?

▷ Ja, eine Platzwunde am Kopf. Ich habe die Blutung sofort versorgt. Er ist zwar ansprechbar, aber immer noch benommen.

► Wo sind sie jetzt?

▷ Wir sind im Lager der Firma Möller Sanitär in der Hindenburgstraße 3.

► Gibt es sonst noch Verletzte?

▷ Nein, nur mein Kollege.

► Gut, Herr Popescu. Bitte bleiben Sie beim Verletzten. Ein Krankenwagen kommt sofort und ist in wenigen Minuten bei Ihnen.

▷ Vielen Dank!

Lektion 11

Aufgabe 2b (Teil 1) (Track 36)

► Hallo Frau Seifert! Schön, dass ich Sie treffe. Hätten Sie kurz Zeit für mich?

▷ Gerne, worum geht es denn?

► Ich habe einen Arbeitsvertrag erhalten und möchte alles ganz genau verstehen. Könnte ich Ihnen einige Fragen stellen?

▷ Natürlich! Dann schießen Sie mal los.

► Also, als erstes steht hier, das Arbeitsverhältnis wird auf zwei Jahre befristet. Heißt das, dass ich nach zwei Jahren gekündigt werde?

▷ Erst einmal haben Sie tatsächlich nur Arbeit für zwei Jahre. Der Arbeitgeber muss Sie nicht kündigen. Ihre Arbeitszeit ist dann automatisch zu Ende. Oft wird aber gegen Ende der zwei Jahre besprochen, ob man Sie weiter beschäftigen kann. Sie sollten also nach ungefähr 22 Monaten nachfragen, ob Ihr Vertrag verlängert wird.

► Hm, also erst einmal nur zwei Jahre Arbeit. Naja, das habe ich schon von vielen Leuten gehört.

▷ Ja, eine befristete Anstellung ist heutzutage fast normal. Die wenigsten neuen Arbeitsverträge sind unbefristet. Haben Sie auch eine Probezeit?

► Genau, das war meine nächste Frage. Wie genau funktioniert eine Probezeit?

▷ Das ist im Grunde die Zeit des gegenseitigen Kennenlernens, in der sowohl der Arbeitgeber als auch der Arbeitnehmer das Arbeitsverhältnis kurzfristig lösen kann. Wie sieht denn die Regelung bei Ihnen aus?

► Eine Woche, steht hier …

▷ Ja genau, dann kann Ihr Arbeitgeber Ihnen und Sie ihm mit einer einwöchigen Frist kündigen.

► OK! Und wenn die Probefrist abgelaufen ist, dann ist die Kündigungsfrist vier Wochen. Gilt das auch, wenn ich kündigen will?

▷ Ja! Auch Sie müssen Ihrem Arbeitgeber vier Wochen im Voraus Bescheid sagen, wenn Sie kündigen wollen. Sehen Sie, hier steht „beiderseits", das heißt der Schutz gilt für beide Seiten.

► Alles klar! Und hier steht, ich muss mich verpflichten, auch andere Arbeiten auszuführen. Heißt das, dass ich zum Beispiel auch bei einer Operation helfen muss? Das kann ich gar nicht!

▷ Nein, hier steht ja „Tätigkeiten, die seinen Fähigkeiten entsprechen". Man kann also nicht von Ihnen verlangen, dass Sie die gleiche Arbeit machen wie ein Arzt. Aber man könnte Sie zum Beispiel bitten, auch einmal Kaffee für die anderen Mitarbeiter zu kochen, oder etwas zu reparieren, wenn es notwendig ist.

► Ja, das ist kein Problem. Und was bitte ist eine Bruttovergütung?

▷ Vergütung heißt Gehalt. Und Brutto bedeutet vor Abzug von Steuern und Sozialabgaben. Also, Sie bekommen ein Bruttogehalt von 1.400 Euro. Darauf zahlen Sie Steuern und Sozialabgaben, also Kranken- und Unfallversicherung, Arbeitslosenversicherung und Rentenversicherung. Und was am Ende übrig bleibt, ist das Nettogehalt.

Aufgabe 2c (Teil 2) (Track 37)

► Also, netto ist, was ich zum Schluss in der Tasche habe. Alles klar. Und hier steht, Urlaub unterliegt der Genehmigung der Klinik. Heißt das, dass die Klinik mir den Urlaub auch verbieten kann?

▷ Nein, Sie haben ein Recht auf Ihren Urlaub. Aber Sie müssen sich im Vorfeld mit den anderen Kollegen absprechen. Die Personalleitung erstellt dann einen Urlaubsplan, meistens gleich am Jahresanfang. So will man sichergehen, dass immer genügend Personal da ist.

► Ich muss also meinen ganzen Urlaub zu Beginn des Jahres planen? Hat man denn überhaupt keine Flexibilität?

▷ Naja, zwei, drei Tage können Sie auch flexibel nehmen, aber mehr nicht.

► OK, weiter … Krankheit: „Fortzahlung des Gehalts bis zu sechs Wochen". Das heißt also, auch wenn ich krank bin, werde ich bezahlt.

▷ Ja, selbstverständlich. Aber wenn Sie krank sind und nicht zur Arbeit kommen können, müssen Sie Ihren Chef sofort informieren. Ab dem vierten Tag brauchen Sie eine Krankmeldung vom Arzt.

► Und was passiert, wenn ich länger als sechs Wochen krank bin?

▷ Dann zahlt in der Regel die Krankenkasse einen Teil Ihres Gehalts weiter. Aber das sollten Sie unbedingt mit Ihrem Chef besprechen.

► Klar! So, und jetzt kommt ein langes Wort: Verschwiegenheitspflicht. Was ist das denn?

▷ Das heißt, dass Sie nicht über interne Angelegenheiten aus der Firma mit anderen sprechen dürfen, zum Beispiel über die wirtschaftliche Lage des Krankenhauses, wofür Geld ausgegeben wird und wofür nicht, oder über die neuesten technischen Geräte. Und vor allem dürfen Sie mit Ihren Kollegen nicht über Ihr Gehalt sprechen. Das ist verboten.

► Ja, das habe ich schon bemerkt. Die Deutschen sprechen nie darüber, wie viel sie verdienen.

▷ Richtig, das machen wir einfach nicht. Und am Arbeitsplatz ist es nicht erlaubt.

► So, jetzt zur „entgeltlichen Nebenbeschäftigung". Heißt das, dass ich keinen anderen Job machen darf?

▷ Ganz genau. Wenn Sie in Ihrer freien Zeit noch andere Arbeit machen wollen, die bezahlt wird, also zum Beispiel in einer Bar arbeiten, müssen Sie vorher Ihren Chef fragen.

► OK! Kündigungsfrist hatten wir. Sie gilt für mich und für den Arbeitgeber.

▷ Genau. Und es reicht nicht, wenn Sie es sagen. Eine Kündigung muss immer schriftlich sein.

► Also, wenn man mal richtig wütend ist und einfach so sagt „Ich kündige!", dann zählt das nicht. Das ist beruhigend. Und den letzten Paragraphen verstehe ich überhaupt nicht.

▷ Das ist nur so eine Klausel, die in jedem Vertrag steht. Wenn in dem Vertrag ein Fehler ist, dann heißt das nicht automatisch, dass der ganze Vertrag falsch ist, sondern eben nur die Stelle mit dem Fehler. Und wenn Sie umziehen, heiraten oder ein Kind bekommen, müssen Sie es Ihrem Chef mitteilen.

► Alles klar. Vielen Dank, Frau Seifert. Sie haben mir wirklich sehr geholfen.

Aufgabe 6b (Track 38)

Für eine Beförderung ist gute Arbeit allein nicht genug. Bevor Sie mit Ihrem Vorgesetzten sprechen, sollten Sie sich fragen: „Welche Vorteile hat meine Beförderung für meinen Chef und für die Firma?" und diese dann im Gespräch deutlich machen.

Ihr Chef wird sie nämlich nicht befördern, wenn er dadurch eine gute Mitarbeiterin im bestehenden Team verliert. Daher sollten Sie sofort einen Nachfolger für Ihren Platz vorschlagen, der die Arbeit mindestens so gut machen wird wie Sie.

Außerdem müssen Sie klar und deutlich sagen, welche Position Sie anstreben und erklären, warum Sie dafür geeignet sind. Wenn Sie zum Beispiel Abteilungsleiterin werden wollen, sollten Sie auf Ihre Führungsqualitäten hinweisen und Beispiele dafür nennen.

Auch müssen Sie unbedingt wissen, welche Fertigkeiten Ihnen für die neue Position noch fehlen und selbstständig Vorschläge machen, wie Sie diese erlernen möchten, zum Beispiel durch das Belegen von Seminaren. Natürlich müssen Sie auch genau wissen, welches Gehalt für die neue Position üblich ist, um keine unrealistischen Forderungen zu stellen.

Sie sollten auch genau darüber informiert sein, wie die Firma zurzeit wirtschaftlich dasteht und welche Stellen zu besetzen sind. Informiert sein ist also das A und O.

Lektion 12

Hören, Nummer 1 (Track 39)

Auf relevante Informationen achten

Sie finden die richtige Lösung schneller, wenn Sie wissen, auf welche Informationen Sie achten müssen. Lesen Sie sich deshalb die Frage und die möglichen Antworten durch, bevor die Tonaufnahme abgespielt wird. Unterstreichen Sie beim Lesen wichtige Stichwörter im Aufgabenheft.

Die Zeit gut nutzen

Im Teil Hören ist der zeitliche Ablauf durch die Tonaufnahmen fest vorgegeben. Trotzdem können Sie durch ein paar kleine Tricks Zeit gewinnen, die Sie dann für die Bearbeitung der Aufgaben nutzen können: Wenn Sie gut vorbereitet sind, kennen Sie die Arbeitsanweisungen zu den Aufgaben schon aus dem Übungstest und wissen genau, was Sie tun müssen. Da die Arbeitsanweisungen immer gleich sind, müssen Sie dann nicht mehr so genau zuhören, wenn sie in der Prüfung abgespielt werden. Sie können sich in dieser Zeit schon die ersten Fragen und die möglichen Antworten durchlesen. Nutzen Sie auch die Pausen zwischen den Hörtexten, um sich wieder auf die nächste Frage anzuschauen.

Lösungen nicht vorschnell ankreuzen

Hören Sie immer bis zum Ende zu, bevor Sie eine Antwort ankreuzen. Die richtige Lösung wird manchmal erst am Schluss gesagt. Und seien Sie vorsichtig, wenn Sie im Hörtext ein Stichwort hören, das genauso in einer der Antwortoptionen vorkommt. Viele Teilnehmer kreuzen dann automatisch diese Option an – und liegen oft falsch damit. In der richtigen Antwort wird häufig eine andere Formulierung verwendet als im Hörtext!

Hörtexte Arbeitsbuch
Lektion 1

Aufgabe 3 (Track 48)

1 ► Tomek, sagst du eigentlich „Du" oder „Sie" zu deinen Kollegen?

▷ In unserem Team sagen wir alle „Du", auch unseren Chef duzen wir. Er hat uns das angeboten. Und wie machst du das?

► Naja, wir sind ja ein kleiner Handwerksbetrieb. Und als Azubi bin ich mit meinem Chef auf jeden Fall per Sie.

2 ► Stefanie, wie war dein erster Arbeitstag?

▷ Super. Meine Kollegen sind sehr nett und auch mit meinem Chef verstehe ich mich sehr gut. Manchmal gibt es Probleme mit den Kunden, manche bringen Ware zurück und haben keine Geduld. Aber die meisten Kunden sind sehr nett.

Aufgabe 18 (Track 49)

1 Hallo, Lucy. Hier Ewa aus der Abteilung Kundenbetreuung. Sag mal, kannst du die Werbeprospekte, wenn sie fertig sind, heute noch zu mir ins Büro bringen? Wir erwarten wichtige Kunden und wollen ihnen unsere neuen Prospekte mit unserem neuen Angebot zeigen und präsentieren. Wenn die Prospekte noch nicht fertig sind, sag mir bitte schnell Bescheid. Vielleicht gibt es in der Druckerei ja einen Vorabdruck, dann würde ich dort anrufen.

2 Guten Tag, hier Husmann von der Firma Groß & Co. Danke für Ihre Lieferung von Büromaterial. Alles ist gut angekommen. Ich habe aber leider eine Reklamation. Ich bin nicht zufrieden mit den vier Stühlen, die Sie geliefert haben. Sie sind nicht höhenverstellbar, obwohl wir das bestellt hatten. Bitte informieren Sie die Abteilung Kundenbetreuung über unsere Reklamation und bitten Sie sie, uns einen Termin mitzuteilen, an dem Sie vorbeikommen, um uns die bestellten Stühle zu liefern.

Lektion 2

Aufgabe 11 (Track 50)

1+2 ► Guten Tag, Herr Sanchez. Hier Beate Schönfeld, Sekretariat der Firma RCO. Sie haben doch nächsten Montag einen Termin für ein Vorstellungsgespräch.

▷ Ja, nächsten Montag um 14 Uhr.

► Genau. Herr Lohmann, der mit Ihnen das Gespräch führen möchte, ist leider nächste Woche sehr beschäftigt und kann am Montagnachmittag nicht. Er muss schon um 12 Uhr eine Dienstreise antreten und wollte Sie deswegen fragen, ob sie am Montag- oder Freitagvormittag um 9.30 Uhr vorbeikommen könnten.

▷ Einen Moment …

► Wir können gern noch mal telefonieren, wenn Sie genau wissen, wann Sie Zeit haben.

▷ Nein, das ist kein Problem, ich habe nur kurz nachgedacht, also mir wäre der Montag lieber. Bleibt es dann dabei, bei Ihnen in der Zentrale, Raum 202?

► Das steht noch nicht ganz fest, da sage ich Ihnen noch Bescheid. Aber am besten ist, Sie kommen um 9.30 Uhr und wir treffen uns unten am Empfang. Dann hole ich Sie ab und bringe Sie zu Ihrem Termin.

3+4 ► Frau Kowalska. Bevor wir unser Gespräch beenden, wie sieht es denn mit Ihren Fremdsprachenkenntnissen aus? Ihr Deutsch ist ja sehr gut, mein Kompliment.

▷ Danke.

► Und natürlich sprechen Sie Polnisch, Ihre Muttersprache, aber wie sieht es mit Ihren Englischkenntnissen aus? Sie haben „Englisch B1-B2" angegeben.

▷ Ich habe in meiner Heimat Englisch gelernt und auch auf verschiedenen internationalen Messen gearbeitet, wie Sie meinem Lebenslauf entnehmen können. Das hat mir großen Spaß gemacht. Ich denke, mündlich befinde ich mich auf der Niveaustufe B2, schriftlich eher zwischen B1 und B2. Außerdem habe ich gute Kenntnisse in Französisch und Spanisch. Ich denke, dass ich sehr schnell, wenn notwendig, meine Sprachkenntnisse durch zusätzliche Kurse erweitern könnte.

► Gut, wir werden sehen. Die Praxis wird das zeigen.

▷ Das heißt, ich kann bei Ihnen anfangen?

► Ja, aber Sie müssen verstehen, dass es bei uns eine Probezeit gibt.

▷ Wann könnte ich dann einen festen Arbeitsvertrag bekommen?
▶ Die Probezeit beträgt sechs Monate
▷ OK.
▶ Können Sie schon nächsten Montag?
▷ Ja, natürlich, ich freue mich, dass ich bei Ihnen anfangen kann.

Lektion 3

Aufgabe 4 (Track 51)

Einführung: Für ein Unternehmen zu Hause arbeiten? In den letzten Jahren wird immer mehr über dieses Modell diskutiert. Vor allem Telekommunikations- und IT-Unternehmen, aber auch Banken und Versicherungen experimentieren mit Arbeitsplätzen in der eigenen Wohnung, die auch Homeoffice-Arbeitsplätze genannt werden. Oft wenden Unternehmen eine Mischform an, zum Beispiel 20% der Arbeitszeit im Homeoffice und 80% am normalen Arbeitsplatz. Man braucht natürlich klare Regelungen, wie die Arbeitszeit registriert wird, selbstständig durch die Mitarbeiterin oder den Mitarbeiter oder auftragsbezogen – der Mitarbeiter erhält eine bestimmte Zahl von Tagen, um ein Projekt fertigzustellen.
Mit unseren Studiogästen möchten wir jetzt über die Vor- und Nachteile der Arbeit zu Hause diskutieren.

1: Ich habe einen Homeoffice-Arbeitsplatz bei einer Internetfirma. Die Firma stellt mir einen PC mit den erforderlichen Programmen und einen Monitor zur Verfügung. Ich habe auch einen Heimarbeitsvertrag, das heißt, ich bekomme ein Festgehalt, daneben sind Provisionen möglich. Was sind die Vorteile, was die Nachteile dieser Arbeitsform. Mit den Kosten ist das so eine Sache. Sicher spart man Geld, zum Beispiel für die Fahrt zum Arbeitsplatz. Aber es entstehen ja Kosten für Strom, Heizung usw., die man selbst zahlen muss. Ganz wichtig für mich ist aber, dass ich Beruf und Familie besser vereinbaren kann. Während ich früher nie wusste, wann mein Arbeitstag zu Ende war, kann ich jetzt immer abends zum gemeinsamen Abendessen zu Hause sein und habe Zeit für die Familie.

2: Ich arbeite bei einer Versicherung. Als die Firma mir vorschlug, probeweise Heimarbeit auszuprobieren, war ich zuerst begeistert. Seine Arbeitszeit frei einteilen, Pausen machen können, wann man will, das ist schon etwas Besonderes. Jetzt nach einiger Zeit sehe ich Probleme. Man braucht sehr viel Selbstdisziplin. Ich finde es gar nicht schlecht, wenn man auch einmal kontrolliert wird, bei der Arbeit zu Hause muss ich mich selbst zwingen, einen Auftrag in einer bestimmten Zeit fertig zu haben. Und dann müssen auch noch die üblichen Haushaltsarbeiten erledigt werden. Für die Vereinbarkeit von Arbeit und Privatem braucht man einen Plan, an den man sich halten kann … Meine Frau ist zu Hause. Es ist schwer für sie zu akzeptieren, dass ich zwar auch zu Hause bin, aber arbeite und nicht gestört werden möchte. Für mich ist das genauso schwer. Arbeiten im Homeoffice für eine beschränkte Zeit finde ich OK, aber nicht auf Dauer.

3: Ich bin Unternehmensberater und bin absoluter Vertreter neuer Arbeitszeitmodelle, gerade wenn man sich vor Augen hält, wie sich die Arbeit in den nächsten Jahren verändern wird. Für die Unternehmen bringt die Homeofficearbeit Vorteile und sie senkt Kosten. Erfahrungsgemäß arbeiten die Mitarbeiter mehr, da es keine festen Arbeitszeiten mehr gibt, viele arbeiten auch am Wochenende. Für den Arbeitnehmer muss es aber Regelungen geben, die Heimarbeit sicherer macht, es gibt hier sehr viele unseriöse Angebote. Sie brauchen klare Arbeitsverträge, die Arbeitnehmer dürfen rechtlich nicht schlechter gestellt sein als Mitarbeiter in traditioneller Arbeit. Hier ist noch viel zu tun.

Aufgabe 6 (Track 52)

1: Mein Name ist Dimitra Papadopoulou. Ich arbeite als Personalsachbearbeiterin in einem Krankenhaus, 40 Stunden pro Woche, ich habe also eine Vollzeitstelle. Die Arbeit macht mir großen Spaß. Leider habe ich kaum Zeit für meine Familie, weil ich abends immer erst sehr spät nach Hause komme. Am Vormittag muss ich viel organisieren, zum Beispiel Termine planen und Vorstellungsgespräche vorbereiten. Ich sitze sehr viel am Schreibtisch, muss aber auch viel telefonieren. Meine Aufgabe ist es auch, Arbeitsverträge vorzubereiten. Meine Arbeit ist nie langweilig. Mir gefällt auch, dass ich viel Kontakt zu den Kollegen habe. Wenn Mitarbeiter Fragen haben, helfe ich ihnen gerne.

2: Ich bin Melek und arbeite in der Abteilung Einkauf in einem großen Möbelhaus. Meine Arbeit ist interessant und abwechslungsreich. Ich berate nicht nur die Kunden, wenn sie Einrichtungstipps brauchen, ich bin auch verantwortlich für Bestellungen und die Auswahl von Lieferanten. Wenn Kunden Reklamationen haben, ist es meine Aufgabe, diese zu bearbeiten und eine Lösung zu finden. Das kann ich natürlich nicht immer alleine entscheiden, oft muss ich das dann mit meinem Chef besprechen.

3: Mein Name ist Alexandru. Zurzeit arbeite ich als Küchenhilfe in einem großen Restaurant. Die Arbeit ist sehr anstrengend und wird nur schlecht bezahlt. Aber wichtig für mich ist, dass ich eine Arbeit gefunden habe und mit deutschen Kollegen zusammenarbeite. So kann ich mein Deutsch verbessern und Erfahrungen mit der Arbeitswelt in Deutschland sammeln. In meiner Heimat habe ich Koch gelernt. Jetzt hoffe ich, dass mein Abschluss in Deutschland anerkannt wird. Dann werde ich hoffentlich bald eine bessere Stelle finden.

Lektion 4

Aufgabe 2 (Track 53)

▶ Guten Tag, ich rufe an wegen unserer Buchung, Buchungsnummer 6077.

▷ Ja, das war ein Zimmer für 2 Personen vom 1. bis zum 3. Dezember.

▶ Genau. Bei unserer Buchung haben wir aber aus Versehen einen falschen Abreisetag angegeben, den 3. Dezember. Das muss der 4. Dezember sein. Könnten Sie das ändern?

▷ Kein Problem. Der Abreisetag ist also der 4. Dezember. War das Zimmer mit oder ohne Frühstück?

▶ Mit Frühstück bitte.

▷ Möchten Sie außer dem Frühstück noch andere Mahlzeiten einnehmen?

▶ Nein, bitte das Zimmer nur mit Frühstück. Ich habe aber noch eine Frage. Aus Ihrer Webseite geht hervor, dass sie auch einen Transferservice zum Flughafen anbieten.

▷ Nein, tut mir leid. Den Transfer bieten wir nur für größere Reisegruppen an. Aber zum Flughafen fahren regelmäßig Taxen und mit der U-Bahn-Linie 1 und 3 Richtung Zoo sind wir auch sehr gut zu erreichen, fahren Sie dann bis zur Haltestelle Zoologischer Garten.

Aufgabe 5 (Track 54)

a ▶ Können Sie morgen zur Firma Schmidt fahren? Sie haben angerufen, der Abfluss ist schon wieder verstopft.

▷ Ja natürlich, soll ich unseren Azubi mitnehmen?

▶ Unbedingt. Dann kann er etwas lernen.

b ▶ Herr Popescu. Für Ihre Dienstreise zur Baustelle haben wir schon Ihr Hotelzimmer gebucht. Sie müssen nur noch das Material zusammenstellen, das Sie für die Montage benötigen.

▷ Das habe ich schon gemacht. Eine Frage, kann ich für den Samstag, an dem ich ja arbeiten muss, nächste Woche einen Tag freibekommen?

▶ Natürlich. Sie können den Donnerstag oder auch den Freitag freinehmen. Sie dürfen sich die Mehrarbeit aber auch als Überstunden auszahlen lassen.

▷ Danke. Ich möchte mir gerne noch überlegen, wofür ich mich entscheide.

▶ Kein Problem, wie Sie wollen. Sie können mir dann ja am Montag Bescheid sagen.

Aufgabe 7 (Track 55)

1: Guten Abend, Frau Schneider. Tut mir leid, dass ich Sie am Wochenende stören muss. Es geht um unsere Tagung nächste Woche im Hotel Astoria. Herr Radu und Frau Baumann haben mir gemailt, dass sie ihre Reiseunterlagen noch nicht bekommen haben. Alle anderen Teilnehmer haben die Unterlagen erhalten, ich habe zumindest nichts Gegenteiliges gehört. Könnten Sie mal nachschauen, was da passiert ist? Vielleicht sind ja Ihre Mails an Herrn Radu und Frau Baumann nicht angekommen. Bitte schicken Sie beiden die Papiere dann noch einmal zu. Danke.

2: Hallo Jannis, hier Oliver. Ja also, zu unserer Teambesprechung heute. Viel versäumt hast du nicht, es gibt aber eine wichtige Neuigkeit, deswegen rufe ich an. Wir sollen in vier Wochen zusammen auf Montage, auf irgendeine Baustelle in München. Eine Woche lang. Mir persönlich passt das überhaupt nicht. Ich war in den letzten zwei Monaten schon vier Mal auf Geschäftsreise, hatte kaum noch Zeit für die Familie. Eine Dienstreise pro Monat denke ich ist genug. Ich habe noch nichts gesagt, wollte erst mal mit dir reden. Vielleicht hast du ja Lust auf die Reise, dann würde ich doch mitfahren, weil wir so gut zusammenarbeiten. Wenn nicht, könnten wir uns ja einen Gegenvorschlag überlegen, vielleicht andere Kollegen finden, die dort arbeiten wollen. Unser Chef will das nächste Woche mit uns besprechen.

Aufgabe 16a (Track 56)

1: Als mein Chef mich für Geschäftsreisen einteilte, fand ich die Vorstellung, immer wieder neue Orte kennenlernen zu können, zuerst interessant. Aber jetzt, nachdem ich viel unterwegs sein muss, bin ich nur froh, wenn ich wieder zu Hause bin. In Hotels brauche ich immer mindestens zwei Tage, bis ich meinen normalen Schlaf wiederfinde. Das ist einfach nicht gut für meine Gesundheit.

2: Ob bei Geschäftsreisen die Vor- oder Nachteile überwiegen, hängt von der Arbeit ab. Früher war ich Lkw-Fahrer, immer unterwegs, das war Dauerstress. Nie wieder. Wenn ich jetzt bei meiner Arbeit in einer Möbelfirma manchmal auf Messen fahren muss, finde ich solche Dienstreisen ganz toll, dann lerne ich viele neue Leute kennen.

3: Jobs, bei denen man viel unterwegs sein muss, sind Gift für die Familie. Und die Technologie ist heute doch so weit entwickelt, dass man auch viele Dienstreisen gar nicht mehr braucht. Gerade Meetings und Besprechungen kann man sehr gut über Videokonferenzen durchführen. Dadurch werden auch Kosten gespart.

4: Als ich bei meinem Bewerbungsgespräch erfuhr, dass von mir erwartet wird, flexibel zu sein, immer wieder auch an anderen Orten zu arbeiten, war ich zuerst nicht sehr begeistert. Inzwischen finde ich Reisen sehr positiv, man kann dabei viele Erfahrungen sammeln, seinen Horizont erweitern und bei Geschäftsreisen ins Ausland auch andere Kulturen kennenlernen.

5: Beruflich unterwegs zu sein macht die Arbeit auf jeden Fall abwechslungsreicher und interessanter. Aber es kommt natürlich darauf an, wie oft man weg muss und wie die Arbeitsbedingungen sind. Muss man rund um die Uhr erreichbar sein? Gibt es Zulagen? Welche Kosten kann man abrechnen? usw.

6: Für mich sind Dienstreisen kein Problem, auch weil ich Single bin und keine familiären Verpflichtungen habe. Ich denke auch, von mir sagen zu können, dass ich mich durch meine Reisen weiterentwickelt habe und gelernt habe, mit den unterschiedlichsten Menschen zu kommunizieren. So sind neue Kontakte entstanden, zum Teil auch Freundschaften in den verschiedensten Orten.

Lektion 5

Aufgabe 3a und c (Track 57)

▶ Guten Tag, hier Laura Meiering von der Messe AG. Herr Krämer, Sie haben uns heute Morgen per Mail eine Anfrage zu einem Messestand geschickt.

▷ Ja, das stimmt, guten Tag.

▶ Zuerst entschuldigen Sie bitte, dass wir nicht erreichbar waren – unsere Seite ist augenblicklich überlastet, der Fehler wird aber spätestens morgen Vormittag behoben sein, dann kann wieder gebucht werden.

▷ Kein Problem. Danke für Ihre schnelle Antwort. Gibt es denn noch Plätze in Halle 3?

▶ Ja, Sie haben Glück. Wir hätten einen Reihenstand von 23 m² oder auch einen freistehenden Stand in der Mitte der Halle von 50 m² für Sie zur Auswahl. Was käme für Sie in Frage?

▷ Das hängt natürlich von den Kosten ab, und auch davon, wie die Stände auf das Publikum wirken.

▶ Der kleinere Stand ist wie gesagt ein Reihenstand. Er liegt an einem großen Gang, ist für das Publikum geschlossener, hier gibt es weniger Zulauf als bei den Messebesuchern als beim Stand in der Mitte, oder wie wir auch sagen, dem Inselstand. Dieser Stand ist größer, sehr repräsentativ, deutlich offener als der Reihenstand. Der kleinere Stand würde 5.000 Euro kosten, beim Stand in der Mitte würde der Preis bei 11.000 Euro liegen. Das ist dann jeweils der Preis für die Standmiete.

▷ Die Entscheidung ist nicht einfach, ich müsste mal sehen, wie das konkret aussieht.

▶ Herr Krämer, wir könnten von unserem Standbauer Pläne für beide Stände für Sie anfertigen lassen.

▷ Ja, das wäre sinnvoll.

▶ Noch etwas zu den Unterschieden zwischen den Ständen: Der Inselstand ist an allen vier Seiten für die Besucher offen, er steht alleine und ist damit sehr attraktiv. In der Mitte gibt es Platz für eine kleine Küche. Der Stand hat aber keine Außenwände. Der kleinere Stand dagegen hat viel Wandfläche, denn auf drei Seiten gibt es Nachbarstände. So hat der Reihenstand eine größere Wandfläche, auf der Sie zum Beispiel Ihr Logo oder Powerpoint-Präsentationen großzügig darstellen können.

▷ Bleiben die anderen Kosten gleich?

▶ Die Kosten für den Fußboden verteuern sich bei dem größeren Stand, auf der anderen Seite müssen wir aber bei dem kleineren Stand jeweils drei Wände zu den Nachbarn aufbauen. Damit verbrauchen wir mehr Material. Die zusätzlichen Kosten für den größeren Stand relativieren sich also. Dann noch etwas zu den weiteren Kosten: Der Wasseranschluss für beide Stände ist ungefähr gleich teuer, allerdings haben Sie beim größeren Stand für die Beleuchtung mehr Energieverbrauch. Brauchen Sie neben einem Kühlschrank zusätzlich einen Getränkekühlschrank für das Wasser?

▷ Gerne.

▶ Und Catering? Möchten Sie für Ihre Abendveranstaltung warmes Essen?

▷ Sie könnten mir hierzu ja ein Angebot schicken.

▶ Klar, das ist notiert. Brauchen Sie einen Monitor für Ihre Präsentationsfilme über der Theke?

▷ Nein, den haben wir selbst. Auch einen Laptop bringen wir mit. Übernehmen Sie auch die Standreinigung und die Müllentsorgung?

▶ Gerne. Noch etwas, ganz wichtig, für die Livemusik auf Ihrem Event, danach haben Sie ja gefragt, brauchen Sie eine Genehmigung. Ein Antragsformular schicke ich Ihnen ebenfalls zu.

▷ Vielen Dank. Und die Pläne für die Stände wären für mich kostenfrei?

▶ Ja.

▷ Gut, dann würde ich mich freuen, wenn Sie mir die Pläne zuschicken könnten.

▶ Gerne. Sie bekommen im Laufe des Tages unseren Kostenvoranschlag. Sie müssen sich aber bitte schnell entscheiden. Wir haben nur noch die beiden Plätze in der Halle und Sie sind nicht der einzige Interessent.

Lektion 6

Aufgabe 15 (Track 58)

1: Hallo Toma. Du, ich habe inzwischen auf die Mail von Bürodiscount reagiert. Es stimmt, was sie sagen. Die letzte Rechnung wurde von uns wirklich noch nicht beglichen. Da wir eine Vorauszahlung vereinbart hatten, kamen deshalb die Waren auch noch nicht bei uns an. Was ist passiert? Wir haben gezahlt, aber bei der Zahlung versehentlich eine falsche Kreditkartennummer angegeben und der Zahlungsauftrag kam zurück. Ich habe den Rechnungsbetrag jetzt erneut überwiesen, dann müssten sie das Geld sofort haben und die Lieferung müsste dann auch schnell erfolgen.

2: Hallo Julia, die Rollcontainer und Aktenschränke sind heute Morgen gekommen, aber ich glaube, bei der Lieferung gibt es einen Fehler. Geliefert wurden zwei Container und drei Schränke. Wir wollten aber doch drei Container und zwei Schränke bestellen, oder? Überprüfe doch bitte noch mal das Bestellformular und den Lieferschein, vielleicht irre ich mich ja. Wenn die Sachen falsch geliefert wurden, setz dich doch bitte sofort mit der Firma in Verbindung. Dann sollen sie einen Container mehr liefern und einen Schrank zurücknehmen.

Lektion 7

Aufgabe 4 (Track 59)

1: Reimann von der Firma GORTAX, guten Tag. Ich rufe wegen unserer Bestellung für Kopierpapier an. Die Bestellnummer lautet GX 34292 YT. Sie haben uns zwölf Kartons geliefert, aber wir haben nur zehn Kartons bestellt. Auf der Rechnung haben Sie allerdings auch nur zehn Kartons vermerkt. Wir haben also zwei Kartons zu viel. Wie sollen wir damit umgehen? Bitte rufen Sie mich zurück, Telefon 030 98 23 82 21. Danke!

2: Autohaus Köhler, guten Tag Herr Schwenk. Ihr Auto wäre jetzt fertig. Wir haben einen Ölwechsel gemacht und die Luftfilter erneuert. Außerdem musste Frostschutzmittel und Scheibenwischerflüssigkeit aufgefüllt werden. Alles in allem 69 Euro. Bitte lassen Sie uns wissen, ob wir den Wagen noch reinigen sollen. Ansonsten können Sie ihn ab 16 Uhr bei uns abholen. Nicht vergessen, wegen einer Betriebsfeier schließen wir heute schon um 17.30 Uhr. Danke!

3: Guten Tag, Bettenhaus Mack hier! Dies ist eine Nachricht für Frau Ulrike Sandmann. Frau Sandmann, Sie haben bei uns sechs Betten Model „MediMax" bestellt. Die Betten sind jetzt lieferbar. Unsere Spedition möchte mit Ihnen einen Termin vereinbaren. Bitte rufen Sie direkt bei unserem Spediteur zurück, Telefon 06245 334 29 19. Die Kosten für den Transport und den Aufbau der Betten zahlen Sie bitte direkt bei Lieferung an den Fahrer. Bitte halten Sie also ausreichend Bargeld bereit. Danke.

4: Elektro Hansen, Frau Oliveira, guten Tag. Es geht um Ihren Kühlschrank, Bestellnummer 39GBC39271. Sie hatten bei der Bestellung angegeben, dass die Tür nach rechts öffnen soll, statt wie im Ausstellungsstück nach links, ist das richtig? Unser Mitarbeiter glaubt, sich daran zu erinnern, hat sich aber keine Notiz gemacht. Bitte rufen Sie uns zurück, Telefonnummer 040 92 92 92 0, damit wir Ihren Kühlschrank entsprechend umrüsten können. Die Lieferung wäre am 28. Juni. Vielen Dank.

Aufgabe 10b (Track 60)

1: 23.270 minus 32 ist gleich 23.238. **2:** 19 % von 480 Euro sind gleich 91,20 Euro. **3:** ¼ plus ¼ ist gleich ½. **4:** 17,23 plus 0,3 ist gleich 17,53. **5:** 25 % von 389 ist gleich 97,25. **6:** 9.136 geteilt durch 4 ist gleich 2.284. **7:** 6,37 Euro plus 72 Cent sind gleich 7,09 Euro. **8:** zwei Drittel sind gleich 0,66. **9:** 127.352 minus 28 ist gleich 127.324.

Lektion 8

Aufgabe 12 (Track 61)

1: Also, mir ist klar, dass wir jetzt vor Weihnachten mehr Arbeit haben. Die Kunden stürmen ja im Moment in Massen in den Laden und wollen alles immer sofort. Ich habe prinzipiell auch nichts gegen Überstunden, aber wir müssen das anders organisieren. Im Moment ist es so, dass immer dieselben Leute länger bleiben und andere überhaupt keine Überstunden machen, weil sie zu ihren Kindern müssen. Ich finde das nicht fair, denn wir haben alle Verpflichtungen, auch die, die keine Familie haben. Wir sollten hier einen Personalplan aufstellen, der die Überstunden auf alle Mitarbeiter gleichmäßig aufteilt.

2: Gestern hatte ein Kunde Fragen zu Wandfarben und hat mich angesprochen, weil in der Abteilung für Farben niemand war. Ich bin für Holz zuständig und hatte überhaupt keine Ahnung. Der Kunde war richtig sauer, weil ich ihm nicht helfen konnte. Und mir war die Sache ziemlich peinlich. Wo bitte war denn der Kollege aus der Farbenabteilung? Ich habe das Gefühl, dass man dort alles versucht, um Kunden aus dem Weg zu gehen, anstatt am Info-Schalter zu stehen. Ich habe schon öfter gesehen, dass die Kollegen dort nie präsent sind, sondern die meiste Zeit im Lager oder im Pausenraum verbringen. Könnte man mit denen mal reden? Es kann ja nicht sein, dass wir für sie unseren Kopf hinhalten müssen.

3: Wir müssen unbedingt etwas tun, um unseren Pausenraum ordentlicher zu halten. Ich weiß ja, dass unsere Pausen sehr kurz sind. Da hat niemand Lust, auch noch die Mitarbeiterküche aufzuräumen. Aber man kann doch wenigstens seine Tasse in die Spülmaschine stellen! Auch der Kühlschrank ist voller Lebensmittel, die längst abgelaufen sind und die niemand wegschmeißt. Ich habe das Gefühl, dass jeder nur an sich denkt. Wenn die Pause vorbei ist, geht man zurück an den Arbeitsplatz und lässt alles stehen und liegen. Vielleicht sollten wir mal konkrete Regeln aufschreiben und im Pausenraum aufhängen.

Lektion 9

Aufgabe 6b (Track 62)

Guten Morgen, alle zusammen. Schön, dass alle Teilnehmer pünktlich sind. Herr Hausmann lässt sich entschuldigen. Er hat eine wichtige Telefonkonferenz und kann deshalb heute nicht dabei sein. Lassen Sie uns die Tagesordnung besprechen: Zunächst natürlich die Vorstellung der neuen Praktikantin. Frau Waran, wir freuen uns, dass Sie unser Team verstärken werden. Sie können sich gleich selbst vorstellen. Zweiter Punkt: Aktuelle Verkaufszahlen und der Rückblick auf das letzte Jahr. Herr Meier, wir sind gespannt auf Ihren Bericht. Punkt Nummer 3: Die Kooperation mit NewFashion. Leider läuft hier nicht alles problemlos, daher sollten wir unbedingt überlegen, was wir besser machen können. Dann sprechen wir über die Trends und Entwicklungen im Markt, aber bevor wir zu den Prognosen für das nächste Jahr kommen, habe ich einen weiteren Tagesordnungspunkt kurzfristig eingeschoben, nämlich die Kürzungen im Budget. Das betrifft uns alle und wird unsere Arbeit im kommenden Jahr beeinflussen. Die Prognosen für das nächste Jahr sind jetzt TOP 6, dann folgen die Planung und einige neue Projekte und schließlich haben wir noch Sonstiges auf der Agenda, falls es Fragen oder Kommentare von Ihrer Seite gibt. Sind alle einverstanden?

Aufgabe 10c (Track 63)

Durch unsere neue Kooperation mit NewFashion erwarten wir im nächsten Jahr höhere Verkaufszahlen. Im Januar und Februar wird der Umsatz bei circa 10.000 Euro liegen. Danach wird er vermutlich stark ansteigen und Ende April bereits bei 45.000 Euro liegen. Im Mai und Juni werden die Umsätze noch einmal leicht wachsen, sodass wir das erste Halbjahr bei 60.000 Euro abschließen. Im Juli und August wird der Umsatz stagnieren. Ende August, also nach dem Sommer, wird er vermutlich leicht fallen, sodass der September bei 55.000 Euro anfangen wird. Danach werden die Verkaufszahlen wieder steigen: im Oktober auf 70.000 Euro und im November vielleicht sogar auf 75.000 Euro. Kurz vor Weihnachten erwarten wir noch einmal einen starken Anstieg, sodass wir das Jahr hoffentlich mit einem Umsatz von 95.000 Euro abschließen werden.

Lektion 10

Aufgabe 5b (Track 64)

▶ Frau Baumgart, Sie sind morgens als Erste im Büro, richtig?

▷ Ja, ich komme schon um 7.30 Uhr.

▶ Dann gehen wir doch mal den Ablauf durch. Zuerst schließen Sie natürlich die Tür auf und schalten das Licht an. Öffnen Sie dann bitte immer auch alle Fenster zum Lüften und schalten Sie auch schon mal den Kopierer an. Ach ja, und hören Sie den Anrufbeantworter ab.

▷ Gut, muss ich auch etwas vorbereiten?

▶ Ja, fahren Sie meinen Computer hoch und drucken Sie meinen Terminplan aus.

▷ In Ordnung. Soll ich sonst noch etwas machen?

▶ Oh ja, machen Sie bitte um 8.00 Uhr Kaffee.

Lektion 11

Aufgabe 3a (Track 65)

Wenn Sie einen Arbeitsvertrag unterschreiben, so ist das aufgeführte Gehalt immer der Bruttoverdienst. Angenommen, Sie verdienen 2.600 Euro, dann bedeutet dies, dass von diesem Betrag Steuern und Sozialabgaben abgezogen werden, bevor Sie Ihr Gehalt ausgezahlt bekommen.

Die Lohnsteuer ist der Betrag, den der Staat erhält. Die Höhe hängt von Ihrem Gehalt und Ihrer Steuerklasse ab. Bei einem Verdienst von 2.600 Euro liegt sie ungefähr bei 350 Euro.

Protestanten und Katholiken zahlen außerdem Kirchensteuer, aber Menschen mit anderer Religion sind hiervon befreit.

Außerdem zahlt man einen Solidaritätszuschlag, den sogenannten SoLi, an den Staat. Diese Summe ist ziemlich gering und fließt in die Bundesländer, die nach der Deutschen Wiedervereinigung zur Bundesrepublik Deutschland dazugekommen sind.

Als Nächstes werden die Sozialabgaben abgezogen. Diese sind eine Art Versicherung für den Fall, dass der Arbeitnehmer nicht arbeiten kann und somit kein Geld vom Arbeitgeber erhält.

Zunächst haben wir die Krankenversicherung. Jeder Arbeitnehmer zahlt den gleichen Prozentsatz, ca. 7 Prozent. Auch der Arbeitgeber zahlt 7 Prozent, aber das sieht man auf der Gehaltsabrechnung nicht. Bei einem Gehalt von 2.600 Euro beträgt die Krankenversicherung also ungefähr 213 Euro.

Dazu kommt die Pflegeversicherung. Dieses Geld wird dafür benutzt, die Kosten für ein Heim und für die Pflege alter Menschen zu zahlen. Der Betrag ist gering, nur ca. 2,35 Prozent.

Den größten Teil zahlt man für die Rentenversicherung, also das Geld, das man erhält, wenn man im Alter nicht mehr arbeitet. Viele Menschen haben außerdem noch eine private Rentenversicherung, aber die wird nicht automatisch vom Gehalt abgezogen.

Zum Schluss kommt noch die Arbeitslosenversicherung für den Fall, dass der Arbeitnehmer seine Arbeit verliert und kein Geld verdient. Auch hier zahlt wieder der Arbeitnehmer ca. 1,5 % von seinem Bruttogehalt und der Arbeitgeber genauso.

Was zum Schluss übrigbleibt, also das Geld, das wir tatsächlich auf unser Konto überwiesen bekommen, ist das Nettogehalt.

Aufgabe 9c (Track 66)

1: Ich arbeite jetzt schon seit fünf Jahren in Zeitarbeit und bin nicht sehr zufrieden damit. Du weißt nie, wie lange du bei einer Firma bist. Egal wie gut du arbeitest, wenn die Firma keine Leute mehr braucht, heißt es „Auf Wiedersehen". Meine Zeitarbeitsfirma vermittelt mir dann zwar sofort einen neuen Job, das hat bisher immer gut geklappt, aber dann muss man sich wieder umgewöhnen. Oft ist der Arbeitsweg sehr lang, die Arbeitszeiten unregelmäßig und Urlaub kann ich überhaupt nicht. Trotzdem ist es natürlich besser, als gar keine Arbeit zu haben. Aber ich wünsche mir, dass mich eine Firma eines Tages übernimmt und ich endlich mehr Routine in meinem Leben bekomme.

2: Als Übersetzer ist es ziemlich schwer, eine Festanstellung zu bekommen. Die meisten Firmen beschäftigen keine eigenen Übersetzer, sondern beauftragen Honorarkräfte. Das ist verständlich, denn der Bedarf ist nicht so groß, dass man eine volle Stelle damit decken könnte. Für mich ist das OK, aber ich muss natürlich darauf achten, dass ich immer genügend Aufträge habe und nicht nur für eine Firma übersetze. Aber je länger man im Geschäft ist, desto bekannter wird man. Und wenn man gute Arbeit leistet, kommen die Aufträge regelmäßig und es wird nie langweilig. Trotzdem kann ich nicht genau planen, wie viel ich in einem Monat verdiene; mal ist es mehr, mal ist es weniger. Dafür kann ich mir meine Zeit selbst einteilen, auch mal abends arbeiten, wenn die Kinder schlafen und sie dafür mittags vom Kindergarten abholen. Das ist gut.

3: Ich arbeite in einer Bäckerei und habe einen sogenannten Minijob. Eigentlich ist das ganz praktisch, denn so muss ich keine Krankenversicherung bezahlen. Mein Mann hat eine Festanstellung in einer großen Firma und somit einen ziemlich sicheren Job. Die Kinder und ich sind bei ihm mitversichert. Es ist allerdings ein bisschen schade, dass ich nicht mehr verdienen darf. Eigentlich braucht die Bäckerei mich jeden Tag drei bis vier Stunden und ich hätte auch die Zeit, so lange zu arbeiten. Vielleicht wechsle ich doch in eine Teilzeitanstellung, in der ich trotz Steuern und Sozialabgaben mehr verdienen würde.

Hörtexte Zwischentests
zu den Lektionen 1–3

Hören, Teil 1 (Track 67)

1: Hallo, Ahmad, hier spricht Rita. Darf ich dich um einen Gefallen bitten? Ich habe doch das Menüangebot für unsere Betriebsfeier eingeholt. Das Restaurant hat gestern noch einige Vorschläge geschickt. Eigentlich wollte ich sie euch heute zeigen, aber leider musste ich mich krankmelden. Kannst du die Vorschläge bitte mit den anderen besprechen? Ich habe sie ausgedruckt; sie liegen auf meinem Schreibtisch, neben dem Drucker. Spätestens am Montagmorgen muss ich das Menü bestellen. Bis dann bin ich sicher wieder fit! Vielen Dank, bis dann.

2: Ja, hier noch einmal Renato. Axel, du wolltest doch wissen, ob der neue Motor für die Waschmaschine schon geliefert wurde. Ich habe vorhin alle Pakete aufgemacht, die heute angekommen sind. Es ist zwar ein Motor der richtigen Marke dabei, aber das Modell stimmt nicht. Du brauchst ja das XB4 Modell. Geliefert haben die aber den XB3. Bist du sicher, dass der richtige Motor bestellt wurde? Überprüfe die Bestellung doch bitte noch einmal und sag mir gleich Bescheid. Ich rufe dann sofort bei der Firma an.

3: Hier Marjam, guten Morgen. Peter, kannst du mich bitte sofort zurückrufen, wenn du im Büro bist? Ich habe vorhin bemerkt, dass in den Dateien für die neuen Kataloge noch Preise stehen, die nicht mehr gültig sind. Zumindest bei zwei Produkten habe ich falsche Preise gefunden. Bevor ich die Dateien weiterleite, müssen wir unbedingt alle Preise noch einmal mit der aktuellen Preisliste vergleichen. Das müssen wir jetzt zuerst erledigen; den Bericht von deiner Reise kannst du später schreiben. Die Kollegen warten schon dringend auf die Druckdaten für die Kataloge.

Hören, Teil 4 (Track 68)

Beispiel

Ich arbeite in Teilzeit, mit wechselnden Arbeitszeiten. Deshalb war es wichtig für uns, eine individuelle Lösung für die Kinderbetreuung zu finden. Zufällig haben wir gleich in der Nähe eine nette ältere Dame gefunden, die sich um unsere Tochter kümmert. Sie holt sie von der Schule ab und bringt sie nach Hause, kocht für sie und hilft ihr auch bei den Hausaufgaben. Das ist alles völlig unkompliziert. Wir machen uns die Betreuungszeiten einfach von Woche zu Woche aus, je nachdem, wie ich arbeiten muss. Diese Flexibilität war mir sehr wichtig. Außerdem hat meine Tochter so eine eigene Bezugsperson. Sie liebt ihre Leihoma sehr!

4: Unser Sohn Milan ist ein Einzelkind. In der näheren Umgebung gibt es leider wenige Familien mit Kindern im gleichen Alter. Deshalb haben wir ihn nach der Elternzeit in einer Kita angemeldet. Wir wollten unbedingt, dass er Kontakt mit anderen Kindern hat. Meine Mutter hätte sich auch um ihn kümmern können, aber wir haben uns anders entschieden. Wir wollten einfach nicht, dass er den ganzen Tag nur mit Erwachsenen zusammen ist. Ich denke, dass unsere Entscheidung richtig war. Milan spielt gerne mit anderen Kindern. Er fühlt sich sehr wohl in seiner Gruppe und lernt auch viel durch den Kontakt mit den anderen. Immer allein spielen, das wäre doch langweilig für ihn.

5: Meine Eltern sind beide schon in Rente, aber sie sind noch sehr gesund und beweglich. Wenn wir einmal länger arbeiten müssen, passen sie auf unsere zwei Kinder auf. Darüber bin ich wirklich sehr froh. Diese Art der Betreuung ist für uns alle die beste Lösung. Die Kinder müssen sich nicht an Fremde gewöhnen, und die Großeltern freuen sich immer, wenn sie Zeit mit ihren Enkelkindern verbringen können. Das klappt auch ohne Probleme, wenn eines der Kinder einmal krank wird. Dann kommen meine Eltern einfach tagsüber zu uns nach Hause. Ich kann mir gar nicht vorstellen, wie ich ohne sie zurechtkäme. Für mich gibt es keine bessere Betreuung.

6: Meine Frau und ich arbeiten beide in demselben Betrieb. Es ist ein großes Unternehmen mit vielen Angestellten. Seit Kurzem gibt es dort einen eigenen Betriebskindergarten. Dadurch ist die Kinderbetreuung für uns um einiges leichter geworden. Die Öffnungszeiten des Kindergartens sind unseren Arbeitszeiten angepasst. Unsere Tochter fährt gemeinsam mit uns zur Arbeit, und wir holen sie gleich nach der Arbeit wieder ab. Wir haben keinen Stress und müssen nie Angst haben, zu spät zum Kindergarten zu kommen, wenn der Verkehr mal wieder zusammenbricht. Ich finde es auch beruhigend, dass unser Kind in demselben Gebäude ist wie wir. Wenn etwas passiert, sind wir gleich bei ihm. Deshalb sind wir bei der Arbeit sehr entspannt. Es sollte mehr Betriebskindergärten geben!

zu den Lektionen 4–6

Hören, Teil 2 (Track 69)

1+2 ▶ Frau Aydin, könnten Sie bitte nachschauen, wann ich den Termin mit den Kunden aus Japan habe? Ich habe 16.30 Uhr notiert, aber ich glaube, dass das nicht stimmt.

▷ Moment, ja, hier: 15.30 Uhr.

▶ Das dachte ich mir. Sonst würde kaum Zeit bleiben für die Betriebsbesichtigung; ab 19.30 Uhr haben wir ja schon das Abendessen geplant. Die Kunden möchten doch sicher vorher noch ins Hotel, um sich ein frisch zu machen. In welchem Hotel haben Sie denn für unsere Gäste reserviert – ich nehme an, wie immer im Seminarhotel hier um die Ecke?

▷ Nein, die Kunden haben darum gebeten, in einem Hotel in der Innenstadt untergebracht zu werden. Sie möchten sich morgen noch die Stadt ansehen, bevor sie zum Flughafen fahren.

▶ Gut, dann organisieren Sie doch bitte ein Auto, um sie nach der Besichtigung in ihr Hotel zu bringen und sie dann zum Abendessen wieder abzuholen.

▷ In Ordnung, ich kümmere mich sofort darum.

3+4 ▶ Hier Übersetzungsbüro Emma Lerch.

▷ Guten Morgen, Frau Lerch. Hier P&C Computersysteme. Frau Lerch, Ihr neuer Computer ist jetzt da. Sie können Ihr altes Gerät heute zu uns bringen, damit wir die Daten überspielen.

▶ Oh je, das passt mir aber jetzt gar nicht. Ich muss noch eine dringende Übersetzung fertigstellen. Auf meinen Computer kann ich gerade nicht verzichten.

▷ Hm, wann passt es Ihnen denn besser? Ist morgen in Ordnung für Sie?

▶ Das kann ich noch nicht sagen. Vielleicht schaffe ich den Auftrag bis morgen früh, aber sicher bin ich da nicht. Ich möchte lieber einen Termin für übermorgen, Freitag, ausmachen. Da muss die Übersetzung fertig sein.

▷ Ach, das tut mir leid, aber am Freitag arbeite ich bis am späten Nachmittag bei einem Kunden.

▶ Dann einigen wir uns doch gleich auf nächste Woche. Ich bringe meinen Computer am Montagmorgen in Ihr Geschäft.

▷ So machen wir das. Also dann bis Montag. Auf Wiederhören.

5+6 ▶ Sonja, Frau Haschemian ist am Apparat. Sie möchte am Samstag unbedingt einen Termin bei dir. Könntest du sie vielleicht noch einschieben?

▷ Was soll denn bei Frau Haschemian gemacht werden?

▶ Sie möchte Haare färben und schneiden.

▷ Hm, am Vormittag kommt die Braut zum Frisieren, und einmal sind Strähnchen angemeldet. Da geht nichts mehr. Der Nachmittag ist auch schon ziemlich voll. Und in der Mittagsstunde ist der neue Kunde für Haarschnitt und Bartschneiden angemeldet.

▶ Also den Herrn könnte ich übernehmen. Er hat bei der Anmeldung nicht nach einer bestimmten Friseurin gefragt. Aber Frau Haschemian möchte wie immer zu dir.

▷ Ja, so könnten wir es machen. Wenn es für sie in Ordnung ist, soll sie also bitte am Samstag um 11.45 Uhr kommen.

zu den Lektionen 7–9

Hören, Teil 3 (Track 70)

▶ Telefonieren – das kann jeder. Von Kindesbeinen an gehört das Telefon zum Alltag der meisten Kinder; sie lernen telefonieren, bevor sie richtig lesen und schreiben können. Manchmal ist telefonieren aber mehr als nur ein Gerät bedienen und drauflossprechen. Im Berufsalltag zum Beispiel. Aber haben nicht E-Mail und soziale Medien das Telefongespräch längst überflüssig gemacht? Darüber und über andere Fragen rund ums Telefonieren im Büro spreche ich heute mit Frau Aisha Adib. Frau Adib war früher als Pressesprecherin tätig und arbeitet heute als selbstständige Kommunikationsberaterin. Zu ihren Angeboten gehört auch Telefontraining.
Herzlich willkommen!

▷ Vielen Dank.

▶ Frau Adib, welchen Stellenwert hat das Telefongespräch noch in der heutigen Arbeitswelt?

▷ Das Telefon ist im Berufsalltag immer noch das am häufigsten verwendete Kommunikationsmittel, trotz elektronischer Medien. Nach unseren Erkenntnissen greifen die meisten Menschen nach wie vor am liebsten zum Telefon, wenn sie rasch Informationen wünschen, Hilfe benötigen oder eine Beschwerde vorbringen möchten. Der erste Kontakt mit einem Unternehmen erfolgt sehr häufig über das Telefon, nicht über E-Mail, Internetformulare oder Facebook-Seiten. Und wie wir wissen, ist der erste Kontakt oft entscheidend an unserer Beurteilung einer Person oder eben auch eines Unternehmens beteiligt.

▶ Was kann man denn tun, um gleich beim ersten Anruf eines potenziellen Kunden einen möglichst guten Eindruck zu hinterlassen?

▷ Zuerst einmal: Heben Sie nicht beim ersten Klingelton ab. Anrufer sind nicht darauf vorbereitet, dass sofort abgehoben wird. Melden Sie sich zwischen dem zweiten und dem dritten Klingelzeichen. Nennen Sie dann den Namen Ihrer Firma und fügen Sie Ihren eigenen Namen, und fügen Sie eine kurze Begrüßungsformel hinzu, wie etwa „Guten Tag". Vermeiden Sie lange oder besonders originelle Begrüßungen. Wer Sie anruft, hat ein Anliegen, und das möchte er oder sie so schnell wie möglich vortragen. Melden Sie sich deshalb knapp, aber klar und mit einer freundlichen Stimme. Ein Tipp: Lächeln Sie, wenn Sie den Hörer abnehmen.

▶ Das wird aber von den Anrufenden nicht wahrgenommen …

▷ Sie sehen es nicht, aber sie können das Lächeln hören, glauben Sie mir. Am Telefon ist Ihre Stimme nicht nur Ihr bestes, sondern Ihr einziges Instrument, um Sympathie zu vermitteln. Sie können nicht durch gutes Aussehen beeindrucken oder Ihr Gegenüber durch Blickkontakt fesseln: Sie haben nur Ihre Stimme.

▶ Welche Möglichkeiten hat man denn, die Wirkung der Stimme positiv zu beeinflussen?

▷ Zum Beispiel durch die Körperhaltung. Wer lustlos am Schreibtisch kauert, wird kaum dynamisch klingen. Richten Sie sich auf, stehen Sie auf, wenn es sein muss. Eine aufrechte Körperhaltung fördert die Konzentration und macht Sie selbstsicherer.

Was nun das mögliche Anliegen der Anruferin oder des Anrufers betrifft: Sagen Sie nie, dass Sie nicht helfen können! Sie können immer etwas tun: in eine andere Abteilung verbinden, sich informieren, zurückrufen.

Und formulieren Sie selbst dann positiv, wenn Sie eine Absage erteilen müssen. Anstatt "Aprikose ist leider aus", sagen Sie zum Beispiel: „Wir bekommen die Sorte ‚Aprikose' ganz frisch nächste Woche. Darf ich Ihnen in der Zwischenzeit ‚Pfirsich' empfehlen?" Auf jeden Fall gilt: nehmen Sie die Anruferin oder den Anrufer ernst.

▶ Bevor wir nun darüber sprechen, wie Sie sich am besten verhalten, wenn Sie selbst jemanden anrufen, eine kurze Werbepause …

Hören, Teil 4 (Track 71)
Beispiel

Konflikte sind im Berufsleben nicht nur unvermeidlich, sondern nützlich. In der Auseinandersetzung mit Vorgesetzten, Kolleginnen und Kollegen wird einem die Gelegenheit geboten, sich weiterzuentwickeln. Denn im Beruf tauchen immer wieder Konfliktsituationen auf, die man bewältigen muss. Ob bei Lohnverhandlungen, dem Umgang mit Kundenbeschwerden oder dem Einbringen eigener Ideen – wer sich nicht durchsetzen kann, hat es schwer im Arbeitsalltag. Durch Konflikte kann man lernen, seine eigenen Vorstellungen klar herauszuarbeiten und auch mit der notwendigen Überzeugung zu vertreten. Das bedeutet nicht, dass man rücksichtslos sein oder ständig streiten sollte. Aber wer immer nur nachgibt, dem wird wenig Respekt entgegengebracht.

6: Also besonders wichtig finde ich es, dass man rechtzeitig auf tatsächliche oder mögliche Streitpunkte reagiert. Wenn man früh genug über Probleme spricht, lassen sich richtige Konflikte meistens vermeiden. Die Schwierigkeiten beginnen doch meist erst dann, wenn sich jede und jeder schon eine feste Meinung gebildet hat und gar nicht mehr mit sich reden lässt. Wenn die Betroffenen zu lange schweigen, können sich auch aus Kleinigkeiten große Konflikte entwickeln. Das bedeutet aber, dass man aufmerksam sein muss. Wer sich nur auf sich selbst und seinen eigenen Arbeitsbereich konzentriert, erkennt Konflikte vielleicht erst dann, wenn es schon zu spät ist. Ich sage deshalb: seine Umgebung beobachten und sofort reden, wenn Schwierigkeiten auftauchen.

7: Viele Menschen haben Angst, ihren Arbeitsplatz zu verlieren, und am Arbeitsplatz nehmen Zeit- und Leistungsdruck zu. Deshalb ist Arbeit heute für viele Menschen mit viel mehr Stress verbunden, als es früher der Fall war. Und Stress ist leider die beste Voraussetzung für das Entstehen von Konflikten. Hier sollten die Führungskräfte eines Unternehmens eingreifen. Es gehört zu ihren Aufgaben, für möglichst stressfreie Arbeitsbedingungen zu sorgen, zum Beispiel durch eine klare Aufteilung von Aufgaben und Verantwortungen. Besonders wichtig ist es auch, dass die Mitarbeiter zu jedem Zeitpunkt gut informiert sind. Wenn sie verstehen, warum bestimmte Entscheidungen getroffen werden, können sie sich leichter darauf einstellen. Eine gute Kommunikation verringert den Stress und damit auch das Konfliktpotenzial.

8: In zwischenmenschlichen Beziehungen kann man Konflikte nie ganz vermeiden, so ist das nun einmal. Die Arbeitswelt ist da keine Ausnahme. Schließlich kann man sich weder seine Vorgesetzten noch seine Kolleginnen und Kollegen aussuchen. Wichtig ist, dass auftauchende Konflikte gelöst werden. Das ist in den meisten Fällen vermutlich ohne fremde Hilfe möglich. Wenn es aber nicht mehr gelingt, Konflikte konstruktiv zu lösen, sollte man unbedingt Hilfe von außen in Anspruch nehmen. Fremde erkennen die Ursachen für Konflikte oft besser als die Beteiligten selbst. Außerdem werden Lösungen, die von Außenstehenden vorgeschlagen werden, oft leichter angenommen. Aber egal, ob aus eigener Kraft oder mit fremder Hilfe: wichtig ist, dass Konflikte gelöst werden, bevor sie zu einer Belastung für die Mitarbeiter und das Unternehmen werden.

zu den Lektionen 10–12

Hören, Teil 3 (Track 72)

▶ Guten Morgen, Herr Krüger. Bitte, nehmen Sie doch Platz.

▷ Guten Morgen, Frau Latif. Vielen Dank.

▶ Herr Krüger, wie Sie mir am Telefon sagten, interessieren Sie sich für die Funktion des Sicherheitsbeauftragten in unserer Firma. Sie arbeiten ja nun schon eine ganze Weile bei uns. Mit den Gefahren und Sicherheitsbestimmungen kennen Sie sich also bestens aus.

▷ Ja, ich denke schon. Aber ich muss gestehen, dass ich nicht genau weiß, was alles zu den Aufgaben eines Sicherheitsbeauftragten gehört. Darüber würde ich gerne mit Ihnen sprechen.

▶ Ich freue mich über Ihr Interesse. Aber bevor wir über die eigentlichen Aufgaben sprechen, möchte ich Sie darauf hinweisen, dass Sie als Sicherheitsbeauftragter diese Aufgaben ehrenamtlich ausführen werden. Sie unterstützen die Kolleginnen und Kollegen, die hier bei uns für den Arbeitsschutz verantwortlich sind. Das ist eine verantwortungsvolle, aber unentgeltliche Tätigkeit. Sie haben keinen rechtlichen Anspruch auf eine zusätzliche Bezahlung.

▷ Das ist mir bewusst, ja.

▶ Gut. Ich möchte allerdings anmerken, dass wir über eine Art freiwilligen Bonus für unsere Sicherheitsbeauftragten nachdenken. Entschieden ist das aber noch nicht. Nun, eine Ihrer wichtigsten Aufgaben besteht darin, sicherheitstechnische Probleme und Mängel in unserem Betrieb zu erkennen und sie Ihrem Vorgesetzten zu melden. Wichtig ist also, dass Sie ein besonderes Bewusstsein für mögliche Gefahrenquellen entwickeln.

Weiter gehört es zu Ihren Aufgaben, auf den Zustand der Schutzeinrichtungen und der persönlichen Schutzausrüstungen zu achten. Doch nicht nur der Zustand, sondern auch die richtige Benutzung dieser Einrichtungen und Ausrüstungen ist entscheidend für die Sicherheit. Auch darauf müssen Sie achten.

▷ Und wenn ich nun zum Beispiel feststelle, dass eine Kollegin oder ein Kollege sich nicht an die Sicherheitsbestimmungen hält, muss ich dann anordnen, was sie tun müssen?

▶ Nein, das müssen Sie nicht, und Sie dürfen es auch nicht. Als Sicherheitsbeauftragter sind Sie nicht befugt, Ihren Kollegen Anordnungen zu erteilen. Sie dürfen und sollten die übrigen Mitarbeiter lediglich informieren und, wie bereits erwähnt, Mängel an Ihre Vorgesetzten melden.

▷ Hm, ich soll also nur beobachten?

▶ Durchaus nicht. Eine enge Zusammenarbeit mit unserem Fachpersonal für die Arbeitssicherheit, auch mit dem Betriebsarzt, ist ausdrücklich gewünscht. Die Leitung plant in dieser Hinsicht regelmäßige Zusammenkünfte zum intensiven Informationsaustausch. Sie sollen auch bei der Auswahl von geeigneten persönlichen Schutzausrüstungen mitreden können. Auch Unfälle, falls solche trotz unserer Sicherheitsvorkehrungen passieren, sollen Sie gemeinsam untersuchen. Außerdem können Sie, wenn Sie das möchten, an Besichtigungen zur Überprüfung unseres Werks teilnehmen. Solche Besichtigungen machen zum Beispiel Vertreter unserer Unfallversicherung, der staatlichen Behörden oder unser Betriebsarzt. Wenn Sie daran nicht teilnehmen möchten oder gerade keine Zeit haben, müssen wir Ihnen auf jeden Fall die Ergebnisse zukommen lassen. Denn Sie sollen ja beobachten können, ob eventuell festgestellte Mängel beseitigt oder vorgeschlagene Maßnahmen auch umgesetzt werden.

▷ Muss ich diese Tätigkeit außerhalb meiner Arbeitszeit erledigen?

▶ Wir als Unternehmer sind verpflichtet, Ihnen genügend Zeit zur Verfügung zu stellen, damit Sie die erforderlichen Aufgaben während Ihrer Arbeitszeit erfüllen können.

Übrigens werden wir in den nächsten Tagen die Aufgaben und die Anforderungen, die wir an Sicherheitsbeauftragte stellen, im Intranet ausführlich beschreiben. Dort haben Sie dann auch die Möglichkeit, sich für den Lehrgang anzumelden. Wie Sie wissen, ist der Lehrgang Voraussetzung für eine Bestellung zum Sicherheitsbeauftragten. Selbstverständlich stehe ich Ihnen auch jederzeit zur Verfügung, wenn Sie noch weitere Fragen haben.

▷ Vielen Dank, fürs Erste reichen mir diese grundlegenden Informationen. Ich muss mir das noch einmal überlegen. Danke nochmal Frau Latif und auf Wiedersehen.

▶ Auf Wiedersehen, Herr Krüger.